지방생존과 정책법

지방정책법의 연구 **2**

지방생존과 정책법

선정원 조진우

경인문화사

머리말

    지방정책법의 연구 시리즈의 두 번째 주제로 지방생존과 정책법을 선정하여 발행한다. 2000년대 들어 우리 사회에서는 노령화와 저출산이 맞물려 지방인구가 격감하고 있다. 지방기업들은 경쟁력을 잃고 직장을 잃은 젊은 이들은 점점 더 수도권으로 몰려들고 있다.

    로스쿨체제에서 판례중심연구가 고착되고 강화되면서 법학은 지방소멸의 위기에 대하여 관심과 연구가 현저하게 부족하다. 한국사회가 사라진 상황에서 한국의 법학은 존재의 의미가 없는 것이기 때문에 지방소멸의 위기가 찾아오면 그 원인을 분석하고 이를 극복할 대안을 찾기 위해 발벗고 나서야 하지만 이러한 도전에 응하려는 응전의 의지도 부족했다.

    이제 우리나라의 연구자들은 정부가 지방의 생존을 위해 쏟아내는 수많은 특별법령들에 대하여 주체적이고 독자적인 연구능력을 입증해야 할 의무앞에 놓여 있다. 법학을 비롯한 사회과학들의 제도설계능력이 시험대에 놓여 있다. 사회적 문제 상황이 다르기 때문에 일본을 제외하고는 독일이나 미국 그리고 프랑스 등으로부터 비교법적 지식을 원하는 만큼 얻기도 어렵다. 지방의 소멸위기를 전체적 관점에서 조망하고 관련 제도를 종합적으로 검토하고 점검하는 것도 필요해지고 있다.

    지방생존과 정책법에 수록된 글들은 저자들이 학술지에 발표했던 것들을 일부 또는 전면 수정하거나 통·폐합하고 새로 쓴 글들이다. 수록된 글들은 전통적인 법학방법론과 다른 방법론을 기초로 색다른 주제의 연구를 관대하게 용인하는 연구풍토속에 싹을 틔우고 생명을 보존할 수 있었다. 이 책에서는 정책설계의 내용을 담은 부분이 매우 큰 비중을 가지고 포함되어야 했는데, 수록된 논문들의 심사를 해주신 심사위원들이나 편집위원들에게 깊은 감사를 드린다. 또, 수록된 글들은 오랫동안 흔들리지 않고 지방자치법연구에 매진해왔던 선배 연구자들 및 동학들과의 학문적 교류를 통해 얻은 연구성과물이라고 할 수 있다. 이 점도 깊이 감사를 드린다.

지방정책법의 연구에 포함될 수 있는 논문들은 그 성격상 전통적인 법해석학에서는 매우 낯선 것이기 때문에 여기에 적합한 글들도 찾기가 어렵다. 이 책에 수록된 글들도 책의 제목에 부합하는 것인가 하는 의문이 제기될 수 있는 것들도 있을 것이고 보다 적합한 다른 논문들이 빠진 경우도 있을 것이다. 그 점에서 이 책의 한계도 명확히 존재할 것이다.

여러모로 부족하고 아쉬움도 남는 작업이었지만 이 책이 지방정책법의 발전과 지방자치법 연구의 다양화와 도약에 기여하기를 바란다.

저자 일동

차　례

Ⅱ. 지방소멸의 극복과 정책법

Ⅲ. 지역산업의 진흥과 규제

I
지방생존의 정책법적 기초

지방자치단체의 재공영화정책의
법적 과제 | 선정원

I. 지방자치단체의 민간위탁에 대한 재검토필요

우리나라에서는 작은 정부론과 규제개혁론의 영향을 받아 주민들을 위한 공공서비스가 이미 오랫동안 민간에 의해 공급되어 왔다. 지역사회에서 민간은 이미 가스와 기름 등의 공급시설의 설치와 관리, 생활폐기물처리, 거리청소, 대중교통, 공공병원, 어린이집, 요양시설, 도서관, 그리고 전기시설의 설치와 관리(특히, 재생에너지 분야) 등 주민을 위해 필수적인 많은 서비스영역들에서 주된 공급자로 활동하고 있다. 이 서비스들 중 많은 것들은 국가나 지방자치단체의 업무로부터 민간위탁 등 민영화의 과정을 거쳐 민간이 서비스의 공급자로 등장한 것이다.

우리나라에서 국가의 경우 민간위탁에 관한 주요법령으로는 '행정권한의 위임 및 위탁에 관한 규정' (대통령령)이 있고, 지방자치단체의 민간위탁조례 등의 근거법률로는 지방자치법 제104조가 있다. '행정권한의 위임 및 위탁에 관한 규정'은 1983.1.1 개정으로 제11조에서 처음으로 민간위탁제도를 도입하면서 그 기준을 규정하였다.[1] 지방자치단체의 민간위탁의 근

---

1 이 기준은 우리나라에서 지금까지 대체로 유지되면서 우리 민간위탁제도의 주요 특징이 되고 있다. 다음은 1983년 최초의 규정내용이다. "각급행정기관은 법령이 정하는 바에 따라 그 소관사무중 조사·검사·검정·관리업무 등 국민의 권리·의무와 직접 관계되지

거법률은 지방자치법 제104조 제3항인데, 여기에서는 "지방자치단체의 장은 조례나 규칙으로 정하는 바에 따라 그 권한에 속하는 사무 중 조사·검사·검정·관리업무 등 주민의 권리·의무와 직접 관련되지 아니하는 사무를 법인·단체 또는 그 기관이나 개인에게 위탁할 수 있다."고 규정하고 있다. 지방자치단체들은 지방자치법 제104조 제3항을 근거로 민간위탁조례들을 제정하여 운영해오고 있다.

최근 서울특별시는 민간위탁되어 운영되는 공립도서관 사서의 열악한 지위보호를 위한 조례의 제정을 추진하고 있고,[2] 또, 사설어린이집의 운영과 관련된 갈등의 해소를 위해 국가와 지방자치단체들은 어린이집들의 국공유화를 적극적으로 추진하고 있다.

다른 지방자치단체들에서도 민간위탁사무의 재공영화 계획을 가지고 그 허용여부와 방법에 관해 법제처에 관계법의 해석을 질의한 사례들도 나타

아니하는 다음의 사무를 민간위탁할 수 있다. 1. 단순사실행위인 행정작용, 2. 공익성보다 능률성이 현저히 요청되는 사무, 3. 특수한 전문지식 및 기술을 요하는 사무, 4. 기타 국민생활과 직결된 단순행정사무"(제11조 제1항)

2 "실태조사 결과 서울지역 공공도서관의 시설·운영 위탁 비율은 78%로 전국 광역 지자체 중 가장 높았다. 위탁 도서관 노동자의 30.9%는 비정규직이었고 이중 시간제, 초단시간제 노동자(위탁 노동자 전체 21.9%)가 대다수를 차지했다. 근속년수는 4.3년으로 상용근로자 평균보다 낮았고, 월평균 임금은 3년 이상이 되어야 200만 원을 넘길 수 있는 것으로 조사됐다.

서울지역 공공도서관 전체 노동자 3명 중 1명은 공공근로, 사회복무요원, 자원봉사자 같은 보조인력이었다. 정규직, 비정규직, 보조인력 같은 다층적 고용구조와 고용형태로 시민들이 원하는 다양한 전문적인 정보서비스 제공이 어려워 서비스 만족이 저하되고 있는 것으로 나타났다.

위탁도서관 노동자의 경우 근속년수는 4.3년으로 '18년 상용근로자 평균(6.5년), 10인 이상 사업장 평균(6.8년)에 비해 전반적으로 고용안정성이 낮은 것으로 나타났다. 노동자의 70.8%는 여성이었으며, 노동자의 67.9%가 이용자로부터 폭언을 경험하거나 시설·운영위탁기관에서 요구하는 계약 외 업무에 동원되는 등(45%) 불안정한 노동환경에 노출되어 있는 것으로 파악됐다."

이러한 문제점을 해결하기 위해 서울특별시는 도서관 사서의 권익보호를 위한 조례를 제정하려 하고 있다. 2020.1.30. 서울특별시 보도자료(https://www.seoul.go.kr) 참조

나고 있다. 이 사례들에서 지방자치단체들은 우리 폐기물관리법 제14조 제2항, "특별자치시장, 특별자치도지사, 시장·군수·구청장은 해당 지방자치단체의 조례로 정하는 바에 따라 대통령령으로 정하는 자에게 제1항에 따른 처리를 대행하게 할 수 있다"는 규정을 근거로 재공영화의 허용여부와 방법을 질의하였다.[3]

최근 공법학계에서도 독일의 보장국가론에 대한 관심이 제고되고 있는데, 보장국가론에서는 민간위탁 등 민영화를 통해 민간기업이 공공서비스를 제공하는 것을 널리 인정하면서도 민간위탁이 실패한 경우 재공영화의 길이 확보되는 것이 반드시 필요하다고 주장하고 있다.[4]

지역사회에 필요한 공공서비스의 공급에 있어 지방재정이나 지역주민들이 감당할 수 있는 경제성을 유지하면서도 공공성과 지속가능성을 보호하는 것은 조화되기 어려운 정책목표이다. 지방자치단체의 선택이 지역사회에서 심각한 갈등을 낳는 경우들도 생겨나고 있고 지방자치단체가 선택한 서비스의 공급방식과 그 행태가 지방소멸에 오히려 일조하는 경우들도 생겨나고 있다.

이 글은 영국과 독일에서 지방자치단체의 재공영화정책이 부활하게 된 배경이나 이유 그리고 법적 쟁점들에 관한 최근의 논의와 경험들을 소개하고 우리나라를 위한 시사점을 얻고자 작성되었다. 2010년 중반이후 급격하게 늘어나고 있는 영국과 독일 지방자치단체들의 재공영화정책이 일시적인 유행에 그칠 것인지 제한적인 범위에서만 실시될 것인지 아니면 매우 광범위하게 오랫동안 진행될 것인지 현재로서는 알기 어렵다. 하지만, 검증되지 않은 효율성사고에 기초한 지방자치단체의 무분별한 민간위탁실무에

---

3 국가법령정보센터 자치법규 의견제시. [의견12-0236, 2012. 8. 13., 경상북도 구미시] ; [의견17-0236, 2017. 9. 27., 경기도 김포시] 참조.

4 정기태, 현대국가에 있어서 행정의 역할변화와 보장국가적 책임, 공법연구 제44집 제1호, 2015, 474-475면. Voßkuhle, Andreas. Beteiligung Privater an der Wahrnehmung öffentlicher Aufgaben und staatliche Verwaltung. VVDStRL 62, 2003, 266-328면 참조.

대한 재검토와 재공영화 흐름의 세계적 부활은 우리 지방자치단체의 민간
위탁실무의 재검토와 재공영화정책의 도입여부 및 그 방법과 관련하여 상
당한 시사점을 제공할 것으로 본다.

이 글이 지방자치단체의 민간위탁에 있어 공공성의 강화를 위한 규제시
스템의 재설계나 재공영화 정책의 추진에 있어 시행착오를 줄이는 데 도움
이 되기를 희망한다.

Ⅱ. 영국 지방자치단체들에 있어 재공영화 정책의 등장이유와 법적 쟁점들

1. 영국법상 민영화정책의 연혁과 재공영화정책의 등장

(1) 영국법상 민영화정책의 연혁

영국에서 지방자치단체들이 공공서비스의 공급을 민간에게 위탁할 수
있는 권한을 갖게 된 것은 1972년 지방정부법(local government act) 제135
조[5]에서 지방자치단체가 민간과 위탁계약을 체결할 권한을 부여하면서부
터인데, 1979년 대처가 영국수상으로 취임하면서 민영화는 가속화하기 시
작했다. 신공공관리론에 기초해 공공서비스의 공급에도 시장과 민간의 영

---

5 1972년의 지방정부법 제135조는 "지방자치단체의 계약"이라는 제목하에 제1항에서 "지
방자치단체는 그들 또는 그들을 대신하여 계약의 체결에 관한 명령을 내릴 수 있다."(A
local authority may make standing orders with respect to the making of contracts by
them or on their behalf.)고 하였고, 제2항에서는 "지방자치단체는 물품이나 재료의 공
급 또는 업무의 수행에 관하여 직접 또는 대리를 통해 계약의 체결에 관한 명령을 내릴
수 있다."(A local authority shall make standing orders with respect to the making by
them or on their behalf of contracts for the supply of goods or materials or for the
execution of works.)고 규정하였다.

역을 확대하고 경쟁을 도입하기 시작했다.[6]

1988년 지방정부법 개정으로 경쟁입찰을 강제하는 의무경쟁입찰(compulsory competitive tendering)이 도입되면서 지방행정의 영역에서 민영화는 광범위하게 확산되었다.[7]

1988년의 지방정부법에서는 지방자치단체가 수탁자와의 계약에서 "비상업적 문제"("non-commercial problem")에 대해 질문하거나 고려하는 것을 금지했는데, 근로자의 근로조건이나 수탁자의 사업활동장소와 같은 문제는 "비상업적 문제"("non-commercial problem")로 취급되었다.[8]

1980년대와 1990년대 초 집권했던 보수당정권에서 처음에는 건설, 공공건축물의 관리, 쓰레기수거, 청소, 급식, 거리정비, 차량정비 등이 민영화되었지만, 나중에는 관광레저서비스, 컴퓨터서비스, 행정업무, 기술업무, 재정업무, 법무업무, 인사행정, 재산관리 등까지 민영화되었다.[9]

(2) 공영화(Insourcing)의 개념

공영화(Insourcing)는 다의적인 의미를 가질 수 있는 용어이다. 자산이 민

---

6 Democratising Local Public Services, The Labour Party Report (https://labour.org.uk), 2019.7, p.8. 이 책은 영국 노동당의 정책보고서이다.

7 Mark Sandford, Local government: alternative models of service delivery, www. parliament.uk., briefing-papers, 2019, p.10.
  대처정부는 강제경쟁입찰제(Compulsory Competitive Tendering: CCT)이외에도 '시장검정제(Market Testing)', '내부시장제(Internal Market)', 민관파트너십을 중시한 '민간자본참여(Private Finance Initiative: PFI)', '성과급보수제(Performance-Related Pay: PRP)' 등 여러 형태의 정책들을 추진하였다. 채준호, 영국 공공부문 아웃소싱(민간위탁)사업의 인소싱 사례, 국제노동브리프, 2019.6, 97면 참조.

8 1988년의 지방정부법 제17조 제5항 제a호는 "노동자의 계약자에 의한 고용 기간과 조건, 노동자의 구성, 노동자의 승진, 이전 또는 훈련을 위한 준비, 또는 노동자에게 제공되는 다른 기회들"은 "비상업적 문제들이다"고 규정하고 있었다. Democratising Local Public Services, p.9.

9 Democratising Local Public Services, p.36.

간의 소유이었다가 지방자치단체의 소유로 전환되는 자산공영화를 의미할 수도 있고, 공공서비스를 제공하는 사기업이 공기업으로 전환되는 것일 수도 있으며, 주로 공공서비스의 공급과 그 운영의 주체가 민간에서 지방자치단체로 이전되는 것을 의미할 수도 있다.

영국의 지방자치단체들에서 가장 널리 인정되는 공영화는 해당 서비스를 제공하는 근로자들의 고용주체가 사기업에서 지방자치단체로 전환되는 운영의 공영화를 의미한다.[10] 이를 위해 위탁계약을 해지하거나 연장을 거부할 수 있다.

영국에서 재공영화는 주로 지방자치단체의 공공서비스와 관련하여 나타나고 있으므로 실무상으로는 재지방화(local government insourcing)와 거의 동의어로 사용되고 있다.

(3) 재공영화의 주요 사례들과 등장배경

영국에서 인프라를 건설하고 시설을 관리하는 Carillion이라는 대형 민간 위탁회사가 30여개 이상의 지방자치단체들로부터 수탁을 받아 운영하다가 2018년 1월 파산하였다.[11] 이 과정에서 주민들에게 필수적인 공공서비스의

---

10 APSE, Rebuilding Capacity - The case for insourcing public contracts, 2019, p.11.
   APSE (Association for Public Service Excellence)는 영국에서 300개 이상의 지방자치단체들을 위해 일하는 비영리 지방자치기구이다. 생활폐기물처리, 난민처리, 공원, 환경문제. 관광, 학교급식, 도시청소와 공공건물의 유지 등 공공서비스의 공급자들을 위한 네트워크를 주도하고 있다.
   이 글에서는 이 기구에서 발간하는 자료들을 많이 인용하였는데 인용에 약간 어려움을 겪었다. 이 기구에서는 연구원들의 공동 조사를 통해 전자책방식으로 발간하는데 조사연구원들을 명확하게 밝히지 않고 이 기구 이름으로 책을 발간하고 있었다. 그래서 이 글에서는 보통의 인용방식과는 달리 이 기구를 저자로 인용하였다. 또, 저자표시가 APSE로 동일하게 표시되어 발생할지 모르는 독자들의 오인을 피하기 위해 단행본들을 다른 페이지에서 인용하는 경우에도 약어로 표기하지 않고 책 제목 전체를 인용했다.
11 영국 고등법원은 카릴리온에게 팔아야 할 자산이 거의 남아 있지 않았기 때문에 강제청산결정을 내릴 수밖에 없었다. 카릴리온의 파산의 원인과 경과에 관해 영국하원의 조사

지속여부와 고용된 근로자들의 계속고용과 임금 등이 심각한 문제로 대두
되었다. 이 사건과 함께 유럽의 다른 국가들에서도 수도관리회사나 에너지
공급회사들이 파산하기 시작하자 공공서비스의 민간위탁에 대해 커다란
회의가 퍼져갔고 재공영화정책이 급속하게 확산되어가기 시작했다.

하지만, Carillion의 파산사건 이전에도 영국 지방자치단체들에서는 공영
화정책이 이미 부활하고 있었다. 영국 공공서비스공급자협의회(APSE)[12]가
발간한 2009년의 보고서에서는 거리청소사업을 재공영화한 London
Borough of Southwark 사례, 노숙자를 위한 주택제공서비스를 재공영화한
Tonbridge and Malling Borough 사례 등 8개 지방자치단체의 사례들이 소개
되고 있다.[13] 또, 2011년의 보고서에서는 CUMBRIA COUNTY, FIFE 등 8개
지방자치단체에서 전부 또는 일부 재공영화된 사례가 보고되고 있다.[14]
2019년의 보고서에서는 공공주택의 보수와 유지, 거리청소, 생활폐기물처
리, 교육서비스 등 광범위한 사업을 재공영화한 London Borough of
Islington 등 6개 지방자치단체의 사례들이 보고되고 있다.[15]

2010년대 들어와서 영국에서 부활하고 있는 재공영화정책의 법적 배경
은 국가나 지방자치단체는 주민에게 필수적인 공공서비스의 공급과 관련
하여 그 업무의 처리로 재정적자가 발생하는가 그리고 수탁업체가 도산하
는가와 상관없이 해당 서비스를 공급해야 할 법적 책임을 최종적으로 지고

보고서로는 다음의 것이 있다. Djuna Thurley/ Federico Mor/ Lorna Booth/ Lorraine
Conwa, The collapse of Carillion, House of Commons Library, 2018.3.14

12 영국 공공서비스공급자협의회(APSE. Association for Public Service Excellence)는 영국
에서 300개 이상의 지방자치단체들을 위해 일하는 비영리 지방자치기구이다. 생활폐기
물처리, 난민처리, 공원, 환경문제. 관광, 학교급식, 도시청소와 공공건물의 유지 등 공공
서비스의 공급자들을 위한 네트워크를 주도하고 있다.

13 APSE, Insourcing: A guide to bringing local authority services back in-house, 2009,
p.10.

14 APSE, The value of returning local authority services in-house in an era of budget
constraints, 2011, p.20ff.

15 APSE, Rebuilding Capacity - The case for insourcing public contracts, 2019, p.37ff.

있다는 것, 지방자치단체의 최종책임은 민간에게 넘길 수 없다는 사실의 재인식에 있다고 한다.[16]

재공영화정책은 정치적 이데올로기가 아니라 지방행정현장에서의 실용적인 관점에서 출발한 것으로 재공영화정책이 단지 소극적으로 시장실패에 대응하기 위한 것만은 아니라고 한다.[17] 지방재정의 긴축이 필요한 상황에서 민영화된 기업들에 의한 공공서비스의 공급비용이 단계적으로 증가해 왔는데 이에 대한 적극적 비용감축조치이기도 하다는 것이다. 지방자치단체는 공영화로 계약에 구속당하지 않고 지출규모를 탄력적으로 조정할 수도 있게 되었다. 또, 지방자치단체가 예산을 지역주민들과 지역사업체들에게 지출하여 지역경제의 쇠퇴를 막기 위해 사용할 수도 있었다.

2. 재공영화정책 등장의 원인과 이유

(1) 비용증가, 서비스의 질저하 및 탄력적 대응의 어려움

영국의 지방자치단체들에 있어 공영화정책의 부활은 민영화결과가 예상과 달리 비효율적이고 비용이 증가하였다는 점에도 기인하였다.[18] 수탁업자들은 영세한 사업자들에게 사업의 일부를 재위탁하는 방식으로 업무를 처리하는 경우가 많았고, 재수탁사업자의 교체와 장비교체가 빈번하였다. 지방재정이 열악한 가운데 경제위기가 닥쳐도 수탁업자들은 기존의 계약조건의 엄격한 이행을 요구하므로 지방자치단체들이 인력과 자원의 재배

---

16 APSE, The value of returning local authority services in-house in an era of budget constraints, 2011, p.38.

17 APSE, Rebuilding Capacity - The case for insourcing public contracts, 2019, 서문.

18 영국에서 재공영화로 근로자들의 임금이 증가하고 근로조건이 개선되었으며 업무처리의 효율성과 생산성이 개선되었다는 사례들에 대한 소개는, 정홍준, 영국정부는 민간위탁을 왜 재공영화했나, 비정규노동 제139호, 2019.11, 100면 이하. 채준호, 영국 공공부문 아웃소싱(민간위탁)사업의 인소싱 사례, 국제노동브리프, 2019.6, 100면 이하 참조

치 등의 임기응변적 조치를 취하기도 어려웠다. 탄력적 대응을 위해서는 사업자와 재협상이 필요하였는데 이것은 비용증가를 야기하였다.

또, 수탁업자들은 사전에 계약서에 기재된 것 이상은 하지 않으려 하였다. 이와 같은 위탁계약의 경직성과 구속성으로 인해 지방자치단체들은 서비스 환경변화에 따른 탄력적 대응을 할 수 없었다.[19]

(2) 노동자들의 처우악화

영국에서 민영화의 흐름이 재공영화정책으로 전환되기 시작한 중요한 다른 이유는 수탁회사들에 근무하는 노동자들의 임금과 근로조건이 열악하다는 점이었다. 서비스의 주된 제공이 과도한 비정규직 노동자들에 의해 이루어졌지만, 지방자치단체들은 비상업적 문제들에 대해서는 통제할 수 없었다. 노동자들의 고용조건과 임금의 문제는 비상업적 문제에 속했기 때문이다.

지방자치단체의 공무원들과 비교할 때 민간기업들은 근로자들에게 직업훈련과 경력개발기회를 주는데 인색하였다. 그래서 공공서비스를 제공하는 근로자들의 동기와 의지도 매우 낮았다.[20] 저임금 비정규노동의 양산은 외국인 불법체류자의 고용확대, 고용기간의 단기화, 여성과 노령인구의 임시직활용, 비정규직 실업자의 확산 등 노동법상 바람직하지 못한 경제현상을 지역사회에 고착시키게 되었고, 지역사회로부터 젊은 층의 탈출행렬을 확대시켰다.[21]

---

19 Mo Baines, The Case for Insourcing Public Contracts, classonline.org.uk, 2019.7.15. 이 글은 영국 CLASS(노동과 사회 연구센터) 홈페이지에 게재된 글임.

20 APSE, Insourcing: A guide to bringing local authority services back in-house, 2009, p.17.

21 APSE, Rebuilding Capacity - The case for insourcing public contracts, 2019, p.17.

(3) 수탁기업 경영자의 과도한 이윤추구의 통제실패와
수탁기업들에 대한 정보공개법 적용제외의 문제

수탁사업자들은 민간기업으로서 이윤추구를 하는 것은 당연한 것이었지만 경영진의 탐욕과 독점욕이 과도하게 되면 제공되는 공공서비스의 질은 떨어지고 근로자들의 사기는 떨어지게 된다. 또, 수탁사업의 획득과 사업운영과정에서 관민유착과 부패의 문제가 점점 더 심각해지게 된다.

제공되는 서비스가 공공서비스이기 때문에 다양한 가치들이 어느 정도 배려되어야 하나 수탁회사들은 다양한 가치들의 균형을 고려하지 않았다. 영국에서 공영화정책의 부활은 이윤을 발생시키지 않는다 하더라도 관련자들을 평등하게 배려하는 것의 가치를 재평가하면서 이루어지게 되었다.

또, 수탁사업을 하는 민간기업들은 공공서비스를 제공하면서도 정보공개법의 적용을 받지 않아 그들의 업무처리내용에 대해 주민들은 정보를 얻을 수 없었고, 계약조건이나 근로자의 채용조건 그리고 재위탁의 허용여부 등 계약내용의 상세한 사항들에 대해서도 영업비밀이라는 이유로 민간회사들은 정보제공을 거절했다.[22,23]

민영화 이후 공공서비스를 수탁받은 기업들에 의해 권익의 침해를 당한 주민들이 권익의 구제를 받기 위해서는 지방행정옴부즈만제도(Local Government Ombudsman)를 이용할 수도 없었는데 이로 인해 비용과 시간 측면에서도 주민들에게 매우 불리하였다.[24]

---

22 Mark Sandford, Local government: alternative models of service delivery, www. parliament.uk., briefing-papers, 2019, p.26.

23 영국 감사원(National Audit Office)의 2013년 보고서도 "아웃소싱을 맡은 기업들이 공공부문으로부터 얻은 수입과 지출을 확인할 수 있는 충분한 정보를 제공하지 않고 있다"고 하면서 이 회사들이 얼마만큼의 조세를 납부하고 있는지도 확인할 수 없다고 하고 있다. 이 회사들은 이러한 정보가 기업의 경쟁력에 관계된 것으로 보고 영업비밀로 다루고 있었다. National Audit Office, The Role of Major Contractors in the Delivery of Public Services, 2013, p.15.

(4) 서비스에 대한 지방자치단체의 통제권의 가치에 대한 재인식

생활폐기물처리와 같이 주민들에게 필수적인 공공서비스의 공급이 부족하거나 이루어지지 않게 되면 주민들의 생활은 매우 곤란해지게 된다. 하지만, 민간업자들은 계약에서 벗어나게 되면 더 이상 서비스이행의 책임을 지지 않게 된다. 이로 인해 무책임하게 행동하는 경우들도 발생하였다.

지방자치단체들은 민영화 이후 해당 서비스에 대해 지방자치단체가 직접 이행하는 것의 중요성을 재평가하게 되었다. 또, 공공서비스의 계속적 공급과 공공성의 가치를 재인식하기도 하였다. 민영화 이후 자동화설비의 이용이 증가하였고 경쟁과 경제성을 존중하는 문화가 행정내부에도 정착되었는데, 이 과정에서 공무원들도 전문지식이 증가하고 경쟁문화에 익숙하게 되어 해당 서비스에 대한 지방자치단체의 직접이행능력도 증가하였다. 이러한 변화가 지방자치단체로 하여금 자신있게 재공영화정책을 추구하게 하는 원인이 되기도 하였다.

재공영화로 공공기관이 운영하게 되면서 환경보호의 수준도 높아지게 되고 주민들에게 해당 공공서비스의 혜택이 골고루 미칠 수 있게 되어 공공성의 가치를 제고시킬 수 있게 되었다. 민영화 이후 시간이 흘러 민영화 사업을 하는 사업자들이 대기업화하면서 해당 기업들의 이익이 지역밖으로 유출되게 되었는데, 재공영화를 통해 지방 영세기업들에게 혜택이 돌아갈 수 있게 되었다.

또, 민간위탁의 경우 민간회사와 지방자치단체에게 책임이 분산되어 그 책임이 누구에게 귀속되어야 하는지 불분명한 경우도 많았으나, 재공영화하게 되면서 공공기관의 장이 단일한 책임주체로서 서비스의 성과에 대해 책임을 지게 되었다.

---

24 House of Commons Public Administration and Constitutional Affairs Committee, After Carillion: Public sector outsourcing and contracting, 2019, p.49.

3. 재공영화를 위해 처리되어야 할 법적 문제들

(1) 재공영화 여부 및 그 범위의 결정과 업무처리절차의 재설계

지방자치단체들이 민영화된 사업들에 대해 재공영화정책을 시행하려고 할 때 법적 방법과 절차가 문제되었다.

개별 사업들을 평가하여 공영화를 하기로 결정하면서 지방자치단체들은 계획을 세워 단계적으로 계약에 대한 심사를 통해 연장을 거부하거나 위법이 발견된 경우 계약의 취소권이나 해지권을 행사해야 했다.

공영화의 범위를 일부에 한정하여 공영화정책을 추진할 수도 있었다. 즉, 위탁의 대상과 범위를 축소할 수도 있었다. 수탁업체들은 지방자치단체들이 위탁사업 일부라도 재공영화하여 성공적으로 운용하는 것을 경험하게 되면 지방자치단체의 가격인하압력을 더 잘 수용하는 경향이 있었고 서비스의 질개선에도 더 노력하는 경향도 발견되었다.[25] 이 때 재위탁되는 나머지 부분에 대해서도 공공의 역할이 더 강화된 새로운 위탁계약을 체결할 수도 있을 것이다. 다만, 일부 공영화의 경우 위탁업무 중 공영화의 범위가 불명확하고 공공기관과 민간의 역할범위도 불분명해지는 문제점이 나타나기도 했다. 위탁사무들이 연계되어 있거나 단계적일 때 일부만 재공영화하게 되면 혼란이 초래되고 비용이 증가할 우려가 있다.

민영화이후 서비스의 결정과 전달은 지방자치단체와 민간기업으로 나뉘어 있어 주민입장에서는 시스템이 더 복잡해지는 불편을 경험했었는데, 재공영화를 통해 전달시스템을 단순화하여 효율성을 높일 수 있게 설계되어야 한다.[26] 공영화로 위탁사무가 공공사무로 전환되면서 업무처리절차를

---

25 영국의 CUMBRIA COUNTY의 일부 사업 재공영화 사례에서 이러한 경향이 나타났다. APSE, The value of returning local authority services in-house in an era of budget constraints, 2011, p.22.

26 APSE, The value of returning local authority services in-house in an era of budget

재설계할 때, 절차의 적정성, 투명성과 책임성의 원칙이 지켜져야 한다.[27] 공영화는 절차를 법적으로 재설계하는 것 못지않게 능력있는 사람들을 발굴하여 새로운 절차에 맞게 서비스를 제공하도록 인력을 배치하는 것이 중요하다.

수탁업체가 가지고 있던 업무처리데이타의 인수인계도 철저히 이루어져야 하고, IT시스템의 재설정이 필요할 수도 있는데, 지방자치단체는 전환과정에서도 공공서비스를 중단없이 제공하여야 한다.

공영화정책을 설계할 때 일자리를 창출하고 지방내에서 소비를 촉진하며 기술을 습득시켜 지방기업들과 지역의 환경 그리고 노동자들의 권익에 긍정적인 영향을 미치도록 설계하고 운영하여야 한다. 필요한 경우 서비스 이용자들의 교육도 실시하여야 한다.

(2) 전환과정에 관련된 핵심인력들, 근로자들과 공무원들의 처리, 권리보호강화와 재교육

수탁된 서비스가 공영화하게 되면 수탁업체에 종사하던 근로자들의 전직과 해고 등의 처리, 공무원으로 전환된 근로자들의 권리보호의 강화, 공무원들의 배치와 재교육, 승계된 고용인들의 교육과 행정문화에 대한 적응훈련[28] 등이 중요한 과제로 대두되게 된다.

수탁업체에 종사하던 근로자들이 공영화로 지방자치단체나 지방공기업 등에 속하게 되면 근로조건의 변경, 임금의 조정이나 연금수급 등의 문제가 발생하게 된다. 영국에서 단순노무직 종사자들의 경우 지방화로 공무원

---

constraints, 2011, p.39.

27 APSE, Rebuilding Capacity - The case for insourcing public contracts, APSE, 2019, p.9.
28 재공영화하게 되면 근로자들에게 교육훈련과 경력개발의 기회를 갖게 되는데 이것이 서비스의 질을 높이는 데 있어서 중요한 의미를 갖게 되었다. APSE, Insourcing: A guide to bringing local authority services back in-house, 2009, p.17.

이나 이에 준하는 지위를 갖게 되면 보수나 근무조건 등에서 더 개선되는 경향이 있었다.[29] 지방자치단체의 업무로 전환되면서 근로자들의 임금과 근로조건이 개선된 결과 근로자들의 서비스전달의 질도 개선되고 업무만족도도 더 높아지게 되었다.[30]

하지만, 전문가인 핵심인력들의 경우는 사정이 달랐다. 낮은 보수와 권한부족 등의 이유로 핵심인력들의 이탈, 전문지식과 핵심적 노하우의 상실 등의 문제가 나타나기도 했다. 지방자치단체는 공영화를 추진하는 경우에도 전문가를 중간관리자로 채용하는 방법 등을 활용하여 재공영화과정에서 적절한 서비스를 중단없이 공급하여야 한다.[31]

영국의 1998년 인권법(Human Rights Act)에 따를 때, 공공서비스를 제공하는 기관들은 생명권(the right to life), 개인생활과 가족생활을 존중할 권리(the right to respect for private and family life), 그리고 차별을 받지 않을 권리(the right to be free from discrimination)를 고용된 사람들에게 보장해야 한다.[32]

아웃소싱 기업들은 인권법상의 이러한 권리들을 무시하는 경향이 있었는데 그것이 위법한 것인지는 불확실했고 근로자들도 소송을 통해서 이 권리를 주장하는 것은 비용문제 때문에 어려웠다. 지방자치단체들도 기업들과 맺은 계약을 준수해야 했는데 계약 자체도 불확실한 부분이 많아 인권법에 따라 책임을 추궁하기는 어려웠다.

아웃소싱된 사무들이 지방자치단체의 업무로 전환되게 되면 인권법상의

---

29 APSE, The value of returning local authority services in-house in an era of budget constraints, 2011, p.14.

30 APSE, The value of returning local authority services in-house in an era of budget constraints, 2011, p.38.

31 APSE, Rebuilding Capacity - The case for insourcing public contracts, 2019, p.27.

32 영국 인권법도 공공기관에 근무하는 사람들에게 주거권(the right to housing)과 같은 사회경제적 권리를 인정하지는 않고 있다. Democratising Local Public Services, The Labour Party Report (https://labour.org.uk), 2019.7, p.14.

인권보호규정들도 충실히 존중되어야 한다. 또, 재공영화가 이루어지게 되면 그 서비스에 의해 권익침해를 주장하는 자는 지방행정옴부즈만제도를 이용할 수 있게 될 것인데,[33] 미비된 경우 관련 규정의 정비도 이루어져야 한다.

III. 독일 지방자치단체들에 있어 재지방화 정책의 등장이유와 법적 쟁점들

1. 재지방화의 개념과 정책추진의 배경

(1) 재지방화의 개념

독일의 경우 특히 동독지역에서는 민간부문이 극히 협소하고 국가와 지방자치단체들이 필수적 공공서비스의 공급을 독점하고 있던 상태에서 통일 이후 오랫동안 서비스의 품질과 경제성을 높인다는 이유로 해당 업무들의 민영화가 적극 추진되어 왔다.

하지만, 2000년대 중반이후 "민영화로부터 재지방화로", "지방공기업의 르네상스", "지방자치단체들은 민영화를 후회한다", "과거로의 회귀" 또는 "국가로의 복귀" 등의 표어들이 생존배려서비스의 공급과 관련하여 다시 주장되고 각광받고 있다.[34]

재지방화(Rekommunalisierung)란 공공서비스의 이행이 과거 추진되었던 민영화방식으로부터 다시 공공의 손, 특히 지방자치단체에 의한 이행으로

---

33 House of Commons Public Administration and Constitutional Affairs Committee, After Carillion: Public sector outsourcing and contracting, 2019, p.49.

34 Hartmut Bauer / Christiane Buchner / Lydia Hajasch (Hrsg.), Rekommunalisierung offentlicher Daseinsvorsorge, Universitätsverlag Potsdam 2012, 서문.

전환되는 것을 말한다. 다만, 이 개념은 서술적이고 묘사적인 개념으로서 법적으로 정확히 정의하기는 어려운, 매우 넓은 의미를 갖지만 사적 주체로부터 공공손으로의 귀환이 재지방화의 핵심적인 내용에 속한다고 할 수 있다.[35]

독일에서 재공영화정책은 대부분 지방자치단체들에게서 나타나고 있기 때문에 재지방화라는 용어가 널리 쓰이고 있다. 이 글에서도 독일 학자들의 용어 그대로 재지방화라는 표현을 독일에 한정하여 사용하고자 한다.

(2) 독일법상 민영화된 공공서비스의 재지방화정책의 배경

독일에서 공공서비스의 공급과 관련하여 동서독 통일 이후 20여년간 지배적인 화두이었던 "민영화"의 반대흐름으로서 "재지방화"는 2010년대 이후 독일 지방자치법과 경제공법의 영역에서 가장 뜨거운 주제중의 하나가 되고 있다.[36]

독일법상 생존배려서비스[37]의 공급에 있어 재지방화는 민간에 의한 이행으로부터 지방자치단체의 직접이행으로 전면복귀를 의미하기도 하지만, 지방자치단체의 전면적 직접이행방식 이외에 부분민영화와 결합하여 협력적 이행방식의 재설계, 그리고 지방자치단체의 규제나 감독의 역할에 대한 재검토와 재설계의 문제도 쟁점으로 부각시켰다.

---

35 Kleve/Gayger, Die Rekommunalisierung in der Beihilfenrechtsfalle? NVwZ 2018, S.273.
36 Anna Leisner-Egensperger, Rekommunalisierung und Grundgesetz, NVwZ 2013, S.1110.
37 독일법상 생존배려는 인간의 생존을 위해 필요한 재화나 서비스의 제공을 위한 국가의 과제를 말한다. 독일 행정법학자 포르스트호프에 의해 처음 소개된 용어이다. Ernst Forsthoff, Die Verwaltung als Leistungsträger, 1938. 이 책에서 포르스트호프는 그 당시까지 행정법학에는 침해행정론만이 알려져 있었는데, 생존에 필요한 급부를 제공하는 국가와 개인의 관계를 명확하게 법해석론에 도입한 급부행정론을 주장하면서 생존배려 개념을 사용했다.
독일법에서 사용되는 생존배려서비스는 우리 법상 지방주민들을 위한 필수적 공공서비스로 이해할 수 있을 것이다.

독일에서 생활폐기물의 처리, 상하수도의 설치와 관리, 거리청소, 가스와 전기의 공급 등 도시주민들의 생존을 위해 필수적인 공공서비스는 생존배려서비스(Daseinsvorsorge)로 인식되어 2차대전 이전부터 80년대까지는 지방자치단체가 직접 제공해야 하는 책임을 지고 있었다. 민영화는 사회복지정책으로 인해 야기된 과중한 재정적 부담의 경감방안으로 논의되다가 90년대 이후 동서독통일로 지방재정이 악화되면서 20년 이상 줄기차게 추진되어온 정책들이었다. 재지방화정책은 특히 독일 경제가 자신감을 크게 회복한 2010년대 이후 주민들의 지지를 받아 다시 강력하게 추진되기 시작한 정책들인데, 이제 독일뿐만 아니라 다른 유럽국가들에서도 재지방화정책이 점차 강화되어가고 있다.

2. 재지방화정책의 주요 사례들과 정치경제적 이유

(1) 재지방화정책의 대상과 주요 사례들

독일에서 재지방화정책의 대상들은 주로 과거 민영화정책의 대상이었던 것들에 집중되고 있다. 식수의 공급을 위한 상하수도의 설치와 관리,[38] 전기의 공급을 위한 시설의 설치와 관리,[39] 냉난방 등을 위한 가스와 기름 등

---

[38] 상하수도의 관리업무도 지방자치단체들에서 재지방화가 이루어진 주요 공공서비스 무분중 하나이있다. 2000년에서 2014년까지 세계적으로 상하수도부문에서 재지방화의 사례를 조사한 보고서에 따르면 2000년에는 상하수도부문에서 세계적으로 3건의 재지방화사례밖에 없었으나 2000-2014년에는 총 180건의 재지방화사례가 있었다고 한다. 이 중에서 미국 59건, 프랑스 49건, 독일의 베를린 등 8건이 있었다 한다. Emanuele Lobina/ Satoko Kishimoto/ Olivier Petitjean, GLOBALER TREND DER REKOMMUNALISIERUNG DES WASSERS, 2015 참조.

[39] 에너지부문과 관련하여 독일의 재지방화정책을 추진한 도시나 지방자치단체들은 Hamburg, Dresden, Solingen, Springe, Daisendorf/Überlingen 등이 있었는데 큰 규모의 지방자치단체들뿐만 아니라 중소규모의 지방자치단체들에서도 재지방화의 움직임이 활발했다. 이에 대해서는 Österreichische Gesellschaft für Politikberatung und Politikent-

의 공급을 위한 시설의 설치와 관리, 생활폐기물의 처리를 위한 시설의 설치와 관리,[40] 대중교통의 운행확보, 공공병원의 확보 등이 주된 정책대상들이다. 하지만, 교육 및 문화와 관련된 공공서비스나 요양시설이나 고아원 그리고 어린이집과 같이 사회적 시설을 통해 제공되는 공공서비스의 확대도 재지방화정책의 대상으로 논의되고 있다.[41]

(2) 재지방화정책의 정치경제적 이유

독일에서 재지방화정책의 부활은 무엇보다 생존배려서비스의 공급에 종사하는 근로자들이나 주민들이 민간기업보다는 지방자치단체나 지방공기업들의 직접공급을 더 선호한다는 점이 전환결정에 큰 영향을 미치고 있다. 또, 민영화이후 이제 지방행정에도 경영마인드가 도입되고 기업경영의 기법들도 이용되면서 상황이 과거와 달라진 측면도 있다는 점, 그리고, 지방자치단체가 직접 이행할 때 공공서비스가 보다 주민친화적이고 평등하게 제공되어 자치능력을 신장시킨다는 점도 재지방화에 호의적인 영향을 미치고 있다.[42]

재지방화를 통해 그 공급이 원활하지 못하던 공공서비스를 지방자치단체의 지원을 통해 원활하게 할 수 있게 되고, 지역사회에 대한 주민들의 귀속감도 높아지며, 사기업이 주주가치의 제고를 위해 노력하는 것과 달리 공기업 등은 주민들의 이익제고를 위해 노력하게 되는 등 지방자치단체는 재방화를 통해 더 다양한 제어수단을 갖고 더 강한 영향력을 행사할 수 있

---

wicklung, Rekommunalisierung in Europa, 2019, SS.43-56 참조.

40 생활폐기물의 처리업무에 관한 독일 지방자치단체들의 재지방화는 Böblingen, Rostock 등의 도시에서 나타났다. 이에 대해서는, Mag/ Susanne Halmer/ BA MMag/ Barbara Hauenschild, (Re-)Kommunalisierung öffentlicher Dienstleistungen in der EU, 2012, SS.44-49 참조.

41 Anna Leisner-Egensperger, Rekommunalisierung und Grundgesetz, NVwZ 2013, S.1112.

42 Isabel Stirn, Rekommunalisierung der Versorgungsaufgaben, KommJur 2011, S.48.

게 되고 있다. 또, 근로자의 지위도 더 강하게 보호할 수 있게 되었다.[43]

3. 재지방화정책의 법적 근거와 주요 쟁점들

(1) 재지방화정책의 법적 근거

재지방화를 위한 가장 중요한 헌법적 근거는 기본법 제12조이다. 기본법 제12조는 제1항에서 모든 국민들에게 직업선택의 자유를 인정하면서 제2항에서 공익을 위한 경우를 제외하고는 강제노역을 당하지 아니한다고 규정하고 있다. 이 조항들로부터 국가나 지방자치단체의 활동은 공익의 보호를 위한 업무에 제한되는 것으로 해석되고 있다. 지방자치단체가 공익의 보호를 위한 활동을 하는 경우에도 수행주체의 선택, 조직형식의 선택과 행위형식의 선택 등에 있어 무제한적 재량을 갖는 것이 아니라 그 업무를 최적으로 수행할 수 있는 방식을 선택해야 할 의무가 있다.[44] 때문에 지방자치단체는 공공서비스라고 해도 항상 직접수행해야 하는 것은 아니다.

주민들에게 필요한 공공서비스의 수행주체 및 그 방식의 선택은 해당 공공서비스가 추상적이기는 하지만 얼마나 더 공익적인 특성을 갖는가에 달려 있다고 할 수 있는데, 그 판단은 각 국가의 경제수준이나 재정상황, 정치적 상황, 문화나 주민들의 인식 등에 달린 것이어서 서로 다를 수 있을 것이다. 독일의 경우 양로사업은 특별한 공익적 특성을 가진 것으로 지방자치단체에 의한 직접수행이 필요한 업무로 보고 있다.[45]

---

43 Hartmut Bauer, Von der Privatisierung zur Rekommunalisierung - Einführende Problemskizze, in ; Hartmut Bauer/Christiane Büchner/Lydia Hajasch (Hrsg.) Rekommunalisierung öffentlicher Daseinsvorsorge, KWI Schriften 6, 2012, S.23.

44 Anna Leisner-Egensperger, Rekommunalisierung und Grundgesetz NVwZ 2013, S.1113.

45 Anna Leisner-Egensperger, a.a.O., S.1114.

(2) 재지방화를 위한 법정책의 유형

재지방화를 위한 법정책은 민영화정책의 유형과 비슷하게 실질적 재지
방화정책, 기능적 재지방화정책 그리고 형식적 재지방화정책으로 나눌 수
있다.[46]

실질적 재지방화정책은 공공서비스를 수행하는 사기업의 지분이나 관련
된 재산의 소유권을 지방자치단체 등 공공기관에게 넘기는 것이다. 지방재
정의 어려움 등을 이유로 국가에게 소유권이 넘어가고 운영권만 지방자치
단체에게 넘기는 형태도 있을 수 있다. 지방자치단체는 사기업으로부터 지
분을 매입하거나 토지나 건물 등의 재산을 구매하거나 중대한 공공필요가
있으면 수용조치 등을 통해서 강제로 소유권 등을 획득할 수도 있다. 민영
화된 전력공급망을 재구매하거나 부동산회사에 매각된 저소득층용 임대주
택을 재구입하는 것과 같은 정책들이 여기에 속한다.

기능적 재지방화정책은 이전에 사기업에게 위탁되었던 공공업무, 예를
들어, 도로청소업무나 쓰레기처리업무를 다시 지방자치단체의 직접처리업
무로 전환시키는 정책을 말한다.

형식적 재지방화정책은 특정 공공업무를 처리하는 조직이 이전과 마찬
가지로 여전히 지방자치단체에게 속한 조직이기는 하지만 사기업과 같은
사법적 조직형식이었다가 공기업과 같이 공법적 조직형식으로 전환시키는
정책을 말한다.

---

46 Kleve/Gayger, Die Rekommunalisierung in der Beihilfenrechtsfalle? NVwZ 2018,
   SS.273-274.

(3) 독일법상 재지방화에 의한 법적 변화와 전환을 둘러싼 법정책적 쟁점들

1) 재지방화에 의한 법적 변화

법정책적 측면에서는 재지방화를 하게 되면서 공익보호의 정도가 강화되거나 공익보호를 위한 지방자치단체의 권한이 강화되는 결과가 나타났다.[47]

첫째, 지방자치단체들은 재지방화정책을 통해 지방자치단체의 민주적 정당성을 강화할 수 있게 되었다. 재지방화한 후 자치입법을 통해 더 강화된 환경보호기준이나 복지기준을 제정해 집행할 수 있게 되었다.

또, 재지방화정책을 도입하기 위해서는 그의 법적 허용범위를 파악하고 담당조직을 결정하며 기준과 절차를 결정해야 하는데, 이 단계에서 지방행정의 조직상황이나 지역사회의 경제사회적 상황을 더 잘 고려하고 구성원들과 주민들의 인식 등도 더 잘 반영할 수 있게 되었다.

둘째, 법령이나 자치입법에 지시권, 동의권, 철회권과 같은 법적 수단들을 새로 도입하거나 기존의 규정들을 근거로 공공서비스를 제공하는 공기업이나 영조물 등에 대한 법적 통제권을 강화할 수 있게 되었다. 지방자치단체들은 공공시설의 이용료의 책정에 있어서도 공정거래법이 아니라 조례의 규율을 받도록 규정할 수 있게 되었다. 사용료의 징수 등에서 필요한 경우 조세집행조직을 이용할 수도 있게 되었다.

셋째, 공공서비스를 제공하는 공기업이나 영조물 등의 이사임명 등을 통해 보다 적극적으로 경영에 개입할 수 있게 되었고, 공공서비스의 가격을 낮출 수도 있었다. 공공서비스의 공급확보를 위해 주기적으로 조달절차를 이용하느라 소모적인 노력을 기울일 필요가 없어서 거래비용을 줄일 수도

---

47 Schmidt, Rechtliche Rahmenbedingungen und Perspektiven der Rekommunalisierung, DÖV 2014, S.358.

있게 되었다.

2) 재지방화를 둘러싼 법정책적 쟁점들

재지방화정책의 추진과 관련하여 추진여부 및 그 범위나 방법 등과 관련하여 다음과 같은 법정책적인 논쟁들도 나타났다.

첫째, 공공서비스의 재지방화가 보충성원칙(Subsidiaritätsprinzip)을 침해하는 것 아닌가 하는 의문도 나타나고 있다.[48] 지방자치단체가 수행하는 생존배려서비스가 보충성원칙의 적용을 받는가에 대해서는 주입법차원에서도 입장과 견해가 나뉘어져 있다.[49]

예를 들어, 바덴뷔템베르크 지방자치법 제102조 제1항 제3호(§ 102 I Nr.3 BWGO)는 "생존배려(Daseinsvorsorge) 이외의 지방자치단체의 활동으로서 그 목적이 민간 공급자에 의해 동등하게 잘 그리고 경제적으로 이행되지 않거나 이행될 수 없을 때", 지방자치단체는 그 법적 형식에도 불구하고 경제적 기업을 설립, 인수, 대폭 확대 또는 참여할 수 있다고 규정하고 있는데, 이 규정의 취지는 생존배려서비스는 보충성원칙이 적용되지 않는 지방자치단체의 활동에 속하는 것으로 보는 것을 의미한다.

하지만, 노르트라인-베스트팔렌 지방자치법 제107조 제1항 제3호(§ 107 I Nr. 3 NRWGO) 는 "전기통신 서비스를 포함한 전기통신망 운영, 공공교통 및 수도 공급 이외의 활동으로서 그 공공목적이 다른 기업에 의해 더 잘

---

48 독일법상 자치행정의 영역에 있어 보충성원칙은 지방자치단체는 경제적 임무에 대해 민간보다 더 잘 처리할 수 있을 때에만 활동할 수 있다는 법원칙이다. 민간이 그 과제를 더 비용절약적으로 처리할 수 있다면 그 과제의 처리는 민간에 맡겨져야 한다. Hartmut Bauer, a.a.O., Fn.53, S.24.
    다만, 이 원칙은 일반적이고 포괄적인 법원칙으로서 구체적인 상황과 관련하여서는 각 지방자치단체의 입법상황이나 논자들의 입장에 따라 상이한 견해를 제시하는 경우가 많다.
49 Klaus Lange, Öffentlicher Zweck, öffentliches Interesse und Daseinsvorsorge als Schlüsselbegriffe des kommunalen Wirtschaftsrechts, NVwZ 2014, S.621 참조.

그리고 경제적으로 이행될 수 없을 때", 지방자치단체는 그 과제의 이행을
위하여 경제적으로 활동할 수 있다고 규정하고 있는데, 이 규정의 취지는
보충성원칙을 보다 넓게 이해하여 바덴뷔템베르크의 '생존배려' 조항보다
는 훨씬 좁게 지방자치단체의 경제활동범위를 인정하고 있다.

독일에서 생존배려서비스 전체가 재지방화의 대상이 될 수 있는가는 그
공익성의 정도에 따라 각 주마다 차이가 있는 것 같다. 이를 반영하여 학자
들 사이에도 지방화의 가능성과 그 정도에 대하여 견해의 차이가 있는 듯
하다. 지방자치단체나 지방공기업이 사기업과 비교하여 필수적 공공서비스
의 공급에 있어 더 잘할 수 있는가 그리고 경제적으로 운영할 수 있는가를
평가해서 판단하고 있는 것 같다.

둘째, 독일에서 지방자치단체의 공영화정책이 부활하고 있는 흐름을 지
지하면서도 민영화와 지방화는 상호배척하거나 어느 하나의 흐름이 다른
흐름을 압도해서는 안된다는 주장도 나오고 있다.[50] 민영화와 지방화를 상
호보완적으로 활용하여야 한다는 것이다. 생존배려서비스의 공급에 있어
공공성과 경제성 기준의 충족정도를 높이기 위해서는 민영화와 지방화를
택일적으로 접근해서는 안된다고 한다.

대상업무에 따라 민영화나 지방화의 정도나 방식을 다르게 하는 것이 필
요할 수 있다. 이를 위해서는 대상업무의 특성이나 해당 지역의 현실을 충
실히 조사하여 대응해야 하는데, 이 작업의 효율을 높이기 위해 공공성과
성제성의 확보에 있어 하자가 발생하게 되는 주요 원인과 전형적 발생과정
들에 대한 조사분석이 필요하다.

또, 집행단계에서 지방자치단체들은 일부 범위에서 민간위탁의 방법을
이용하는 경우에도 보장해야 할 공공성과 경제성의 목표를 명확하게 하여
사기업들과의 계약내용을 구체화하는데 반영하고 하자발생의 위험을 줄이
기 위한 노력도 필요할 것이다.

---

50 Hartmut Bauer, a.a.O., SS.27-30.

Ⅳ. 시사점 및 결어

1. 시사점

민간위탁사무의 처리에 있어 공공성의 보호와 계약자의 사적 자치의 보호 사이에서 균형을 잡는 것도 매우 큰 문제이지만, 지방자치단체가 민간위탁된 사무를 전부 또는 일부 공영화하려 할 경우 그 허용여부나 방법과 관련해서 발생하는 법적 문제들은 우리에게 잘 알려져 있지 않고 익숙하지 않은 문제들이기도 하다.

이미 우리나라에서도 민간위탁사무의 재공영화 계획을 가진 지방자치단체들에서 재공영화의 허용여부와 그 방법에 관해서 질의를 한 사례들도 나타나고 있다.[51] 조례의 개정이나 제정을 통해 전부의 재공영화가 가능한지, 일부에 대해서만 재공영화가 가능한지, 지방자치단체장과 지방의회의 역할은 무엇이고 상호 권한의 한계는 어디인지, 민간위탁에 있어 지방자치단체장이나 지방의회는 공공성의 보호를 위해 개입가능한지 가능하다면 그 한계는 어디인지, 재공영화의 경우 근로자들의 고용승계는 허용되는지 그 방법은 무엇인지 등 많은 질의가 있었다. 이러한 문제들 이외에도 절차의 투명성강화, 공공성강화 및 경제성개선 등과 관련된 많은 법적 쟁점들이 존재하고 있다.

우리나라에서는 국가나 지방자치단체들의 공공서비스와 관련되어 공익성의 보호가 필요한 문제임에도 불구하고 관련된 연구들이 없는 경우 보통 민사법상의 계약이론이 제시하는 결론에 가깝게 계약자들의 계약내용 그대로 처리되고 공익보호는 소홀히 되는 경우가 많았다.[52]

---

51 국가법령정보센터 자치법규 의견제시. [의견12-0236, 2012. 8. 13., 경상북도 구미시] ; [의견17-0236, 2017. 9. 27., 경기도 김포시] 참조.
52 지방자치단체의 민간위탁에 관한 최근 대법원판결도 "위 협약은 갑 지방자치단체가 사인인 을 회사 등에 위 시설의 운영을 위탁하고 그 위탁운영비용을 지급하는 것을 내용

영국과 독일의 지방자치단체들에서 공공서비스업무의 재공영화과정을 살펴보면, 민영화가 지지되던 시기와는 달리 재공영화가 공공성을 강화하고 경제성도 강화시키는 방안으로 지지받아 부활하고 있는데, 이 과정에서 조례는 중요한 역할을 하고 있다.[53] 영국의 재공영화정책이나 독일의 재지방화정책의 추진과정에서 드러났던 주요 법적 쟁점들은 우리나라 지방자치단체들이 재공영화정책을 추진하려 할 때 모델이 되거나 참고자료로서 가치를 가질 것으로 생각한다.

우리나라 민간위탁 및 재공영화와 관련된 입법, 행정내에서의 법해석은 물론 판례 등 법실무 전반에 걸쳐 공공성보호와 경제성평가의 관점에서 비판적 재검토가 시급하다고 생각된다.

으로 하는 용역계약으로서 상호 대등한 입장에서 당사자의 합의에 따라 체결한 사법상 계약에 해당하고, 위 협약에 따르면 수탁자인 을 회사 등이 위탁운영비용 중 비정산비용 항목을 일부 집행하지 않았다고 하더라도, 위탁자인 갑 지방자치단체에 미집행액을 회수할 계약상 권리가 인정된다고 볼 수 없는 점, 인건비 등이 일부 집행되지 않았다는 사정만으로 을 회사 등이 협약상 의무를 불이행하였다고 볼 수는 없는 점, 을 회사 등이 갑 지방자치단체에 미집행액을 반환하여야 할 계약상 의무가 없으므로 결과적으로 을 회사 등이 미집행액을 계속 보유하고 자신들의 이윤으로 귀속시킬 수 있다고 해서 협약에서 정한 '운영비용의 목적 외 사용'에 해당한다고 볼 수도 없는 점 등을 종합하면, 갑 지방자치단체가 미집행액 회수를 위하여 을 회사 등으로부터 지급받은 돈이 부당이득에 해당하지 않는다고 본 원심판단에 법리를 오해한 잘못이 있다"고 한다. 대법원 2019. 10. 17. 선고 2018두60588.

53 때문에 법제처가 제시한 의견, 즉, "구미시조례안 제9소세1팅제7호에서는 생활폐기물의 수집·운반 또는 처리를 대행하고자 하는 자는 구미시장과 상호계약에 의하되 '대행업자 준수 사항'을 계약사항에 포함하도록 규정하고 있는바, '계약(契約)'이란 본질적으로 쌍방 당사자가 계약의 내용에 구속될 '준수 사항'을 포함하는 것이라 할 것이고, 일방적으로 구미시장이 정할 수 있는 사항이 아님에도 불구하고 굳이 조례에 '준수사항'을 계약사항에 포함하도록 규정할 필요가 있는지 의문"이라는 의견은 개방사회에서 비교법적으로 통용될 수 있는 의견인지 의문이다. 국가법령정보센터 자치법규 의견제시. [의견 12-0236, 2012. 8. 13., 경상북도 구미시] 참조.
사견으로는 민사법상의 계약이론에만 익숙한 실무운영을 보여주는 것이 아닌가 생각한다.

2. 결어

일반이론수준에서 보장국가론에 따라 국가나 지방자치단체가 민영화하더라도 공익보호의 최종책임을 진다는 이론을 지지할 것인지, 아니면 기본소득, 노령연금과 실업수당의 증액 및 확대, 전국민고용보험의 도입과 같이 국가의 직접이행임무의 확대방안을 지지할 것인지는 자신의 가치관에 따라 선택할 수는 있을 것이다.

그러나, 이러한 주장과 선택은 추상적인 수준에서 막연히 이루어져서는 안되고 기존의 법령 및 그 해석과 행정현장의 실무를 면밀히 살펴 자신의 입장을 점검하면서 구체적인 대안과 관련하여 전개될 필요가 있다. 지방현실에서 자주 마주치는 실무의 문제점을 분석하면서 일반이론이나 총론수준에서의 논의나 정책만으로는 공허하게 느껴지는 경우도 많다. 우리 민간위탁실무에서는 사법적인 마인드가 강력하게 지배하고 공법적인 마인드는 거의 찾아보기 어렵다. 관련 글도 드물거나 우리 법실무를 거의 고려하지 않은 경우도 있었다. 접근방법의 개선이 필요하지 않은가 생각한다.

02

지역발전을 위한
특구의 유형화 | 선정원

Ⅰ. 특구의 의의, 연혁과 입법기술

1. 특구의 개념

법률용어는 동일한 용어의 경우에도 그 정확한 의미가 다를 수 있으므로 우리나라에서 특구에 대한 입법용례를 살펴 특구의 개념을 정의해보기로 한다.

'규제자유특구 및 지역특화발전특구에 대한 규제특례법'은 지역특구란 지역특화발전특구와 규제자유특구를 말한다고 하면서(동법 제2조 제1호) 지역특화발전특구라 함은 "지역의 특화발전을 위하여 설정된 구역으로서 제11조에 따라 지정·고시된 지역을 말한다"(동법 제2조 제2호)고 하고 있으며, 규제자유특구(규제프리존)란 "광역시·특별자치시 및 도·특별자치도 (「수도권정비계획법」 제2조제1호에 따른 수도권은 제외한다)에서 혁신사업 또는 전략산업을 육성하기 위하여 규제특례등이 적용되는 구역으로서 제75조 제3항 및 제4항에 따라 중소벤처기업부장관이 지정·고시한 구역"(동법 제2조 제13호)이라고 하고 있다.

'연구개발특구의 육성에 관한 특별법'은 "연구개발특구"란 "연구개발을 통한 신기술의 창출 및 연구개발 성과의 확산과 사업화 촉진을 위하여 조성된 지역으로서 제4조에 따른 지역"(동법 제2조 제1호)이라고 정의하고 있다. '교육국제화특구의 지정·운영 및 육성에 관한 특별법'은 "교육국제화특구"란 "외국어 교육 및 국제화 교육의 활성화를 위하여 조성된 지역으로서 제4조에 따라 지정된 지역"이라고 하고 있다.

'관광진흥법'은 관광특구에 대하여 ""관광특구"란 외국인 관광객의 유치 촉진 등을 위하여 관광 활동과 관련된 관계 법령의 적용이 배제되거나 완화되고, 관광 활동과 관련된 서비스·안내 체계 및 홍보 등 관광 여건을 집중적으로 조성할 필요가 있는 지역으로 이 법에 따라 지정된 곳을 말한다"(동법 제2조 제11호)고 하고 있다.

이상의 입법례를 볼 때, 우리나라의 실정법상 특구는 권한있는 행정기관이 법에 따라 특정한 공익목적을 위하여 지정·고시한 특별한 '지역'이라고 정의할 수 있을 것이다. 우리 법은 특구의 정의에 있어서 특별한 '지역'과 특정한 공익목적, 그리고 지정·고시의 세 요소를 중시하고 있음을 알 수 있다.

미국에서는 특구(special districts)를 "일반목적을 갖는 지방정부로부터 실질적으로 행정적·재정적인 독립성을 갖는 별개의 기관으로서 제한적 목적을 추구하는 독립적 정부단위이다. 다만, 학교특구는 제외한다"고 정의하는 것이 일반적이다.[1] 즉, 미국에서 특구는 특별한 '지역'과 특정한 공익목적, 그리고 지정·고시의 세 요소이외에 운영주체를 중시하여 그것을 특구의 개념정의속에 포함시킨다.[2] 그래서 미국에서는 특구 대신에 '특구정부(special

---

[1] United States Census Bureau, Governmental Organization, Census of Government, 1983. ; Mary Kay Falconer, Special Districts: The "Other" Local Governments - Definition, Creation, and Dissolution, Stetson Law Review 18, 1988-1989, pp.585-586.

[2] 오랜 특구 역사를 가진 미국에서 특구개념의 이해는 특구제도의 성공적인 운영이 운영주체를 어떻게 구성하느냐에 달려 있기 때문에 그 운영주체를 떠나서 특구제도를 정의

district governments)'라는 명칭이 사용되기도 한다.[3]

2. 특구의 연혁

특구제도의 탄생배경과 그 다양성을 이해하기 위해서는 특구제도 도입의 역사가 짧은 우리나라가 아니라 수많은 다양한 특구제도들이 발달한 미국에서 특구의 연혁을 살펴보아야 한다.[4]

미국은 광대한 국토, 신생국으로서 행정력의 한계 그리고 연방제의 특성 때문에 연방정부와 주정부의 행정력이 미치지 못하고 공공서비스의 공급이 불충분했던 식민지시절부터 주민들 스스로 주정부의 승인을 얻어 다양한 종류의 특별한 공공서비스의 자율적 처리를 담당하는 특구를 설립하기 시작했다.

미국 역사에 출현했던 농촌형 특구와 도시형 특구의 기원을 살펴보면,[5] 농촌형 특구는 서부개척시대에 출현했다. 서부개척시대에 개척자들은 항상 물부족에 시달렸으므로 물을 관리하는 자는 권력과 부를 쥐게 되었다. 그렇지만 중앙정부나 주의 힘은 미약했으므로 물부족문제를 해결해줄 능력이 없었다. 특정한 지구에서 필요한 물의 관리와 적정한 배분을 위해 주민들의 자발적 관리조직이 탄생했고 주민들은 그 비용을 지불했다. 이것을 특별구역(Special Districts)으로 불렸다. 동부와 중서부의 대도시에서 도시형 특구들이 등장했는데, 주정부가 도로포장까지는 해주지 않았으므로 인근주

할 수는 없다고 보는 인식을 전제로 하고 있다. 우리나라는 특구제도의 도입에 있어 상대적으로 운용주체의 문제를 소홀히 하고 있는데 이로 인해 장기적인 계획의 수립과 집행에 어려움이 발생하고 있다.

3 Richart Briffault/Laurie Reynolds, State And Local Governemnt Law, 6 ed., 2001, p.11.

4 2002년 현재 미국에서 학교특구는 13,522개, 다른 특구들은 32,000 개 정도가 있다 한다. Richart Briffault/Laurie Reynolds, a.a.O., p.11.

5 David J. Kennedy, Restraining the Power of Business Improvement Districts: The Case of the Grand Central Partnership, Yale Law & Policy Review 15, 1996, pp.288-289.

민들이 도로포장을 언제 어떤 방식으로 어디까지 할 것인지에 대해 결정해야 했고 이를 위해 특별구역을 지정했다. 이런 형태의 최초의 특별구역은 필라델피아에서 1790년 등장했고 시카고 등 대도시지역으로 퍼져갔다. 시카고의 특구들은 주차장건설도 포함했는데 1869년 주민투표를 통해 특별구역을 승인하였다. 점차 이 특구들은 다양한 공공활동들을 수행했는데, 항만설비, 오물처리, 물공급, 주차장건설 등으로까지 확장되었다.

미국에서 특구들은 오늘날에도 특정 지역에서 물관리를 전담하거나 주택건축 등을 관리하거나 소방문제를 전담하거나 병원관리 등 의료문제를 전담하는 등 다양하다.[6] 도심의 낙후된 상업지구의 개선을 담당하는 것도 특구활동에 포함되고 있다.

3. 다양한 특구제도에 대한 주체적 연구의 필요

전세계는 현재 중국의 경제특구제도의 성공이후 나라마다 발전단계를 고려하여 독특하고 다양한 특구실험을 하고 있는 상황이다. 지방생존이 문제되는 상황은 정도의 차이는 있지만 대부분의 선진국들에서도 비슷하기 때문에 이를 타개하기 위해 다양한 특구제도들이 설계되어 도운영되고 있다. 하지만, 우리나라는 특구정책이 매우 늦게 출발했고 지역발전정책도 중앙행정주도로 추진되어 지역별 특성에 맞는 발전전략이 부재했다. 과거 오랫동안 지역개발정책은 모든 지역에 산업단지, 농공단지, 관광지 등을 획일적으로 균등 개발하여 중복 투자 등 사회적 낭비를 초래했으며, 지방자치단체도 스스로의 개발능력을 키우는 노력이 미흡했다.

우리 정부는 2004년 3월 22일 지역특화발전특구제도를 도입한 이래 지역발전을 위한 다양한 특구들에 대하여 관심과 기대를 키워가고 있으나 아

---

6 Mary Kay Falconer, Special Districts: The "Other" Local Governments – Definition, Creation, and Dissolution, 18 Stetson Law Review 1988-1989, p.583.

직까지 그 유형이 다양하지는 않다. 지식이 경쟁력의 핵심요소로 자리잡아 가는 개방사회에서 지역사회의 발전을 위해 관건이 되는 포인트는 지역사회의 창의력과 잠재력을 끌어올릴 수 있는 현실적이고 실행가능한 아이디어들이다. 잘 설계된 특구제도는 다양한 창의적인 아이디어들의 출현을 가져와 지방의 공동화 현상을 극복하는 데 상당한 도움이 될 수도 있을 것이다. 자치단체들간 지역발전경쟁이 활성화되도록 보다 다양하고 지역실정에 적합한 제도들과 정책들이 출현하기 위해서는 우선 다양한 특구제도들에 대한 연구가 활성화되어야 할 것이다.

하지만, 외국의 특구제도에 관한 연구에서 주체성이 결여된 모방이 가져올 폐해도 충분히 인식하고 있어야 한다. 국가와 사회의 발전을 위한 정책들의 학습과 모방은 전 세계의 모든 나라들에서 이루어지고 있는 것이지만, 자신의 관점에서 경제발전의 단계와 한계상황들에 대한 충분한 인식이 결여된 상태에서의 모방은 결국 많은 문제점을 노출하게 된다.[7]

이 글에서 새롭게 나타난 국내외 특구사례들을 조사하는 것을 넘어 유형화하고 비교하는 것은 보다 유연한 입장에서 실용적으로 우리 실정에 적합한 특구모델을 만들어내고 그것을 설계하는데 도움을 얻기 위한 것으로 단

---

7 지방의 정책개발 현실은 전문가가 부족하고 아이디어들도 부족할 뿐만 아니라 집행되는 경우도 드물고 다른 자치단체의 아이디어들을 모방하는데만 열중하는 경향이 있어 왔다. 지역특화발전특구에서도 각 지방자치단체는 아이디어의 부재로 다른 자치단체의 모방에 치중하는 문제점이 드러났다. 예를 들어, 충청권은 지난 2005년 4월 제천 약초웰빙특구와 금산 인삼헬스케어특구가 첫 지정된 이후 6월 현재 충북 12곳, 충남 10곳 등 모두 22곳으로 전국 21.5%를 차지하고 있다. 그러나 제천(약초웰빙, 에코세라피건강), 충주(사과, 수상레포츠), 옥천(묘목산업, 옻산업), 논산(청정딸기산업, 양촌곶감, 강경발효젓갈산업) 등 2~3곳이 지정돼 있다. 또 충북 영동과 경북 김천·상주 등 서로 인접한 3곳이 모두 포도특구로 지정돼 중복 개발됐으며, 제천 등의 한방·약초 관련 특구도 전국적으로 10개가 넘는다. 지형, 기후, 산업의 특성상 유사한 특구를 인접 자치단체들이 신청해야 할 때에는 몇 개의 자치단체들이 함께 특구를 신청하고 각 자치단체의 주체성과 아이덴티티를 존중하면서도 그 협력이 상승효과를 낼 수 있는 장치를 마련하는 것이 바람직할 것이다.

순하게 선진국들을 모방하고 추종하기 위한 것이 아니다. 이 글이 우리 상황에 적합한 특구제도의 설계와 운영을 위해 유용한 정책적 시사를 줄 수 있기를 기대한다.

II. 특구의 유형과 법적 구조

1. 특구에 대한 특별한 법적 규율의 필요

대도시에서는 지역이나 지구에 따라 주거비와 생계비에 큰 차이가 있게 되면 그 비용이 상대적으로 낮은 어떤 지역이나 지구에 소득수준이 매우 낮은 사람들이 몰려들게 된다. 또, 제조업이나 현대적인 서비스업에 대한 투자가 거의 이루어지지 않은 지방의 전통적 중소도시들과 읍 등에서 주민들은 국민경제발전으로부터 괴리되어 소득수준이 낮고 주택과 도로도 낡고 좁다. 일자리도 주변의 농경지에서의 농사와 재래시장이나 도로주변에서의 소매업 등에 한정되며 교육환경도 열악하다.

정부와 지방자치단체도 적절한 정책과 법을 도입하여 주택을 개량하고 도로 등 인프라를 개선시키며 악화되는 환경문제와 교육문제 등에 대처하려고 한다. 하지만 국가 전체적으로 동일하게 적용되는 일반법과 일반적 정책을 통해 이러한 문제들에 접근하려고만 하면 해당 지구의 특수한 상황으로부터 발생한 산적한 문제들의 처리가 늦어지고 그 성과도 매우 지지부진하게 된다. 특히, 주택과 일자리, 교육과 환경 등의 업무들에 관련된 법령도 다르고 다루는 정부기관이나 자치단체의 부서도 서로 잘 소통되지 않으며 투입되는 정부재정도 상호 연계되지 않아 비효율적이게 된다.

이러한 경우 특구방식은 효과적일 수 있다. 법률로 지방자치단체에게 일정한 재량권을 부여하여 대도시의 황폐화된 슬럼가나 낙후된 소도시, 읍

등을 특구로 지정함으로써 해당 지구의 복합적 문제들에 대해 보다 맞춤형
로 대처할 수 있다. 침체되고 황폐화된 읍, 소도시나 대도시의 슬럼화 되어
가는 지구 등에 대해 특구로 지정하여 정부가 일정기간 종합적 계획을 가
지고 지원하여 주민들의 경제활동의 자생력을 살려냄으로써 발전하는 국
민경제에서 소외되지 않도록 할 수도 있다.

　하지만, 외국과 유사한 특구제도를 도입한다 하더라도 그의 구체적 법적
구조는 각국의 실정을 고려하여 상당한 변형을 가할 필요가 있는데, 특구
운용의 실패가 그의 법적 구조의 부적절성에서 올 수도 있고, 이 부적절성
으로 인해 주민들의 참여의지나 특구운영자들의 의지에 의미있는 영향을
미치지 못할 수도 있다. 때문에, 입법자들은 특구를 설계하고 개선함에 있
어서는 각국의 경제발전단계, 문화적 차이, 특구적용지역 주민들의 경제적
능력과 지역주민들의 필요 등을 고려하여 특구의 유형을 구별하고 그들의
법적 구조를 차별화하며 지역경제발전을 위해 이용하는 수단들에 대해서
우선순위를 새롭게 정해야 한다.

2. 특구의 유형

　최근 글로벌 경제체제에서 경쟁력강화방안으로 각광받으면서 세계적으
로 많은 특구들이 등장하고 있는데, 그것들에 대한 종합적·체계적 연구가
없기 때문에 비교연구가 힘들고 병렬적으로 각국의 특구제도들을 소개하
는 수준에 그치는 경향이 있다. 특구에 관한 연구를 심화시키고 효율적인
입법을 위해 특구들을 유형화할 필요가 있다.

(1) 광역(Region)형 특구와 지구(District)형 특구의 구별

　특구들은 개발도상국뿐만 아니라 선진국에서도 활발하게 등장하고 있는

특구들은 으면서 경제특구와 같은 광역(Region)형 특구뿐만 아니라 매우 좁은 지구들에 초점을 맞추는 지구(District)형 특구들도 많다.

지역발전을 위한 특구는 광역형(Region) 특구와 지구형(District) 특구를 모두 포괄한다. 경제특구는 비교적 넓은 지역을 포괄하여 국가정책적으로 설립된 광역형(Region) 특구이다. 반면에 광역보다는 좁은 지구에 초점을 맞추는 지구형(District) 특구는 주로 기초자치단체가 신청하는 특구이다.

광역화된 지역을 포괄하는 경제특구란 용어는 1979년 중국의 개방이후 심천 등 중국 동부의 5개 해안지역에서 국내 저임금을 이용한 경제발전전략을 추진하기 위해 부족한 자본을 확보하고자 외국인투자를 촉진시키기 위해 중국정부가 도입하면서 매우 유명해졌다. 중국의 특구지역에서는 기업의 설립·경영, 생산, 무역, 세제상 특별한 우대조치가 적용되는데, 1991년 북한정부도 나진·선봉 경제특구를 설립했다. 역사적으로는 이와 유사한 특구들이 여러 형태로 존재했다.[8] 우리나라에서는 최근 제주도와 인천·영종도 지역 등을 중심으로 경제특구의 실험을 하고 있다.

지구형 특구가 필요한 이유는 우리나라와 같이 비교적 국토면적이 좁고 인구가 밀집해 살고 있는 나라에서는 제주도와 인천 등 소수의 광역형 경제특구제도만으로는 특구가 갖는 여러 이점을 활용하는데 한계가 있기 때문이다. 우리나라의 대도시, 중소도시, 농어촌 등 각 지역실정에 적합한 특구제도들을 고안하여 수백 개의 특구들이 상호 아이디어의 경쟁과 경제 활

---

8 산업화초기 수출입을 원활하게 하기 위해 관세를 면제하고 외국선박의 출·입항절차를 간소화한 함부르크와 같은 자유무역항제도, 선진공업국으로부터 자본과 기술을 수입·활용하기 위하여 원·재료와 설비·기계 등을 면세조건으로 수입 및 임가공하여 수출하도록 한 수출가공구는 개발도상국들에서 매우 인기있는 제도이었다. 최근에는 미국의 실리콘 밸리나 대만의 신죽(新竹) 사이언스 파크 등의 예에서처럼 하이테크 산업을 촉진시키기 위해 연구소와 제조업체를 결집시키기 위해 저렴한 토지분양, 법인세감면혜택과 교육인프라건설의 지원 등을 해주는 특구도 인기를 끌고 있다. 또, 자유무역기능과 하이테크산업과 같은 제조업의 육성기능 등을 종합시킨 종합형 특구도 등장하고 있다. 오용석, 세계 경제특구의 유형 및 전략과 남북한 경제통합에의 응용, 남북한의 경제체제와 통합(한국비교경제학회 편), 박영사, 1995, 233-236면.

성화를 위한 노력을 하도록 하는 것이 높은 교육수준을 갖추고 매우 역동
적이고 부지런한 우리나라 사람들의 잠재역량을 최대한 발휘하도록 하는
데 도움이 될 수 있을 것이다.

(2) 하이테크 특구, 중산층 특구와 저소득층 특구의 구별

소득수준 및 대상 지구의 낙후성 그리고 글로벌 경제와의 연계정도 등을
고려하여 특구를 하이테크 특구, 중산층 특구, 저소득층 특구로 나누어 볼
수 있을 것이다.

첫째, 하이테크 특구는 하이테크 산업의 진흥을 위한 특구로 글로벌 경
제와 가장 깊숙하게 연계되어서 발전시킬 의도로 국가와 지방자치단체가
다양한 수단을 동원하여 지원하는 특구이다. 외국과의 경쟁에서 이기기 위
해 점점 학계와 산업의 연계가 중요하고 산업내의 개별기업들의 협력적 경
쟁이 중요해지면서 산업공단을 조성하는데 그치지 않고 국가정책연구소들
과 대학들을 가까운 곳에 위치시켜 하이테크산업의 신속한 발전을 달성하
려 한다. 고등교육을 받은 인력, 벤처자본 및 공공투자자본, 그리고 새로운
기술이 결합된다.

둘째, 중산층 특구는 중산층의 지속적 소득신장과 경제발전을 지원하기
위한 특구이다. 후진국이나 개발도상국가들에서는 자본과 기술은 부족하지
만 저임금인력은 많기 때문에 외국자본, 외국기술과 국내 저임금인력을 결
합시켜 외국시장에 수출하고자 제조업의 발전을 지원하기 위한 광역형 경
제특구들이 도입된다. 하지만, 저발전상태를 벗어나 국민경제가 발전하게
되면 소득수준이 높아져서 더 이상 저임금인력을 활용하기 어렵게 된다.

우리나라의 경우 대기업이 드물고 중소기업들만 있거나 첨단기술이나
숙련된 기술을 지닌 인력이 부족하고 투자자본도 부족한 중소도시나 대도
시의 구시가지 등이 지구형 특구로서 중산층특구의 대상지역들인데, 이 지

역들은 글로벌 경제와의 연계가 부족하여 국내경제의 침체시 그것을 보완하고 대체할 시장을 갖지 못해 심각한 경제위기가 발생하기도 한다. 또, 대기업소재지나 하이테크산업의 진흥지역도 아닌 지역들에서는 새로운 제조업을 발전시키기 어려워서 국민경제의 발전에서 지속적으로 소외될 우려가 있게 된다. 기존 제조업발전지역도 저임금국가들로 공장들이 이전하면서 제조업의 공동화가 진행되어 지역경제가 침체에 빠지기도 한다.

미국과 같은 선진국에서는 과거에 제조업이나 상업활동이 왕성했으나 도시교외지역이나 신흥 제조업지구 또는 신흥 상업지구로 주민들의 이주에 따라 상당 기간 제조업활동이나 상업활동이 침체상태에 있는 지역들에서 특구제도가 도입되면서 경제가 활성화된 지역들이 많이 나타나고 있다.

이와 같이 현실화된 중산층의 위기상황에서 중산층특구의 형태로 미국의 상업활동촉진지구나 일본의 구조개혁특구들이 도입되어 성공사례를 보여주게 된다. 다만, 이러한 특구들은 과거 제조업진흥을 위한 경제특구, 즉, 광역형 특구와는 달리 서비스산업을 촉진시키고자 하는 경우가 많고 서비스산업의 많은 인력수요와 다양성 때문에 지구형 특구의 형태로 추진되는 경우가 보통이다.

셋째, 저소득층 특구는 경제정책과 사회정책을 결합시켜 저소득층 주민들에게 일자리를 제공하기 위해 도입된다. 영국의 소외지역특구(SEU)는 국민경제가 전반적으로 상당한 수준으로 발전하였지만 주택, 도로, 수도, 일자리, 교육 및 환경 등의 상황이 극히 열악하고 범죄와 비행청소년의 증가 문제까지 안고 있는 지구들, 즉, 여전히 '저발전의 섬'처럼 존재하는 지구들을 대상으로 도입되었다. 저소득층 밀집지구에서는 자본이 부족하기 때문에 여러 공공기관의 분산된 자본들을 결합시키고 민간자본을 끌어들이기 위한 다양한 조치들이 도입될 뿐만 아니라, 관련된 복잡한 문제들에 대해 정부기관들과 민간기구들이 파트너쉽을 형성하여 다른 종합적인 대책도 내놓게 된다.

3. 특구유형에 따른 법적 구조의 차이

특구를 통하여 달성하려는 목표는 특정 지역의 사업활성화라고 할 수 있는데, 이 목표달성에 영향을 미치는 주요 쟁점은 개별 특구들에 속한 주민들의 에너지를 결집하여 시너지효과를 낼 수 있는 주요사업의 선택이 얼마나 적절한가, 그 사업의 성공을 위한 공동과제의 집행에 필요한 자본을 어떻게 마련하는가, 공동과제를 처리함에 있어 해당 지역의 실정에 맞게 어떻게 구체적 프로그램을 설계하는가, 지속적 성과가 날 때까지 누가 관리의 임무를 맡을 것인가, 그리고 관리기구의 책임성을 어떻게 확보할 것인가 등이다. 사업의 성공에 영향을 미치는 요인들 중에서 법적 구조에 관한 주요 쟁점을 집행기구 내지 관리기구의 문제, 재정적 지원조치의 사용여부 및 규제철폐조치의 사용·여부의 문제, 관리기구의 책임성확보의 문제, 그리고 주민들의 참여와 책임의식의 제고를 위하여 마이크로 커뮤니티의 도입을 의무화하여야 하는가의 문제로 나누어 살펴본다.

(1) 관리기구를 기준으로 나누는 방법

특구로 지정한 후 참여한 주민들이나 기업들의 경제활동에 시너지효과가 발생하기 위해서는 특구 전체적으로 공동의 프로그램을 운영하거나 부족한 공공시비스를 위하여 자본을 공동으로 사용하는 등 집행활동이 필요해진다.

이러한 특구프로그램의 집행이 누구에 의해서 이루어지는가에 따라 전통적인 행정기구에 의한 집행, NGO, 교회, 기업 등 해당 지구의 민간참여자들과 행정기관의 공사네트워킹에 의한 집행, 비정부기관인 단일한 민간전문기구에 의한 집행, 주민들 스스로의 임시적 모임과 임시적 자조조직에 의한 집행 등으로 나눌 수 있다.

서구 선진국들에서는 전통적으로 민간의 자율영역이 발달해온 것과 맥락을 같이하여 전통적인 행정기구가 법과 특구프로그램의 집행을 전담하는 방식이 아니라 민간의 힘을 활용하는 민관파트너쉽의 방법이 널리 사용되고 있다. 민간의 힘을 활용하는 것은 사회의 여러 주체들의 경쟁과 혁신을 자극하고 다양성의 이점을 활용할 수 있게 되며 의사소통의 증대를 통해 상호이해영역을 넓혀서 사회적 갈등을 줄여줄 수 있다.[9]

우리나라의 지역특화발전특구에서 특구프로그램의 집행은 주로 전통적인 행정기구이고 주민들 스스로의 임시적 모임도 부수적으로 이용되고 있다. 미국 상업활동촉진지구(BID)의 특구프로그램 집행자는 매우 다양하지만 전형적인 경우는 비정부기관인 단일한 민간 전문기구이다. 영국의 소외지역특구(SEU)에서는 특구프로그램의 집행이 해당 저소득층지구의 NGO, 교회, 기업 등 민간참여자들과 행정기관의 공사네트워킹에 맡겨져 있다. 이들의 협력적 교류를 돕기 위해 해당 지구에 민간 참여자와 행정기관들의 구심적인 의사소통기구를 두고 있다.

(2) 재정적 지원조치 또는 규제완화수단의 사용여부에 따라 나누는 방법

특구로 지정되면 정부가 어떤 인센티브를 해당 지구에 제공하는가에 따라 나누어 볼 수 있다. 조세감면이나 보조금의 지급 또는 인프라 추가건설 등의 재정적 조치를 취해주는가, 행정기구가 해당 지구의 주민들로부터 일정 금액씩 부과금을 징수하여 특구의 관리기구에게 지급하여 공동사업경비로 쓸 수 있도록 하는가, 아니면 해당 지구에서 제한되었던 사업활동에 대한 규제를 철폐해주는가 등에 따라 나눌 수도 있다.

---

9 Martha Minow, Public and Private Partnerships : Accounting for the New Religion, 116 Harv. L. Rev. 116, 2002-2003, pp.1242-1245.

영국의 소외지역특구(SEU)에서는 특구프로그램의 집행경비는 대부분 중앙정부와 지방자치단체 등 정부로부터 나오는 방식, 즉, 사회복지재정이나 정부보조금과 비슷한 재정적 인센티브가 사용된다. 미국의 상업활동촉진지구(BID)에서는 사업자들 스스로 정한 비율에 따른 부과금에 대해 행정기구가 부과·징수하여 해당 특구의 관리기구에게 준다. 그러므로 강제징수된 민간자본이 해당 특구를 위한 프로그램집행비용으로 사용된다. 일본의 구조개혁특구와 우리나라의 지역특화발전특구에서는 중앙정부가 해당 특구에 대해 전혀 재정적 인센티브를 제공하지 않고 지방자치단체의 재정투입이나 주민들의 민간자본투입도 각자의 자율적 판단에 맡겨진다. 그 대신에 사업활동을 제한해왔던 일정한 규제를 해당 특구에서 완화해주는 방식이 사용된다.

(3) 책임성확보방법을 기준으로 나누는 방법

전통적인 행정기구가 법과 특구프로그램의 집행을 전담하는 방식이 아니라 민관파트너쉽의 방법이 이용되게 되면 장점도 있지만 책임성을 어떻게 확보할 것인가가 중요한 문제가 된다. 민간참여자들은 공익을 보호하고 증진시킬 법적 의무를 지는 것도 아니어서 사익의 증대에 집착할 위험성이 크기 때문이다.

특구프로그램의 집행에 있어 주민들에게 수익과 참여의 기회를 공정하게 보장하는 문제, 집행활동의 투명성보장과 정보공개의 문제, 프로그램에 산지출계획에 대한 승인의 문제, 예산지출결과의 보고와 평가의 문제, 민간참여자가 프로그램의 집행과정에서 지켜야할 의무에 관한 계약조건설정의 문제 등이 주요 쟁점이 된다.[10]

---

10 Martha Minow, a.a.O., pp.1266-1270.

(4) Micro-community의 도입여부를 기준으로 나누는 방법

저소득층은 장기간의 실업, 무자본 및 사업무경험인 경우가 많아 사업을 시작하더라도 적절한 사업종목의 선택, 입지 및 사업규모 등의 결정에 합리성이 결여되어 실패하기 쉽고, 그리고 원자재의 구입과 상품 및 서비스의 판매 등에 필요한 네트워크나 노하우 등을 갖고 있지 않다. 뿐만 아니라 정부가 저리대출제도를 도입하거나 보조금을 교부하여도 소비재의 구입이나 자녀교육비 그리고 의료비 등에 대한 수요 때문에 그 돈을 즉시 소비할 가능성도 있다. 대출기관은 회수가능성에 대한 우려 때문에 정부에 의한 권유에도 불구하고 저소득층에 대한 대출을 꺼릴 수 있다. 또, 보다 일자리가 많은 업종에 필요한 기술훈련이 되어 있지 못하기도 하고 일할 의욕이 약하거나 일하는 습관을 잃어버렸을 수도 있다.

이러한 문제점 때문에 저소득층의 소규모 사업 운영에 대한 지원조건으로 그들이 마이크로 커뮤니티에 가입하는 것을 의무화하는 것이 저소득층의 사업성공에 도움이 될 수도 있다. 방글라데시에서 시작되어 제3세계국가에서 큰 성공을 거두고 있는 마이크로 크레디트운동의 효시인 Grameen Bank에서 채택된 방식은 보증능력이 없는 부녀자들이 소규모사업을 할 수 있도록 5명 정도로 팀을 구성하여 차례로 대출을 해주되 앞서 대출을 받은 사람이 성실하게 사업을 하여 이자를 갚고 일정 금액씩 저축을 해간다는 조건을 이행할 때 다음 사람이 대출을 받도록 했다.[11] 마이크로 커뮤니티에

---

11 Grameen Bank운동은 방글라데시의 Muhammad Yunus가 1976년에 시작하여 제3세계국가는 물론 선진국들에도 퍼져갔다. 현재 OECD는 마이크로 엔터프라이즈와 마이크로 크레디트에 대한 소개와 확산을 위해 노력하고 있는데, 이 운동은 방글라데시는 물론, 우간다, 나이지리아, 필리핀, 인디아, 터어키 등 많은 제3세계 국가들에 번져가고 있다. 이에 대한 정보는 OECD 홈페이지(www. oecd. org)에 Grameen Bank를 입력하면 제공되고 있다. 우리나라에서 마이크로 크레디트 운동은 IMF외환위기 이후 빈부격차가 확대되면서 2000년 이래 신나는 조합, 사회연대은행 등에 의해 전개되고 있다. 미국에서 Grameen Bank운동에 관한 정보는 http://www.grameenamerica.com에 소개되고 있다.

가입함으로써 그들은 정기적으로 사업노하우나 기술을 배우게 되는데, 이러한 이점이외에도 보증의 제공이 어려운 저소득층에 대한 대출기관의 대출금 회수불능의 우려를 완화시켜 준다는 점에서도 중요한 의미를 갖는다.

따라서, 저소득층 특구를 도입할 때 Grameen Bank에서와 같이 마이크로 커뮤니티를 구성하도록 할 것인가 하는 것도 주요 쟁점으로 다루어져야 한다.

Ⅲ. 중산층 특구와 저소득층 특구의 차별적 발전

1. 중산층 특구제도

(1) 미국과 일본의 중산층 특구제도

90년대 이후 급격히 확대되고 있는 미국의 상업활동촉진지구[12] 들은 기본적인 특징을 공유하고 있다. 특정 지구에 한정되고, 부동산소유자나 사업자들이 부과금을 내며, 이렇게 모인 부과금은 그 지구내의 공공서비스의 공급을 위해서 사용된다. 특구의 설립은 행정기관의 승인을 요하지만 창설여부결정이나 구역의 한계설정 또는 활동범위나 지불해야할 부과금의 액수등 결정절차의 주도권은 민간의 사업자들이나 부동산소유자들에게 있다.

미국에서 상업활동촉진지구가 인기를 끌게 된 원인을 살펴보면,[13] 첫째,

---

12 계속해서 미국의 상업활동촉진지구(BID)에 대한 논문과 책을 발표하고 있는 Mitchell에 따를 때, 미국의 각 지방에서 계속 그 숫자가 늘어나고 있기 때문에 정확한 숫자의 파악은 어렵다. BID의 숫자가 1500에서 10,000 여개 사이에 있다는 설명도 있지만, 사업자 및 부동산소유자들에 대한 강제적인 부과금의 부과와 상주하는 관리기구에 의해 서비스를 제공하는 BID는 500에서 1,000여개 정도이다. Wyoming주는 BID입법이 없는 유일한 주이다. Jerry Mitchell, Business Improvement Districts and the Shape of American Cities, 2008, pp.56-57.

시정부로서는 공무원의 증원 등 정부규모를 확대하지 않고 세금을 올리지 않고도 공공서비스의 개선을 위한 재원을 마련할 수 있게 된다. 둘째, 해당 지구의 상인들이나 부동산소유자들은 개인으로서는 얻을 수 없는 질좋은 공공서비스를 향유할 수 있고[14] 비용은 지출하려 들지 않는 무임승차자의 문제를 해결할 수 있게 된다.

일본의 구조개혁특구는 우리나라의 지역특화발전특구제도의 모델이 된 제도로서 특구로 지정된 지역에 한정하여 재정지원없는 규제완화의 방식을 채택하고 있다.[15] 일본의 구조개혁특구는 관광업이나 숙박업 등과 같은 사업뿐만 아니라, 병원 등 의료서비스, 영어 등 특별한 교육서비스, 간호나 노인수발과 같이 과거 전문직이 독점하던 서비스도 상당 범위에서 주민들이 제공할 수 있는 서비스로 포함시키고, 대학 등과 연계하여 하이테크 산업을 촉진시키기 위한 서비스도 사업내용에 포함시키고 있다.

(2) 중산층을 위한 우리나라의 특구제도

우리나라에서 중산층의 소득증대와 경제발전을 위한 특구가 주목받게 된 것은 해방이후 지속적인 경제발전으로 국민경제가 빈곤상태에서 탈출

---

13 Richard Briffault, A Government for Our Time? Business Improvement Districts and Urban Governance, Colum. L. Rev.99, pp.366-370.

14 Heather Barr, MORE LIKE DISNEYLAND: STATE ACTION, 42 U.S.C. 1 1983, AND BUSINESS IMPROVEMENT DISTRICTS IN NEW YORK, Columbia Human Rights Law Review 28, p.395.

15 일본의 구조개혁특구는 2003년 고이즈미 수상 재임시 도입되어 2008년 현재에도 존속 발전하고 있다. 일본의 총리를 본부장으로 하여 추진되고 있으며 그의 홈페이지는 http://www.kantei.go.jp 이다. ; 일본 구조개혁특구의 주요 특징은 첫째, 규제개혁의 전국적 실시에 앞서 특정 지방에서만 규제가 철폐되는 규제개혁의 실험이 가능하게 하고 있고, 둘째, 기업들의 새로운 비즈니스를 촉진시키기 위하여 지방주도의 개혁과 지방간 규제개혁의 경쟁이 이루어지도록 유도한 점이라고 하는 평가도 있다. Naohiro Yashiro, Japan's New Special Zones for Regulatory Reform, 12 International Tax and Public Finance 12, 2005, pp.561-562 참조.

하여 중진국이 된 이후 상대적으로 낙후된 지역경제와 지방자치에 대한 관심이 높아지면서이다.

1) 관광특구

중산층을 위한 특구의 효시는 관광특구로 관광업에 한정하여 특구제도를 운영하고, 주로 외국인 관광객의 유치를 목표로 하며, 관광특구로 지정될 경우 그의 적용이 면제될 규제가 식품위생업의 심야영업제한의 해제 등 일정하게 정해져 있어서 자치단체별로 필요한 규제완화를 할 수 없고, 최근 1년간 외국인방문객이 10만 명이상일 것을 요구하거나 광역자치단체장이 지정할 수 있는 관광특구를 제한하는 등 특구지정의 요건도 까다롭다는 문제점을 갖고 있다.[16]

2) 지역특화발전특구

지역특화발전특구[17] 는 지역경제의 발전과 중산층의 강화를 목표로 하는 특구제도로서 제한된 지역에서의 특정한 규제의 완화를 특구지정의 핵심적 효과로 삼는다는 점에서 일본의 구조개혁특구와 같다. 관광특구와 비교

---

16 제조업 중심경제의 한계성을 인식하고 서비스산업, 특히 외국인 관광객의 유치확대를 목표로 1994년 6월에 도입되었다. 1994년 당시에는 제주도, 경주시, 설악, 유성, 해운대 등 5개의 관광특구가 도입되었으나, 1996년 관광진흥법의 개정으로 광역자치단체가 관광단지와 관광지중 1개소를 지정할 수 있도록 위임되면서 현재는 22개소가 지정되어 있다. 김수진, 지역특화발전특구와 계획고권, 지방자치법연구 제4권 제1호, 2004, 164-171면.

17 지구형 특구의 일종인 지역특화발전특구가 '지역특화발전특구에 관한 규제특례법'에 근거를 두고 2003년부터 도입되어 2008년 4월 25일자로 총 102개가 되었다. 지역특화발전특구 기획단 홈페이지(www.sezone.go.kr) 참조.
　2008년 6월 시점에서 정부가 목표로 하는 법개정에 관한 현안사항은 실효성 있는 규제특례의 확대, 특구지정 절차 및 지원체계 개선 등 제도의 실효성을 제고하기 위한 사항들로서 ① 신규 규제특례 발굴(정기적인 수요조사 및 입법화), ② 지자체 외에 비영리법인 및 기업도 특구계획 제안 허용, ③ 조건부 특구지정 등 특구위원회 심의·의결권 강화, ④ 국가 재정지원 사업 등과의 연계 강화 등 특구운영 내실화 도모이다.

할 때, 특구에 포함시킬 수 있는 사업의 종류가 다양하여,[18] 지역경제의 발
전수요와 중산층의 사업필요에 훨씬 탄력적으로 대응할 수 있고, 특구계획
도 지방자치단체가 주도하여 지역실정에 맞춘 다양한 규제완화가 가능하
며, 특구의 수가 늘어나면서 자치단체간 경쟁이 더 실효적으로 촉진될 수
도 있다는 장점을 갖는다.

(3) 우리나라의 중산층을 위한
특구제도의 검토와 개혁을 위한 제안

우리 중산층을 위한 특구를 설계하고 개선하려 할 때, 미국의 상업활동
촉진지구와 일본의 구조개혁특구는 외국의 중요한 벤치마킹 사례가 될 수
있지만 위험성도 가지고 있다. 정책설계자들이 무조건 모방하려 들 수가
있기 때문이다.[19] 대상국가와의 차이점을 인식하는 것은 매우 중요하다. 미
국에서는 연방정부나 주정부 등의 지원없이 주민들이 시장과 사회에서 자
율적으로 공동의 과제를 처리해온 전통이 강하다.[20] 이에 비해 우리나라에

---

18 외국어교육 강화 등을 목표로 하는 교육특구, 산업클러스터의 조성과 연구개발기능의
   강화를 목표로 하는 산업/연구개발 특구, 의료단지 조성과 의료법인의 부대사업 확대를
   목표로 하는 의료/사회복지특구, 레저·스포츠시설 조성, 환경·생태체험 및 역사·유적
   및 문화예술진흥을 목표로 하는 관광/레포츠 특구, 지역특산물 재배생산 및 농촌체험
   관광 등을 목표로 하는 향토자원 진흥특구, 한약재 농산물 유통 및 물류단지 조성을 목
   표로 하는 유통/물류 특구 등이 있다. 지역특화발전특구 기획단홈페이지(www.sezone.
   go.kr)에 게재된 '특구유형별 규제특례 적용모델' 참조.
19 미국에서도 지역발전을 위해 적절한 계획을 수립하는 일은 많은 전문가들, 비용 및 시간
   이 필요하기 때문에 작은 규모의 자치단체의 능력을 넘는 경우도 많다고 한다. Sigmund
   G. Ginsburg, Management in the Midst of the Urban Crisis - Twenty-Five Years Later,
   The Urban Lawyer 26, 1994, pp.285-286. 이러한 문제점 때문에 계획작성단계에서부터
   기초지방자치단체 등이 보다 상세한 계획의 필요성을 어느 정도 입증해내면 국가예산이
   나 광역자치단체의 비용지원을 받아 구체적인 맞춤형 프로그램을 입안할 수 있게 하는
   정책이 도입될 필요가 있다고 본다.
20 이러한 미국사회의 특징 때문에 문제점이 나타나기도 한다. 미국의 대부분의 주들에서
   BID입법을 도입하고 있지만 미국의 각 주들이 다른 주의 BID의 법적 구조로부터 최상

서는 해방이후 경제발전과정에서 관민이 혼연일체로 어려움을 극복하고 공동의 과제에 대처해온 경험에 익숙하다.[21]

이러한 차이점에도 불구하고, 세계경제는 연결되어 우리 지역경제에 대한 글로벌 시장의 영향력은 점점 커지고 우리 정부의 독자적 정책영역은 줄어들고 있으므로 지역사회도 과거보다 더 자율적·주도적으로 지역경제발전의 필요에 대응하여야 한다. 때문에 우리 입법자도 민간 주도적 대응의 필요에 맞추어 주민들의 자율적 영역을 확대해주어야 하지만 공공성도 보호하여야 하므로 이 과도적 변화기에 적합한 법적 구조를 갖추는데 노력을 집중하여야 한다.[22] 예를 들어, 관광특구나 지역특화발전특구의 한 형태로서 관광특화발전특구는 그 서비스나 상품의 판매에 있어 외국의 관광지나 관광상품들과 경쟁관계에 있다. 우리나라는 매년 관광수지적자의 규모가 매우 클 정도로 관광업이 경쟁열위상태에 있는데, 관광특구나 관광특화발전특구에 관한 정책도 단순히 일본의 예만을 모방하여 한 두 개의 규제완화만을 의도하는 것이어서는 안 된다. 현재 지역사회에서 특구의 대상으로서 관광업에 대한 뜨거운 관심에 비하여 정책적 지원수단들은 매우 부족하다. 주민들과 기업들의 역량이 효율적으로 발휘될 수 있도록 정부가 보

의 요소들을 뽑아내 결합시키려는 노력을 거의 하지 않아 여러 주들에서 비슷한 실수가 반복되어 나타나고 있다. 상업활동촉진지구의 지정이 지연되거나 성공적인 운영에 필요한 권한이 관리기구에 주어지지 않기도 한다. Lawrence O. Houstoun, Jr., Business Improvement Districts, 2ed., 2003, p.17.

21 반면에 우리나라 지역주민들은 지역경제 활성화를 위해 재성시원이니 행정기관이 주도적으로 계획을 수립·집행해주기를 바라는 마인드가 강하다. 일본과 비교할 때 주민들의 소득수준이 더 낮고 근세사에서 국가적 위기로 사회가 여러 차례 해체되면서 주민들의 봉사의식이나 참여의식이 더 낮고 지역사회의 NGO들도 더 드물다.

22 특구추진지구들의 잠재력과 주민들의 사업분포 그리고 주민들의 개인적인 사업계획 등에 관한 정보들이 특구프로그램에 충분히 반영되도록 현장정보가 충분히 수집·활용되어야 한다. 또한, 그 의지와 계획들이 특구에서 시행가능하도록 충분한 자율성을 보장하되 특구운영주체들의 책임성을 확보할 수 있는 법적 장치가 마련되어야 할 것이다 Michael Diamond, Community Economic Development : A Reflection on Community, Power and the Law, 8 Journal of Small and Emerging Business Law 8, 2004, p.152.

다 다양한 지원을 제공하여야 할 것이다.

구체적으로 중산층특구의 법적 구조에 관한 주요 쟁점들, 즉, 어떤 사업에 초점을 맞출 것인가의 여부, 재정적 지원조치의 도입필요여부,[23] 그 정도와 방식,[24] 또는 민간 자율적인 공동경비의 강제적 징수장치의 도입여부, 그리고 해당 지구에 맞춤형 규제철폐조치를 어느 정도로 허용할 것인가의 여부, 상주하는 전문가가 포함된 관리기구의 도입여부[25] 등이 신중하게 검토되어야 한다. 입법기관이 특구의 법적 구조를 확정한다 하더라도 각 지구나 소도시의 실정에 맞는 계획은 주민들과 관리기구 또는 현장 행정기구가 주도적으로 수립하게 하되, 정부의 역할과 민간의 역할이 어떻게 조화되어야 하는지, 하나의 지구로 통합됨으로써 어떤 활동들이 민관사이에서뿐만 아니라 주민들 사이에서 협력적으로 전개되어야 하는지 하는 것들이 중요하게 고려되어야 한다.

---

23 중산층 특구의 경우에도 항상 국가의 재정적 지원조치를 배제하려고만 해서는 안된다. 해당 지역의 실정, 추진하는 사업의 특성과 지원으로 인한 성공가능성 등 여러 기준을 고려하여 선별적인 재정지원은 필요하다. 중산층특구의 전형인 미국의 BID특구에서도 해당 지구의 침체와 낮은 재산가치 때문에 부과금의 규모가 너무 작을 때는 정부의 재정지원조치가 필요하다는 주장도 제기되고 있다. Mark A. Davis, Business Improvement Districts, 52 Wash. U. J. Urb. & Contemp. L.52, 1997, pp.220-221.

24 재정적 지원조치는 해당 지구에 적합한 프로그램을 설계하고 집행할 수 있는 전문적 관리기구없는 전시효과나 일회성 프로그램을 위한 비용을 양산시키게 될 것이다. 점점 더 단순한 재정지원보다는 그 지원방식이 훨씬 중요한 의미를 지니게 되어가고 있다.

25 예를 들어, 관광을 특화사업으로 인정받은 지역특화발전특구의 경우 국내외 고객들이 해외여행을 점점 더 많이 하면서 볼거리, 비용, 서비스, 기념상품 등 여러 측면에서 점점 까다로워지고 있기 때문에 전문가로 이루어진 관리기구의 도움없이 경쟁력을 가지기 힘들 수도 있다.

2. 저발전지구의 발전정책들의 변화와 저소득층의 소득증대

(1) 저소득층을 위한 미국의 지역발전정책과 제도들의 변화

국민들의 소득수준이 향상되면서 이제 단순히 1인당 국민소득의 평균적인 증가뿐만 아니라 빈부격차의 문제가 이제 우리사회의 중요한 의제가 되고 있으나, 미국에서는 이미 2차 대전 이후 빈부격차의 문제가 각 정권의 핵심이슈의 하나가 되어온 결과 많은 정책들이 나왔는데, 그 정책경험과 변화과정은 우리 사회를 위해서도 중요한 시사점을 제공한다.

1) 도심재개발정책(Urban Renewal or Redevelopment)

세계 1, 2차대전을 거치며 유럽이 황폐화되자 세계의 공장으로서 역할을 담당한 미국은 산업화가 급속히 진행되었는데, 이로 인해 상대적으로 저렴한 땅값과 교통의 편리함 등을 이유로 도심은 쇠퇴하고 교외지역은 더 확대되게 되었다.[26] 미국 의회는 1949년 주택법(National Housing Act, 1949)을 제정하고 공공자본을 투입하여 황폐된(blightened) 지역으로 지정받은 지구의 주택들에 대해 민간개발업자들로 하여금 재개발하게 하는 정책을 도입했다.[27] 단순히 주택뿐만 아니라 공원, 도로, 학교 등도 건설하게 하였다.

---

26 미국에서 19세기는 집중과 밀도를 특징으로 하는 도시화의 시기인데 이로 인해 거리는 혼잡해지고 몰개성적인 인공환경으로 가득차게 되었다. 하지만, 20세기 들어오면서 교통인프라의 구축과 자동차의 확산 그리고 주택의 신축을 쉽게 해주는 모기지론 제도 등으로 인해 도심보다는 쾌적한 생활환경을 갖는 도시교외지역으로 중산층이 몰리게 되었다. 존 레비 지음(서충원/변창흠 옮김), 현대 도시계획의 이해, 한울 아카데미, 2004, 37-44면.

27 1949년 주택법으로 시작된 도심재개발(Urban Renewal)정책은 1974년 주택 및 지역발전법(Housing and Community Development Act, 1974)으로 연방정부의 재정지원이 끊겨서 중단되고, 대신 남아있는 자금은 지역발전교부프로그램(Community Development Block Grant program)으로 이체되었다. 하지만, 도심재개발정책은 연방수준에서의 중단

이 정책은 도심의 슬럼가의 철거로 도심의 미관을 일신시키는데 기여하였다. 하지만, 공공자금의 수혜자는 슬럼가 밖에 사는 외부 개발업자들이었고 해당 지역에 살던 사람들은 오히려 쫓겨나는 일이 많아져서 "흑인제거"(Negro removal) 정책이라는 비판을 받았다.[28]

2) Community Action Agencies

지역사회단체(Community Action Agencies) 활성화정책은 케네디/존슨대통령의 '가난과의 전쟁'(War on Poverty) 정책의 맥락에서 1964년 경제활동기회증진법(Economic Opportunity Act, 1964)이 제정되면서 출현했다. 과거 지역주민의 참여없는 도심재개발정책이 개발업자들에게만 이익을 제공하는 경우가 많았던 점을 반성하여 지역주민의 참여와 지역사회의 비정부기관(NGOs)들의 참여를 강조하게 되었다. 전통적인 지방정부에서의 의사결정이 주민들의 다수를 차지하는 백인들에 의해 주도되면서 소수인종의 이익증진에 무관심하였던 점도 반성되었다. 하지만, 소수인종의 적극적 참여를 유도하는 것은 성공하는 경우가 많지 않았고, 가난한 지역주민의 소득증진 등을 목표로 지역사회의 비정부기관들에 제공된 공공자금들은 종합적인 관리가 이루어지지 않아 비효율적이었을 뿐만 아니라 일부 기관들은 행정기관과의 결탁에 의해 부당한 특혜지원을 받기도 했다.[29]

3) Empowerment Zones

클린턴 행정부는 과거 민주당 정부의 정책, 주민참여를 통한 저소득

과는 달리 주정부 수준에서는 주정부프로그램형태로 존속시키는 경우도 있었다. William H. Simon, The Community Economic Development Movement, Duke University Press, 2001, pp.9-10.

28 William H. Simon, a.a.O., 8-9면.

29 Id., 12-17면. ; Janet Thompson Jackson, Can Free enterprise cure Urban Ills? : Lost Opportunities for Business Development in Urban Low-Income Communities through the New Markets Tax Credit Program, U. Mem. L. Rev. 37, 2006-2007, p.673.

층 밀집지역의 경제발전정책을 계승하여 더욱 발전시켜 재활지구정책 (Empowerment Zones)을 시작했다.[30] 연부정부의 재정지원을 늘리되 과거 연방정부와 지역NGO들 사이에서 소홀히 취급되었던 지방정부가 지역발전 프로그램을 입안하고 연방정부의 재정지원을 집행하는 주요 주체로 등장했다. 주택뿐만 아니라 실업, 노인의료 등 사회적 서비스도 확대시켰다. 지방정부는 연방정부의 재정지원을 받기 위해 정책을 입안할 때 의무적으로 해당 지역의 다양한 비정부기관들의 일정 비율을 참여하게 해야 했다. 클린턴 정부는 이 정책을 집권하자마자 시작했으므로 90년대에 장기간 집행될 수 있었고 이 영향은 지금까지 남아 있다.[31]

4) 공화당 부시정부에서의 정책

클린턴 정부보다는 훨씬 약화되었지만 부시정부에서 미국의 지역경제발전정책은 저소득층을 위한 주택건설 및 개량, 직업훈련, 인프라건설시장에의 취업이나 육아와 노인수발 분야에서 취업기회확대 등 주택과 취업기회의 확대에 집중되었다.

하지만, 정부보조금의 지급이 중단되면 주택건설 및 개량사업에 따른 저소득층의 일자리는 곧 사라지고,[32] 직업훈련을 받은 기술자들은 빈민지구에 대한 애착이 없어 이사를 가버리면,[33] 미혼모, 부모 없는 청소년이나 노

---

30 재활지구정책(Empowerment Zones)의 목표는 조세인센티브, 규제부담의 완화 등의 수단을 사용해 경제가 침체된 지역으로 기업들의 투자를 유도하는 것이다. Wilton Hyman, Empowerment Zones, Enterprise Communities, Black Business, and Unemployment, Wash. U. J. Urb. & Contemp. L.53, 1998, p.143.

31 William H. Simon, a.a.O., 17-19면.

32 Rachel Weber, Why Local Government Development Incentives Don't Create Jobs : The Role of Corporate Governance, The Urban Lawyer 32, 2000, p.97. 또한 미국에서 저소득층의 주민들은 살고 있는 주택의 소유자가 아니라 임차인인 경우가 많아 주택개량사업에 대한 정부보조금으로 혜택을 받지 못하고, 주택개량사업후 오히려 증가된 임대료로 인해 해당 주택에서 다른 곳으로 이사가지 않으면 안되는 문제가 빈번히 발생하였다.

33 William H. Simon, The Community Economic Development Movement, 2001, p.223.

인 등 해당 지구에 남은 많은 사람들은 여전히 가난의 상태에서 벗어나지
못하고 있다. 또, 부유층들의 가정에서의 육아나 노인수발업무 등의 취업기
회는 자녀들의 방과후 시간동안 엄마들을 자녀들과 떨어지게 만들어 청소
년들의 탈선확대라는 심각한 문제를 낳고 있다.

이러한 점들 때문에 저소득층의 거주지역내에서의 소규모의 자본으로
운영하는 마이크로 비즈니스의 확대가 대안으로 제시되어 왔다.[34] 정부가
재정을 투입하여 소규모 쇼핑몰을 만들고 그중의 소점포를 영세민가정에
임대해주거나 소자본으로 창업가능한 자동차정비나 햄버거가게 등 서비스
업이나 제조업 등을 영위하도록 정부정책으로 지원해야 한다는 것이다.

(2) 저소득층을 위한 영국의 특구

80년대 영국의 보수당 대처정부의 신자유주의 정책이 장기간 지속되면
서 나타난 저소득층의 확대는 90년대 이후 영국의 큰 사회적 문제가 되었
다.[35] 소외된 지역 저소득층의 복잡하게 얽힌 문제들에 대한 대응이 지나치

---

34 Susan R. Jones, Small Business and Community Economic Development : Transactional
Lawyering for Social Change And Economic Justice, Clinical L. Rev.4, 1997-1998,
pp.200-201.; William H. Simon, Lawyering for a New Democracy : The Community
Economic Development Movement, Wis. L. Rev., 2002, p.377. ; 저소득층 남성들 뿐만
아니라 저소득층 부녀자들의 마이크로 비즈니스가 활성화되도록 정부가 재정적 인센티
브를 부여하여 기계의 구입이나 사업시설의 개선 등을 가능하게 하는 것이 또한 중요하
다. Lucie E. White, Feminist Microenterprise Vindicating the Rights of Women in the
New Global Order?, Me. L. Rev.50, 1982, p.334.

35 대처수상의 보수당정부가 들어설 당시인 1979년 가구당 평균소득의 50%를 벌지 못하
는 사람들이 영국 전 인구의 9%인 500만에서 1993/94년에 인구의 25%인 1400만으로
늘어났다. Walker A./Walker C., Britain divided : The Growth of social exclusion in
the 1980s and 1990s, 1997. ; 실업, 굶는 청소년과 학력저하, 무주택과 열악한 주거환경,
만성질환자의 확산, 자살율과 범죄율의 증가 등의 부작용이 심각했다. Social Exclusion
Unit, A New Commitment to Neighbourhood Renewal, National Strategy Action Plan,
2001, p.14.

게 단편적이고 충분한 재정지원이 없었을 뿐만 아니라, 지역경제의 특수한 문제에 초점을 맞추지 못하고 지역사회의 주민들을 끌어들이지 못했으며, 건강 및 교육과 같은 핵심공공서비스가 너무 빈약했다.

이러한 문제의식을 반영하여 영국의 노동당정부는 1997년 소외지역특구 (SEU)정책을 도입하고 가장 사회적으로 소외되고 가난한 지구를 지정하여 그 소외를 제거하고자 하였는데,[36] 현재의 브라운 수상 집권기에도 존속하고 있다. 영국에서 소외지역특구정책을 추진함에 있어 필요한 자금은 대부분 중앙정부가 지원하고 자치단체와 지역사회는 프로그램을 집행한다. 자치단체도 자금을 지원할 수 있으나 상대적으로 소액인 경우가 많다. 특히 낙후된 지역의 경우 장기간 다양한 재생프로그램들이 서로 연계되어 단절 없이 운용될 수 있도록 충분한 자금을 안정적으로 제공하려 하고 있다.

(3) 우리나라 저소득층 지역의 소득증대

우리나라의 저소득층을 위한 지역발전정책이나 지구형 특구를 설계하거나 개선하고자 할 때, 영국의 소외지역특구정책의 경험과 미국의 저소득층을 위한 지역발전정책의 경험은 유용한 벤치마킹 모델이 될 수 있지만, 단순한 모방은 위험할 수도 있다. 우선, 영국과 미국에서는 인종과 종교의 차이로 중산층과 소외된 저소득층 사이에 '심각한 배타성'현상이 나타나고 경제력격차도 매우 크시만, 우리나라에서는 인종과 종교의 차이로 인한 심

---

36 SEU는 Social Exclusion Unit의 약자로 사회정책에서 '저소득층(Underclass)'을 다루는 기구라는 용어를 대체하여 영국에서 사용된 용어이다. 이슬람 이민자나 아프리카 출신 이민자 등의 거주지역이 대도시의 특정 지구에 위치하면서 가난, 실업, 낮은 교육수준, 열악한 주건환경 등 복합적 문제들을 안고 영국의 주류사회로부터 소외되어 있는 문제를 다루기 위한 정책으로 소외지역특구(SEU)정책이 출현했다. David Smith, Dealed out? Welfare to work and Social Exclusion, Local Economy 15(4), 2000, pp.312-313 ; Angela Hull, Neighbourhood Renewal : A toolkit for regeneration, GeoJournal 51, 2001, pp.301-310.

각한 배타성이나 경제력격차의 문제가 부각되지 않는다.

우리나라 지방의 경제수준은 동남부의 대기업소재지들과 서부의 농촌경제권들사이에 상당한 차이는 있지만 대기업소재지가 아닌 지역의 중소도시와 농어촌경제는 서로 비슷한 어려움을 겪고 있어 우리나라에서 중산층과 저소득층의 구별이 중요한 의미를 갖는 것은 아닐 수 있다. 이러한 점들을 고려할 때, 우리나라에서 저소득층을 위한 지구형 특구를 도입해야 하는가에 대한 설득력이 부족하다는 비판이 제기될 수도 있다. 또, 도입한다고 하여도 어떤 기준에 의하여 저소득층 특구를 지정할 것인가 하는 점이 어려운 문제가 된다.

하지만, 정부재정의 제한성과 현대사회에서 요구되는 강화된 공익보호의 필요성 등을 고려할 때, 우리나라에서도 재정적 인센티브와 규제완화인센티브 등 다양한 정책수단들을 모든 지역사회에 일반적 수단으로 사용하기는 어렵다. 종합적 대책이 절실히 필요한, 제한된 지구에 한정하여 사용할 필요가 있다. 그리고, 하이테크특구나 중산층특구만으로는 저소득층이 배제되어 경제활성화정책 자체가 국민적 지지를 받기 어려워 필요한 자원을 지속적으로 확보하기도 어렵다. 또, 하이테크 특구나 중산층특구정책만으로는 빈부격차확대에 따라 늘어나는 서민들을 위한 사회복지비용의 증대를 막지 못할 것이므로 저소득층을 위한 일자리 창출과 그들의 사업기회확대를 위한 별도의 노력이 필요하게 될 것이다.

이러한 점을 고려할 때, 정부는 입법으로 지역경제의 저발전 또는 침체의 정도, 경제문제 및 사회문제의 복잡성의 정도 등에 관한 기준을 제시하고, 지방자치단체와 지역사회가 함께 재생계획을 작성하여 국가에 계획의 승인신청을 하도록 절차를 만들고 이 지구들 중에서 일정한 지구를 지정하여 일정한 기간동안 종합적 지원을 하는 방안을 생각해볼 수 있을 것이다.

저소득층을 위한 지역경제발전정책이나 저소득층특구의 법적 구조를 설계함에 있어 중심이 되는 부분은 저소득층 스스로 가족들의 생계를 책임져

갈 수 있도록 일자리를 찾고 그에 적합한 기술을 배우고 소자본으로 운영할 수 있는 마이크로 비즈니스를 하도록 하는 것이다. 이러한 목표를 중심으로 삼아 저소득층정책을 운영하여야 하는데, 여기서 재정적 지원조치를 배제하려고만 해서는 안되고 가장 효과적인 지원방법을 찾는 것이 중요하다.[37] 즉, 재정적 지원의 규모와 그 방식, 맞춤형 규제철폐조치의 도입여부, 저소득층의 사업참여를 유도하고 성공하기까지 지원·관리할 관리기구의 도입여부와 도입방식,[38] 또는 전통적 행정기구와 주민들의 임시적 모임에의 계속적 의존여부, 저소득층이 의무적으로 참여해야 하는 마이크로 커뮤니티의 도입여부 등이 신중하게 검토되어야 할 것이다.

---

[37] 정부는 가난과 싸우려는 의지뿐만 아니라 가난과 싸우기 위한 효과적인 방법을 발견해 내야 한다. Gregory L. Volz, ET AL., Poverty in the Aftermath of Katrina : Remaining Citizen Leadership in the Context of Federalism, Tenn. J. L. & Pol'y 2, 2005, p.493, 506. ; 침체된 지역경제의 발전노력에 있어 가장 중요한 문제점이 적실성이 떨어지는 '빈약한 계획'이 출현하지 않도록 하는 일이다. Catherine E. Armitage, Community Goals and Economic Development in Buffalo, New York : Interviews with the Common Council, Buff. L. Rev. 39, 1991, p.563. ; 미국에서 과거 15년 이상 동안 침체된 지역에서 비즈니스 발전을 지원했던 5개 지역의 관리기구들에 대해 조사한 결과, 그들 모두는 실패를 경험했었는데 그 실패의 원인에 대해 가장 많은 대답들이 "빈약하거나 부적절한 계획이나 불충분한 관리기구의 능력"이라고 했다. Michael H. Schill, Assessing the Role of Community Development Corporations in Inner City Economic Development, N.Y.U. Rev. L. & Soc. Change 22, 1996-1997, p.776. 이 보고는 저소득정책이나 특구의 운영에 있어 단순히 정부의 재정지원규모보다도 적절한 계획을 수립하는 일과 관리기관의 능력의 중요성을 보여준다.

[38] 저소득층이 사회보장제도에 대한 의존을 극복하여 새로운 일자리에 필요한 기술을 익히고 마이크로 비즈니스의 성공적인 운영에 필요한 것들을 익히도록 유도하는 것은 쉽지 않은 일이다. 시민단체와 행정기관 등의 네트워크보다는 해당 지구에 상주하면서 더 통합적 구심점 역할을 할 수 있는 관리기구가 필요하다. Gregory L. Volz ET AL., a.a.O., pp.506-511, 515. ; Michael Diamond, Community Economic Development : A Reflection on Community, Power and the Law, Journal of Small and Emerging Business Law 8, 2004, 167-168.

Ⅳ. 광역형 특구와 지구형 특구의 차별적 발전
- 규제자유특구 및 지역특화발전특구

우리 법제에서 지구형 특구와 광역형 특구를 구별하면서 그 필요에 상응하여 규제를 달리한 입법례가 최근 출현했다. 그것을 살펴본다.

우리나라에서는 2004.3.22. 지역특화발전특구에 대한 규제특례법이 제정되었는데 이것은 지구형 특구제도를 도입한 것이었다. 지정된 지구에 한정하여 규제를 완화하거나 철폐하는 방식을 취하고 국가의 재정지원이나 조세감면은 인정하지 않은 형태이었다. 해당 기초지방자치단체는 해당 특구의 인프라의 조성 등에 재정을 투입할 수 있었지만, 기초자치단체의 재정력의 한계로 그 지원은 제한적이었다. 시장·군수 또는 구청장이 지역특화발전특구의 지정을 받고자 할 경우 지역특화발전특구계획을 작성하여 이를 재정경제부장관에게 신청하여야 했었다. 다만, 특별시·광역시·도와 그 관할구역내의 시·군·구가 공동으로 특화사업을 추진하고자 하는 경우에는 특별시장·광역시장·도지사와 시장·군수·구청장이 공동으로 특구계획을 작성하여 특구의 지정을 신청할 수 있도록 했다.

지역특화발전특구의 경우 지방은 물론 수도권도 지정될 수 있었다. 도시지역에서는 연구, 게임, 신산업 등의 진흥을 목적으로 특구가 지정되어 있고 지방중소도시나 농어촌에서는 관광, 식품과 전통한방산업 등의 육성을 목적으로 특구가 지정되었다.

지역특화발전특구에 대한 규제특례법은 2018. 10. 16. 규제자유특구 및 지역특화발전특구에 관한 규제특례법으로 전면개정되어 규제자유특구까지 함께 규정하게 되었다. 규제자유특구는 광역형 특구인데 이 법은 지구형 특구인 지역특화발전특구와 비교할 때 몇 가지 다른 규정들을 두고 있다.

첫째, 규제자유특구는 "광역시·특별자치시 및 도·특별자치도(「수도권정비계획법」 제2조제1호에 따른 수도권은 제외한다)에서 혁신사업 또는 전략산업을 육성하기 위하여 규제특례등이 적용되는 구역으로서 제75조제3항 및 제4항에 따라 중소벤처기업부장관이 지정·고시한 구역"을 말한다.(제2조 제13호) 일본의 국가전략특구가 동경 등 수도권에서도 지정이 가능한 것과 달리 우리나라의 규제자유특구는 수도권은 지정대상지역에서 제외되었다.

둘째, 규제자유특구의 지정신청권자는 규제자유특구를 지정받으려는 광역시장·특별자치시장·도지사·특별자치도지사인데 규제자유특구계획을 수립하여 중소벤처기업부장관에게 지정을 신청하여야 한다.(법 제72조 제1항) 즉, 광역자치단체장이 신청권자이고 기초자치단체장은 규제자유특구의 지정을 신청할 수 없다.

셋째, 규제자유특구는 자율주행차 등 많은 자본과 신기술을 요하는 국가의 전략산업지역이기 때문에 지역특화발전특구와 같이 해당 지역에 규제의 완화나 철폐를 허용해주는 이외에 "국가와 지방자치단체는 규제자유특구 내 혁신사업 또는 전략산업의 육성을 위하여 필요한 경우 예산의 범위에서 재정지원을 할 수 있다."(법 제97조)

이상에서 개략적으로 살펴보았듯이 우리나라에서는 이제 지구형 특구와 광역형 특구를 차별화하여 지역의 부흥과 국가경쟁력의 강화를 동시에 추구하고 있다. 지역특화발전특구의 경험 15년에서 드러나듯이 어떤 지역산업을 부흥시키는 것은 많은 시간이 걸리는 일이고 다른 지역에서 유사한 아이디어들을 가지고 유사한 특구제도를 운영하는 것도 많이 나타날 수 밖에 없을 것인데, 이 점은 규제자유특구에서도 피하기 어려울 것이다. 하지만, 시행착오를 하면서 지방자치단체들도 발전행정의 경험을 쌓아가면서 보다 효율적인 정책의 수립과 집행도 가능하게 될 것이다.

V. 결어

지방생존이 위협받고 국가의 경쟁력의 추락이 우려되고 있다. 지방과 기업들을 다른 시각에서 바라보고 그들간 경쟁과 협력을 새롭게 자극하고 유도하는 것이 필요하게 되었다. 이를 위해 지역실정에 적합한 다양한 제도들과 정책들이 출현해야 하고 이를 위한 연구도 활성화되어야 한다.

우리나라를 비롯하여 많은 국가들에서 지역발전을 위한 특구들이 다양하게 출현하고 있다. 국가와 사회의 발전을 위한 정책들의 학습과 모방도 전 세계의 많은 국가들에서 이루어지고 있다. 하지만, 자신의 관점에서 발전단계와 한계상황들에 대한 충분한 인식이 결여된 상태에서의 모방은 결국 많은 문제점을 노출하게 될 것이다.

본문에서 국내외 특구사례들을 조사하는 것을 넘어 유형화한 것은 보다 유연한 입장에서 실용적으로 우리 실정에 적합한 특구모델을 만들어내고 그것을 설계하는데 도움을 주기 위한 것이었다. 이 글이 우리 상황에 적합한 특구제도의 설계와 운영을 위해 유용한 정책적 시사점을 제공해 줄 수 있기를 기대한다.

03

마을공동체의 활성화를 통한 주거환경의 개선
: 생존배려이론의 재조명 | 선정원

Ⅰ. 생존배려이론의 재조명과 마을공동체의 활성화

1. 위험방지이론의 한계와 생존배려이론의 재조명필요

행정법학은 행정의 법률적합성, 행정행위와 개인의 법률상 이익을 중심으로 논의를 전개해왔는데, 위험방지의 법이론은 이러한 전통적 행정법학의 세부적인 법이론들의 형성에 지대한 영향을 미쳐왔다. 위험방지목적으로 이루어지는 행정청의 행정행위는 개인의 자유와 재산을 침해할 가능성이 있어서 행정법학은 위험방지목적의 행정행위와 이에 대한 방어를 위한 시민의 법률상 이익이라는 두 개의 축을 중심으로 발전해 온 것이다. 한국 행정판례는 지금까지도 침해행정에 대한 방어권중심의 자유주의적 모델로부터 큰 영향을 받고 있다.[1]

허가는 위험방지를 위한 행정행위로서 국가와 사회가 보호하고자 하는 공익에 대한 침해의 객관적 가능성이라는 위험[2]을 사전에 방지하려는 것인

---

1 선정원, 권위들의 충돌과 합법성심사의 발전방향, 공법연구 제32권 제1호, 2003.11, 47-65면 참조.

2 Thomas Darnstädt, Gefahrenabwehr und Gefahrenvorsorge, 1983, S.25. 특별행정법영역

데, 행정행위 중에서도 대표적인 것이다. 예를 들어, 주택과 관련하여 공익
침해의 위험을 방지하기 위하여 건축행위를 일반적으로 금지한 후, 행정청
이 건축행위 신청자들의 요건충족여부를 심사하여 그 건축행위를 하도록
허용해주는 행위를 허가라고 부른다.

위험방지라는 비전과 특정한 침해행위중심의 위험방지의 법이론은, 한편
으로는, 시장을 중시하며 시장에서의 창의적 혁신을 위한 실험공간의 확보
를 목적으로 진입규제철폐의 운동이 전세계적으로 활발히 전개되면서 상
당한 타격을 받았지만, 또 다른 측면에서 인간이 그것없이는 생존할 수 없
는 의식주의 문제와 관련하여서도 한계를 갖는다.[3] 정부가 개인의 자유와
재산을 침해하는 것이 아니라 곤경에 처하여 생존이 위태로운 인간의 생존
배려를 위해 국가의 적극적 급부가 필요한 경우를 중심문제로서 인식하고
그에 대응하고자 한 이론이 이른바 "생존배려(Daseinsvorsorge)"의 법이론이
다.[4] 이 이론의 주창자인 독일의 유명한 행정법학자 포르스트호프(Forsthoff)
는 산업화과정에서 인간은 농경사회에서와 달리 의식주와 같이 가장 기초
적인 생활수단을 자급자족하지 못하고 타인의 대량생산과 대량공급에 의
존할 수밖에 없는 존재가 되었기 때문에 행정법학은 인간의 생존배려의 문
제를 그의 중심적인 지도이념으로 삼아야 하고 정부는 개인들의 "생존배려

이 아닌 행정법전반에 일반적으로 적용되는 '일반적 위험'에 대해 가장 전통적인 이해
는 "손해발생의 객관적 가능성"이다.

3 공동체의 목적과 사회적 수요의 실현을 위한 창조적이고 형성적인 행정활동이 필요한
급부행정영역에서는 행정의 엄격한 법률구속만을 강조하는 것으로는 충분하지 않고 행
정활동을 단순한 법집행활동으로 이해하는 것도 적절치 않다. 이 점이 침해행정의 법이
론과 구별된다. Otto Bachof, Begriff und Wesen des sozialen Rechtsstaates, in ; Ernst
Forsthoff (hg.) Rechtsstaatlichkeit und Sozialstaatlichkeit, 1968, SS.223-225. 이 논문은
1954년 독일 공법학자대회에서 바호프가 발표한 것으로 포르스트호프가 편집자로서 하
나의 책을 발간하며 재수록했다. 이 공법학회에서 포르스트호프도 발표자로 참석했다.

4 "생활배려"로 번역하기도 한다. Ernst Forsthoff, Die Verwaltung als Leistungsträger,
1938, 포르스트호프의 생존배려이론에 대해 소개한 최근의 한국문헌으로는 이상덕의
논문이 있다. 이상덕, Ernst Forsthoff의 행정법학방법론연구 -급부행정론과 제도적 방법
론을 중심으로-, 2003.2. 서울대학교 석사.

책임"(Daseinsverantwortung)을 져야 한다고 주장했다. 정부의 생존배려책임
의 이행능력은 정부의 정당성의 문제가 된다.

산업사회와 도시사회에서 주민들의 생존배려문제가 크게 부각된 것은
자신들의 생존에 필수적인 물건들의 생산으로부터 주민각자가 소외되어
있기 때문이다. 이를 극복하는 길은 인간이 소외된 주위환경에 형성적이고
능동적으로 참여(Teilhabe)함으로써 극복될 수 있다. 때문에, 생존배려이론
에 있어 주민들의 참여는 이론의 핵심개념이 된다. 주민은 주위환경속에
단순히 존재하고 있어서는 안되고 주위환경이 자신의 것이라고 인식할 수
있는 정도의 것이 되어야 한다.[5] 포르스트호프는 인간의 사물에 대한 우위
를 확보하고 적극적이고 능동적인 참여를 통해 인간소외를 극복하고자 하
는 사상을 공동체사상(Gemeinschaftsdenken)이라고 부른다.[6]

포르스트호프의 생존배려이론은 오늘날 독일의 사회적 법치국가사상속
에 잘 녹아 있지만, 2차대전 전의 나치국가의 국가사회주의와 결합되어 대
중의 생존보장이라는 명분을 독재정권에 제공한 것으로 비판받으면서 오
늘의 민주주의사회에서는 그에 대해 부정적인 이미지가 강하게 각인되고
있다.

필자로서는 현대행정의 문제들에 대처하는데 있어 위험방지이론의 한계
를 극복하기 위하여 생존배려이론이 상당히 유용한 도구들을 제공할 수 있
다고 생각한다. 생존배려의 개념, 참여의 강조, 공동체개념 등은 이 논문의
관심사인 마을공동체의 활성화를 통한 주거환경의 개선이라는 주제를 다
루기 위해서 중요한 도움을 제공하고 있다.

하지만, 생존배려이론은 몇 가지의 문제를 가지고 있다.

첫째, 공동체를 독일민족 전체의 공동체와 같이 넓게 파악하는 것은 독

---

5 이상덕, 앞의 논문, 18면.
6 Ernst Forsthoff, Die Verwaltung als Leistungsträger, 1938, SS.16-17.

재자에게 이용당할 명분을 주게 된다. 공동체라는 것은 농어촌에서 마을과 같이 서로 자주 직접 만나 얼굴과 생각들을 알고, 마을회관이나 마을공터와 같은 공개장소나 공공장소에서 만나 마을의 청소나 농사업무의 협력 등을 논의할 수 있을 때 '대등한 자유인들의 모임'이 될 수 있는 것이다. 동일한 생활세계를 공유할 수 없을 정도로까지 공동체의 개념을 넓히는 것은 정치인들에게 악용될 가능성이 크므로 상당히 위험하다. 때문에, 필자로서는 이 논문에서 '대등한 자유인들의 모임'이 가능한 소규모의 공동체로서 마을공동체나 거리공동체라는 것에 한정하여 공동체개념을 사용할 것이다.

둘째, 정부에 의한 직접적인 급부에 이론의 핵심적인 초점을 맞추는 것은 문제가 있다고 본다. 오늘날 고전적 사회복지국가는 국가재정에 과도한 부담을 주고 사람들의 도덕적 해이를 야기하고 일하고자 하는 의지와 기업가정신에 의한 혁신노력을 위축시키는 것으로 드러나고 있다. 사회적 연대의 실현을 공적 부조와 공적 보험에 절대적으로 의존하도록 하는 것은 적절치 않다. 하지만, 약육강식의 시장에 주민들의 생존배려를 전적으로 맡기는 것도 적절치 않다. 정부와 시장, 자치단체와 지역사회가 상호 구체적인 협력을 통해 생존배려의 길을 찾도록 하는 방식을 추구해야 한다. 그것을 필자는 마을공동체활성화방식이라고 부르고자 한다. 따라서, 정부와 자치단체의 직접적인 급부행위보다는 정부 자치단체, 시민단체 및 기업과 주민들의 공동참여와 파트너쉽의 형성이 더 큰 의의를 갖게 된다. 이 방식을 전통도시공간의 현대화와 주거환경개선의 과제와 관련하여 적용해보고자 한다.

행정법학이 지나치게 행위에만 초점을 맞추는 방법만으로는 사회가 행정법학에 기대하는 수요를 충실하게 충족시킬 수 없다. 위험방지와 생존배려와 같은 행정법학의 지도개념들을 재검토하여 행정법학은 새로운 과제들에 이론적으로 대처하고 그 과제의 해결방법을 제공하여야 한다.

2. 도시의 주거환경의 낙후성과 건설경기활성화
    - 정책대응의 실패

(1) 지방중소도시의 낙후성과 현대화과제

지방중소도시들에서 주택, 도로, 공원 등 산업화되기 이전부터 자생적으로 형성된 도시공간에는 낙후된 저층주택들이 밀집해 있고 도로도 좁아 교통여건도 상당히 나쁘다. 자동차의 급증에 따른 도로의 확장과 주차공간의 확보, 도시주민들을 위한 깨끗한 물과 급증하는 쓰레기의 처리시설의 확보도 자치단체들에게 버거운 과제가 되고 있다.

농어촌인구들이 도시로 유입되면서 건축과 건설의 수요가 증가하고 있고 농지와 산지의 택지로의 전환도 빈번하게 이루어지고 있다. 젊은이들이 전통주택보다는 아파트를 선호하면서 최근에는 중소도시에도 10층에서 20층사이의 나홀로 아파트들이 건축되어 도시미관을 해치는 경우도 자주 나타나고 있다. 이에 따라, 지방중도시들에서 난개발이 크게 문제되고 있다. 주택건축허가가 건설경기부양정책의 수단이 되면서 무질서하게 원칙도 없이 허가가 남발되어 도시전체의 미관이나 환경파괴 그리고 문화적 기능의 관점에 대한 고려가 극히 약하다.

이에 따라, 한국의 중소도시들에 있어 주택, 상점가, 도로, 공원 등 여러 측면에서 농경시대의 도시공간을 현대 산업화시대의 편리하고 쾌적한 도시공간으로 변화시키는 과제가 매우 중요한 현안과제가 되었다.

대기업보다 중소기업이 유연하고 창의적으로 환경변화에 대응할 수 있는 것처럼 중소도시들도 당해 도시의 개성을 살리고 농어촌적 특성과 도시적 특성을 함께 보여줄 수 있는 중소도시만의 강점을 잘 보여줄 수 있도록 새로운 비전과 계획을 가지고 현대화하여야 한다.

(2) 대도시의 전통적 중심지의 낙후성과 현대화과제

오랜 산업화과정에서 신도시가 생겨나고 도시외곽지역에 새로운 아파트 단지 등이 들어서면서 전통적인 도심주택지역은 공동화되어가고 있다.[7] 전통적인 도심외곽지역은 농지이거나 준농지이어서 택지로 형질전환이 되면 땅값도 저렴하고 기존 주택들도 없어 계획도시의 형성이 용이한 편이기 때문에 점점 더 부유한 사람들이 편리한 신흥시가지로 이사하게 된다. 낮에는 유동인구가 많지만 상주인구는 적고 심야에는 거리가 텅비어 우범지구화하고 있다. 이로 인해 도시 전체가 낙후되고 슬럼화하는 인상을 주게 되어 기업들도 그 도시를 떠나는 경우가 늘어난다.[8]

한편, 교외의 신흥시가지들도 사회적 인프라의 부족과 늘어나는 교통량, 식수의 부족, 그리고 주택과 직장과의 거리증가로 인한 출퇴근의 혼잡문제 등으로 어려움을 겪고 있다.

이러한 문제는 전세계적으로 어느 정도 보편적인 것이어서, 각국의 자치단체들은 도시의 무질서한 확산과 난개발을 효과적으로 방지하고 극복하기 위하여 광범위한 정책적 제도적 노력들을 전개해왔다.[9]

---

7 한국에서 지방대도시 도심이 겪고 있는 주요 쇠퇴양상은, 첫째, 인구의 감소현상이다. 부산, 대구, 인천, 광주, 대전 등 주요 지방대도시의 경우 최근 20년 간 도심상주인구가 큰 폭으로 감소하고 있는데, 시 전체인구가 증가추세라는 점을 감안할 때 도심의 인구 비중이 더욱 낮아지고 있는 실정이다. 또한 도심의 노령인구비중이 상대적으로 높아지고 있다. 둘째, 건축물 및 기반시설의 노후화 현상으로서 도심의 인구감소 및 기능적 쇠퇴에 따라 물리적 기반의 불량화와 수급 부조화를 촉진하게 되었다. 실제로 지방대도시의 도심 내 도시계획시설의 미집행 비율이 높고, 도시개발정책에 있어서도 도심의 상대적 소외현상이 뚜렷하게 보이고 있다. 셋째, 상업·업무활동의 감소현상을 들 수 있다. 계기석·김형진, 지방대도시 도심의 기능활성화와 쾌적성제고 방안, 국토연구원, 2003.12.

8 미국에서도 도심공동화와 도시외곽지역의 무질서한 확산을 의미하는 Sprawl현상이 도시행정의 큰 문제로 등장하고 있다. William W. Buzbee, URBAN SPRAWL, FEDERALISM, AND THE PROBLEM OF INSTITUTIONAL COMPLEXITY, Fordham Law Review 1999, pp.69-75.

9 미국에서 난개발방지를 위해 전개된 Smart Growth 정책과 제도에 관한 소개로는, Tina

(3) 건설경기활성화를 위한 서민주택건설촉진정책의 문제점

건축허가는 정부와 자치단체의 경제활성화정책에 매우 민감한 영향을 받는다. 강남아파트개발 등에 대해서는 매우 강력하게 규제하면서도 정부와 자치단체들은 서민주택의 전형이라 할 수 있는 다세대주택에 대해서는 국내경제의 침체와 중소기업의 경제상황악화 그리고 실업자의 증가에 따라 건축허가를 매우 쉽게 내주어왔다. 기초자치단체에 따라서는 최근 2-3년 동안 과거 십년 이상동안 건축허가할 분량을 허가하기도 했다. 이로 인해, 신흥대도시나 중소도시에서 과잉주택개발로 인한 미분양이나 은행들에 의한 과도한 대출이 크게 문제되고 있어 지역경제를 넘어 국가전체적으로 주택신용대란의 위험성과 일본식 장기불황의 위험성이 매일 언론기관을 통해 경고되고 있다.

실태를 살펴보면, 예를 들어, 시가 6000만원의 다세대주택에 대해 500만원의 자기자본만 있으면 나머지는 은행에서 대출하여 매달 큰 액수로 원금 일부와 이자를 갚도록 하고 있으나, 그것을 갚지 못하여 빚이 싸이면 500만원의 자기자본을 포기하고 도망가 버리는 사람들이 크게 늘고 있는 것이다. 이 과정에서 건축업자, 부동산업자, 법무사, 은행(IMF사태이후 기업대출은 회피하고 개인신용대출에 전념하고 있음)과 주택신용보증기관등이 결탁하여 대출을 편법으로 늘려주고 있다. 은행들은 공적자금으로부터의 주택신용보증제도를 악용하여 주택담보대출을 과도하게 늘려왔다.

이에 따라, 과잉주택신축, 과잉대출 및 악성채무자의 증가는 이제 주택신용대란을 가져와 국가전체경제에 막대한 부담과 장기경제불황을 초래할지 모른다는 우려를 불러일으키고 있다. 주택신용대란이 초래된다면 카드대출대란에 비할 수없을 정도의 엄청난 부담을 한국경제에 드리우게 될 것

Bissey, State Comprehensive Planning in California, The Public Law Research, 2002, pp.1-16.

이다.

자치단체는 주택의 신축이나 개축에 대한 주민각자의 신청에 따라 허가권을 행사할 뿐, 주택건축업자나 입주자들 그리고 은행들의 편법대출과 개인들의 파산문제나 건축자재의 과소비의 문제는 전혀 인식하고 있지 못하다. 주택은 서민들에게 엄청난 비용을 치루게 한다. 때문에 주민각자가 중장기적으로 감당할 수 있는 경제적 능력의 범위에서 가능한 주택개량이 시행되도록 정부와 자치단체는 배려하여야 한다. 그것이 지역경제를 안정시키고 마을과 거리를 활성화시키기 위한 길이 될 것이다.

이 시점에서 우리는 중소도시들과 전통적인 대도시의 도심공간의 낙후성을 해소하면서도 국제적 원자재부족이나 서민들의 경제력약화상황에서도 견딜 수 있는 실효적인 주택정책이 무엇이고 그 정책을 중장기적으로 지속가능하게 할 수 있는 길이 무엇인지 진지하게 물어야만 한다. 과연 어디에 길이 있는가?

3. 주거환경개선을 위한 마을공동체활성화

(1) 사회의 지속가능한 발전과 그의 달성방법에 관한 탐구의 필요

환경보호운동에서 중요한 의미를 갖는 지속가능성(Sustainability) 또는 지속가능한 발전(Sustainable Development)은 어떤 구체적 의미를 갖는 것일까? 이 개념은 시간적인 측면에서는 단기적이 아니라 중장기적이어야 한다는 점, 행정과제의 측면에서는 환경보호와 경제성장의 과제를 통합추진해야 한다는 점 등을 정책과 운동의 양 측면에서 요구하기 위한 지도개념의 역할을 하고 있다. 예를 들어, 숲에서 단기적인 이익을 위하여 나무를 베어내기만 할 것이 아니라 새로 나무를 심어 베어낸 나무들을 보충하도록 함

으로써 숲의 기능성과 경제적 효용성이 장기적으로 다음 세대에서도 유지
되도록 하자는 생각을 표현한 용어인 것이다.[10] 환경과 경제의 문제를 상호
충돌하는 것이 아니라 보완적인 것으로 파악하려는 것이다.

　이러한 과제는 국가는 물론 자치단체와 지역사회에도 매우 중요한 것이
지만, 재정압박과 상당한 업무부담을 지고 있는 자치단체와 공무원들에게
보다 구체적으로 다음과 같은 의문이 제기되는 것이다. 실업이 증가하고
많은 기업들이 중국과 같은 해외로 빠져나가고 있으며 남아 있는 지방중소
기업들의 국제경쟁력이 약한 상황에서 그리고 환경보호와 복지가 경제발
전에 크게 의존하고 있는 상황에서 어떻게 경제성장과 환경보호의 과제를
동시에 추진할 것이며 상호 보완적인 것이 되게 할 수 있는가 하는 점이다.
대부분의 자치단체와 지역사회는 매우 제한된 자원과 자본 때문에 대규모
지역개발이 극히 어렵다. 그럼에도 불구하고 지속가능한 발전의 과제는 불
가피한 것이기 때문에 이것을 달성하기 위한 구체적인 방법들이 무엇인가
에 관한 많은 아이디어들을 수집하고 다양한 제안들을 경청할 필요가 있다.

　(2) 주거환경개선정책에 있어 제3의 방식 :
　　　마을공동체활성화정책

　인간에게 절실히 필요한 의식주 세 가지중 가장 돈이 많이 드는 것이 주
택이다. 주택과 관련하여 정부개입의 방식은 필자의 생각으로는 개략적으
로 세 가지로 분류할 수 있을 것이다. 첫 번째 정부개입의 방식은 주택건축
자체를 정부재정이 감당하는 방식이다. 공공임대주택의 건설방식이다.

　두 번째 방식은 대규모아파트단지와 다량의 다세대주택의 건설촉진방식
인데 이것은 정부재정으로 건축비용을 감당하는 것이 아니라 민간자본에

---

10 독일에서 이와 비슷한 생각을 표현하기 위해 자주 사용되는 "Nachhaltigkeit" 개념은 연
　혁적으로 18세기 나무와 숲의 관계를 다루기 위해 나왔다고 한다. Peter Sieben, Was
　bedeutet Nachhaltigkeit als Rechtsbegriff?, NVwZ 2003, S.1173.

맡겨서 시장의 수요공급의 법칙에 따라 주택공급이 결정되도록 하는 방식
이다. 이 과정에서 정부는 재정권이 아니라 아파트단지건설에 대한 인허가
권과 같은 규제권에 의해서 시장을 조종하려 한다. 최근 정부는 부자들의
부동산투기를 막기 위해 서울의 아파트건축은 규제하면서도 다세대주택과
지방도시들에서 아파트건축을 대폭 허용하면서 많은 문제를 낳고 있다.

세 번째 방식은 공동체활성화방식이라고 부를 수 있을 것이다.[11] 즉, 규
제권과 재정권을 결합시켜 주택의 신축이나 개축은 토지나 건물의 소유자
들이 하도록 하되 정부나 자치단체도 일정한 재정지원을 하고 주민들도 대
규모아파트단지 방식이 아니라 전통도시공간의 특성을 유지하면서 단독주
택이나 다가구 주택 또는 저밀도 아파트 등을 환경친화적으로 개량하려는
방식이다. 주민들과 행정기관이 파트너쉽을 형성하고, 지구나 거리와 같이
생활공동체를 이룰 수 있는 일정한 도시공간에서 주민들간 마을공동체를
형성하여 마을이 지향하는 도시이미지에 맞게 지구나 거리를 개량하는 것
을 목표로 한다.

주택은 인간의 생존에 필수적인 것이기 때문에 '생존배려'의 정신으로
국가가 건설을 책임지고 국민들에게 저렴하게 임대해주는 방식이 20세기
에 들어와서 많은 나라들에서 이용되고 있다. 한국에서도 공공임대주택을
건설하여 서민들에 제공하는 정책도 꾸준히 추진되어 왔으나, 전통도시공
간과 중소도시의 수많은 낙후가옥들을 모두 허물고 생활배려의 정신에서
공공임대아파트방식으로 개발할 수는 없다. 국가의 재정능력이 그것을 감
당할 수도 없고 자원을 효율적으로 이용하는 방법도 아니다.

---

11 Richard Hales, Land Use Development Planning and the Notion of Sustainable
   Development : Exploring Constraint and Facilitation within the English Planning
   System, Journal of Environmental Planning and Management 43(1), 2000, pp.99-
   121(110). 토지이용계획과 관련하여 Local Agenda의 입장이 기존의 계획방식과 구별되
   는 점은 파트너쉽형성과 마을과 지구의 전체적인 조화에 관심을 특별한 관심을 갖는다
   는 점에 있다.

또, 전통가옥을 허물고 높은 아파트를 지어 그것을 다른 사람들에게 분양함으로써 상당한 이익을 획득하는 아파트건축에 의한 도시개발방식은 거의 사인의 이기적 욕구에 전적으로 의존하여 시장의 에너지와 메커니즘을 이용하여 도시의 현대화를 추진했다고 할 수 있다. 하지만, 이제 이러한 정책은 공급과 수요 양측면에서 매우 큰 문제점을 노정하고 있다.[12] 중국의 급격한 산업화로 원자재의 부족이 세계경제에 큰 우려를 낳고 있는 시점에서 중소도시와 대도시의 낙후된 도시공간을 아파트재개발과 같이 급격한 해체와 재건설의 방식으로 개발하기는 어렵다. 또, 중소도시에서는 아파트입주율이 매우 낮아 공급자들을 파산시키고 있고 소비자들로부터도 그의 높은 가격 때문에 외면받거나 과잉대출금을 갚지 못한 다세대주택입주자들이 급격히 늘고 있어 자원의 효율적 이용과 서민의 가정보호의 측면에서 볼 때 많은 문제를 낳고 있다.

그러므로 규제권과 재정권 그리고 공동체의 형성방식을 결합시킨 세 번째 공동체활성화방식의 의미가 커지는 것이고 이에 대한 많은 연구가 필요한 실정이다.

한국의 행정조직, 규제시스템과 재정집행시스템은 행정내부적으로는 중앙행정부처의 우월적 권한과 계층제구조를 강력하게 유지하고 사회와의 관계에서는 강력한 진입규제정책을 유지해오고 있어, 정부와 사회가 보다 대등하고 수평적인 입장에서 지역사회의 발전을 위해 노력한다는 사고는 지극히 낯설다고 할 수 있다. 행정현장에서 주민들이 주체적인 입장에서 적극적으로 지역사회재건에 나설 수 있도록 행정조직, 규제시스템과 재정집행시스템 등이 크게 변화되어야 할 것이다.

---

12 기존의 주택정책은 고층, 고밀도 아파트의 건축을 그 중심내용으로 했는데, 주변지역과 조화를 이루지 못하고 기반시설부족문제를 야기하는 등 주변주거환경을 오히려 악화시켰다는 비판은, 임희지 외 3인, 지역적응형 가구단위 주거지 정비방안 연구, 서울시정개발연구원, 2003, 2면.

(3) 지역혁신지향적인 주민자치운동의 필요

외국의 공동체활성화정책과 주민자치운동은 최근 지역혁신을 목적으로 하면서, 특히, 마을과 거리에 초점을 맞추고 있다. 그 배경은 다음에서 찾아볼 수 있다.

첫째, 산업사회의 진전으로 대규모 자본이 등장하면서 생산성은 매우 높아지고 지구촌을 배경으로 하는 글로벌 기업들이 등장하면서 지역사회의 주민개개인들로서는 이러한 기업들에 취업하거나 단순한 소비자가 아닌 생산의 주체로서 거래하는 것이 점점 어려워져가고 있다. 이 상태가 장기화하고 지속되면서 낙후된 마을이나 낙후된 거리들이 격증하고 있다. 소득불평등도 심화되고 있다.

둘째, 선진국들이나 중진국들에 있어 국가안보비용이나 사회복지비용 및 교육비용 등으로 인해 국가의 재정수요는 급증하고 있다. 그러나 기업들은 격심한 국제경쟁속에서 도산이 속출하고 있어 법인세나 소득세 등을 올리는 정책을 채택할 수 없게 되면서 국가의 재정적자가 급증하고 있다. 또한, 민주의식의 성장으로 지방분권이 전세계적으로 촉진되면서 자치단체들이 지방채등의 발행을 통해 재정적자를 확대시키고 있다. 이로 인해 사회와 시장에 대한 국가와 자치단체의 지원능력이 현저히 약화되고 재정수요를 충족시키기에 크게 부족해지게 되었다.

셋째, 낙후되어가고 있는 지역사회의 문제들이 각각 다르거나 다양하고 복잡해 단기적이고 단편적인 접근방법으로는 문제해결에 실효적인 도움을 줄 수 없게 되었다. 지속가능한 중장기적 해결책을 발견하지 않으면 안되게 되었다. 단순한 복지적 접근은 국가와 자치단체의 재정비용의 지속적 증가를 가져오지만 그것을 국가와 자치단체는 감당할 수 없다. 고령화되어가는 사회로 인해 미래사회에서 경제활동인구가 상대적으로 더욱 감소하게 될 것이라는 점도 문제된다. 또, 보존적 접근만으로는 낙후된 마을에서 저교육, 저취업, 범죄증가, 가정파괴 등의 악순환방지에 그다지 도움을 줄 수 없다. 지역사회에서 젊은이들이 살도록 하기 위해서는 지역사회가 직업을 제공할 수 있어야 한다.

넷째, 교육받은 인력들의 증가 등으로 인해 시민사회의의 독자적 문제해결능력이 크게 신장되어가고 있다. 시민들의 사회참여의지와 봉사정신도 강화되고 있으며 글로벌사회에 대응할 수 있는 전문인력도 국가 전체적으로는 증가하고 있다. 시민사회의 강화된 역량과 전문가들이 공공기관의 능력약화와 특정 지역사회의 글로벌사회에의 대응능력부족을 보완하도록 사회의 시스템을 재설계할 필요가 생긴 것이다.

지역의 경제발전과 보존 및 복지의 동시추진은 정부나 자치단체의 힘만으로는 부족하다. 지역사회 자체의 적극적인 참여가 필요하다.

Ⅱ. 유럽의 낙후지구발전정책과 제도

필자는 일본과 미국의 제도들에 대해서는 이미 소개한 바 있으므로,[13] 이하에서는 특히 유럽에서의 마을과 거리의 활성화를 통한 낙후지구발전정책을 소개할 것이다. 이 정책과 운동은 주거환경개선에만 한정되는 것은 아니지만 주거환경개선은 이 정책에 있어 핵심적인 내용에 속한다.

---

13 마을과 거리의 특화발전에 관한 일본의 법과 정책에 대한 소개는, 선정원, 일본의 구조개혁특구제도의 분석과 규제자유특구제도의 한국에의 도입방안, 법제 2003.9, 4-28면 참조. ; 그리고, 낙후된 도시상업지구의 상업활동촉진을 위한 미국의 제도에 대해서는, 선정원, 미국의 상업활동촉진지구와 주민자치방식의 지역발전, 공법연구 제32권 제4호, 2004.3, 405-425면 참조.

1. 영국의 마을공동체재생(Neighbourhood Renewal)정책

(1) 영국에서의 마을공동체재생정책의 등장배경

영국에서는 대처수상의 보수당정부가 들어설 당시인 1979년 가구당 평균소득의 50%를 벌지 못하는 사람들이 영국 전 인구의 9%인 500만에서 1993/94년에 인구의 25%인 1400만으로 늘어나면서 저소득층의 확대는 큰 사회적 문제로 대두되었다.[14] 실업, 굶는 청소년과 학력저하, 무주택과 열악한 주거환경, 만성질환자의 확산, 자살율과 범죄율의 증가 등의 부작용이 심각해지기 시작한 것이다.[15]

하지만 영국정부는 소외된 지역들에서 서로 얽혀 발생하는 문제들의 복잡성을 정확하게 이해하지 못했다. 정부정책은 단편적이었고 산발적이었으며 미약해 변화를 조직화내지 못하였고 지역내부의 힘을 이끌어내지도 못했다. 이러한 흐름을 바꾸고자 토니 블레어 영국총리는 과거의 실패한 조치들로부터 교훈을 끌어내 마을공동체재생정책을 제시하게 되었고, 영국정부는 종합적이며 체계화된 정책과 제도를 고안하고자 하였다. 과거의 정책사례와 제도들 중에서 성공한 경험들을 모으고 과거에 실패한 정책들을 분석하여 데이터베이스를 구축하여 관련 수단들을 체계화하고 각 수단들에 대하여 재정지원을 대폭 확대하고자 하였다. 과거의 정책실패원인들을 조사한 결과, 지역경제의 문제에 초점을 맞추지 못하고, 안정적인 공동체를 형성해내지 못했으며, 건강 및 교육과 같은 핵심공공서비스가 너무 빈약했고, 지역사회의 주민들을 끌어들이지 못했으며 리더쉽이나 협력적 활동도 부족했고 관련정보도 부족하고 활용되지도 못했다. 특히, 과거의 정책들은

---

14 Walker A./Walker C., Britain divided : The Growth of social exclusion in the 1980s and 1990s, 1997.

15 Social Exclusion Unit, A New Commitment to Neighbourhood Renewal, National Strategy Action Plan, 2001, pp.1-126(14).

정책과 제도들이 연계되지 못했고 충분한 재정지원이 없었으며 지역NPO
들이나 지역주민들은 당해 지역문제에 관한 한 전문가임에도 불구하고 그
들을 전문가로서 인정하지 않아 주체로서 참여시키지 못한 점이 큰 실패원
인으로 분석되었다. 그리하여 영국정부의 마을공동체재생(Neighbourhood
Renewal ; Neighbourhood Management)정책은 민관파트너쉽을 강화하고 특
히 소외된 지구의 수요를 정확하게 파악하여 그것을 충족시키는데 장애가
되는 요인들을 제거하기 위한 목적으로 1997년 출현하게 되었다.[16]

(2) 영국의 마을공동체재생정책의 주요내용

영국의 마을공동체재생정책의 주요내용은 세 부분으로 구성되어져 있다.
첫째, 10년에서 20년 동안 장기적이고 안정적으로 소외지역을 지원하기 위
하여 총리실에 소외(낙후)지역지원기구(the Social Exclusion Unit : SEU)를 설
립하였는데, 마을재생을 위한 국가전략(National Strategy for Neighbourhood
Renewal)을 해마다 발표하여 그의 홈페이지에 게재하고 있다. 이 기구는 실
업, 낮은 기술수준, 저소득, 주택부족과 낡은 주택, 높은 범죄율, 취약한 건
강과 질병의 만연, 가족붕괴 등의 소외지역의 고질적 문제들을 정면으로
극복하고자 하는 목표를 추구하고 있다. 이러한 정책의제들을 다루기 위해
400여명의 전문가들이 참여한 18개의 정책추진팀(Policy Action Team)을 결
성했는데, 이 전문가들은 정부부처에서 파견된 사람들과 민간전문가들로
구성되어 있다.

18개의 정책팀들은 '결합된 문제들에 결합된 해결책'('joined up solutions
to joined up problems')을 표어로 낙후된 지역의 복잡하게 얽힌 문제들에 대
해 그 지역의 상황에 맞는 종합적인 정책을 개발하려 한다. 여기서 개발된

---

16 Angela Hull, Neighbourhood Renewal : A toolkit for regeneration, GeoJournal 51, 2001,
   pp.301-310.

정책들은 마을공동체재생을 위한 장기적인 국가정책이 된다. 18개 정책팀들이 추구하는 전략의 주요내용은 지역경제활성화, 지역공동체의 활성화, 결핍된 공공서비스의 보장, 리더쉽과 발전에너지의 네트워킹 등 4대분야라고 할 수 있다.

도표 1) 18개 정책추진팀이 다루는 분야

팀	1	2	3	4	5	6	7	8	9	10	11	12	13	14	15	16	17	18
업무분야	직업	기술	사업	이웃관리	주택	인근주민보호	빈집관리	반사회적행동	자원봉사	예술과스포츠	과외학습	청소년	상점	재정문제	정보기술	사례학습과반성	지역네트워킹	정보공개

출처 : Social Exclusion Unit (1998, pp.58-59).

둘째, 정부의 재생정책지원금은 가장 낙후된 지구에 더 확실하게 초점을 맞추고 있고, 과거의 어떤 정책보다 더 지역적으로 작은 지구들, 즉, 마을과 거리들의 집중적인 재생을 훨씬 더 강조하고 있다. 각 지구의 특수사정들에 초점을 맞추되 활력을 회복할 때까지 장기적이고 포괄적으로 접근하려는 것이다. 이를 위해 마을재생예산의 거의 5-6할을 심각한 낙후지역에 투입하고 마을 스스로 우선순위와 해결책들을 제시하기 위해 참여하도록 하고 있다. 이를 위한 프로그램이 가장 낙후된 지구에 설치된 17개의 개척기관이 추진하고 있는 '공동체와의 새로운 거래'(New Deal for Communities) 이다. 이 프로그램은 1998년 9월에 시작하였는데 지역상인집단, 지역NPO들과 주민들의 네트워킹을 통해 추진되면서 파트너쉽의 정신이 강조된다.

셋째, 낙후지역과 관련하여 각 행정부서들이나 지역NPO들이 여러 단기정책들을 추진하면서 거의 협력적이지 못했던 것을 반성하여, 마을공동체

재생정책은 관련 기관이나 단체들사이에 고객중심적으로 일련의 단기프로
그램들을 밀접하게 결합시켜 추진한다는 특색을 갖는다. 지원지구로 선정
된 지구에 대하여 고용이나 교육 또는 건강 등 필요한 서비스들이 종합된
프로그램을 통하여 지원된다. 그리고 이 프로그램의 집행상황에 대해서 조
사하고 평가한다. 해당 자치단체들은 여러 종류의 서비스들을 효율적으로
결합시켜 전달하기 위해 노력해야 하는데, 마을공동체의 민관합동추진지구
도 장려된다. 또, 기업들과 주민들의 상이한 참여의지에 맞추어 다양한 방
식으로 참여를 촉진할 수 있는 프로그램도 필수적이다. 주민들이 제공되는
서비스의 내용이나 기준들에 대해서도 알 수 있도록 하고 서비스전달을 감
시하도록 하여야 한다.

(3) NPO들의 역할

영국의 마을공동체재생정책에 있어 지역NPO들과 주민들은 매우 중요한
위치를 차지한다. 이 정책은 지역네트워크위에서 추진되고 그들의 열의를
이용하며 해당 지역의 역사적 맥락을 존중하여 추진된다.[17] 지역사회내부
로부터 길과 해답을 발견하려 한다. 마을공동체의 발전을 추진함에 있어
지역NPO들과 주민들은 해당 마을에 대한 전문가로서 중요한 자원이므로
주체적 지위를 부여하여 그들의 네트워크위에서 정책이 추진되고 있다. 지
역NPO들과 주민들에게 적합한 방식(시간, 장소, 비용)으로 그리고 그들의
사회적 조직화를 촉진시키기 위해 노력하고 있다. 그 동안 중앙정부와 자
치단체들이 서로 고립적으로 추진해왔던 정규적인 여러 정책들을 통합시
키고 체계화시키기 위하여 해당 지구에 필요한 여러 조치들을 추진할 통일
적인 단일추진기구를 구성했다. 그래서, 지역사회에서 자원봉사자들과 기

---

17 Cattel V./Evans M., Neighbourhood Images in Est London. -social capital and social
   networks on two Est London Estates, 1999.

업들, NPO들 그리고 자치단체와 같은 여러 행위주체들을 함께 묶어 지역의 전략적 파트너쉽(Local Strategic Partnerships) 네트워크기구를 창설했고, 마을단위에서의 추진기구로서 '마을관리'팀(Neighbourhood Management)을 결성했다. 이 조직 또는 팀은 예를 들어, 대략 3000-4000명의 주민들을 대상으로 하는 마을공동체 발전프로젝트들을 통일적으로 집행하는데, 서비스를 필요로 하는 주민들의 인생단계들에 맞추어서 직업훈련과 같은 서비스를 제공하되 현재의 교육수준이나 기술수준 그리고 그들의 교통환경 등에 맞추고 있다. 지역의 노동시장에도 개입하여 사회협약을 추진하고 고용을 촉진시키기 위한 조치들을 실행한다.(New Deal for Communities) 프로젝트와 자금의 운용에 있어 자율성을 가지면서 행정기관들과 자주 대화하며 협력한다. 자체 사무실과 자문집단이 있으며 교육훈련프로그램 등을 갖추고 있다. 이 팀은 우선 주택지주변의 쓰레기치우기, 낙서지우기, 폐차와 불법 주정차된 자동차의 정돈, 노후화된 주택의 개량과 같이 거주지주변의 생활환경문제부터 해결하는 것에서 시작함으로써 주민들에게 공동체가 살아 있다는 것을 인식시키고 변화에 대한 기대를 갖게 하려 한다. 이 정책의 추진에 있어 금기사항은 단기적으로 성과를 보려는 태도이다. 장기적으로 주민들의 수요를 조사하고 그에 적합한 맞춤프로그램이 개발되어야 하고 성과에는 시간이 걸리기 때문이다. 헌신적인 전문인력들의 도움을 받아도 낙후된 지역의 주민들이 신뢰할 수 있는 자원봉사자, 지역NPO의 회원, 그리고 공공서비스의 조력자가 되도록 훈련시키고 교육시키는데 최소한 5년은 걸린다고 보고 있다.

(4) 중앙정부의 재정지원

영국의 마을공동체발전정책을 추진함에 있어 필요한 자금은 대부분 중앙정부가 지원하고 있다. 자치단체와 지역사회는 실행프로그램을 설계하고 집행한다. 자치단체도 자체 프로그램을 세우고 자금을 지원할 수 있으나 상대적으로 소액인 경우가 많다. 특히 낙후된 지역의 경우 재생에 15-20년이 걸릴 수 있는 것으로 보고, 장기간 동안 다양한 마을재생프로그램들이 서로 연결되고 연계되어 단절없이 운용될 수 있도록 하기 위해서 충분한 자금을 안정적으로 확보할 수 있도록 노력하고 있다. 이를 위하여 중앙정부와 자치단체가 발주하는 프로젝트들이 상호 조화될 수 있도록 하고 효율적인 프로젝트제안평가시스템과 사후점검시스템의 건설이 시급하다고 보고 있다.

영국의 중앙부처들은 '공공서비스합의목표'(Public Service Agreement Targets)라는 구체화된 정책목표를 세우고 협력하게 되면서 여러 부처사이에 새로운 협력과제들이 생겨나고 있고, 중앙정부는 마을공동체의 재생을 위하여 자치단체를 지원해야 하는 새로운 과제를 부여받게 되었다. 총리는 중앙부처들의 마을공동체 발전정책들을 지원하고 감시하며 지방의 마을공동체추진과정을 감시하고 시민단체들과의 협력을 강화하며 정책의 전체적 성과를 관리하기 위하여 마을재생기구(Neighbourhood Renewal Unit : NRU)를 발족시켰다. 또, 마을공동체재생펀드(Neighbourhood Renewal Fund)등 여러 개의 정책기금을 조성했다.

단편적으로 살펴볼 때, 중앙정부는 주택건축과 주택개량에 16억파운드 이상을 투자했다. 또, 교육 및 노동부(DfEE)는 실업인력들의 재교육과 취업을 위한 프로그램을 제시하고 3년동안 일자리창출을 위해 32개의 행동팀을 결성해 4000만 파운드를 투입했다. 다른 중앙행정부처도 낙후지역에서 중소기업이 창업되도록 9600만 파운드를 투입했다. 이외에도 범죄예방, 교육과 건강보호를 위한 투자를 실행했다.

한편, 2002년부터 88개의 낙후지역에서 마을재생을 위해 정부는 8억파운드를 지원하여 마을관리팀(Neighbourhood Management)과 같은 지방의 민관 파트너쉽기구(Local Strategic Partnerships)들이 이용하도록 할 예정이며, 3년

동안 주민들의 모임주선, 의견조사나 주민교육 등을 마을관리팀의 운영을 위해 88개지구 각각의 마을관리팀((Neighbourhood Management)에 40만 파운드를 지원할 예정이다.[18] 지역 NPO들의 시민사업을 지원하기 위하여 다른 기금항목(Community Chests)으로 5000만파운드를 3년동안 지원할 예정이기도 하다.

마을공동체재생정책을 통해, 영국에서는 1997년 이래 2000년까지 107만개의 새로운 일자리가 생겨나고, 청년실업이 절반이하로 줄었으며, 마약과 범죄도 크게 줄어들었고 교육프로그램이 추진된 지역(Education Action Zones)에서는 많은 학교들이 협력적으로 참여하면서 시행전보다 수학성적이나 영어성적 등에 있어 두 배이상의 향상효과를 낳았다.[19] 이 정책의 성과는 가장 낙후된 지역에서 새로 생겨난 일자리와 실업감소율, 교육환경과 수준의 개선, 범죄감소율과 건강개선율 등의 수치를 통해 평가되고 있다.

2. 독일의 마을공동체재생(Neighbourhood Renewal) 정책

독일에서도 실업의 증가와 극빈층의 증가에 따라 도시공간에서 가난한 사람들이 특정지구에 밀집해 사는 현상이 확산되면서 헌법상의 사회국가 과제에서 나오는 '사회적 도시'(Soziale Stadt)사상에 따라 도시지역내에서 '분리와 차별'의 문제를 극복하는 것이 연방정부와 주정부 그리고 시정부의 중요한 과제가 되었다.[20] 그래서 독일 연방정부는 주정부와 함께 1999년 "사회적으로 통합된 도시를 위한 특별발전지구"(Stadtteile mit besonderem

---

18 Social Exclusion Unit, A New Commitment to Neighbourhood Renewal, National Strategy Action Plan, 2001, p.28. 51.

19 Social Exclusion Unit, A New Commitment to Neighbourhood Renewal, National Strategy Action Plan, 2001, p.23.

20 Hartmut Häußermann, Die Krise der "sozialen Stadt", Aus Politik und Zeitgeschichte Nr. 10-11/3./10. März 2000.

Entwicklungsbedarf - die Soziale Stadt)프로그램을 가동시키기 시작했다.[21] 이 프로그램은 줄여서 "사회적 도시"(die Soziale Stadt) 또는 "사회적 통합 도시"(Socially Integrative City)라고 부르는데 1998년 사민당과 녹색당의 정당협약에 따라 도입되게 되었다. 1999년 9월에는 연방정부와 주정부사이에 협약이 체결되어 이 프로그램이 주에도 도입되었는데, 1차시행시기는 1999년 가을부터 2003년 봄까지로 하였다. 여러 지역에서의 경험을 공유하기 위하여 지속적으로 보고서를 내고 프로그램과 경험에 관한 정보를 교환하기 위하여 웹사이트(www.sozialestadt.de)를 운영하기로 합의하였다.[22][23]

이 프로그램은 전통적인 도시정책들을 보완하고 연방정부나 주정부의 재정지원조치들이나 다른 비재정조치들을 통합시켜 체계적인 전략을 수립하고자 하는데, 행정기관뿐만 아니라 NPO나 주민들의 협력을 통해 이 프로그램을 집행한다. 특히, 마을단위에서 이 프로그램을 집행하는 주체로서 마을관리팀이 중요한 역할을 담당하고 있다. 이 조직이 주민들이 도보로 닿을 수 있는 곳에 위치하면서 얼굴을 맞대고 지역현안사항들과 관련된 여러 행위주체들의 노력을 마을관점에서 연계시키고 통합시키며 주민들의 자발적 참여와 열의를 이끌어 낸다.

---

21 Mechthild Renner/Uwe-Jens Walther, Perspektiven einer sozialen Stadtentwicklung, RuR 4/2000, SS.326-336. ; Thomas Franke/Rolf-Peter Löhr, Neighbourhood Management - A Key Instrument in Integrative Urban District Development, Paper delivered at the EURA-Conference "Area-based initiatives in contemporary urban policy -innovations in city governance", Copenhagen, 17-19 May 2001.pp.1-18.

22 Heidede Becker, Thomas Franke, Rolf-Peter Löhr, Verena Rösner, Socially Integrative City Programme –An Encouraging Three-Year Appraisal, 2002.10 ,Deutsches Institut für Urbanistik. ; 이에 따라 www. sozialestadt. de 에는 "사회적 도시를 만들기 위한 지침"(Leitfaden zur Ausgestaltung der Gemeinschaftsinitiative "Soziale Stadt")이 2000년 3월 1일 수정발간 게재되어 있다.

23 독일의 건설교통부는 사회적 도시정책의 경험을 정리하고 그것을 토대로 새로운 전략을 수립하고자 2003년 6월 "사회적 도시를 위한 전략"이라는 책자를 발간했다. (Bundesministerium für Verkehr, Bau- und Wohnungswesen, Strategien für die soziale Stadt, 2003.6. 1-332.) 이 책도 Deutsches Institut für Urbanistik 에 전자출판되어 있다.

연방정부, 주정부 및 하위의 자치단체들로부터 매년 3억 마르크를 지원하고 있는데, 1999년에는 이 프로그램이 집행되기 시작하면서 16개의 주가 참여하여 157개의 시에서 161개의 마을재생프로그램을 가동시켰다. 2000년에는 189개의 시에서 209개의 마을들로 늘어났다. 그리하여 2000년에는 정부지원규모도 4억 5천만 마르크로 늘어났다.

이 프로그램은 과거 정부가 직접적으로 개입하던 것에서 벗어나 정부와 사회의 관계를 재조정하여 사회의 자발적 참여와 활력에 의하여 사회문제를 해결하려는 태도에서 나온 것이다. 지역사회에 존재하는 "의존문화"(culture of dependence)를 극복할 수 있도록 사회의 잠재력과 자율적인 에너지를 지원하고 공동의 목표를 위해 서로 협력하며 정부는 사회의 여러 주체들을 파트너로 받아들여 정부의 권한을 민간조직들에게 이전하려는 것이다. 이것은 특히 지방행정과 지역사회의 수준에서 현저한 경향이다.

이 프로그램의 성공을 위해 관건이 되는 문제는 여러 행위주체들의 마을재생노력들을 통합적으로 조정하여 체계화시키는 것이다. 주택건축 및 주택개량, 운송, 고용과 직업훈련, 안전보호, 여성취업보장, 가정과 아동부양, 중소기업과 자영업의 활성화, 환경보호 등을 위한 여러 조치들과 노력들이 통합적으로 조정되어야 한다. 또, 다른 지역에서의 마을재생노력이나 경제사회활동들과 유기적으로 조화를 이루도록 하여야 한다.

마을관리팀은 지역경제활성화, 마을의 통합, 주거환경개선, 교통불편해소, 문화시설유치와 문화활동촉진, 마을주민의 안전보호, 마을의 이미지개선 등 다양한 활동을 전개하고 있다. 마을관리팀의 구성원은 마을주민일 수도 있고 지역NPO의 구성원일 수도 있으며 기업이나 사업자조직, 종교단체나 학교 그리고 이익단체일 수도 있다. 마을관리팀은 마을관리에 관한 문제들과 관련하여 상당한 결정권을 가지고 있을 것이 필요하며 행정기관의 협력은 필수적이다.

3. 프랑스의 마을공동체발전정책

공공부문의 규모가 크고 평등주의적 문화가 발달한 프랑스이지만 파리를 중심으로 한 집권의 문제도 커서 분권화운동이 프랑스에서도 1980년대 이래 한창이다. 마을공동체발전정책의 추진을 위해 새로운 입법으로서 2000년 12월 13일 "연대와도시혁신에관한법"(LOI no 2000-1208 du 13 décembre 2000 relative à la solidarité et au renouvellement urbains)을 제정하고,[24] 수상 주도로 시행하고 있다.

프랑스의 경우 도시의 저소득지구에 거주하는 사람들은 약 600만명 정도로 추산되는데 이들을 위하여 수상주도하에 경제문제, 사회문제와 환경문제 등을 포괄하여 많은 예산을 투입하여 발전프로그램을 집행하고 있다.[25]

도시지역에서 낙후된 마을과 거리에 대한 지원프로그램은 일단 2000년에서 2006년까지 시행되는데 크게 두 가지를 목표로 하고 있다. 첫째, 도시의 저소득지구에서 지역경제를 발전시키고 쾌적하고 산뜻한 거리를 만들고자 한다. 이와 관련하여 2000년 9월에 이미 250개의 구체적 마을공동체 발전프로그램들이 작성되어 시행에 들어갔다. 둘째, 도시의 낙후지역에 대한 과거의 지원정책들보다 훨씬 적극적이고 강력하게 자금을 지원하고 자치단체들의 참여를 유발시키고자 하였다.

이러한 적극적 참여는 "연대와도시혁신에관한법"의 제정에 의해서 가능했는데, 이 법은 몇가지의 큰 목표를 가지고 있다.

첫째, 분산되어 있는 도시정책들사이에서 종합성과 일관성을 보장하려고 한다. 이를 위해, 주택, 도시발전 및 대중교통에 관해 자치단체가 포괄적인 도시발전계획을 수립하고 시행하는 것을 허용하고, 기존의 중앙지시적인

---

24 이 법은 207개 조문으로 된 방대한 법이다. 이 법률의 전문은 프랑스 정부의 입법공개사 이트인 www.legifrance.gouv.fr에 게재되어 있다.

25 www.archives.premier-ministre.gouv.fr 게재된 Urban Affairs에 관한 문서내용을 토대로 작성했다.

지구제를 자치단체의 도시발전프로젝트에 의해 대체하는 것을 인정하며, 도시발전프로그램을 작성할 때 반드시 지역주민들과 협의하는 것을 의무 지웠다.

둘째, 도시서민의 교통부담을 완화하기 위하여 도시교통수단의 중심을 대중교통수단에 두도록 하고 있다.

셋째, 도시의 주민들간 연대를 촉진시키기 위하여 5만명 이상의 인구를 가진 도시들에서 2020년까지 주민인구의 20%가 공공주택에 살 수 있도록 배려해야 하고, 이 사람들이 국가의 평균주거수준을 유지하게 할 것을 의무지우고 있다. 공공주택들의 안정성이나 쾌적성 등이 부족하여 텅빈 집이 생기면 자치단체에게 한 가구당 1,000프랑의 부과금을 부과할 수 있다고 규정하고 있다.

도시의 낙후지역개발을 위한 일반적인 노력들이외에 보다 구체적으로 도시의 지구나 마을들에서 건물들을 개축하거나 공공재원으로 직업교육을 실시한다. 기업들이 낙후지구에 투자하면 계획된 투자의 15%까지 보조금을 지원받을 수 있고, 실업자가 낙후지구에서 사업을 새로 시작하면 20,000 프랑까지 지원받을 수 있다. 또, 공동체주의적 색체가 강한 프랑스의 특징을 보여주는 정책으로 새로 창출되는 젊은이를 위한 일자리의 20%가 낙후 지구에서 창출되어야 한다는 지침을 제정하였고, 150개의 직업훈련팀들이 낙후지구에서 활동하되 이 팀들에게는 각각 30만 프랑의 재정지원을 해주 도록 하고 있다. 이 프로그램의 실행을 위해 성인 10,000명의 보조인력들이 고용되어 활동하는 것을 예정하고 있다.

지역주민들의 적극적인 참여를 촉진시키기 위해 주민들간 공부모임에 대해 재정지원을 하며, 5,000명의 공공서비스전문가들의 양성을 위하여 비용을 지원하여 교육시키고 자격시험을 치루도록 하였다. 범죄예방과 인종 차별의 방지를 위하여 교육기관들과 연계하여 정규교육이외의 사회교육을 청소년이나 학부모들을 상대로 실시하도록 지원하였다. 또, 낙후지구발전을 위해 제공되는 공공서비스가 주민들에게 보다 잘 수용될 수 있도록 모범적인 시범지구를 선정하여 거기서부터 시행하도록 했다.

4. 외국의 정책과 제도의 시사점
: 마을공동체의 활성화를 통한 지역혁신

이상에서 살펴보았듯이, 마을공동체의 활성화정책과 운동에 있어 매우 중요한 의미를 갖는 것이 낙후지역의 주민들이 깨끗한 주택과 직업을 갖도록 해야 한다는 점이다. 영국에서 마을공동체의 발전운동은 국가의 지원과 개입이 다른 국가들의 경우보다 훨씬 강력하고 중요한 역할을 차지하고 있다. 독일은 시민단체의 자율적 활동에 대해 국가보다는 자치단체가 지원하고 협력하는 방식을 취하고 있다. 프랑스의 경우는 국가가 사회적 연대를 보장하기 위하여 낙후된 도시지구들에서 훈련받은 사회사업가들을 투입하여 직업교육을 시키고 기업들이 낙후지구에 투자하고 젊은이들이 새로운 사업을 시작하도록 적극적인 재정지원을 하면서 필요한 전문인력들의 양성에도 큰 관심을 기울이고 있다.

간략히 소개한 외국의 주민자치운동은 보존·복지운동과 발전운동으로서 종합적 성격을 가지면서 중장기적 효율성을 달성하려 하고 있다. 그리고, 사회운동과 행정기관의 입법적·정책적 지원이 결합하여 연계적 효율성을 높이려 하고 있다. 하지만, 마을공동체운동과 정책에 있어 국가마다 문화적 특성이나 재정적 상황을 고려하여 국가나 자치단체의 지원과 개입의 정도에서 차이가 나고 있다. 이러한 점은 한국을 위한 길을 발견함에 있어 한국적 상황을 충분히 고려하여 한국적 모델이 제시되어야 한다는 자명한 사실을 다시 일깨워준다고 하겠다.

한국에서 주민자치운동이 선거에의 활용가능성과 선거에의 영향력행사를 목적으로 하는 선거참여형 주민참여운동에서 자원봉사운동이나 환경보호운동으로 그 성격이 진화해왔으나, 그러한 진화도 지역사회의 입장에서 보면 지역사회의 많은 과제중 일부에만 초점을 맞추는 단기적이고 단편적이라는 한계를 가지고 있었다. 특히, 한국에서 낙후된 지역사회의 주택과 직업에 초점을 맞추는 운동은 과거 새마을운동을 통해 활발하게 추진된 적은 있으나 최근 20여년 이상 그러한 정책과 운동은 거의 활성화되지 못하고 있다.

외국에서는 정부, 자치단체와 주민운동은 이제 단순한 자원봉사나 환경보호와 같은 제한된 행정목표가 아니라 포괄적이고도 종합적인 목표인 지역혁신을 목표로 하고 그 방식에서는 민관협력방식이라는 새로운 접근방법을 취하고 있다. 주민자치운동을 오랫동안 해온 나라들에서 화두가 되고 있는 관심은 '지속가능한 주민자치운동의 성공조건'에 관한 것이라고 할 수 있다.

그런데, 그들은 특히 지역혁신을 추구하면서 국가사회 전체가 아니라 왜 마을과 거리에 핵심적 관심을 갖고, 특정한 마을과 거리에 적합한 프로그램을 개발하여 추진해가고 있는가?

그것은 다음과 같은 이유에서이다. 마을과 거리는 몇 개의 초등학교, 상가 및 주택가 등으로 구성되며, 여기에는 비슷한 부동산가격, 비슷한 소득수준이나 생활수준으로 인해 상당히 동질적인 주민들이 모여 산다. 예를 들어, 도시의 낙후지구에는 낮은 교육수준, 실업, 질병이나 높은 범죄율, 그리고 결손가정의 문제 등 유사한 문제들을 가진 사람들이 모여 살고 있다. 특정 마을이나 거리가 안고 있는 문제는 기초자치단체구역인 시군구지역에 공통된 문제와는 그 문제의 양상이나 강도에 있어 매우 다른 경우가 많다. 강남구에 있는 구룡마을의 경우가 그 단적인 예이다.

특정한 마을이나 거리가 안고 있는 문제들은 소득이 낮기 때문에 자녀들이 교육을 제대로 받을 수 없고 교육을 제대로 받지 못해 취업을 못하고, 이 상태에서 결혼을 하고 아기를 낳아도 주택을 구입하지 못하고 어려운 생활을 하다가 이혼을 하기 때문에 결손가정의 문제가 생기는 식으로 문제들이 연쇄적이고 복합적이어서 어느 하나의 정책도구만으로는 문제들을 근본적으로 해결할 수 없다.

때문에 교육, 직업, 복지와 주택 등에 관한 종합적인 정책이 필요하며, 마을과 거리의 공동체의식을 일깨워 주민들을 조직화하는 시민운동가들 및 직업교육센타 등이 함께 네트워크를 형성하여 중장기적 일관성을 가진 프로그램을 설계하여 대응해갈 필요가 있다.

이러한 이유로 마을과 거리에 핵심적 초점을 맞추어 민관협력방식에 의한 지역혁신정책과 운동이 전세계적으로 전개되고 있는 것이다. 이 점은 한국에서 지역혁신을 추구하려 할 때 상당한 시사점을 제공한다고 할 것이다.

Ⅲ. 마을공동체의 활성화를 통한 협력적 규제체계의 건설

자치단체들은 핵심적 정책적 과제들인 발전과제와 보존·복지의 과제들을 지역실정에 맞게 통합하여 적합한 추진체계를 갖추고 구체적 실행프로그램을 만들어 집행해야 한다. 이를 위하여 주거환경에 영향을 미치는 다양한 규제수난들을 제계적으로 종합하여 연계시키고 새로운 지원수단을 발굴하여 정책의 추진력을 강화하여야 한다.

자치단체에 의한 지역발전과 환경보호의 통합적 추진의 과제는,[26] 첫째, 자치단체의 전체 자원의 투입을 조종하는 도시계획이나 예산계획 그리고 지역발전계획에 적절히 반영되어 있을 것이 요구된다. 낡은 주택이나 공공시설부족의 문제는 자치단체 차원에서 자원의 계획적인 동원이 있어야 어

---

26 Werner Hoppe, Umweltschutz in den Gemeinden, DVBl. 1990, S.610.

느 정도 성과를 낼 수 있기 때문이다. 둘째, 주거환경개선을 위하여 책임을 맡고 있는 자치단체의 행정부서와 개선노력이 필요한 거나 마을의 주민들 그리고 양자의 사이에서 조직화와 리모델링 등 혁신의 구체적 프로그램을 제시해줄 수 있는 지역시민단체나 청년회와 같은 조직이 필요하다. 즉, 지역혁신의 추진체계가 건설되어야 한다. 셋째, 무사안일과 소극적 저항을 극복하기 위하여 철저한 현장조사이후 조세감면조치같은 인센티브나 과태료처분과 같은 개별적 제재수단들이 마을공동체활성화정책과 결합되어 주민 개개인에게 적절히 결합되어 사용되어야 한다. 또한 생태공원과 같이 마을주민들이 자연스럽게 모여 공론을 형성해갈 수 있는 공용시설들이 건설되고 관리되어야 한다.

지금까지, 마을공동체의 발전정책은 매우 미약하거나 없다고 해도 지나치지 않을 것이다. 정부와 자치단체는 마을공동체의 활성화를 위한 정책설계능력과 그것의 추진능력을 길러야 하고, 그 능력신장에 필요한 지식과 정보를 충실히 수집하고 개발하여야 할 것이다.

1. 주거환경과 관련된 현행 규제개혁과 정책의 한계

(1) 규제철폐정책과 인허가량확대정책의 한계
- 진입규제의 철폐와 사후감독강화 방식의 한계

위험방지이론에 기초하여 세밀한 인허가요건을 규정하고 그것을 집행함으로써 기업들이 환경침해를 하지 못하도록 하는 전통적인 규제시스템은 기업들의 창의와 혁신을 위한 실험공간을 제거하기 때문에 개방적 경쟁의 세계에서는 적절한 시스템이 될 수 없다는 비판을 받아왔다. 진입규제를 줄이고 시장에서 자유로운 경쟁을 통해 형성되는 자발적 질서에 맡겨야 한다는 것이다.[27] 하지만, 진입규제철폐방식의 규제개혁론이 도시화된 지역사회에서 주거환경의 개선과 낙후지역발전이라는 과제를 위하여 얼마나 유용한 도움을 줄 수 있을 것인가는 의문이다.

한국에서도 신자유주의적 아이디어들에 따라 규제철폐를 단행한지 상당한 시간이 흘렀다. 하지만, 지역사회가 보다 큰 글로벌사회에 의하여 직간접적으로 영향받게 되면서 한국과 같은 작은 경제규모를 가지고 있는 나라의 지방에 존재하는 개인사업자들, 중소기업들이나 중견기업들도 급변하는 경제적 위험앞에 무력하고 실업과 부도가 급증하게 되면서 신자유주의적인 규제개혁에 대한 비판도 높아가고 있다. 이같은 상황은 글로벌 대기업들이 놓인 처지와는 상당히 다르다. 경제의 극심한 침체상황에서는 환경규제도 관철시키기가 매우 어렵다. 시행착오의 위험과 불확실성의 완화가 요청되고,[28] 학습의 효율성을 높이기 위한 제3의 길이 요청되게 된 것이다.

또, 유사한 인허가시스템을 유지하는 경우에도 법집행정책의 변화에 따라 동일한 기간에 인허가의 양이 급격히 증가하기도 한다. 최근 국내경제의 침체와 빈부격차의 심화가 비판받으면서 중앙정부와 자치단체들은 다세대주택의 건설촉진을 그 대안으로 생각하고 그에 대한 건축허가의 양을 급격히 증가시켰다. 이와 같은 규제집행정책의 변화는 실질적으로 진입규제철폐와 유사한 효과를 가져왔는데, 주택시장에서 다세대주택의 과잉공급과 은행들의 과잉대출 그리고 대출채무불이행자들의 증가는 사회의 큰 불안요인으로 자라나고 있다. 약간의 수리만 있으면 거주공간으로 훌륭한 주택들을 허물고 새로이 지음으로써 주택에 관한 비용을 새로이 증가시키는 것은 현재와 같은 과잉주택공급시대에는 적절한 정책이라고 볼 수 없다.

---

27 이와 관련된 학자들의 논의와 정부정책흐름에 대한 소개와 비판은, 선정원, 규제개혁과 정부책임 - 건설산업의 규제개혁실패와 공법학의 임무 -, 공법연구 제30권 제1호, 2001. 12, 377-401면.

28 Karl Heinz Ladeur, Jenseits von Regulierung und Ökonomieseirung der Umwelt : Bearbeitung von Ungewißheit durch (selbst)organisierte Lernfähigkeit - eine Skizze, ZfU 1987, SS.1-22.

서민들의 경제적 능력에 상응한 주택환경개선정책이 필요하다.

한편, 진입규제가 철폐되면 사후감독규제의 강화가 요청되는데, 사업자들과 주민들의 불법행위가 있어도 공무원들은 일손부족이나 단속의 현실성결여 등의 판단에 따라 그것을 방치하면서 사후감독규제도 전혀 강화하지 않고 있다. 중앙정부와 자치단체는 폐건축자재나 폐전자가구의 무단투기자나 불법주정차차량소유자들 그리고 불법개축행위들에 대하여 행정지도나 이행강제금부과처분이나 과태료처분을 할 권한을 가지고 있고 그 임무를 적절히 수행할 의무도 지고 있다. 하지만, 이러한 권한과 책임은 먼저 그것에 관한 정보와 인력이 있어야 가능한데, 피해를 입은 주민들의 민원이 있어야 비로소 행정기관이 개별적으로 소극적으로 대응해오고 있는 형편이다.

(2) 지방의제21 과제수행에 있어서 단기·소규모의 예산과 프로젝트에 의한 추진방식의 문제점

지방의제21운동은 신자유주의적 규제개혁론과 다른 방향에서 경제발전과 환경보호를 결합시켜 지역사회를 활성화시키려는 노력으로서 한국에서 정책담당자들과 사회운동가들에게 많은 주목을 받았다. 하지만, 현재의 시점에서 그것의 성과를 말하기에는 많은 한계를 가지고 있다.

한국의 거의 모든 자치단체들은 지방의제21의 과제를 실현하기 위한 노력들을 기울이고 있지만 그 의지와 활동의 강도는 매우 약하다. 경제발전과 환경보호의 과제를 통합적으로 수행하는 것은 단기적으로는 가능하지 않기 때문에 통합적 노력이 지속가능할 것이 필요한 것인데, 대부분의 자치단체들에서는 '지방의제21'과 관련한 예산을 소규모로 배정하고 특정사업을 프로젝트(Preject)로서 배정하여 처리하고 있다. 일상적인 행정업무의 처리로부터 배제되어 있고 다수의 공무원들의 마음속에서는 큰 의미를 차

지하지 못하고 있다. 이 점은 주민들에 대해서도 동일하게 말할 수 있다.[29]

이 때문에 행정의 성격을 변화시키는 지속적인 운동의 과정(Process)이 되지 못하고 있다. 지방의제21이 기존의 경제발전정책이나 환경보호정책들과 결정적으로 다른 점들중 하나는 "공동체에 기반을 둔 운동과정" (comunity-based process)[30]으로 이 과제들을 이해하고 접근한다는 점이다. 단계적이면서도 지속적으로 경제발전과 환경보호의 과제를 통합적으로 달성할 수 있기 위해서는 지역공동체에 뿌리를 내리도록 하려는 노력이 지속적으로 전개되어야 하고 그것이 일상적인 운동이 되도록 하여야 하며 하나의 이벤트가 아니라 중장기적인 과정이 되도록 하여야 한다. 때문에, 자치단체의 업무와 관련하여서도 규제시스템과 도시계획 그리고 예산집행의 시스템이라는 정상적인 행정과정속에 충실히 반영되어 있어야 한다.

(3) 현행 도시계획과 지역지구제의 문제점

좁은 국토에서 많은 인구가 밀집해 살면서 국가는 토지이용을 규제하기 위하여 수많은 법령에서 새로운 규제수단들을 도입해왔다. 지역지구제와 관련하여서 한국의 규제실태를 조사한 보고서에 따르면, 2000년 초반 한국의 국토공간에 일정한 구획이나 범위를 설정하는 지역지구(지역, 지구, 구역, 권역, 단지 등)는 112개 법률에 의한 315개가 있으며 이를 13개 중앙부처가 관리하고 있다.[31] 이 과정에서 지역지구제의 중첩지정, 과다지정, 상충지정 및 불합리한 지정 등의 문제가 매우 심각하다. 지역지구의 지정이후

---

29 이러한 문제점은 스웨덴과 같은 선진국들에서도 어느 정도 공통적으로 관찰된다. Janet Rowe/Colin Fudge, Linking national sustainable development strategy and local implementation : a case study in Sweden, Local Environment, Vol.8-2, 2003, pp.125-140.

30 Bryan T. Downes, Toward Sustainable Communities : Lessons from the Canadian Expierence, Willamette Law Review 1995, pp.360-366.

31 정희남/박동길·김승종, 지역지구제의 행위규제 분석연구(Ⅱ) -지역지구제정비방향을 중심으로 -, 2003, 국토연구원.

에도 주민들에 대한 고시가 거의 실효성이 없으며 주민의견수렴절차가 지극히 미약하다. 무엇보다 유사 지역지구제를 통폐합하고 국민들이 자신의 소유지에 대한 지역지구제에 의한 행위규제내용을 투명하게 알 수 있도록 관계법령을 체계적으로 정비해가야 한다.

또한, 국가주도의 전국적인 차원에서의 정책에 의존하는 도시계획은 각 지구의 실정에 맞는 정책아이디어의 부족으로 지구의 고유한 특성과 잠재력이 반영되지 못해 획일적인 양상을 띠었고, 각 지구가 다른 지구에 대해 갖는 비교우위에 특화하고 집중할 수 있는 기회와 권한을 부여하지 않았다. 또, 한국의 도시에서 지역·지구제는 도시의 무질서한 확산의 방지나 도시미관의 보호관점에 치중했기 때문에 도시계획은 매우 경직적이었고 주민과 지역사업자들의 주체적 참여와 자발적 아이디어들을 활용할 수 없었다. 도시공간의 개발 및 관리에 있어 기초자치단체의 계획과 규제가 가능한 범위를 확대하되 공익과 사익의 합리적 조화를 도모할 수 있는 새로운 아이디어들을 발견하여 제도화해나가야 한다.

구 도시계획법(2000년 7월 1일 효력발생)은 도시계획을 지역특성에 따라 탄력적으로 운용하고[32] 도시를 보다 입체적으로 관리하여 도시의 기능과 미관을 개선시키기 위하여,[33] 도시계획법상 상세계획제도와 건축법상 도시설계제도를 통합하여 지구단위계획제도를 도입하였다. 이어서, 도시계획법과 국토이용관리법을 폐지하고 2003년 제정된 국토의 계획 및 이용에 관한 법률은 제4절(제49-55조)에서 도시지역뿐만 아니라 농어촌지역에서도 지구단위계획제도의 도입이 필요하다고 보아 이 구역의 적용영역을 확장하고 있다.

지구단위계획의 특징은 계획수립대상지역을 법에서 별도로 열거하지 않

---

32 정락형, 도시계획법 개정안의 주요내용, 국토 1999, 87면.
33 도영준, 지구단위계획의 작성기준에 관한 연구, 호남대학교 논문집 제21집, 2000.12, 827-842면.

고 도시계획구역내 필요한 지역이면 어디든지 수립할 수 있도록 한 점이
다. 하지만, 지구단위계획의 운용방식에 있어 주민참여나 주민의 의견은 적
절히 반영되고 있지 않아 과거의 도시계획의 수립관행이나 집행관행에서
크게 벗어나지 못하고 있다. 지정주체도 건설교통부장관 또는 시·도지사이
어서 기초자치단체장은 지구단위계획지구를 지정할 수 없어서 자신들의
아이디어를 주체적으로 실현시킬 주도권을 갖고 있지 못하다. 사익추구를
위한 공익파괴위험에 대하여 일방적 금지와 중앙의 일방적 지배권확보정
책은 지방분권시대에 한계가 있으므로, 기초자치단체와 주민들의 다양한
아이디어들을 활용할 수 있는 새로운 관점에서 도시계획의 권한을 재분배
해야 할 것이다.[34] 이기적인 에너지들은 마을공동체의 발전에너지로 승화
될 가능성도 있다는 점을 주목해야 할 것이다.

주민은 국토의 계획 및 이용에 관한 법률 제26조 제1항 제2호에 의해 지
구단위계획의 입안을 제안할 수 있지만, 지구운용의 구체적 계획의 결정에
거의 영향을 미치지 못하고 있다. 제안도 거의 이루어지지 않고 공청회 등
이 개최되어 그 절차에 참가하는 경우에도 정보부족이나 행정내부과정에
서 이미 계획의 상당한 골격이 형성된 뒤이기 때문에 큰 의미를 갖지 못한
다. 국가나 광역자치단체 차원에서 기성시가지의 정비 등의 명목으로 상당
한 재정지원이 이루어지는 일본과 비교할 때,[35] 한국의 경우에는 지역주민
의 계획제안을 유도할 수 있는 적극적인 유인조치도 없고 지역주민 스스로
계획을 수립할 전문성을 갖추기도 어렵기 때문에 거의 이용되지 않고 있
다. 또, 지구단위계획의 유용성은 자치단체 등이 주민의 협력을 얻어 시가
지의 기본틀을 계획한 후 기간을 한정하지 않고 개별 토지소유자나 건물소

---

34 일본의 경우는 지방분권개혁으로 도시계획에 관하여 광역자치단체보다 기초자치단체에
   게 보다 많은 권한이 부여되어 있다. 최철호, 일본의 지방분권과 도시계획제도, 국토 제
   268호, 2004.2, 94-105(104)면 참조.
35 정철모·고선하, 도시계획상 지구단위계획의 도입과 활성화방안에 관한 연구, 지역사회
   개발연구 제24집 제1호, 1999.6, 102-103면.

유자들이 이 계획에 맞도록 건물이나 시가지를 바꾸어가는 것에 그의 중요한 의미가 있지만,[36] 한국의 경우에는 단일 사업주체나 몇 개의 기업들에 의존하여 특정 지구를 개발하는 방식만이 널리 이용되고 있다는 점도 문제이다. 이에 따라, 행정이나 일부 사업자의 일방적인 주도에 의한 도시계획은 많은 시간과 비용을 투자한 개발계획임에도 불구하고 인근 주민들의 반대에 부딪쳐 대폭적인 변경이나 포기가 불가피하게 되는 경우가 빈번해지고 있다.[37]

(4) 도시 및 주거환경정비법의 제정과 그 한계

도시기능의 회복이 필요하거나 주거환경이 불량한 지역을 계획적으로 정비하고 노후불량건축물을 효율적으로 개량하기 위하여 필요한 사항을 규정하고자 도시 및 주거환경정비법이 제정되어 운용되고 있다. 이 법은 비리와 분쟁, 주민마찰의 온상이던 재개발·재건축 등 노후불량 주거단지의 정비를 위한 제도를 체계적으로 손질하고, 기존의 재개발사업, 재건축사업 및 주거환경개선사업에 대한 각각의 개별법을 일관성 있고 체계적인 단일 통합법으로 개편한 것이라는 점에서 의미를 가진다. 이 법을 집행하기 위하여 서울특별시와 부산광역시와 같은 각 자치단체들은 도시민주거환경정비조례를 제정하여 운용하고 있다

하지만, 도시 및 주거환경정비법은 도시화와 산업화가 시작된 이래 한국의 주요한 주택정책이었던 대규모아파트단지와 다량의 다세대주택의 건설 촉진방식을 여전히 도시지역의 불량노후주택문제의 해결을 위한 주된 수단으로 삼고 있다는 점에서 여전히 큰 한계를 가지고 있다. 지방중소도시의 경우 아파트나 다세대주택을 신축해도 기존에 거주하고 있던 주민들은

---

36 안건혁, 특별지구단위계획의 도입과 수립방안, 국토 2000.12, 33-34면.
37 김세용, 지구단위계획에서 주민참여에 관한 연구, 대한건축학회논문집 제18권 제9호, 2002.9, 279면.

돈이 없어 입주하지 못하고 다시 주거비용이 싼 낙후주택들이나 비닐하우
스나 가건물 또는 판잣집 등 비정상적 주거로 이동해가고,[38] 신규 아파트
등은 분양되지 못하는 경우가 속출하고 있다. 청소년실업자들이 늘어나면
서 신규아파트에 대출금을 안고 입주해도 원리금을 상환해갈 수 없을 것이
기 때문에, 서민의 주거환경개선을 위한 대책으로서 신규건물의 대규모신
축방식에만 의존하는 정책은 재고되어야 할 것이다.

2. 행정내부적 정책환경의 변화와 전국단위
   라운드테이블의 도입필요

(1) 특별지방행정기관의 감축 또는 폐지에 따른
    자치단체의 규제권 및 조직의 재정비기회

환경규제의 경우 지방환경청이 대구, 원주, 전주, 경인의 네 곳에 있고,
유역환경청이 한강, 낙동강, 금강 및 영산강 네 곳에 있으면서 각 지역의
환경집행업무를 담당하고 있다. 환경보호만을 전담하는 조직이 있음으로
인해 장점도 있겠지만, 지역사회의 건축행정과 환경행정을 통합하여 정책
을 수립하는 것이 조직적으로 상당히 어려워진 면도 있다. 특히, 자치단체
에게 환경규제와 관련된 재량이 너무 적어 보다 다양한 정책수단들을 활용
할 수가 없었 있다.[39] 기초자치단체는 독자적인 환경규제권도 적고 기술적
장비와 전문인력이 없거나 부족하기 때문에 지역사회의 긴급한 환경행정
수요에 신속하고 유연한 대응을 할 수도 없었다.[40]

---

38 홍인옥, 주거빈곤계층의 주거실태와 지원방안 - 비정상적인 주거를 중심으로 -, 국토 제
   270호, 2004.4, 32-40면.
39 자치단체의 재량확대가 필요하다. Jürgen Peters, Organisatorische Alternativen der
   Koordination von Umweltschutzaufgaben im kommunalen Bereich, ZfU 1986, S.61.
40 미국의 경우에도 기초자치단체인 시나 농어촌 자치단체인 local Government가 주의 광
   범위한 선점권(Preemption) 때문에 해당 지역사회의 행정수요에 유기적으로 대응할 수

이러한 문제점 때문에, 정부혁신지방분권위원회는 특별지방행정기관의 폐지와 감축을 강력하게 추진하고 있다. 현재까지, 대도시의 자치구는 도시계획과 관련하여 결정권이나 재량을 거의 갖고 있지 못했고, 그것이 해방 이후 지속되면서 자치단체장이나 지방공무원들은 스스로의 의지와 창의력으로 지역사회를 가꾸고 마을공동체를 발전시키기 위한 정책적 의지가 약하다. 자치단체들은 새로이 획득하게 되는 조직과 권한을 이용하여 과거와는 다른 종류의 자세로 새로운 임무를 수행해가야 할 것이다.

(2) 전국단위, 광역단위, 기초단위 논의를 위한 라운드테이블의 도입필요

국가의 특정부서의 자문위원들이나 어느 지방자치단체의 자문기구만으로는 다양한 관점을 가진 전문가들이 모여서 수평적으로 의견을 교환하여 해당 지역사회에도 적합하면서 국가나 광역 자치단체의 협력을 얻을 수 있도록 잘 연계된 프로그램을 만들어낼 수 없다. 이러한 한계를 극복하고자 캐나다에서는 발전과 보존의 과제를 조화롭게 추진하고 특정 지역사회에 적합한 조언을 얻기 위하여 다양한 이해관계와 관점을 가진 사람들이 모여 논의할 수 있는 개방된 라운드테이블방식을 도입하여 상당한 성과를 거두고 있다.[41] 라운드 테이블은 전문가들과 핵심적 이해갈등자들을 한 자리에 모이게 하여 국가, 광역, 기초의 3단계에 모두 활용되면서 자치단체에게도 필요한 정보와 기술을 제공하고 현재의 상태를 비교하여 정보를 제공해주

없다는 비판이 제기되고 있다. Paul S. Weiland, PREEMPTION OF LOCAL EFFORTS TO PROTECT THE ENVIRONMENT: IMPLICATIONS FOR LOCAL GOVERNMENT OFFICIALS, Virginia Environmental Law Journal 1999, pp.499-500.

41 Bryan T. Downes, Toward Sustainable Communities : Lessons from the Canadian Expierence, Willamette Law Review 1995, pp.370-372, 377. 캐나다의 환경규제체계는 미국보다 명령지시적 성격이 약하고 협상과 합의를 지향하는 성격이 강한 점도 라운드 테이블의 활성화에 영향을 미쳤다.

기도 하며 잠재적 갈등을 회피하고 지역사회의 마을공동체의 활성화에도 기여한다.

한국의 도시주거환경 개선정책에 있어서도 캐나다의 전국단위, 광역단위, 기초단위 논의를 위한 라운드테이블은 상당히 유용할 수 있다고 생각한다.

3. 지역사회에 있어 적절한 민관협력추진체계의 건설 : 마을공동체의 활성화

(1) 개방사회에서 학습과 경쟁의 주체로서 지역사회와 마을공동체

지역경제를 발전시키고 마을과 거리를 활성화시키는 과제는 자치단체가 홀로 추진할 수 있는 성질의 것이 아니다. 발전의 주체는 주민들과 사업자들이기 때문이다. 하지만, 단지 마을주민들이 모여 몇 번 회의를 한다고 해서 마을공동체가 활성화되어가고 있다고 말할 수는 없다. 마을주민들이 공동체를 이루어 상호 긴밀한 의사소통에 의하여 주민 각자의 다양한 욕구를 소화하면서도 마을 전체의 조화를 추구할 수 있는 비전과 구체적 프로그램을 만들고 필요한 인적·물적 자원을 투입하는 조직적이고 체계적인 노력을 함께 할 수 있어야 한다.

개방사회에서 경쟁력있는 마을을 만들기 위해서는 무엇보다 인재가 필요하다. 공동체를 활성화하기 위해 자치행정에 주민참가를 장려하고 독려해도 몇 번 만나 충실한 성과를 얻지 못하면 주민들 상호간의 의사소통이 무익할 뿐이라는 부정적 인상만을 주게 되어 그 이후 마을공동체의 활성화를 위해서도 부정적 영향을 미치게 된다. 마을과 지역사회가 하나의 공동체로서 공통의 과제를 효율적으로 처리하기 위해서는 문제해결능력을 갖춘 사람들의 비전과 열정 그리고 전문성이 절실히 필요하다. 따라서, 자치단체는 인재의 초청과 보조인력의 채용 및 지원에 적극 협력하고 재정지원을 하여야 한다. 자치단체에서도 개방형임용제의 수용은 이런 점에서도 의미있다고 할 수 있다. 지역의 젊은 시민운동가들도 이러한 인재로서의 역할을 수행하여야 한다. 또, 보다 많은 젊은이들이 정착해 살 수 있도록 일자리뿐만 아니라 문화시설의 확충에도 더욱 노력하여야 한다.

유사한 입장에 처한 외국의 지역사회나 마을을 방문하거나 관련정보를 수집하여 마을 주민들과 사업자들 그리고 관계공무원들이 자극받고 학습함으로써, 스스로 자신들의 생활환경이나 사업활동의 내용을 혁신시키고 외국의 지역사회들과도 경제적 거래나 사회적 접촉을 활성화시켜 나가야 한다.

예를 들어, 보성에서 녹차밭이 큰 인기를 끌면서 해수욕장이나 관광산업에도 상당한 영향을 미치고 있어서 지역경제의 활력소가 되고 젊은이들을 농촌이나 지역중소도시로 유인하는 요인이 되고 있다. 이 상황에서 자치단체들은 국내적 관점에 한정되지 말고 더 나아가 일본이나 중국과 같이 외국의 유명한 녹차산지를 방문하여 자치단체와 주민들이 어떻게 관련 산업(예, 녹차용기셋트와 같은 도자기산업)과 상업지구를 연계시켜 활성화시키고 있는지 눈으로 보고 해당 자치단체의 지역정책들도 살펴봄으로써 학습하고 공동의 국제시장을 창출하려고 노력하여야 한다. 이를 통해 지역특화발전지구에서 넓어진 재량을 이용하여 준농림지나 농림지에 대해 토지형질변경허가를 해줄 때, 지역사회와 마을의 다른 산업활동들과 시너지효과를 낼 수 있게 허가권을 행사하고, 더 적극적으로 전국에 흩어져 산재하는 관련사업자들을 설득하여 해당지역에 투자하도록 권유하여야 한다. 그리고, 외국의 유사한 지역들 및 사업자들과 공동으로 특화산업관련 박람회를 개최하여 지역사업자들에게 기술혁신의 현장을 정기적으로 확인하고 분발하려는 의지를 가지며 시장이 확대되도록 하여야 한다.

(2) 주거환경개선의 추진을 위한 협력적 파트너로서 마을공동체의 위치설정

지방분권의 흐름속에서 도시계획사무의 자치사무화의 진행도 불가피하게 추진될 것인데,[42] 이 과정에서 지은 지 얼마 되지 않는 단독주택이나 빌라를 허물고 다시 신규 고층아파트를 짓는 것과 같은 자원낭비와 도시미관 파괴를 대체할 수 있는 방법을 찾는 것이 중요한 과제가 된다. 분권화된 사회에서 도시계획의 분권화에 반대했던 중앙집권적인 정책추진체계가 우려했던 과잉사익추구의 폐해나 난개발의 폐해방지는 도시계획에 주민참여를 활성화시키고[43,44] 마을공동체를 형성시키며 주민, 행정, 전문가, 시민단체 등의 파트너십을 형성함으로써 달성되어져야 한다.

광역자치단체 수준에서 포괄적인 도시기본계획이 필요할 뿐만 아니라 마을이나 거리에 한정하여 경제사회생활의 공간으로서 기능적이면서도 미적이며 문화생활이 가능하도록 설계되어야 하고 이러한 입장에서 건축허가도 이루어지고 정부와 자치단체의 정책이 수립되어야 한다.

마을공동체에 의한 지구관리방식이 실현되기 위해서는 중소도시나 전통 도심의 낙후된 지구를 선정하고 주민들과 전문가들 그리고 지역시민운동가들이 공무원들과 함께 지구계획의 초기단계부터 모여 활발한 의사소통이 이루어져야 한다.[45] 이 과정에서 건설교통부나 광역시가 추구하는 도시

---

42 일본의 경우 현저해지고 있는 주세이다. 죄철호, 일본의 노시세획법에 관한 연구, 토지법학 제18호, 2002. 제18호, 177면.
43 서태성, 지역발전과 주민참여형 거버넌스체제 구축방안, 국토 제252호, 2002.10, 20-27면.
44 일본의 경우 건축협정이나 마을만들기운동이 지구단위계획과 연계되어 주민참여가 활성화되어가는 사례들이 나타나고 있다. 심상욱, 일본에 있어서 기성시가지갱신을 위한 마찌즈꾸리계획에 관한 연구, 한국지역개발학회지 제13권 제2호, 2001.8, 125-140면. ; 정철모, 일본의 지구계획 활성화 사례를 중심으로 한 우리나라 지구단위계획제도 개선방안에 관한 연구, 도시행정학보 제13집 제2호, 2000.12, 121-143면.
45 지역사회의 이해관계자들과의 협력적 의사소통을 통해 지역사회내의 사회자본을 증가시켜나가야 한다. 서순탁, 사회적 자본 증진을 위한 도시계획의 역할과 과제 : 접근방법

전체의 관점에서의 공익과 기초자치단체간 및 해당 부동산 소유자들이 추구하는 이익들이 상호 달라 상당한 충돌이 있을 수 있지만, 마을공동체형성방식은 해당 지구에 중장기적으로 거주하는 주민들의 이익과 의견을 중심으로 이러한 갈등을 해결해간다. 해당 지구에 살지 않거나 장기적으로 살 계획도 없으면서 부동산만을 가지고 있다가 고층아파트가 완성되면 팔고 나가버리는 사람들이 아니라 실제로 거주할 주민들과 행정기관 그리고 지역 시민단체가 파트너쉽을 형성하여 투기자본의 영리추구욕구를 제어한다. 주거환경개선사업을 추진함에 있어 마을공동체는 단지 주택의 개량에만 그의 사업을 한정할 이유는 없다. 지방중소도시나 대도시의 전통적 도심발전에 가장 중요한 과제인 중심상가를 쾌적하고 현대적인 것으로 리모델링하는 일을 추진할 수도 있다. 미국의 상업활동촉진구제는 한국을 위해서도 마을공동체의 활성화를 통한 도심상가의 활성화나 주거환경개선의 방향을 시사해주고 있다.[46]

4. 협력적 규제체계의 건설
: 마을공동체의 법적 지위와 권한의 확대

(1) 협약을 통한 공권력의 일부위임과 구체화재량의 부여

마을공동체운동은 정부규제의 비대화를 막고 무자비한 시장의 위험도 완화시키면서 구성원인 주민들과 사업자들이 상호의사소통과 협력을 통해 지역사회공통의 문제를 해결해가려는 노력이다. 지역의 문제를 사전에 법령이나 자치법규에서 실체적으로 규정하는 영역을 줄이면서 개방사회의 가변성과 경쟁의 위험성을 공동체의 의사소통절차를 통해 완화시키는 절

과 정책적 함의, 국토연구 제33권, 2002.4, 73-87(84)면.
46 이 제도에 대해서는, 선정원, 미국의 상업활동촉진지구와 주민자치방식의 지역발전, 공법연구 제32권 제4호, 2004.3, 405-425면 참조.

차적 법치주의[47]와 협력적 규제체계의 장점을 수용하여 지속가능한 발전의 길을 발견하려는 것이다.

전통적인 행정법령은 개인으로서의 사업자나 주민들에게 적용될 것을 예정하고 있기 때문에 마을과 거리의 개선이나 혁신과 같은 과제를 위해 마을주민전체를 상대로 자치단체가 행정활동을 수행하는 경우에는 적절한 기준이나 방식이 될 수 없는 경우가 생겨난다. 행정기관이 집단을 상대할 때에는 명령통제(Command and Control)방식보다도 협약과 적절한 권한위임의 방식이 더 효과적일 수 있다. 도시 전체적으로 조화로운 건축활동이 이루어지는 것을 보장하기 위해서는 이른바 순수한 '자율규제'(Self- Regulation) 방식은 곤란하겠지만, 행정기관과 주민들이 법령상의 주거환경의 기준내에서 협약을 체결하여 마을공동체가 일정한 범위에서 재량을 갖도록 하고 행정에게는 그것을 지원하고 감독하는 역할이 부여되는 "위임된 자율규제(Mandatory Self-Regulation)"[48] 방식은 바람직한 것이 될 수 있다.

위임된 자율규제(Mandatory Self-Regulation)방식을 따르게 되면, 마을공동체에는 법령이나 자치법규 또는 도시계획 등에서 사전에 규정한 실체적 기준의 집행을 보조하는 단순한 역할이 아니라 실체적 기준까지 어느 정도의 재량을 가지고 형성하고 구체화하는 역할이 부여되어야 한다. 절차법에 대하여 실체법의 "실현방법(Verwirklichungsmodus)"으로서의 지위만을 인정하는 독일의 전통적 입장[49]에서 마을공동체를 법령에서 정해진 기준을 행정

---

47 환경보호의 과제수행을 위해서도 절차적 법치주의는 입법자의 예측능력약화와 이해조정기준제시능력의 부족을 보완하기 위해 실체적 법치주의를 대체하거나 보완하는 중요한 역할을 담당한다. Rainer Wolf, Der Ökologische Rechtsstaat als prozeduales Programm, in ; Roßnagel/ Neuser(hg.), Reformperspektiven im Umweltrecht, 1996, SS.57-95.

48 캘리포니아주에서 산업안전관리를 위해 행정기관이 일정한 규제권을 노동자와 경영자들의 안전위원회에 일정한 권한을 위임하고 사고율이 떨어지는 한 행정개입을 하지 않는다는 협약을 하였는데 그것이 안전사고를 줄이는데 과거의 명령통제방식보다 더 효율적이었다고 한다. Jody Freeman, private parties, public functions and the new administrative law, Administrative Law Review 2000, pp.834-835.

기관이 집행하는 과정에서 의견을 듣고 참작하는 역할만을 부여하는데서
더 나아가야 한다. 행정이 일정한 협약을 통해 마을공동체에게 실체적 기
준을 세부적으로 조정하고 구체화하는 권한을 일정 범위에서 허용함으로
써 자율규제가 갖는 합의형성과 집행효과의 개선이라는 장점을 수용해야
한다. 이것이 경제사회의 급격한 변화에 따라 발생할지 모르는 미래의 예측
불가능성과 불확실성 및 위험에 대한 대응능력을 높여줄 것으로 기대한다.

(2) 처분권행사에 있어 마을공동체와의 의사소통 및 협력의 활성화

지역혁신을 추진하면서 자치단체가 부딪치는 가장 큰 애로사항은 다양
한 지역개발주체들이 있어서 그들의 이해관계를 조종하는 것이 쉽지 않고
시간도 많이 걸리며 경우에 따라서는 지역혁신사업을 좌절시킨다는 점이
다. 이러한 문제점을 극복하기 위해, 자치단체는 주거환경개선을 위한 허가
처분이나 제재처분과 같은 권한과 의무를 행사함에 있어 마을공동체와 활
발한 의사소통 및 협력을 강화해야 한다.[50] 이를 통해 악성 불법행위자들에
대해서도 보다 효과적인 감시와 통제가 가능해질 것이고, 과잉주택건설에
따른 빈집의 난립이나 무계획적인 난개발로 지역사회의 마을공동체가 파
괴되는 것을 막으면서도 자발적이고 효율적인 주거환경개선도 가능해질

---

49 Reiner Wahl, Verwaltungsverfahren zwischen Verwaltungseffizienz und Rechtsschutzauftrag, VVDStRL 46(1983), S.171.

50 집단민원의 가능성이 있는 민원사항에 대하여 다세대주택건축허가신청지역에 현장예고
판을 붙이고 민원배심절차의 신청을 가능하도록 하여 주민자율적으로 민원을 해결하도
록 한 민원배심원제도도 이러한 관점에서 의미있는 현장행정의 개혁사례라 할 수 있다.
선정원, 민원배심원제에 관한 고찰, 공법연구 제31권 제3호, 2003.3, 621-641면. ; 선정
원·김건위, 민원배심원제를 통한 민원처리혁신방안에 관한 연구, 한국행정연구 제12권
제2호, 2003 봄호, 94-129면. ; 김재기·송건섭, 민원배심제도의 성과분석과 인식에 관한
연구 : 대구시 수성구사례, 한국행정연구 제13권 제1호, 2004 봄호, 300-322면.

수 있을 것이다. 그리고, 이러한 노력들이 성과를 내기 시작한다면 마을공
동체는 더욱 활성화될 것이고 마을과 거리는 주민들의 참여하에 무질서한
난개발이나 과잉개발로 인한 빈집의 난립을 막고 점차 산뜻하면서도 전체
로서 조화되고 활력있는 이미지를 획득하게 될 것이다.

5. 주거환경에 영향을 미치는 생태공원 및 박물관과 같은 공물의 설치와 관리의 개선

우리의 도시공간에서 마을공동체의 발전을 통한 지역경제발전과 주거환
경개선을 추구하려고 할 때 크게 부족한 것이 주민들이 공적으로 또는 사
적으로 자연스럽게 모일 수 있는 공용공간과 문화체육시설이다.[51]

그 중에서도 최근 환경운동에서 관심의 대상이 되고 있는 생태공원은 인
구가 밀집해사는 도시에 있어 여러 가지의 중요한 기능을 수행하고 있어
정부와 자치단체에서 생태공원과 같은 시민의 휴식공간의 확보와 그의 관
리의 개선을 위해 노력할 필요가 있다.

생태공원의 주요기능을 살펴본다.

첫째, 주거지에 가까운 곳에 위치한 생태공원은 자연과 인간을 다시 연
결시키는 공간이 된다. 도시화는 자연과 인간을 분리시키는데, 이것은 특히
어린이들에게 정서적으로 매우 부정적인 영향을 미친다. 생태공원은 어린
이들에게 농촌과 선원생활이 줄 수 있는 자연체험을 제공한다. 성인들을
위해서도 도시의 인간적 유대감부족을 보완하여 다른 사람들과의 정서적
교류를 부분적으로나마 회복시켜 준다.[52] 생태공원조성사업을 통해 자치단

---

51 새로운 도시공동체운동(New Urbanism)에서 매우 중요하게 다루는 것이 사람들이 모일
수 있는 공용시설과 문화체육시설이다. 이런 시설들을 중심으로 사람들이 모여 의사소
통함으로써 공동체가 형성될 수 있기 때문이다. Jeremy R. Meredith, Sprawl and the
New Urbanist Solution, Virginia Law Review 2003, p.451.

52 Julie M. Johnson/Jan Hurley, A Future Ecology of Urban Parks : Reconnecting Nature

체와 주민들간의 의사소통도 활발하게 되고 운동단체나 어머니회 또는 청소년단체 등 각종 동호회모임들이 활성화될 수 있다. 이를 통해 마을공동체도 활성화될 수 있다.

둘째, 생태공원도 해당 지역사회의 수요에 따라 여러 가지 형태일 수 있다. 주로 사람들의 산책이나 운동 등 휴식장소(Leisure garden)로 기능할 수도 있다. 학교에서 관리하는 생태공원은 어린이들을 위한 야생식물의 재배나 동물의 사육실습장이 될 수도 있다. 학교공원(Child and school garden)은 저소득주민들이 밀집해 있는 곳이고 주거환경이 열악하며 녹지지역이 부족한 지구들에서 어린이들의 정서함양에 중요한 기여를 할 수도 있다. 생태공원은 오염물질이 많이 배출되는 산업공단도시에서도 시민들에게 산소와 전원의 장점을 누릴 수 있는 소중한 공간이 되기도 한다.

또, 미국의 도시들에서 최근 다양하게 급증하고 있는 기업공원(Entrepreneurial garden)이 있다.[53] 이것은 공공기관에서 보유관리하는 공원이지만 공원에서 야채나 화초 등을 가꾼다. 이 일은 실업청소년들이나 저소득 가정의 청소년들에게 방과후 또는 방학중의 일자리로 제공하며 여기서 생산된 야채나 화초는 도시주민들에게 판매한다. 청소년들의 정서함양 및 순화와 일자리제공이라는 측면에서 한국을 위해서도 상당한 시사를 준다고 생각한다.

셋째, 생태공원은 치유공원(Healing and therapy gardens)일 수도 있다. 노인들이나 환자들에게 치유와 안정을 위한 공간이 된다. 숲과 꽃과 새들이 함께 존재하는 공간은 난치병환자들이나 노인들 그리고 정신질환자들에게 치유의 효과를 낼 수도 있어 병원의 부속시설로써 또는 병원과 연계하여 운영되기도 한다.

---

and Community in the Landscape of Children, Landscape Journal 21, 2002, pp.110-115.

53 John Ferris/Carol Norman/Joe Sempik, People, Land and Sustainability : Community Gardens and the Social Dimension of Sustainable Development, Social Policy & Administration Vol35, No.5, 2001.12, pp.559-568(563).

Ⅳ. 정부의 보장책임과 생존배려이론의 현대화

1. 생존배려이론의 현대적 변용으로서 정부의 보장책임론

생존배려이론을 주장했던 포르스트호프는 2차대전이 끝나고 민주적 법치국가가 건설된 이후 1954년 독일의 공법학자대회에서 "사회적 법치국가의 개념과 본질"에 관하여 설명하면서, 사회적 법치국가는 인간의 생존에 필요한 재화의 공급을 보장하는 "보장기능"(Gewährleistungsfunktion)을 수행하는 "보장적 법치국가"(der gewährleistende Rechtsstaat)라고 말하고 있다.[54]

한편, 과잉복지국가로 인해 재정위기를 겪고 있는 유럽에서 최근 규제철폐, 민영화 그리고 파트너쉽 법치주의 등의 사상들이 정부개혁에 지대한 영향을 미치고 있다. 이러한 개혁을 겪으면서 정부의 직접적인 급부와 공적 부조 중심의 사회적 법치국가의 이해는 변화를 겪고 있다. 정부의 보장책임론의 발전도 그러한 흐름을 반영하고 있다.

정부의 이행책임(Erfüllungsverantwortung)은 정부가 인적 물적 자원을 독점하고 자기자신만의 힘으로 공적 과제를 이행하는 것을 의미함에 반하여, 정부의 보장책임(Gewährleistungsverantwortung)은 정부가 공적 과제를 이행함에 있어 기업이나 시민단체 또는 주민들과 협력을 통하여 공적 과제가 이행되는 것을 보장하도록 하려는 생각을 개념화한 것이다.[55] 정부는 설득이나 협상, 규제, 조세감면이나 재정지원, 그리고 부분적인 직접적 과제이행 등의 방법을 통해 공적 과제의 이행을 위해 사회의 다양한 이해관계주체들이 협력하도록 유도한다.

---

54 Ernst Forsthoff, Begriff und Wesen des sozialen Rechtsstaates, in ; Ernst Forsthoff (hg.) Rechtsstaatlichkeit und Sozialstaatlichkeit, 1968, S.186. 187.

55 Gunnar Folke Schuppert, Verwaltungswissenschaft, 2000, S.404-406. ; Wolfgang Hoffmann-Riem, Tendenzen in der Verwaltungsrechtsentwicklung, DÖV 1997. S.433ff.

2. 생존배려방식의 다양화와 정부의 보장책임의 시장친화적 설계

생존배려국가는 조세국가라고 할 수 있는데, 개방사회에서 기업들간 경쟁이 치열해지고 지역사회의 기업들이 국제시장에서 적응하지 못해 시장으로부터 퇴출되거나 부실기업으로 전락하면서 청년실업문제가 유럽국가들이나 일본 및 한국과 같은 나라들에서 큰 문제로 부각되고 있다. 이 상황에서 기업들의 조세부담증가를 유발하는 정부의 직접적 급부에 기초한 생존배려국가정책의 추진은 많은 저항을 받게 마련이고 중장기적으로 성공하기가 어렵다.

때문에, 정부의 보장책임론은 사기업들이나 주민들 또는 지역시민단체들과 함께 공적 과제의 이행을 보장해야 한다는 입장이다. 사회보험도 보험을 담당하는 사기업들과 공적 보험제도들 사이에서 역할분담과 협력이 이루어지도록 해야 한다. 생존배려의 책임을 일차적으로 시장에서 경쟁을 통해 기업들이 제공하도록 맡기고 그것이 가능하지 않을 때만 정부개입은 정당화된다는 "경쟁을 통한 생존배려"(Daseinsvorsorge durch Wettbewerb)정책이 더욱더 통합력이 강해지고 있는 유럽법질서에서도 정당성을 획득해가고 있다.[56] 지역사회에서 실업을 줄이는 것이 결국 낙후지역화를 막는 효과적인 방법이므로 직업활동지원과 지역의 상업활동촉진과 같은 지역경제의 활성화정책이 지역의 생존배려정책으로서 중요한 의미를 갖는다.[57]

---

56 Jörn Axel Kämmerer, Strategien zur Daseinsvorsorge - Dienste im allgemeinen Intersse nach der "Altmark" Entscheidung des EuGH, NVwZ 2004, SS.29-31.

57 Johannes Hellermann, Örterliche Daseinsvorsorge und gemeindliche Selbstverwaltung, 2000. 이 논문은 교수자격논문으로서 포르트호프의 생존배려개념을 재조명하면서 현재 독일의 상황에서 생존배려는 지역사회와 자치단체가 중심추진주체가 될 수밖에 없고 또 그 활동은 주로 지역경제의 촉진정책이 중심이 될 것이라는 입장에서 지방경제법의 내용을 주로 다루고 있다. 지역사회복지론을 중심주제로 다루고 있지 않다는 점은 우리에게도 상당한 시사를 제공한다.

지역사회의 활성화는 유럽의 여러 나라들의 최근의 노력에서 드러나듯이 결국 직업과 주택의 문제를 어떻게 해결해주어야 하는가의 문제로 귀결된다고 할 수 있다. 마을공동체활성화를 통한 도시주거환경개선의 주장은 변화된 사회환경에서 주택과 관련된 생존배려의 과제를 어떻게 추진할 수 있는가의 문제에 답하려는 시도이다. 전통적인 위험방지이론이 담아낼 수 없는 행정법적 문제에 대하여 생존배려이론은 이 글에서 포착하지 못한 다른 새로운 시각에서 문제를 이해하고 답을 발견해줄 수 있는 모티브를 제공할 수도 있을 것이다.

II
지방소멸의 극복과 정책법

지역소멸 위기지역의 활성화를 위한
입법 방향 | 조진우

I. 인구감소와 지역소멸의 위기

급속한 경제성장과정에서 우리나라는 인구의 급증이 장기적으로는 경제성장의 장애요인이 될 수 있다고 인식하였다. 이로 인해 국가주도하에 강력한 출산억제 정책이 추진되었다. 출산억제정책으로 인하여 1960년대 5명 이상을 보이던 높은 출산율[1]은 지속적으로 감소하여 2000년대 초반에는 1명 정도의 수준으로 급격하고 지속적으로 하락하였다. 지속적인 출산억제 정책을 추진하던 정부는 점차 출산율이 급격하게 감소하면서 이러한 낮은 출산율이 이제는 국가의 존립을 위협하는 심각한 문제가 될 수 있다고 인식하게 되었다. 서둘러 출산억제정책은 출산장려정책으로 방향이 전환되었으나 한번 하락하기 시작한 출산율은 매년 심각한 상황으로 나빠지고 있는 상황이다. 정부의 다양한 정책에도 불구하고 2018년에는 전쟁, 재난 등이 없는 상황임에도 불구하고 출산율이 1명 이하로 떨어지는 심각한 상황에 직면

---

1 (합계)출산율은 16세에서 49세까지의 가임기 여성이 평생 낳는 아이 수를 의미한다. 한 국가가 현재의 인구를 현재 상태 그대로 장기적으로 유지하기 위해서 필요한 합계출산율은 2.1명으로 여기서의 0.1명은 사고, 질병 등으로 평균수명을 마저 채우지 못하는 경우를 반영한 것이다.

하였다.

저출산의 위기는 그 자체로도 사회에 미치는 영향이 크지만 인구라는 관점에서 인구의 이동과 결합하여 보다 큰 변화를 야기하고 있다. 경제성장 과정에서 많은 사람들이 학업과 일자리를 찾아 수도권으로 지속적으로 이동하였다. 수도권으로의 인구이동과 그로 인한 국토의 불균형을 해소하기 위하여 국토균형발전을 위한 많은 정책과 법제가 마련되어 왔다. 하지만 수도권으로의 인구이동은 갈수록 심화되고 있으며 저출산과 결합하여 비수도권은 고령층의 비중이 급증하는 역피라미드형의 인구구조로 변하하고 있다. 이러한 인구변화 속에서 비수도권은 지역의 독자적인 생존과 지역의 발전을 도모할 별다른 성장 동력을 찾지 못하면서 상황이 갈수록 심각해지고 있는 것이다. 이제는 인구가 줄어드는 것은 인구감소의 단계를 넘어 인구가 급격하게 감소하는 인구절벽이 현실화될 수 있다는 위기감이 커지고 있다.[2] 이러한 인구절벽은 비수권지역의 일부에서는 이미 심각한 단계에 접어들고 있으며 지역에 거주자가 없는 소위 지역소멸의 위기감이 증가하고 있다.

인구의 감소는 지역에 균등하게 발생하는 것이 아니기 때문에 지역마다 큰 차이를 보일 수밖에 없다. 지금의 저출산·고령화와 인구이동을 고려하면 비수도권 지역에서는 인구가 없어서 지역이 소멸하는 지역이 현실화되는 것은 시간문제이다. 그렇기 때문에 소멸 위험이 높은 지역이 자립할 수 있도록 하는 방안 마련이 시급하게 논의되어야 할 상황이다. 우리와 같은 상황을 먼저 직면하고 있는 일본의 경우에는 이렇게 인구가 급격하게 감소하는 지역에 대한 행정·재정상 지원을 통해 지역의 성장을 유도하는 「과소

---

2 미국의 경제학자 Harry Dent. Jr.는 The Demographic Cliff(2014)에서 15세 이상 64세 미만의 생산가능인구의 비율이 절벽처럼 급속도로 줄어드는 현상을 "인구절벽"이라는 개념으로 제시하였다. Harry Dent는 2015년 서울에서 개최된 세계지식포럼에서 2018년에는 한국도 인구절벽에 직면할 가능성이 높아 이에 대한 대비를 서둘러야 한다고 주장하였다.

지역자립촉진특별조치법」(過疎地域自立促進特別措置法)」을 마련하고 있다. 우리나라에서도 일본과 같이 인구가 급격하게 감소하는 지역에 대한 특별 혜택을 부여하는 법안이 제시되고 있다. 인구감소로 인해 소멸할 것으로 예상되는 지역이 증가하는 상황에서 일본의 인구소멸지역을 대상으로 하는 법제는 우리의 경우에 많은 시사점을 얻을 수 있을 것이다. 여기에서는 일본과 우리의 인구감소의 동향과 그로 인한 지역변화를 먼저 살펴보고, 일본의 인구감소지역인 과소지역을 대상으로 하는 과소지역자립촉진특별법을 살펴보고자 한다. 이를 토대로 우리나라의 관련 입법 현황을 포함하여 우리의 과소지역 활성화를 위한 입법 방향을 논의하고자 한다.

Ⅱ. 일본과 우리나라의 인구감소와 지역소멸

1. 일본의 인구감소와 지역소멸

일본 인구는 2018년 일본 후생노동백서에 의하면 1945년에 7,215만 명 정도였는데 지속적으로 증가하면서 1967년에는 총 인구가 1억 명을 넘어섰다. 하지만 일본 인구는 2008년 1억 2,808만 명으로 정점에 이른 이후에는 감소국면으로 전환되어 지속적으로 감소 추세를 보이고 있다. 현재 일본의 합계출산율은 2005년 1.26명이 된 이후 다소 증감을 보이다가 2018년 1.42명이었다가 2019년 1.36명으로 하락하였다. 국립사회보장·인구문제연구소(国立社会保障·人口問題研究所)는 지금의 추세가 지속된다면 2065년에 일본 인구는 8,808만 명까지 줄어들고 고령화 율은 약 38%에 달할 것으로 예측하고 있다.[3]

현재 일본은 증가하던 총인구가 이미 정점을 지났고 점점 줄어드는 출산

---

3 国立社会保障·人口問題研究所, 日本の将来推計人口(平成 29年 推計), 2017, 2頁.

율과 높아지는 고령화의 시대에 본격적으로 진입하였다. 그러나 인구는 오랜 기간 변화함에 따라 일본에서는 인구변화로 인한 위기에 대해 사회적으로 중요한 문제로 인식되지 못하였다. 그러나 2014년 '일본창성회의'의 의장인 마스다 히로야(增田寬也)가 발표한 마스다 보고서를 기점으로 사회적으로 중요한 문제로 인식하게 되었다.⁴ 이 보고서는 일본의 3대 대도시(도쿄, 오사카, 나고야)를 제외한 일본의 다른 지역은 인구가 감소하여 장래에 사라지게 될 위험을 경고하였다. 이를 기점으로 일본 내에서 그동안의 개별적인 인구문제 대응을 넘어 국가차원의 보다 종합적인 접근이 시급하다는 공감대가 형성되었다. 이러한 공감대에 기반을 두어 일본 정부는 마을·사람·일자리창생본부(まち·ひと·しごと創生本部)를 마련하고 인구감소에 대응하기 위한 다양한 방안을 추진하게 되었다.

일본은 인구감소와 지방자치단체의 역할 변화에 따라 지속적으로 시정촌 합병을 추진하여 왔다.⁵ 이러한 합병과정과 동시에 별도로 인구가 급격하게 줄어드는 과소지역을 정하여 성장을 도모하기 위한 지원을 하고 있다. 과소지역은 인구가 줄어듦에 따라 의료시설과 상점이 철수하고, 운전을 할 수 없는 고령자 및 독거여성이 증가하여 주민들의 공조를 통한 공공기

---

4 이 보고서는 지방에서 대도시로의 인구 유입이 앞으로도 지속될 것을 전제로 하여 기존의 인구 관련 연구를 바탕으로 인구 변화를 예측한 결과 2040년이 되면 후쿠시마 현을 제외한 약 1800개 시정촌 중에서 젊은 여성 인구가 현재의 절반 이하로 줄어들게 되어 사라지게 되는 시정촌이 896개에 달할 것이며 이 가운데 523개는 인구 1만 명 이하가 될 것이라고 예측하였다. 마스다 히로야(김정환 역), 지방소멸, 와이즈베리, 2015.
5 일본의 시정촌은 총 3회의 큰 합병이 있었다. '명치 대합병'(1888-1889년)으로 71,314개의 시정촌이 15,859개로 재편되었다. 1889년 이후에도 9,868개로 지속적으로 감소하였다. 일본에 일본국 헌법이 1946년 제정되고 1947년 지방자치법이 제정되면서 지정촌의 역할이 강화됨에 따라 '소화 대합병'(1953-1961년)이 이루어졌다 이로 인해 1953년 9,868개이던 시정촌 수는 약 3분의 1로 줄어들었다. 이후 1999년부터 2010년까지 '평성 대합병'이 이루어져 전국의 시정촌수는 1,727개로 재편되었다. 이하는 이순태, 시·군의 통합방법·절차와 외국 사례-일본의 시정촌 합병을 중심으로-, 지방자치법연구 제11권 제4호, 2011, 87-90면 참고.

능이 악화되는 지역이다. 주민들이 서로 도와 공공서비스를 자급자족하는 '생활공조기능', 농림어업 등 지역 생산 활동을 유지·향상시키는 '생산보완기능', 지역 고유의 자원과 문화 등 지역자산을 유지하고 관리하는 '자산관리기능' 등 공공기능 유지의 최소단위에서 그 기능 해체가 가속화되고 있는 것이다.[6] 이러한 과소지역에 대해 특별 지원을 규정하고 있는데 2017년 기준으로 817개에 이르는 등 지속적으로 증가하고 있는 경향을 보이고 있다.

2. 우리나라의 인구감소와 지역소멸

우리나라는 1970년대부터 국가주도로 강력한 출산억제 정책을 추진하여 왔다. 이로 인해 출산율은 급격하게 하락하기 시작하였고 1990년대부터 출산장려 정책으로 정책이 전환되었지만 낮아지는 출산율은 반등하지 못하고 지속적으로 하락하고 있다. 낮아진 출산율로 인해 이미 우리나라는 저출산 국가에 진입하였고 이제는 2018년 1명 선이 무너져 0.98명에 그쳤으며 2019년에는 0.92명에 불과하였다. 또한 전체 출생아수에 있어서도 2000년대에 지속되던 매년 40만 명 선이 출산율 하락으로 인해 2017년에 35만 명까지 줄어든 이후 감소세가 지속되면서 이제는 30만 명 선 아래로 하락하기 직전까지 와 있다. 무엇보다 가장 큰 출산율과 출생아수가 반등하기보다는 하락할 것으로 예상되고 있다는 점이다.

국가차원에서의 인구변화의 위기는 지역단위로 살펴보면 더욱 심각한 상황임을 알 수 있다. 일본의 인구감소 논쟁을 촉발한 마스다 히로야가 제시한 방안을 기반으로 주민등록인구통계 자료를 활용하여 소멸위험지수[7]

---

6 임상현·변필성, 일본의 과소지역 정책동향과 시사점, 국토정책 Brief 제492호, 국토연구원, 2014, 2면.
7 소멸위험지수는 20세에서 39세 여성인구수를 65세 이상 고령인구수로 나눈 것으로 소멸위험지수 값이 1.0 이하인 경우에는 그 지역은 인구학적인 쇠퇴위험 단계에 진입하게

를 산정하여 우리나라 지방의 소멸 여부를 판단한 연구에 의하면 2018년 6월 기준 전국 수준이 소멸위험지수는 0.91명으로 비수도권의 모든 '도'지역은 모두 소멸위험지수가 1.0 미만인 소멸주의 단계에 진입하였고 무엇보다 전남의 소멸위험지수는 0.47로 전국 최저 수준을 기록한 것으로 나타났다.[8] 또한 읍면동 기준 소멸위험지역은 1,503개로 43.4%에 이르고 있으며 비수도권의 소멸위험지역 비중은 57.8%에 달하는 것으로 나타났다.[9]

비수도권 지역의 인구유출입을 살펴보면 2013년에서 2017년의 기간 동안 소멸위험지역에서는 26만 명의 인구 순유출이 발생하는 것을 나타났다. 연령별로는 30대 이하의 순유출 인원은 34만 명에 이르고 20대의 경우만을 보아도 전체 이동 중 수도권으로의 유출이 37.4%에 이르는 것으로 나타났다.[10] 결국 지역은 고령화가 더욱 가속화되고 지역 성장을 추진할 동력을 찾기 힘든 악순환이 발생하고 있는 것이다.

III. 일본의 지역소멸위기지역 활성화를 위한 법제

1. 「과소지역자립촉진특별조치법」의 변천

수도권에 인구가 집중하고 있는 우리와 마찬가지로 일본도 도쿄, 오사카, 나고야의 3대 도시권으로 인구가 과도하게 집중되고 있다. 이로 인해 3대 도시권에서는 인구 집중으로 인한 과밀 문제가 발생하고 있지만 일본

되었다는 것이며 만일 이 지수가 0.5 이하(20~39세 여성인구가 65세 고령인구의 절반 미만)일 경우, 극적인 전환의 계기가 마련되지 않는다면 소멸위험이 크다는 것을 의미한다.

8 이상호, 한국의 지방소멸 2018: 2013~2018년까지의 추이와 비수도권 인구이동을 중심으로, 고용동향 브리프, 한국고용정보원, 2018.7, 6면.

9 이상호, 앞의 논문, 8면

10 이상호, 앞의 논문, 11면

의 다른 지역은 인구의 유출로 인해 인구가 급감하여 지역이 낙후되고 과
소화 되어 기초적인 생활 조건의 확보에 지장을 초래하는 상황에 직면하고
있다.

과소(過疎, depopulation)란 지역의 인구가 감소하여 그 지역에 사는 주민
들의 생활수준 및 생산기능을 유지하기 어려운 상태를 의미하고, 이러한
상태가 발생한 지역을 과소지역이라 한다. 과소지역은 지속적인 인구감소
와 고령화가 진행되고, 지역산업경제가 침체되고 농어촌 지역은 황폐화가
일어나며, 이로 인해 사회기반시설의 신설이나 관리에 있어서 다른 도시지
역과 비교해 큰 격차를 보이게 된다.

일본은 1960년대 후반 고도 경제성장에 따라 농어촌 지역의 인구가 대거
대도시로 이동하면서 농어촌 지역의 과소문제가 대두되었다. 인구가 급감
하는 도도부현을 중심으로 과소문제 대응을 위한 국가차원의 정책을 서둘
러 마련해 달라는 요구가 증가하였다. 이에 따라 1970년에 인구감소지역에
대한 긴급한 조치를 규정한 「과소지역대책긴급조치법(過疎地域対策緊急措
置法)」이 제정되었다.

1970년 이후 일본은 산업구조가 제3차 산업으로 전환되고 완만한 경제
성장을 보였다. 그런데 이 과정에서 많은 지역에서 기반정비가 늦어졌고,
특히 1차 산업이 쇠퇴하면서 일자리를 찾아 인구가 유출되었다. 이러한 인
구이동은 지역 사회의 기능을 계속 약화시켰고 인구가 유출되었고 이는 다
시 인구가 유출하는 원인이 되었다. 이에 따라 생활수준 및 생산 기능이 다
른 지역에 비해 과소지역이 낮다는 점이 지역의 과제로 인식되었고, 고령
화 대책 등에 중점을 둔 지역의 진흥 정책의 필요성이 커지게 되었다. 이에
따라 1980년에는 지역이 고용을 증대하고 지역격차를 줄이는 것을 목적[11]

11 과소지역진흥특별조치법(過疎地域振興特別措置法)에서는 인구가 현저히 감소함으로써
   지역 사회의 기능이 저하되고, 생활수준 및 생산 기능이 다른 지역에 비해 낮은 지역에
   대한 생활환경, 산업 기반 등의 정비에 관한 종합적이고 계획적인 대책을 실시하기 위
   해 필요한 특별한 조치를 강구하여 지역의 진흥을 도모하고 주민 복지의 향상, 고용 증

으로 기존의 과소지역대책긴급조치법을 「과소지역진흥특별조치법(過疎地域振興特別措置法)」(1980년-1989년)으로 개정하였다.

　이후 일본에서는 경제·사회가 성숙하는 과정에서 각종 기반의 정비는 이루어졌지만, 과소지역 주민의 자부심과 의욕이 감퇴하는 일종의 심리적인 요소인 '마음의 과소'가 문제되었다. 과소지역의 생활환경과 삶의 질이 거주에 부적합하지는 않지만 다른 지역에 비해 상대적인 박탈감이 문제된 것이다. 이러한 문제에 대해 과소지역의 개념 자체뿐만 아니라 생활환경도 절대적인 기준으로 보기보다는 상대적인 개념으로 인식하였다. 따라서 과거 생활환경정비, 도시발전의 균형적 진흥을 주된 문제로 인식하였다면 이후에는 국토 이용의 전체적 맥락에서 도시와 농촌간 교류의 문제로 변화하게 되었다. 이러한 변화에 따라 1990년 「과소지역활성화특별조치법(過疎地域活性化特別措置法)'(1990년-1999년)」으로 개정되었는데 이 개정에서는 과소지역의 극복을 산업 경제 진흥 대책에 중점을 두고, 전통문화와 자연환경 지역 자원에 의한 지역 활성화를 지원하는 것으로 정하였다. 그러나 기존의 과소지역진흥특별조치법에서 정하고 있는 국가보조사업이나 내용은 크게 변화하지 않았다.

　2000년에 들어오면서 전국적인 관점에서 과소 지역의 새로운 가치와 중요성이 부각되었다. 과소지역에 대해 일방적인 지원보다는 지역산업과 지역문화의 진흥 등에 의한 개성이 풍부하고 자립적인 발전이 강조된 것이다. 이는 당시의 '아름답고 품격 있는 나라 만들기'라는 일본 전역의 과제를 고려하여야 하는 상황이었기 때문에 '자립' 뿐만 아니라 '아름답고', '품격 있는'이라는 문제를 어떻게 지역에서 실현할 것인지에 중점을 두었기 때문이다.[12] 이러한 변화를 반영하여 법명 자체를 「과소지역자립촉진특별

대 및 지역 격차의 시정에 기여하는 것을 목적으로 한다고 규정하였다.

12 채성주, 일본 과소지역의 자립촉진방침과 자립촉진계획, 충북 FOCUS 제17호, 충북개발연구원, 2010, 4면.

조치법(過疎地域自立促進特別措置法)」으로 개정하였다.

지금까지의 법제 변화를 살펴보면 일본의 과소지역은 1970년부터 10년 정도의 주기로 많은 관심의 대상이 되었고 당시 주된 상황과 과소지역 대응 대책에 따라 법률 개정이 이루어졌다. 그러나 과소지역에서 주민 복지를 향상하고 고용증대, 지역격차 해소라는 입법 목적은 큰 변화 없이 유지되고 있다.

2. 「과소지역자립촉진특별조치법」의 주요 내용

(1) 개관

이 법은 "인구의 현저한 감소에 따라 지역 사회의 활력이 저하되고, 생산 기능 및 생활환경의 정비 등이 다른 지역에 비해 낮은 지역에 대한 종합적이고 계획적인 대책을 실시하는 데 필요한 특별한 조치를 강구하여 이 지역의 자립 촉진을 도모하고, 가지고 주민 복지의 향상, 고용 증대, 지역격차의 시정 및 아름답고 품격 있는 국토의 형성에 기여하는 것"을 목적으로 하고 있다.[13] 따라서 이 법은 기본적으로 활력이 저하되고 생산 및 생활환경이 저하된 지역에 대해 대책을 추진하는 근거가 되지만 일본 전체의 과제인 '아름답고', '품격 있는', '자립'을 포함하여 일본 전체의 차원에서 접근하고 있다.

과소지역에 관한 문제에서 가장 중요한 과소지역의 기준에 대해서 인구 기준과 재정 기준으로 구분하여 규정하고 있다(법 제2조). 우선 인구 기준을 살펴보면 인구감소율, 고령자비율(65세 이상), 15세 이상 29세 인구비율의 세 가지 요소를 고려하여 정하게 된다. 기간은 1960년~1995년(35년간, 제1호), 1960년~2005년(45년간, 제2호), 1965년~2010년(45년간, 제3호)의 세

---

13 과소지역자립촉진특별조치법 제1조.

가지를 규정하여 각각 ① 인구감소율이 33% 이상인 경우, ② 인구감소율이 28% 이상으로 고령자비율이 29% 이상인 경우, ③ 인구감소율이 28% 이상으로 15세 이상 30세 미만의 인구비율이 14% 이하인 경우 중 하나에 해당하는 경우에 과소지역으로 선정되는 요건으로 규정하고 있다.[14] 또 다른 요건인 재정 기준에 대해서는 재정기준을 평가할 수 있는 재정력 지수[15]를 마련하여 이를 기준으로 하여 기간 내 평균 재정력 지수가 0.56 이하인 경우로 규정하고 있다.

과소지역선정 요건은 최근 2017년 법 개정으로 제4호를 신설하여 요건의 기준이 되는 기간에 1970년~2015년(45년간)으로 하는 인구기준이 추가되었다. 또한 이 기간 동안 세부요건으로 ① 인구감소율 32%이상, ② 인구감소율이 27% 이상이고, 2015년 고령자 비율이 36% 이상, ③ 인구감소율이 27% 이상이고, 2015년 15세 이상 30세 미안의 인구비율이 11% 이하인 경우, ④ 1990년~2015년(25년)간 인구감소율이 21% 이상인 경우가 추가되었다. 이는 과거에 비해 인구감소율 비율이 1% 낮아졌지만 고령자나 15세 이상 30세 미만 요건이 보다 높아졌는데 이는 일본의 저출산·고령화가 심화되면서 기존의 요건을 충족하는 시정촌이 증가하여 기존의 기준으로는 그 대상이 크게 증가하고 있기 때문에 이를 제한할 필요성이 커졌기 때문이다. 이 법에 따라 과소지역으로 지정된 시정촌은 2019년 4월 기준으로 817개로 전국 시정촌의 47.5%에 이르고 있다.[16]

「과소지역자립촉진특별조치법」은 과소지역자립촉진을 위한 대책의 목표로 산업의 진흥, 안정적인 고용 증대, 과소지역과 기타 지역과의 연락 및

---

14 다만 이 경우 기간 내 인구가 10% 이상 증가한 지역은 제외하도록 하고 있다.

15 재정력지수는 지역의 표준 행정에 필요한 경비에 대한 세금 등의 자기재원 비율을 의미한다. 과소지역자립특별조치법에서는 지방교부세법 제14조 규정에 의하여 산정한 시정촌의 기준 재정 수입금액을 지방교부세법 제11조 규정에 의하여 산정한 당해 시정촌의 기준 재정 수요 금액을 제외하여 얻은 수치로 정하고 있다.

16 総務省, 過疎対策の現況, 平成30年, 23頁.

교류 촉진, 주민의 생활 안정과 복지 향상, 개성 넘치는 지역 사회 형성 및 지역 사회의 재구성 촉진을 규정하고 있다.[17]

(2) 과소지역 자립촉진 계획의 수립

도도부 현은 해당 도도부 현의 과소지역 자립촉진을 도모하기 위해서 '과소지역자립촉진정책(이하 '자립촉진 방침'이라고 함)을 정할 수 있도록 하고 있다(법 제5조). 자립촉진방침에는 과소지역 자립촉진에 관한 기본적인 사항 이외에 과소지역의 산업의 진흥 및 관광 개발에 관한 사항, 기타지역과 연락하는 교통통신체계의 정비, 과소화 지역 정보화 촉진, 생화환경 정비, 고령자 등의 건강과 복지의 향상 및 증진, 의료의 확보, 교육의 진흥, 지역 문화의 진흥, 취락의 정비에 관한 사항을 포함하도록 하고 있다. 이에 따른 자립촉진정책을 작성하는 경우에는 도도부현은 광역적인 경제사회생활권의 정비체계에 통합하도록 배려하도록 하고 있다.[18] 이러한 자립촉진 방침을 정하고자 하는 경우에 도도부현은 사전에 총무대신, 농림수산대신 및 국토교통대신과 협의하여 동의를 얻도록 하고 있다.

자립촉진방침이 마련된 후 과소지역은 지역 의회의 의결을 거쳐 '과소지역자립촉진시정촌계획'(이하 '시정촌 계획'이라 함)을 정할 수 있다.[19] 시정

---

17 과소지역자립특별조치법 제3조에서 구체적인 목표로 ① 산업 기반의 정비, 농림 어업 경영의 근대화, 중소기업 육성, 기업의 도입 및 창업 촉진, 관광 개발 등을 도모하여 산업을 진흥하고, 아울러 안정적인 고용 증대, ② 도로 기타 교통 시설, 통신 시설 등의 정비를 도모하는 등으로 과소 지역과 기타 지역과 과소 지역의 교통 통신 연락을 확보함과 동시에 과소 지역의 정보화를 도모 및 지역 간 교류를 촉진, ③ 생활환경의 정비, 고령자 등의 건강과 복지의 향상 및 증진, 의료 보장 및 교육의 진흥을 도모함으로써 주민의 생활 안정과 복지 향상 도모, ④ 아름다운 경관의 정비, 지역 문화의 진흥 등을 도모함으로써 개성 넘치는 지역 사회 형성, ⑤ 취락의 정비 및 적정 규모 취락의 육성을 도모함으로써 지역 사회의 재구성을 촉진을 정하고 있다.
18 과소지역자립특별조치법 제5조 제3항
19 과소지역자립특별조치법 제6조

촌 계획은 자립촉진방침에서의 내용을 시정촌 단위에서 구체화하는 것으로 이러한 사항은 계획을 마련하는 과정에서 미리 도도부현과 협의하도록 하고 있다. 수립된 시정촌 계획은 총무대신, 농림수산 대신 및 국토교통대신에게 제출하도록 하고 있고 이들은 이를 관계 행정기관장에게 통보하도록 하고 있다.[20] 도시지역은 자립촉진방침에 따라 '과소지역자립촉진도시계획'(이하 '과소도시계획'이라 함)을 정할 수 있도록 하고 있는데 도도부현과 그 내용은 동일하다. 총무대신, 농림수산대신 및 국토교통대신은 '시정촌 계획' 또는 '과소도시계획'의 실시에 관하여 필요한 경우 관계 행정기관의 장과 지방 공공단체에 협력을 요구할 수 있으며 필요한 경우 관계 지방 공공단체에 대한 조사를 실시할 수 있다.[21]

도도부 현이 작성하는 자립촉진방침과 시정촌 계획, 과소도시계획은 과거 과소지역자립특별조치법에서는 계획수립을 강제하였다. 하지만 2009년 지방분권개혁 추진계획에 따라 강제규정이 임의규정으로 개정되었다. 이는 도도부 현 또는 시정촌의 자체적인 판단에 따라 도도부현 계획이나 시정촌 계획을 수립할지 여부를 선택하게 하여 계획에 정해진 사항을 단순히 그대로 수용하는 것이 아니라 임의로 선택할 수 있도록 하였다. 계획수립이 강제규정에서 임의규정으로 개정됨에 따라 과소 지역의 시정촌의 요구와는 달리 계획수립이 이루어지지 않는 경우가 발생할 우려에 대해 과소 지역의 시정촌은 자립 촉진 방침이 정해져 있지 않은 경우에는 도도부현에 대해 자립 촉진방침을 정하도록 요청할 수 있고 이러한 요청이 있는 경우 도도부현은 신속하게 자립촉진 방침을 정하도록 근거를 마련하고 있다.[22]

과소지역과 관련한 계획은 비록 임의규정으로 되어 있지만 「과소지역자립촉진특별조치법」에 근거한 재정상의 특별조치 등을 받기 위해서는 이러

---

20 과소지역자립특별조치법 제6조 제5항, 제6항
21 과소지역자립특별조치법 제8조, 제9조
22 과소지역자립특별조치법 제5조 제5항, 제6항

한 조치와 관련된 사항을 반영한 계획이 지속적으로 수립되어야만 한다.

(3) 과소지역자립촉진을 위한 재정상 특별조치

「과소지역자립촉진특별조치법」에서의 특별조치 중 가장 중요한 것은 과소지역에 대해 재정상의 특별조치를 규정하고 있다는 점이다. 이 법에 의하여 교육시설 중 공립 초·중학교의 통합에 따른 학교 교사 또는 실내 운동장의 신·증축, 아동 복지시설 중 보육 또는 보유제휴형 어린이 시설의 신설, 수리, 확장 또는 정비, 소방시설에 있어서 기계기구 및 설비의 구매 또는 촉진에 필요한 경비에 대해서는 기존의 국고보조금에 관한 규정에도 불구하고 별도의 국고보조금을 지급하도록 규정하고 있다.[23]

과소지역의 시정촌은 과소지역자립촉진을 위한 지방채를 발행할 수 있으며 지방채의 대상 경비에 있어서 교통의 확보 또는 산업 진흥을 위해 필요한 시정촌 도로, 항만, 지역 산업 진흥에 이바지하는 시설, 중소기업 육성이나 기업홍보를 위한 공장 및 사무실, 주민 교통수단 확보 및 지역 교류 촉진을 위한 철도, 전기통신, 하수처리, 화장터, 소방시설, 노인복지시설 등을 규정하고 있다. 특히 2017년 3월 개정을 통해 시정촌에 설립되어 있는 공립유치원, 공립 초·중·고등학교, 공립전수학교[24] 등을 정비하는데 필요한

---

23 과소지역자립촉진특별조치법 제10조, 제11조. 이와 관련하여 별표에서 교육시설, 아동복지시설, 소방시설에 대한 국고보조율 인상비율을 규정하고 있다. 교육시설의 경우에는 "의무교육제 학교 등의 시설비의 국고 부담 등에 관한 법률(義務教育諸学校等の施設費の国庫負担等に関する法律)" 제2조에서 규정하고 있는 공립 초·중학교에 있어서 통합에 따른 학교 교사 및 실내 체육관의 신·증축의 경우에는 기존 50%에서 55%로, 시설의 정비(위험건물의 개축, 부적격 건물 개축)의 경우에는 1/3에서 55%로 인상하도록 하고 있다. 아동복지시설의 경우에는 아동복지법(児童福祉法) 제17조 제1항에서 규정하고 있는 시설에 있어서 보육원의 신설, 개조의 경우에는 기존 50%에서 공립의 경우 55%, 민간의 경우 2/3으로 인상하도록 하고 있다. 소방시설의 경우에는 소방시설강화촉진법(消防施設強化促進法) 제3조의 규정에 의한 소방 관련 기구 및 설비의 구매·설치에 있어서는 기존 50%에서 55%로 인상하도록 하고 있다.

경비도 지방채의 대상 경비로 추가되었다.[25]

과소지역자립촉진 방안 중 특징적인 부분 중 하나는 시정촌 계획에 따라 실시하는 각종 지역 산업과 관련되는 사업 또는 관광 등에 필요한 재원으로 지방채를 발행할 수 있도록 하고 있다는 점이다.[26] 이러한 시설은 교통의 확보 또는 산업의 진흥을 도모하기 위해 필요한 시정촌도, 지역산업의 진흥에 이바지하는 시설, 관광 시설, 주민교통 및 지역 간 교류 촉진을 위한 철도 관련 시설, 전기통신, 하수처리, 소방, 노인 및 보육시설 등이 해당된다.

(4) 과소지역 자립촉진을 위한 기타 특별조치

과소지역의 경우 시정촌이 관리하는 핵심적인 농도, 임도 및 어항 관련 도로의 신설 및 개축에 대해서는 다른 법률의 규정에도 불구하고 도시계획에 따라 도도부현이 이를 시행할 수 있도록 하고 있고 이 경우 도도부현이 시정촌의 권한을 대신할 수 있도록 정하고 있다.[27] 이 경우 도로의 신설 및 개축에 필요한 경비는 해당 도시(시정촌)가 부담하게 되는데, 이를 부담하는 도시가 '후진지역의 개발에 관한 공공사업에 관한 국가의 부담비율의 특례에 관한 법률(後進地域の開発に関する公共事業に係る国の負担割合の特例に関する法律)' 제2조 제1항에서 규정하고 있는 도시인 경우에는 기간도로 정비 사업을 이 법에서의 개발지정사업으로 간주하여 이 법을 적용하도록 하여 재정 부담을 완화해주고 있다.[28] 또한 과소지역의 시정촌이 관리하는 공공하수도 중 광역의 차원에서 설치하여야 하는 것은 도시계획에 따

---

24 일본의 전수학교는 1976년 마련된 제도로 직업 관련 전문기술 교육과 자격취득 지도를 중심으로 학교교육법 제124조에 의해 고등교육기관으로 규정되어 있다.
25 과소지역자립촉진특별조치법 제12조 제1항, 제18호, 제19호
26 과소지역자립촉진특별조치법 제12조
27 과소지역자립촉진특별조치법 제14조 제1, 2항
28 과소지역자립촉진특별조치법 제14조 제3, 6항

라 시가 설치할 수 있으며, 도도부현은 진료소 및 의료진 확충 등의 사업을 실시하도록 하고 있다.[29]

그 외에도 과소지역에 대해서는 다양한 특별조치를 규정하고 있다. 구체적으로는 과소 지역의 노인복지 증인을 위한 시설 건설 보조(법 제19조), 교통시설의 확충(법 제20조), 정보유통의 원활화 및 통신체계의 확충(법 제21조), 지역문화 진흥 노력(법 제23조)를 규정하고 있다. 또한 해당 시정촌의 경우에 시정촌 계획의 이행을 촉진하기 위해서 국유임야의 활용 특례를 규정하고 있다(법 제25조). 과소지역 이외의 지역에 있는 사업용 자산을 양도하고 과소 지역에 있는 사업용 자산을 취득한 경우 과세특례를 부여하고 있으며(법 제29조), 과소 지역 내 생산, 농림수산물 등의 판매업, 숙박 관련 시설의 신설 또는 증설의 경우에는 조세특별조치법에 따라 특별상각 및 지방세 과제를 면제 할 수 있도록 하고 있다(법 제30조, 제31조).[30]

3. 「과소지역자립촉진특별조치법」에 대한 평가

과소지역에 대한 특별법상의 각종 조치들의 결과로 인해 도교, 나고야, 오사카의 3대 도시권에서 과소지역으로 전입한 인구는 2000년 인구조사에서는 약 27만 명, 2010년 인구조사에서는 약 19만 명, 2015년 인구조사에서는 약 17만 명으로 조사되었다. 2000년 인구조사와 비교하여 2010년 인구조사에서 대도시에서 주민이 이주한 경우가 증가한 과소지역은 108개 지역(전체 과소지역의 7.1%)이었으나, 2010년 인구조사에 비해 2015년 인구조사에서 대도시에서 과소지역으로 이주한 주민이 증가하는 지역은 397개 지역(전체의 26.1%)에 이르고 있는 것으로 나타나, 도시지역에서의 이주가 증

---

29 과소지역자립촉진특별조치법 제15조, 제16조
30 과거 정보통신기술이용사업을 감가상각 특례와 지방세 과세면제 대상으로 규정하고 있었으나 2017년 개정으로 삭제되고 농림수산물 등 판매업이 추가되었다.

가하고 지역도 확대하고 있는 것으로 나타났다.[31]

「과소지역자립촉진특별조치법」을 시행하면서 특징적인 것은 1988년부터 "전국과소문제 심포지엄"을 개최하여 전국에서 과소문제와 관련한 지방자치단체 및 활동가들의 교류를 중요시하고 있다는 점이다. 이와 연계하여 총무성은 매년 과소 지역 자립 촉진에 이바지하기 위해 창의력을 통해 지역 활성화를 도모한 우수사례를 선정하여 표창하고 있다.[32] 이와 관련하여 주의하여야 할 것은 이러한 일련의 조치들이 인구가 전체적으로 감소하는 상황에서는 인구증가보다는 인구감소폭을 줄이는 것이 더 큰 효과로 나타나고 있다는 점이다. 2019년 우수 사례로 총무대신상을 수상한 오오모리현 오 와니 정(靑森県 大鰐町)의 경우에는 전체인구는 1960년부터 감소하기 시작한 지역으로 1960년 18,777명에서 2015년에는 9,676명으로 지속적으로 감소하였다. 이는 일본 인구 전체의 인구가 감소하고 있기 때문에 전체 숫자를 늘리는 것은 한계가 있고 오히려 감소폭이 줄어드는 것이 지금에 있어서 제도의 효과라고 할 것이다. 이러한 관점에서 이 지역의 인구증가율을 보면 1960년의 −48.5%에서 1950년에는 11.9%로 인구감소폭이 급격하게 줄어들고 있음을 알 수 있다.[33] 또한 와카야마 현 가쓰라기정(和歌山県 かつらぎ町)의 경우에도 1960년의 전체인구는 26,411명이었으나 2015년에는 16,992명으로 지속적으로 줄어들었지만 인구증가율은 1960년의 −35.7%에서 2015년에는 −6.8%로 급격하게 감소하였다.[34]

일본의 경우 특별법을 통해 과시지역의 인구감소를 줄이고 도시의 활력

---

31 総務省 地域力創造グループ 過疎対策室, 過疎地域の社会的価値に関する調査研究 報告書, 平成31年, 52頁.

32 2019년 10월 31일 아오모리에서 개최된 "전국 과소문제 심포지엄"에서는 아오모리 현 오 와니 정(靑森県大鰐町)과 와카야마 현 가쓰라기 정(和歌山県 かつらぎ町) 등의 4개 지역이 총무대신상을 수상하였다.

33 総務省地域力創造グループ過疎対策室, 過疎地域自立活性化 優良事例表彰(令和元年度), 6頁.

34 総務省地域力創造グループ過疎対策室, 過疎地域自立活性化 優良事例表彰(令和元年度), 10頁.

을 얻어 인구가 유입될 수 있는 여건을 조성하려는 목적은 어느 정도 실현되고 있다고 할 수 있다. 일본 전체 인구가 감소하고 있기 때문에 어느 지역만의 인구가 증가할 수 없다는 지금의 상황을 고려한다면 인구 감소폭이 크게 줄어들고 있다는 점은 과소지역이 그 목적에 따라 자립을 위한 성장동력을 찾아가고 있다고 할 수 있다.

Ⅳ. 우리나라 지역소멸 위기지역(과소지역) 활성화를 위한 과제

1. 지역소멸 위기 지역에 대한 입법 동향

(1) 개관

우리나라도 저출산·고령화로 인한 인구감소 문제가 심각한 사회문제로 제기됨에 따라 이에 대한 입법적 대응의 필요성이 제기되고 있다. 지역의 균형발전차원에서는 「국가균형발전특별법」을, 인구감소 대응을 위한 정책을 총괄하는 「저출산·고령사회 기본법」을 제정하였다. 「국가균형발전특별법」에서는 특수상황지역에 대해서 일정기간 관계 중앙행정기관에 의한 행정지원 등 특수한 지원조치를 할 수 있도록 규정하고 있다.[35] 하지만 여기

---

35 국가균형발전특별법 제2조(정의) 이 법에서 사용하는 용어의 뜻은 다음과 같다.
　　7. "특수상황지역"이란 남북의 분단 상황 또는 지리적·사회적으로 불리한 환경에 놓이게 되어 일정기간 동안 관계 중앙행정기관에 의한 행정지원 등 특수한 지원 조치가 필요한 지역으로서 다음 각 목의 어느 하나에 해당하는 지역을 말한다.
　　　가. 「접경지역 지원 특별법」 제2조제1호에 따른 접경지역
　　　나. 「도서개발 촉진법」 제4조제1항에 따른 개발대상도서. 다만, 성장촉진지역에 해당하는 도서는 제외한다.
　　　다. 그 밖에 가목과 나목에 따른 지역에 준하는 지역으로서 대통령령으로 정하

서의 특수상황지역은 지리적인 환경이거나 분단으로 인한 사회적인 환경으로 인해 성장에 한계가 있는 지역을 의미하기 때문에 이를 인구감소에서 논의하는 과소지역도 포함한다고 보기 어렵다. 또한 「저출산·고령사회 기본법」의 경우 중앙정부나 지방자치단체의 저출산·고령화에 대응하는 정책들의 근거가 되고 있으나 인구가 급격하게 감소하는 과소지역을 한정하여 집중적으로 지원하는 내용은 별달리 담고 있지 못하다.

다른 지역에 비해 급격하게 인구가 감소하는 지역을 별도로 구분하고 집중 지원하여 소멸의 위험에서 벗어나도록 새로운 성장 동력을 마련하기 위한 별도의 입법이 추진되고 있다. 이러한 입법은 기존의 지방자치법을 개정하는 방식과 일본과 같이 특별법을 제정하는 방식으로 구분할 수 있다.

(2) 지방자치법 개정 방안

현행 지방자치법에서 대도시에 대한 특례를 인정하고 있는데[36] 이를 기반으로 하여 과소지역을 특례군(郡)으로 지정하고 지원 방안을 마련하는 방안이다. 제20대 국회에서 이후삼 의원이 대표발의한 지방자치법 개정안에 의하면 인구 3만 명 미만이거나 인구밀도(인구수/km²) 40명 미만인 군(郡)에 대하여 특례군(郡)으로 지정할 수 있도록 하고, 행정안전부장관이 관계 중앙기관장과 협의하여 특례군의 지원 및 균형발전을 위한 시책을 수립·추진할 수 있도록 하고 있다. 또한 박덕흠 의원이 대표발의한 지방자치법 개정안에 의하면 농어촌 군으로서 65세 이상 인구의 비율이 100분의 20을 초과하고, 재정자립도[37]가 농어촌 군 전체의 평균 미만이며, 소멸위험지

는 지역

36 지방자치법 제175조(대도시에 대한 특례인정) 서울특별시·광역시 및 특별자치시를 제외한 인구 50만 이상 대도시의 행정, 재정운영 및 국가의 지도·감독에 대하여는 그 특성을 고려하여 관계 법률로 정하는 바에 따라 특례를 둘 수 있다.

37 여기에서의 재정자립도는 {(지방세+세외수입-지방채)÷일반회계예산}×100으로 산정한다.

수[38]가 0.5 미만인 군은 특례군 으로 지정하여 관계 법률로 정하는 바에 따라 특례를 둘 수 있도록 하고 행정안전부장관은 특례군의 지원 및 균형발전을 위한 시책을 수립하고 추진하도록 정하고 있다.

(3) 과소지역 특별법 제정 방안

우리나라에도 일본과 같이 과소지역에 대해 별도의 특별법을 제정하는 방안도 제시되고 있다. 제20대 국회에서는 많은 법안이 발의되었는데 이 중 대표적인 것이 강석호 의원이 대표발의 한 '인구감소지역 발전 특별법안'을 들 수 있다. 이 법률안은 적용범위를 다른 일반적인 법률과 달리 수도권, 광역시, 특별자치시 및 제주특별자치도를 적용 지역에서 제외하고 있다(안 제3조). 또한 행정자치부장관은 인구감소지역의 정주 여건을 조성하고 주민의 생활기반을 확충하기 위하여 5년마다 인구감소지역발전기본계획을 수립·시행하고, 도지사 및 시장·군수는 기본계획에 따라 매년 인구감소지역발전시행계획을 수립·시행하도록 하고 있다(안 제7조, 제9조). 인구감소지역의 정주여건의 조성, 주민생활기반의 확충 등에 관한 사항을 심의하기 위하여 행정자치부장관 소속으로 인구감소지역 발전위원회를 두도록 하고 있다(안 제10조). 또한 위원회 사무 처리를 위해 위원회 소속으로 지역발전기획단을 두고, 도지사 소속으로 인구감소지역발전지원단을, 시장·군수 소속으로 인구감소지역발전지원팀을 두도록 하고 있다(안 제11, 12조). 도지사는 인구가 감소하고 지역경제가 침체되어 있는 시·이 지역의 발전을 위해 해당 시장·군수의 의견을 들어 행정자치부장관에게 인구감소지역의 지정을 신청할 수 있고, 행정자치부장관은 인구감소지역을 지정하고, 목적을 달성하거나 달성할 수 없다고 인정되는 때에는 인구감소지역의 지정을

---

38 소멸위험지수는 20세부터 39세까지의 여성인구수를 65세 이상의 인구수로 나눈 값으로 규정하고 있다.

해제할 수 있도록 정하고 있다(안 제13, 14, 15조). 행정자치부장관과 도지
사는 인구감소지역의 정주 공간 현대화와 주민 생활기반의 확충에 필요한
기반조성 시책을 수립·시행하여야 하고, 관련 전문 인력을 양성하도록 하
고 있으며(안 제16조 및 제17조), 국가 및 지방자치단체는 개발사업의 시행
자에게 필요한 자금을 보조·융자 등을 할 수 있고, 주민의 부담 경감 등을
위하여 조세감면 등 세제상의 지원을 할 수 있도록 하고 있다(안 제18조
및 제19조). 국가 및 지방자치단체는 인구감소지역에 대하여 사회기반시설
의 설치·유지 및 보수를 우선적으로 지원할 수 있고, 노후 주택의 개량 지
원, 교육·문화·관광시설에 대한 지원, 농림·해양·수산업에 대한 지원을 할
수 있도록 하고 있다(안 제20조~제23조). 이외에도 많은 법률안이 발의되었
으나 회기만료로 인해 모두 폐기되었다.

　제21대 국회에서도 관련 입법으로 배준영 의원의 대표 발의한 '인구감소
지역 발전 특별법안'이 있다. 이 법률안에서 규정하고자 하는 지역선정절
차나 지원내용은 제20대 국회에서 강석호 의원이 대표 발의한 법률안과 큰
차이는 없다. 다만 인구감소지역 발전에 대한 내용을 심의하기 위하여 인
구감소지역발전위원회를 국무총리 소속으로 두도록 하고 있고, 행정안전부
장관이 인구감소지역을 지정하는 경우에 인구감소율 및 노령인구비율, 지
역총생산, 재정자립도, 지역산업 현황 등을 고려하도록 하고 있다는 점에
차이가 있다.

2. 지역소멸 위기지역(과소지역)의 활성화을 위한
　　구체적 입법론

(1) 과소지역 활성화를 위한 특별법 제정

현재 저출산·고령화에 따른 사회 변화에 대응하기 위하여 제정된 「저출

산·고령사회 기본법」은 국가 및 지방자치단체는 인구정책, 인구교육 등의 시책을 강구하도록 하고 있고 정부가 5년마다 저출산·고령사회기본계획을 수립하고 에에 기초하여 지방자치단체가 연도별 시행계획을 수립하도록 하고 있다.[39] 하지만 이는 기존의 인구 관련 정책들을 단순히 기본법을 통해 하나로 모아 놓은 수준에 불과하다. 또한 이를 지방자치단체가 과소지역에 대해 차별적인 정책을 수립하는 근거로 보기에는 무리가 있다. 결국 「저출산·고령사회 기본법」은 일반적인 인구변화 관점의 정책 수립의 근거가 될 수 있을 뿐 과소지역의 문제를 해결하기 위한 각종 정책을 수립하고 지원하는 직접적인 법적 근거라고 할 수 없다.

따라서 과소지역을 활성화시키기 위해서는 과소지역에 대한 세부적인 지원 사항을 규정한 법률이 요구되는데, 고려되는 방안은 지방자치법의 특례 규정에 과소지역을 규정하는 방안이나 과소지역의 선정과 지원에 대한 세부적인 사항에 대해서 별도의 법률을 추가적으로 마련하는 것이다.[40]

현행 지방자치법에서 규정하고 있는 인구 50만 이상의 특례 규정은 인구에 따른 행정수요에 대응한 실질적 지방자치 구현을 위한 것이다. 즉 지방자치법상의 인구 50만이라는 특례상의 기준은 주로 지방자치단체의 자치권의 확보 차원에서 행정체제의 특수성을 고려한 것으로 과소지역의 활성화에서 이야기하는 행정적·재정적 지원과는 성격이 다르다. 사실상 10만 이상인 기초자치단체와 동일하게 50만 이상 또는 100만 이상 대도시를 기초지방자치단체로서 동일시하는 것은 해당 지역의 사회적, 경제적, 문화적

---

39 저출산·고령사회 기본계획 제20조(저출산·고령사회기본계획) ①정부는 저출산·고령사회 중·장기 정책목표 및 방향을 설정하고, 이에 따른 저출산·고령사회기본계획(이하 "기본계획"이라 한다)을 수립·추진하여야 한다.
   제21조(연도별 시행계획) ①중앙행정기관의 장은 기본계획에 따라 소관별로 연도별 시행계획(이하 "시행계획"이라 한다)을 수립·시행하고, 지방자치단체의 장은 기본계획 및 중앙행정기관의 시행계획에 따라 당해 지방자치단체의 시행계획을 수립·시행하여야 한다.
40 현재 지방자치법 제175조의 대도시에 대한 특례 규정에 따라 서울특별시 행정특례에 관한 법률, 세종특별자치시 설치 등에 관한 특별법 등이 제정되어 있다.

특성을 고려하지 않았을 뿐만 아니라 인구수에 따른 행정수요를 반영하지 못하여 실질적 지방자치구현에 저해를 초래하고 있다. 따라서 인구수가 50만 이상 또는 100만이상인 대도시에 대하여 해당 지역의 지방자치단체의 지방분권과 지방자치가 실질적으로 부여하기 위하여 대도시 특례시 제도의 도입이 필요하다.[41] 하지만 과소지역의 경우 이러한 행정수요에 의한 것이 아니라 지역소멸을 막기 위한 각종 지원을 목적으로 하는 것으로 특례의 취지와도 부합하기 곤란하다. 그렇다면 오히려 과소지역의 범위를 법률에서 구체적으로 정하고 그에 따른 세부적인 방안을 법률에서 마련하는 특별법 제정이 타당하다고 할 것이다.

(2) 도시계획에서 계획인구 설정의 적정성

지방자치단체가 인구감소에 대응하고 과소지역이 심화되기 전에 이를 해소하기 위해서는 무엇보다 현재의 인구변화, 즉 인구감소의 상황을 정확하게 인식하는 것이 중요하다. 과소지역을 지원하게 되면 많은 지방자치단체들이 경쟁적으로 자기 지자체가 과소지역이고 이에 대한 지원이 필요하다는 요구를 할 가능성이 매우 크기 때문이다. 무엇보다 상황에 대한 정확한 인식이 기반이 되어야 이에 대한 지원이나 활성화 등의 제도 마련이 보다 용이할 것이기 때문이다.

그러나 많은 지방자치단체는 인구감소를 주장하면서도 다른 면에서는 인구가 증가할 것이라고 예상하고 있다. 대구광역시의 경우 2015년 대구장기발전종합계획에 의하면 통계청 추계인구는 지속적으로 감소하지만 대구시의 주요 프로젝트 추진과 산업단지 조성 등으로 인해 오히려 인구는 증가할 것으로 예측하고 있었다.[42] 하지만 예측과는 달리 지금에 있어서는 자

---

41 김남욱, 실질적 지방자치의 실현을 위한 법제로서 특례시 제도의 법적 쟁점, 지방자치법연구 제19권 2호, 2019, 85면.
42 대구광역시, 대구장기발전종합계획, 2014. 93면. 이에 의하면 통계청은 대구광역시의 인

연감소와 사회적 감소의 이중고로 시급히 인구유출에 대한 방안 마련이 필요하다는 지적이 제기되고 있는 실정이다.[43]

최근 지방자치단체의 계획 수립에서 인구 부풀리기에 대해 제동이 걸리고 있다. 국토교통부는 지방자치단체로 하여금 정밀한 도시계획 수립을 유도하기 위하여 시장·군수는 도시·군기본계획의 타당성 재검토에 계획인구의 적정성을 명시하고 목표연도 인구추계치가 통계청 추계치의 105%를 초과하지 못하도록 2017년에 도시·군기본계획수립지침을 개정하였다.[44] 하지만 평택시의 경우에도 2035 평택도시기본계획 수립 과정에서 목표인구를 과도하게 설정하여 재설정 통보가 있었으며,[45] 전주시도 2035 전주시 도시기본계획안 마련과정에서도 목표인구를 현재 65만 명에서 2035년까지 83만 명으로 늘리겠다고 하여 재설정 통보가 있었다.[46]

이렇게 지방자치단체는 지침변경에도 불구하고 계량하기 힘든 사회·경제적 요인을 근거로 계획인구를 최대한 높게 정하고 있다. 이는 과거 인구

구는 2010년 247만 명에서 2020년에는 242만 명으로, 2025년에는 238만 명으로 지속적으로 감소하여 2030년에는 234만 명까지 감소할 것으로 예상하였다. 하지만 종합계획에서는 대구광역시의 인구는 지속적으로 증가하여 2015년 249만 명, 2020년 252만 명, 2025년 256만 명, 2030년 259만 명이 될 것으로 예측하고 있다. 결국 대구광역시는 자연적인 인구감소에도 불구하고 사회경제적 요인으로 인해 2030년에는 통계청의 추계보다 인구가 54만 명이나 더 많을 것으로 예측하고 도시계획발안을 수립한 것이다.

43 대구경북의 인구문제의 현황과 대안의 구체적인 내용은 안성조, 수도권 인구 50%, 대구경북의 대응방안은?, 대경 CEO Briefing 제591호, 2019 참고.

44 도시·이 기본계획수립지침 2-2-2. 시상·군수는 5년마다 목표연도 계획인구의 적정성 등 도시·군기본계획의 타당성을 전반적으로 재검토하여 이를 정비하고, …(이하 생략)
4-2-5. 인구 (1) (생략) …목표연도 인구 추계치는 특별한 사유가 없는 한 해당 시·군의 도종합계획 상 인구지표와 통계청 인구추계치의 105퍼센트 이하로 하여야 한다.

45 2035년 평택도시기본계획에서 2035년 평택인구는 초기 120만 명으로 제시되었으나 재설정통보로 인해 90만 명으로 최종 조정되었다. 평택시, 2035 평택도시기본계획, 2018, 96면. 하지만 기본계획에 의하면 평택시는 자연적 증가인구와 사회적 증가인구 모두 증가한다고 예측하고 있는데 현실과는 괴리가 있다. 오히려 국토교통부가 재설정 통보에서 제시한 30만 명 감축을 그대로 반영한 것이라고 보아야 할 것이다.

46 전주 뺑튀기 인구 목표 수정 필요, 전라일보, 2019.7.12

증가시대에 인구수에 따라 개발의 규모가 변화하였기 때문에 인구를 과도하게 높게 잡는 것이 지역을 활성화하기 위한 방법으로 활용되어 왔고 인구는 성장하고 있었기 때문에 지방자치단체의 입장에서는 과도한 목표 자체가 큰 문제가 되지 않았기 때문이다.

그러나 지역계획에서의 목표인구는 지역의 계획목표로서의 그 취지를 존중하여야 하는 것이 타당하겠지만, 특정지역에서 감당하기 어려운 터무니없는 숫자놀음은 해당지역의 지속가능성에 큰 도움이 되지 않는다.[47] 그렇기 때문에 우선 지방자치단체는 자신들의 지역에서 과소지역의 발생할 수 있다는 현실적인 위기감을 공유할 필요가 있다. 과소지역의 문제는 다른 지역의 문제라는 인식은 과소지역 상호간의 역량 공유를 저해할 뿐만 아니라 기본계획에서 가장 기본이 되는 인구예측이 현실과 보다 괴리되는 악순환을 반복시킬 것이다. 이러한 인식을 기반으로 과거 인구증가 시대와 같은 과도한 수요 전망 때문에 시가화 예정용지나 도시계획시설의 미집행률이 높아지고 있으므로 효율적인 토지이용을 위해서는 적정한 수요추정이 필요하고, 지역 내 유휴시설의 용도 전환 및 공유경제 촉진 등 효율적인 토지이용 방안 마련이 이루어져야 한다.[48] 따라서 기본계획 수립에 있어서 단순히 통계청의 인구추계치의 105%를 넘지 못하게 하는 정도에 그칠 것이 아니라 사회적 요인 등으로 인한 인구 변화에 대해 보다 보수적인 예측을 유도하고 지역의 과소지역 발생 가능성과 그에 대한 사전 대응 방안을 마련하도록 기본계획에 포함하는 방안도 고려될 필요가 있다.

(3) 인구감소지역의 단계적 설정

인구감소지역 특별법 제정에서 가장 중요한 것은 인구감소지역, 즉 과소

---

47 한국지역학회, 지역·도시정책의 이해, 홍문사, 2019, 80면.
48 민성희, 인구감소 시대의 국토계획, 국토 제435호, 한국국토연구원, 2018, 27면.

지역을 어떠한 기준으로 규정할 것인가의 문제이다. 전체적인 인구는 감소하게 되고 이에 따라 인구가 급격하게 감소하는 지역은 점차 확대될 것으로 예측되는 상황에서 과소지역 모두에 대해 특별법상의 지원을 하는 것은 한계가 있기 때문이다.

우리나라의 관련 입법안을 살펴보면 과소지역 지원의 대상이 되는 지역에서 수도권, 광역시 등을 제외하고 있다.[49] 그러나 과소지역은 일반적인 인구기준에 적합한지 여부로 판단되어야 하지 수도권이나 광역시를 제외하는 등의 지역을 미리 규정하는 것은 적절하지 못하다. 일본의 경우 인구감소가 가속화되면서 과소지역의 요건에 해당하는 시정촌이 증가하고 있는데 해당 시정촌을 줄이는 과정에 있어서 대도시를 제외하는 등의 지역을 한정하는 방식이 아닌 인구감소율을 보다 높게 규정하는 방식을 취하고 있다는 점을 고려하여야 한다.[50] 또한 일본의 대표적인 대도시인 오사카 시의 경우에도 지하야아카사카촌(千早赤阪村)이 2014년 과소지역으로 지정되어 과소지역 자립촉진지침을 마련하였다는 점을 감안하면 대도시를 제외할 별다른 이유는 없다고 할 것이다.[51] 우리의 인구감소 추이를 보면 인구가 감소하는 지역이 단순히 농어촌 지역에 국한되는 것이 아니라 도청 소재지, 산업도시, 광역대도시로 확산되는 경향을 보이고 있다.[52] 따라서 대도시

---

[49] 인구감소지역 발전 특별법안(강석호 의원 대표발의) 제3조(적용 범위) 이 법은 수도권(「수도권정비계획법」 제2조제1호에 따른 수도권을 말한다), 광역시, 특별자치시 및 제주특별자치도 외의 지역에 적용한다.

[50] 일본의 과소지역자립촉진특별대책법의 2017년 개정으로 과소지역의 기준은 기존에 비해 인구감소율은 1% 정도 완화되었지만 고령자의 비율은 29%에서 36%로, 15세 이상 30세 미만의 인구비율은 14%에서 11%이하로 변경되어 보다 엄격해졌다. 이는 지속적인 인구감소의 가속화로 과소지역에 해당하는 지역이 갈수록 급증하고 있다는 점을 고려한 것이다.

[51] 大阪府, 大阪府過疎地域自立促進方針, 2014, 2頁

[52] 지방 제조업의 위기는 지역의 산업기반을 붕괴시키면서 지방의 인구유출을 더욱 가속화하는 방아쇠 역할을 하고 있다. 또한 부산과 같은 광역 대도시에서도 원도심 쇠퇴 및 정주여건 악화로 인한 청년층의 유출로 소멸위험을 증가시키고 있다. 이상호, 앞의 논문, 16면.

의 경우라고 하여도 인구감소가 급격하게 이루어져 일정한 요건에 해당하는 경우에는 적어도 지원을 신청할 수 있는 대상에 포함할 수 있도록 할 필요가 있다.

구체적인 지역 선정을 위한 기준으로는 지역보다 기본적으로 인구감소율과 재정 감소율을 기준으로 마련할 필요가 있다. 과소지역에 대한 특별법이 단순히 인구가 줄어드는 지역을 보호하는 것이 목적이 아니라 이러한 지역 중에서 가장 어려운 지역에 대하여 특별한 지원을 통해 자립을 지원하는 것을 목적으로 하여야 한다는 점이 고려되어야 한다. 따라서 인구기준으로 농어촌 군으로서 65세 이상 인구의 비율이 100분의 30을 초과하고, 20세부터 39세까지의 여성인구수를 65세 이상의 인구수로 나눈 값인 소멸위험지수가 0.5 미만인 지역이어야 하며 재정자립도[53]가 농어촌 군 전체의 평균 미만이 아닌 하위 20%미만인 경우 등 보다 엄격한 기준이 마련될 필요가 있다.[54]

다만 지원 대상이 될 수 있는 지역에 대한 요건을 엄격하게 한다고 하여도 인구감소가 본격화되고 수도권으로의 인구집중이 멈추지 않고 있는 상황에서 이러한 기준을 충족하는 지역은 증가할 수밖에 없다. 한정된 국가재정과 특별 지원을 받을 지역을 기준에 충족한다고 다 인정하는 것은 한계가 있다. 이러한 문제를 고려하여 초기에는 과소지역을 시범적으로 선정하고 지원하는 방안이 고려될 필요가 있다. 우선 중앙정부에서 과소지역으로 승인할 지역의 숫자를 제한하고 지원을 통한 효과성을 분석하고 난 후 이를 기반으로 대상을 확대하고 지원방안을 개편하는 방안이다. 인구가 줄어든다는 문제만으로 지방자치단체의 지원이 급증할 우려가 있으며 실제

---

53 여기에서의 재정자립도는 {(지방세+세외수입-지방채)÷일반회계예산}×100으로 산정한다.
54 단기간에 인구가 급격하게 줄어드는 지역은 대부분 도시의 대규모 기업의 도산이나 구조조정 등으로 인한 고용안정에 중대한 문제가 발생한 경우이다. 이러한 지역은 고용정책기본법 제32조의2에 의하여 고용재난지역이 선포되어 행정상·재정상·금융상의 특별 지원이 포함된 종합대책이 수립되어 지원을 받을 수 있다.

각종 지원의 실효성에 대해서는 논란이 있을 수 있다. 따라서 몇 개의 지역에 대해 시범 실시를 통하여 문제점을 개선하고 범위를 확대하는 것이 적절할 것이다.

(4) 생활 인프라 확충 중심의 지원 규정 마련

일본의 과소지역대책특별조치법에서 주목할 부분은 과소지역에 대한 주된 지원이 산업을 활성화시키는 내용보다는 정주여건을 확충하고 개선하는 내용이라는 점이다. 즉 과소지역으로 이주하기를 희망하는 연령대가 신혼부부나 아직 교육을 받고 있는 아이를 보육하는 가정이라는 점을 고려하여 지원의 상당부분을 유치원이나 학교 등 보육이나 교육관련 시설의 확충이나 개선에 대하여 규정하고 있다.

일본의 경우에도 처음부터 주거에 치중한 것은 아니었다. 일본의 과소지역 정책도 1980년대에는 지역격차를 완화하기 위한 하드웨어 중심의 정책으로 시작하였다. 이는 1970년대 일본의 고도 성장기에 3대 대도시권(도쿄, 나고야, 오사카) 중심으로의 인구집중으로 인해 지역의 인구가 급격하게 감소하면서 성장 동력 자체가 붕괴되는 지역이 발생하면서 논의되었기 때문이다. 하지만 과소지역의 주거환경정비가 하드웨어 중심으로 이루어지면서 단기간에 성과를 낼 수 있지만 장기적으로는 지역에서 자체적으로 소득과 일자리, 부가가치를 창출하여야 한다는 과제를 해소하지 못하였다는 문제가 발생하였다. 이로 인해 지금에 있어서는 주거여건 개선, 공공서비스 공급 등의 소프트웨어 차원의 지원으로 변화하였다. 이러한 생활 인프라가 일정 수준 마련되어야 지역의 활성화나 인구의 유입 등을 기대할 수 있다. 이를 위해 지역적정기준(Local Optimum) 설정을 위한 가이드라인 제시가 필요하다. 지역의 규모, 인구학적 구성, 공간적 특성 등에 적합한 공공서비스 분야 및 기준을 마련하고 지역별로 적정 기준을 마련할 수 있는 최소기

준과 지역적정기준을 설정하는 가이드라인도 마련될 필요가 있다.[55]

또한 과소지역은 단순히 농어촌지역의 문제는 아니라 모든 지역, 도시의 문제라고 할 수 있다. 대도시는 글로벌 경쟁력 강화를 위한 계획이, 중소도시는 지역거점 역할을 통한 인구유출 방지를 위한 계획이, 농산어촌에서는 최소한의 삶의 질 확보를 위한 기초생활 인프라 공급을 위한 계획과 같이 지역 특성이 고려되어야 한다.[56] 따라서 과소지역에 대한 지원을 위해서는 해당 지역의 특성을 충분히 반영한 맞춤형 계획이 수립될 수 있어야 할 것이다.

무엇보다 이러한 지원입법에서 전제되어야 할 것은 정주여건의 개선은 그 차제만으로 인구 유출이 줄어들거나 인구 유입이 되는 것이 아니라 지역의 인구변화를 유도하는 계기로 인식하여야 한다는 점이다. 출산수당이 매우 높은 고흥군이 소멸가능성이 높다는 점은 기존 법률에서의 단순한 지원만으로 지역의 인구감소 문제가 해결되지 않는다는 것을 보여주는 것이다.[57]

(5) 구체적·합리적인 지원 정책의 마련

일본의 과소지역대책특별조치법에서 각각의 지원 사항을 정하고 있으며 과소지역으로 선정된 지역에서 수립하는 계획은 법에서 규정하고 있는 각각의 지원방안에 대해 조문의 순서대로 목표와 구체적인 추진방향을 정하고 있다. 이를 통해 과소지역은 상호간에 동일한 기준 하에 각각의 대책을 상호 비교할 수 있으며 대책에 대한 이해를 높이고 지역에 보다 적합하고

---

55 민성희, 앞의 논문, 28면.
56 민성희, 앞의 논문, 26면.
57 고흥군은 「고흥군 출산장려 및 양육비 지원에 관한 조례」 제5조 제1항에 따라 첫째아와 둘째아의 경우에는 480만원, 셋째아의 경우에는 720만원, 넷째아 이상의 경우에는 1,440만원으로 양육비를 차등지원하고 있으며 셋째아 이상 출생아의 돌맞이 축하금 50만원을 별도로 지급하도록 하고 있다.

실질적인 대책을 마련할 수 있을 것이다.

또한 어떠한 시책들을 규정할 것인가 하는 문제도 중요한 사안이지만, 구체적으로 그러한 시책을 실효적으로 관철시킬 수 있는 구속력 있는 규정에 의하여 뒷받침되지 못한다면, 이는 단순한 구호에 그치고 말 것이다.[58] 이는 과소지역에 대한 특별법에서도 마찬가지이며 단순히 선언적인 규정만으로는 과소지역의 급변하는 현실을 제대로 극복하지 못할 것이다. 따라서 과소지역에 관한 각종 시책들을 단순히 "필요한 대책을 수립하여야 한다."는 식으로 규정하여 계획 수립을 규정하는 것만으로는 실질적인 시책 수립은 물론 그 실효성도 약화될 수밖에 없다. 따라서 단순히 지침을 넘어 법률에서 어떠한 분야의 지원이 어떻게 이루어져야 하고 어떠한 대책이 수립되어야 하는지에 대해 구체적으로 규정되어야 한다.

(6) 지역주민 참여 기반의 상향식 대책 수립

일본의 과소지역자립촉진특별조치법의 특징 중 하나는 중앙정부 차원의 대책을 마련하여 이를 지방자치단체가 수행하는 하향식 구조가 아니라 각 시정촌의 주민들이 스스로 구체적인 의견을 세우고 계획을 수립하여 이를 중앙정부가 승인을 하여 지원을 받는 상향식 구조라는 점이다. 일본은 법을 통해 선택할 수 있는 지원 분야를 명확하게 규정하고 지역에서 세부적인 사항을 자율적으로 정하도록 하고 중앙정부가 승인을 하도록 하여 예산을 지원할 수 있는 내용과 범위를 보다 명확하게 하면서도, 주민들이 이를 토대로 지역의 특색을 유지하면서 발전을 모색할 수 있도록 하고 있다는 점이다. 따라서 우리의 경우에도 이를 위해는 과소지역의 지방자치단체는 과소지역에 대한 계획수립을 위해 실질적인 계획권한이 마련되어야 한다. 하지만 현행 지방자치단체는 계획고권을 가지고 있지만 실질적으로는 계

---

58 김남철, 지역균형발전의 법적 문제, 공법학연구 제4권 제1호, 2002, 20면.

획의 수립·승인과 입안·결정에서의 사무처리 정도의 역할에 머물러 있다.[59] 하지만 과소지역의 계획은 무엇보다 지역주민들의 실질적인 참여를 토대로 하여 지역에서 실제 실현 가능한 정책이 수립되어야 한다.[60] 해당 지역 주민들의 참여가 기반이 되어야 해당 지역만의 특성을 살린 산업이나 분야를 활용하여 보다 단기간에 활성화 도모를 기대할 수 있기 때문이다.[61] 따라서 과소지역 특별법에서는 기본적으로 해당 지역 주민들과 지방자치단체가 주도하고 중앙정부는 이를 검토하여 지원하는 상향식 계획 수립체계가 마련되어야 한다. 중앙정부와 지방자치단체의 계획권한의 문제는 궁극적으로 조화의 원칙에 근거하여 해결되어야 할 문제이다.[62]

계획 수립과 실행에 있어서 지방자치단체의 공무원이나 지역 전문가, 주민들의 역량이 중요한 요소이기 때문에 이에 대한 교육과 연구를 지원하는 규정도 마련될 필요가 있다. 인구감소에 직면하는 지방자치단체 스스로가 과소지역의 문제를 진단하거나 이에 대한 해결방안을 자체적으로 모색하는 것은 한계가 있다. 일본의 과소지역특별조치법에서는 교육이나 연구지원이 별도로 규정되어 있지 않은데, 이는 일본은 오랜 기간 고령화 문제가 논의되어 왔다는 점에서 인구감소에 대한 진단이나 대응에 대해서는 이미 장기간 지방자치단체나 지역주민의 역량이 마련되어 있다는 점이 고려되어야 한다. 하지만 우리나라의 경우에는 급속한 저출산으로 인한 인구감소가 급격하게 이루어지고 있다는 점에서 필요한 역량을 확보하기 위한 별도

---

59 장교식·이진홍, 지방자치단체의 도시계획고권에 관한 고찰, 법학연구 제54집, 2014, 203면.
60 도시재생의 경우에도 주민참여를 규정하고 있지만 실제 참여로 이어지지 못하고 있다. 도시재생에 있어서 도시재생지원센터 설치는 임의적 규정이며, 주민의견 청취 또한 형식화될 우려가 제기되고 있다. 김상묵·황종술, 도시재생 활성화 및 지원에 관한 특별법의 문제점과 개선방안, 법학연구 제60집, 2015, 100면.
61 지역의 자연환경과 특산물을 활용하여 지역에 특화된 사업을 추진하는 도시재생사업은 지역주민에게 친숙하고 사업의 시간과 비용을 줄일 수 있기 때문에 주민의 재정착 및 거부감, 외부의 특별한 간섭이 없이도 지역만의 독특한 문화를 유지할 수 있다는 장점이 있다. 이러한 점은 과소지역에도 그대로 적용될 수 있을 것이다.
62 임현, 독일의 토지계획법제, 토지공법연구 제50집, 2010, 37면.

의 규정을 마련하는 것이 적절할 것이다.

(7) 지방자치단체의 유기적 연계·협력

과거 도시는 주변의 다른 도시들에 비해 더 경쟁적으로 성장하려고 과도한 계획을 수립하여 왔다. 그러나 하나의 도시가 다양한 도시의 기능을 모두 보유하는 것은 인구감소시대에는 한계가 있으며 특히 과소지역의 경우에는 기존의 시설을 유지하기도 어려운 상황이다. 과소지역을 포함한 지방자치단체가 상호 경쟁을 탈피하고 유기적인 연계와 역할분담으로 필요한 시설을 확보하고 지역 활력을 도모하여야 한다. 의료시설의 경우 지방자치단체가 경쟁적으로 비슷한 규모의 시설을 갖추기 보다는 중추도시에는 고차 기능을 배치하고, 그 주변 지역에는 다른 자치단체가 갖고 있지 않은 의료시설을 갖추는 것이 권역 전체로 보면 보다 다양한 의료서비스를 받을 수 있는 방법을 들 수 있다.[63] 이러한 도시간 연계를 위해 지방자치단체 상호간에 연계협력을 도모하거나 중앙정부 차원에서 지원으로 이를 유도하는 방안이 필요하다. 서울시의 주민센터 통폐합 사례나 문경시가 상수도 여유분을 상주시에 공급한 상수도 연계 사례 등은 연계와 협력으로 기존 시설을 보다 효율적으로 사용할 수 있다는 것을 보여주고 있다.

주변에 대도시가 없는 지방자치단체들은 과소지역으로 선정되는가 여부를 떠나 이들 지방자치단체가 생존을 위하여 각각 가지고 있는 시설과 역량을 공유하여 하나의 통합적인 도시계획을 수립하여 인구감소에 대응하는 방향으로 나아가야 한다.[64] 이를 통해 한정된 재원 하에서 보다 다양한 환경을 단기간에 조성하고 지역 간 이동을 활발하게 하여 경제 활성화 등

---

63 원광희·채성주·송창식, 인구감소시대 축소도시 활성화 전략: 한국의 중소도시를 대상으로, 충북개발연구원, 2010, 51면.
64 최봉문 외, 인구감소와 여건변화에 대응한 도시계획체계 개편방안, 도시정보 제444호, 2019, 10-11면.

을 도모할 수 있는 긍정적 효과를 기대할 수 있다. 이를 위해서는 도시계획에서 도시간 기능분담계획을 수립할 수 있도록 하는 방안이 제도화될 필요가 있고 이에 대한 보다 많은 논의가 필요하다.

V. 결론

1970년대 이후에 매년 기록적인 최저수치를 기록하며 낮아지는 출산율은 이제 국가의 존폐를 위협할 정도에 이르고 있다. 낮은 출산율뿐만 아니라 청년층이 일자리를 찾아 수도권으로 이동하면서 지방에서는 이미 지역의 고령화 위기를 넘어 주민이 살지 않는 지역 소멸의 위기감이 점점 커지고 있다. 지역균형발전협의회가 인구유출지역의 활력 증진을 위하여 인구소멸지역 지원 특별법 제정을 건의하였고,[65] 경북도의회(2020.10.30.)나 충남도의회(2020.12.16.) 등 지방의회 역시 특별법 제정을 촉구하고 있다.

우리보다 앞서 인구감소에 직면하고 있는 일본은 인구감소에 대응하기 위하여 대대적인 시정촌 합병을 추진하였다. 하지만 급격하게 인구가 줄어드는 과소지역이 증가함에 따라 이에 대응하기 위하여 과소지역자립촉진특별조치법을 마련하였다. 일본은 증가하는 과소지역에 대해 지원에 그치는 것이 아니라 실제 인구증가를 통한 생존의 위협에서 벗어날 수 있도록 법제와 정책을 지속적으로 추진하고 있다. 전쟁이나 재해 등이 없는 평화상태임에도 불구하고 출산율이 1명이 채 되지 않는 지금의 우리나라의 상황에서 생존을 걱정해야 하는 지방자치단체는 급증할 것이 명백하다. 단순히 과소지역을 선정하여 몇몇 지원을 통해서 문제를 해결하려는 근시안적

---

65 지역균형발전협의회는 지역균형발전과 지역발전 저해 각종 규제철폐, 수도권 규제완화에 대한 체계적 대응으로 국가균형발전을 도모하기 위해 2006년 만들어진 비수도권의 14개 시·도지사와 국회의원이 참여하는 협의체이다.

인 접근으로는 지방소멸은 회복하기 어려운 시기로 접어들 뿐이다. 보다 현실적이고 지역 중심적인 계획이 수립되고 지방자치단체와 지역주민들이 주도하여 인구감소를 해결할 수 있는 법적인 토대가 서둘러 마련되어야 할 것이다.

02
지방자치단체 재정확보수단으로
고향세 도입에 대한 법적 검토 | 조진우

Ⅰ. 지역의 새로운 재원확보

매년 증가하는 인구가 경제성장의 장애가 될 것이라는 위기감으로 인해 추진된 정부의 출산억제정책으로 감소하기 시작한 출산율은 이제 1명 선 아래로 내려간 심각한 상황에 직면하고 있다. 정부의 다양한 극복 정책이 마련되어 추진되고 있지만 지속적으로 하락한 출산율은 1명 선 아래로 내려간 이후에도 지속적으로 하락하는 상황이다. 출산율의 지속적인 하락이 장기간 이루어지면서 우리나라는 인구감소가 현실화되고 있다. 인구감소와 함께 경제성장과정에서 일자리와 교육을 위해 수도권으로의 인구이동이 지속되면서 인구구조의 큰 변화가 일어나고 있다. 수도권에는 청년층을 중심으로 한 인구밀집이 점점 커지고 있지만 비수도권의 경우에는 청년층의 이탈로 인해 고령자 중심으로 인구구조가 변화하고 있고 인구크기 자체도 점차 줄어드는 인구소멸 단계에 접어들고 있다. 인구감소가 현실화될수록 지방자치단체의 위기감은 점점 커질 수밖에 없다. 지방자치제도가 시행된 지 오랜 기간이 지났지만 지방자치단체는 아직도 자체적인 사무 수행에도 힘들어 하는데 이는 지방지차단체의 낮은 재정자립도를 하나의 원인으로

들 수 있다. 수도권은 경제성장을 주도하고 있으며 이로 인해 청년층의 유입이 증가하고 있지만 비수도권은 수도권으로 청년층이 이탈하는 공백을 메꾸지 못하는 상황이 지속되고 있다. 이는 단순히 인구의 문제가 아니라 경제성장과 연계되어 지방자치단체 간 재원의 불균형을 심화하고 있다. 비수도권지역의 지방자치단체는 기본 업무라고 할 수 있는 일반 행정서비스를 제공하는 경우에도 국고보조금에 의존하여야 하는 경우가 증가하고 있지만 이러한 위기를 타개하기 위하여 새로운 재원을 확보하려는 노력은 많은 제도적 한계로 인해 별다른 성과를 내지 못하고 있다.

이 와중에 지방자치단체의 새로운 재원 확보 방안 중 하나로 주목받고 있는 것이 2008년 일본에 도입된 '고향세(후루사토납세, ふるさと納税)'이다.[1] 일본의 고향세는 지방에서 태어나 자라고 도시로 이주하여 일하고, 퇴직 한 후에는 다시 지방으로 돌아온다는 "인간 생애주기의 순환"을 전제로 하여, "지방에서 어린이를 키우는데 들어간 행정비용을 도시로부터 돌려받는 방법은 없는가?"라는 문제의식에서 시작되었다.[2] 즉 고향세는 2000년대 실시된 일본의 지방분권개혁과정에서 일본의 지방자치단체의 부족한 재원을 확보하기 위한 수단으로 등장하였다. 일본에서 고향세가 긍정적인 기능을 하는 것으로 평가되면서, 우리나라에도 이를 도입하는 방안이 논의되고 있는 것이다. 고향세는 새로운 재원 확보가 용이하지 않은 지방자치단체의 입장에서는 지역균형 발전을 위한 재정방안으로 인식되어 도입의 목소리는 점점 커지고 있는 상황이다. 특히 2017년에 정부는 국정운영 5개년 계획에서 '고향사랑 기부제법(가칭) 세정을 통한 지방재정 보완 및 지역경제

---

1 우리나라에서 일본의 후루사토 납세의 도입과 관련하여 고향세, 고향사랑세, 향토발전세, 고향사랑 기부제 등 다양한 명칭으로 표기하고 있다. 본 논문에서는 이를 모두 고향세로 통일하여 표기하였고, 우리나라의 도입논의와 비교하기 위하여 후루사토 납세도 고향세로 표기하였다. 하지만 고향세로 표기하였다고 하여 고향세를 일종의 '조세(租稅)'로 보는 것은 아니라는 점을 주의할 필요가 있다.

2 ふるさと納税研究会報告書, 平成19年, 1頁.

활성화'를 제시하였다. 제20대 국회에서는 이와 관련하여 많은 법안이 발의되었으나 별다른 성과를 내지 못하였는데, 제21대 국회에서 다시 법안발의가 이어지고 있다. 또한 많은 지방자치단체들은 고향세 관련 법제정을 촉구하고 있다.[3]

일본의 고향세는 인구감소로 인한 지역의 소멸위험에 직면하고 있는 일본의 지방자치단체의 재정에 어느 정도 성과를 이루기는 하였지만 최근에는 이에 대한 비판도 대두되고 있다. 따라서 여기에서는 일본의 고향세 제도의 도입배경에서부터 주요 내용과 운영현황을 살펴보고자 한다. 이를 토대로 우리나라에서 고향세 도입을 위한 입법동향을 분석하고 우리나라에 도입을 위한 문제점을 검토하고자 한다.

Ⅱ. 일본의 고향세(후루사토 납세)의 도입과 경과

1. 삼위일체 개혁과 고향세의 도입

일본은 1999년 7월 '지방분권의 추진을 도모하기 위한 관계 법률의 정비 등에 관한 법률(이하, 지방분권일괄법이라 한다)'이 제정되어 기관위임사무의 폐지, 중앙과 지방간 상생·협력 관계 설정을 위한 지방재정 개혁의 기반이 마련되었다. 이를 '제1차 지방분권개혁'이라고 하는데 긍정적 평가에도 불구하고 조세 측면에서 미흡한 부분이 많아 '미완의 분권개혁'에 그치고 말았다. 이에 제1차 지방분권개혁의 문제점을 해소하고 지방분권개혁의 지속 추진을 위하여 2004년부터 2006년까지 3조엔 규모의 국세를 지방세로

---

3 지난 2019년 5월에 전국농어촌지역군수협의회는 '고향사랑 기부금법(일명 고향세법)'의 조속한 제정을 촉구하는 결의문을 채택하였다. 또한 전국농어촌군수협의회는 2020년 11월에 연내 국회 통과를 촉구하기도 하였다.

이양하는 삼위일체 개혁이 추진되었다. '삼위일체 개혁'은 국고보조부담금
의 개혁, 국가로부터의 세원이양, 지방교부세 재검토라는 세 가지 개혁을
담고 있다.[4] 결국 삼위일체 개혁은 기존의 안정적인 교부세 확보를 중시하
는 일반재원주의 재정분권을 탈피하여 지방세를 근간으로 하는 자주재원
중심의 재정분권으로 전환하는 것이라고 할 수 있으며, 재정분권과 재정재
건을 동시에 목표로 하는 통합적·이중적 특성을 가진다.[5]

　이러한 삼위일체 개혁을 통해서 지방세 자주재원의 비중이 45%까지 확
대되는 등 중앙과 지방간 수직적 형평성은 개선되었다. 하지만 지방분권의
일환으로 지방교부세와 국고보조금이 축소·폐지되어 지방으로의 이전재원
은 오히려 감소하여 지방자치단체의 재정문제는 미완에 그쳤다. 이에 지방
의 지속 발전을 추구하면서 삼위일체개혁의 한계점을 보완하는 장치이자
지방자치단체의 실질적인 재정확충을 도모하기 위하여 고향세를 도입하게
되었다.[6]

　고향세 제도는 2006년 10월 니시카와 잇세이(西川一誠) 당시 후쿠이 현
(福井県) 지사가 지방의 세수감소를 해결하기 위한 방안으로 처음 제기하
였고, 이후 2007년 5월 당시 스가(菅義偉) 총무대신의 문제제기로 도입이
본격적으로 논의되었다.[7] 당시 참의원 선거를 앞두고 있던 자민당은 지지
기반인 지방을 우대하기 위하여 고향세 도입을 적극적으로 추진하였다. 이
후 총무성은 고향납세연구회를 설치하여 고향세 납부에 대한 검토와 분석
을 거쳐 고향세 도입권고안을 제시하였다.[8] 이를 기초로 하여 2008년 지방

4　宇賀克也, 地方自治法槪說, 有斐閣, 2007, 129頁.

5　김상태, 일본의 지방분권개혁, 지방자치법연구, 제10권 제3호, 2010, 47면.

6　조재욱, 지역균형발전의 정치경제-고향세 도입의 실효성 시탐과 비판적 검토-, 지역산업
　연구, 제42권 제3호, 2019, 39면.

7　ふるさと納税研究会報告書, 平成19年, 1頁.

8　향납세연구회에서 이루어진 논의는 고향세의 도입 여부에 관한 것이 아니라 고향세 도
　입을 전제로 하여 구체적인 제도 마련에 중점을 두고 있었다. 水越康介·日高優一郎, ふ
　るさと納税の普及新聞記事を用いた歷史的分析, Open Journal of Marketing, 2016, 6頁.

세법 개정을 통해서 일본 정부는 고향세인 '후루사토납세(ふるさと納税)'를 도입하게 되었다.

2. 고향세의 개념

일본의 고향세(ふるさと納税)는 지방세법 제37조의2에 근거하는 것으로 납세자가 지정한 지역에 기부금을 납부하는 경우 자기부담금을 제외한 금액에 대해 현재 거주하고 있는 지방자치단체의 주민세에서 세액공제를 해주는 제도이다. 즉 개인이 지방자치단체에 2천 엔 이상의 기부를 하게 되면, 즉 개인이 기부한 총액에서 자기부담 하한 액인 2천 엔을 차감한 액수 전액에 대해 소득세와 주민세 세액을 공제하는 것이다. 명칭은 고향에 세금을 납부한다는 의미이지만, 정확하게는 별도의 세목이 있는 것이 아니며 조세이기 보다는 기부금에 해당한다고 할 수 있다

구체적으로 고향세는 납세자가 선택한 지방자치단체에 대한 기부금 가운데, 자기부담금인 2천 엔을 넘는 금액에 대해 개인주민세 소득할의 20%(2015년까지는 10%)를 초과하는 금액에 대해 소득세와 함께 공제된다. 공제된 금액 중 소득세 공제액은 납세자의 계좌로 입금되며, 개인주민세 공제액은 주민세로부터 환급되는데 이를 통해 실질적으로 세금이 납부자가 선택한 지방자치단체로 이전되는 효과가 나타나게 되는 것이다. 일반적인 기부의 경우에는 기부금의 일부만이 소득공제 혜택을 받는 일반적인 기부와는 달리, 고향세는 자기부담액인 2천 엔을 제외한 고향세 전액을 일정 상한선까지 세금공제를 받을 수 있기 때문에 납부자가 받는 공제금액이 다른 경우에 비해 더 크기 때문에 유리하다는 장점이 있다.

'후루사토(ふるさと)'는 일반적으로 태어나고 자란 지역인 '고향(故鄕)'을 의미하지만 일본의 고향세에서는 일반적인 의미를 포함하여 자신이 납세를 하고 싶은 지역을 포함하는 보다 넓은 의미를 포함하고 있다. 고향세의

기준인 '고향'을 출생지 혹은 자란 곳인지를 정해 납세의 조건으로 엄격하게 증명하는 것은 용이하지 않고 납세자가 어디를 고향이라고 생각하는지 그 의사를 존중하는 것이 그 취지에 더 적절한 것으로 판단한 것이다.[9] 따라서 납세자가 스스로 선택한 지역은 납세자가 태어나고 자란 지역 등인 경우도 있지만 아무런 연고가 없는 지역일수도 있다.

3. 고향세의 절차와 운영

고향세를 납부 하고자 하는 자는 먼저 고향세를 통해 공제되는 금액이 연간 소득이나 가족 구성에 따라 달라지기 때문에 공제한도를 확인하여야 한다. 이후 기부하고자 하는 지방자치단체를 선택하여 신청하고 약정한 금액을 기부하게 된다.[10] 기부를 받은 지방자치단체는 납세자에게 답례품과 기부영수증을 발송하고, 납세자는 지방자치단체의 기부금 영수증명서를 토대로 기부금 공제를 받게 된다.

고향세로 인한 기부금 공제절차는 크게 확정 신고(確定申告)에 의한 방식과 원스톱 특례제도(ワンストップ特例制度)에 의한 방식의 두 가지 방식이 있다. 두 가지 방식 모두 자기부담액인 2천 엔을 넘는 부분에 대해 세금이 공제되며 기부 과정에서 납세자가 사용처를 지정할 수 있다. 다만 확정 신고 방식을 선택하는 경우 원스톱 특례제도를 선택할 수 없다는 차이가 있다.

확정 신고에 의한 방식은 일반적으로 자영업자나 부동산 등의 소득이 있는 경우 이용하는 방법이다. 또한 급여 소득자인 경우에는 이러한 방식을 이용하지 못하는데 다만 일 년 동안 기부를 한 지방자치단체가 6개를 넘는 경우에는 이러한 방식으로만 기부금 공제가 가능하다. 이 방식은 기부를

---

9 總務省, ふるさと納税研究会報告書, 平成19年, 3-4頁.

10 일본 고향세와 관련하여 납세 절차, 지방자치단체의 최신정보와 납세금의 사용용도 및 답례품 등을 소개하기 위하여 별도의 사이트(https://www.furusato-tax.jp/)가 운영되고 있다.

한 지방자치단체의 수에 제한 없이 여러 지방자치단체에 기부할 수 있기 때문이다. 일 년에 한번 세무서에 기부금 영수 증명서를 확정 신고 서류와 함께 제출하면 소득세의 환급과 주민세에서 공제하는 방식이다. 이는 신고에 의해 이루어지기 때문에 이듬해 3월 15일까지 신고를 하여야 한다.

또 다른 고향세 납세 방식은 원스톱 특례제도이다. 이 방식은 확정 신고를 할 필요가 없는 일반적인 급여소득자[11]가 1년 동안 5군데 이하의 지방자치단체에 기부한 경우에 선택하는 방식이다. 한 지방자치단체에 여러 번 기부를 한 경우에도 모두 한 곳으로 인정된다. 이 방식은 일 년에 한번 일괄 신고하는 확정 신고 방식과는 달리 기부할 때마다 각 지방자치단체에 신청서 및 서류를 제출하여 신청하면 이듬해 6월 이후에 주민세에서 전액 공제(감액)되는 구조이다. 이 방식은 기부 한 이듬해 1월 10일까지 신청하여야 한다.

4. 고향세의 확장 : 기업형 고향세(지방창생응원세제)

지방자치단체는 개인을 대상으로 하는 고향세를 넘어 기업도 참여하는 경우 보다 많은 세부 확보를 도모할 수 있다는 점에 착안하여 2016년부터 기업도 납세를 할 수 있도록 그 대상을 확대하였다. 이로 인해 도입된 제도의 정식명칭은 '지방창생응원세제(地方創生応援税制)'로 일종의 기업형 고향세에 해당한다. 이 제도는 아베 정부에서 추진하고 있는 지방창생 추진에서 민간자금의 새로운 참여 방안을 모색하기 위한 방안으로 등장하였다. 이는 개인을 넘어 기업들도 고향세 참여를 유도하여 일본의 3대 대도시(도쿄, 오사카, 나고야)로 과도하게 집중된 법인 세수를 지방으로 전환하도록 유도하기 위한 것이다. 이러한 목적에 따라 기업형 고향세 대상 지방자치

---

11 다만 급여소득자인 경우라고 하여도 연 수입이 2,000만 엔을 넘거나 의료비 공제 등으로 인해 확정 신고가 필요한 경우는 확정 신고 방식으로 신청하여야 한다.

단체에서 해당 기업의 본사(지방세법의 주된 사무소 또는 사업소)가 있는 지역이나 도쿄를 제외하고 있다.

기업형 고향세는 기업이 지방자치단체에 기부를 하면 기부액의 30%를 추가로 공제받는 제도로 10만 엔을 최저 하한액으로 정하고 있다. 기업은 현행 기부세 30%에 기업형 고향세 30%를 추가로 공제받아 결과적으로 60%의 감세혜택을 받게 된다. 기업은 지방자치단체 발전을 위해 100만 엔을 기부한다고 하여도 공제를 통해 실제 기부금액은 40만 엔에 불과하게 된다. 또한 기부 자체를 통해 기부지역에서 기업의 홍보효과까지 기대할 수 있다는 장점이 있다. 다만 이 경우에는 기업을 대상으로 하기 때문에 개인이 지방자치단체에게 받는 답례품 등을 지방자치단체가 기업에 제공할 수 없도록 하고 있다.

기업형 고향세는 단순히 기업이 지정하는 것이 아니라 사전에 지방자치단체들이 마련한 고향세 이용계획을 보고 해당 계획에 납세하는 형태로 이루어진다. 지방자치단체는 '마을·사람·일 창생 기부 활용사업(まち·ひと·しごと創生寄附活用事業)'을 기획하고 기부 계획을 수립하게 되고 지방자치단체와 상담을 한 기업은 기부여부를 검토하게 된다. 이후 지방자치단체는 계획을 내각부에 신청하고 이를 내각부가 해당 사업을 인증·공포하게 된다. 지방자치단체는 해당 사업의 사업비를 확정하게 되면 이때에 비로소 기업은 실제 기부를 하게 된다.[12] 따라서 기업형 고향세는 지방자치단체가 계획한 사업이 국가의 인증을 받아 사업비가 확정된 이후에 기부 납입이 가능하고 기업이 납부할 수 있는 기부금은 확정된 해당 사업비의 총액 범위내로 한정되기 때문에 기부금의 목적과 사용용도가 매우 명확하다는 장점이 있다.

기업형 고향세는 기업이 높은 공제액으로 인하여 기업들의 기부 횟수나

---

12 内閣府{地方創生推進事務局, 地方創生応援税制(企業版ふるさと納税)活用の手引き, 平成29年, 6頁.

금액이 높아 고향세의 혜택을 받는 지방자치단체의 입장에서는 지역의 많은 현안 해결에 필요한 예산확보에 큰 도움을 얻고 있다. 대표적으로 홋카이도 지역의 경우에는 지방창생응원세제를 통해 예산문제로 해결하지 못한 지역의 시설이나 환경 개선 등에 많은 재정적 도움을 받고 있다.[13]

5. 고향세 운영현황과 평가

고향세 도입초기에 참여도는 지속적으로 증가하는 추세이기는 하였으나 기대보다 저조하였다. 하지만 2013년을 기점으로 하여 해마다 실적이 급증하고 있다. 2008년 5만 건 수준이었으나 2013년 40만 건, 2014년 190만 건으로 증가하였고 2018년에는 2천3백만 건에 이르고 있다. 금액 역시 급증하고 있으며 기업형 고향세인 지방창생응원납세가 신설된 이후에는 폭발적으로 증가하면서 2018년에는 2008년 대비 60배가 넘는 금액이 납부되었다.

고향세 참여가 증가한 것은 2012년부터 참여도를 높이기 위해 도입 초기 자기부담 최저 하한 액이 5,000엔을 2천엔으로 인하하였기 때문이다. 또한 2015년부터는 최소부담 납세상한액이 개인 주민세 및 소득세의 20%로 상향 조정되면서 고향세로 전환되는 금액이 크게 증가한 것도 원인 중 하나이다.

---

13 홋카이도 정부청사는 국가지정 중요문화재로 지역을 대표하는 역사적인 건물이지만 심한 노후화로 보수가 시급하였다. 이에 ㈜아사이 맥주 등의 신청을 통해 지방창생응원세제를 활용하여 2018년 사업비 78억 엔을 확보하여 2023년 완공을 목표로 보수사업이 진행 중이다. 또한 ㈜스바루의 신청을 통해 3,000천 엔을 확보하여 홋카이도의 마츠야마 습지 보수사업이 2019년부터 추진 중이다. 자세한 사항은 홋카이도 지역창생응원세제 (http://www.pref.hokkaido.lg.jp/ss/krs/tiikisousei-kigyouban-hurusatonouzei. htm)참고

[표] 일본의 고향세 실적 추이[14]

(단위 : 억 엔, 건)

연도	2008	2009	2010	2011	2012	2013
금액	8,139,573	7,697,723	10,217,708	12,161,570	10,410,020	14,563,583
건수	53,671	56,332	79,926	100,861	122,347	427,069

연도	2014	2015	2016	2017	2018
금액	38,852,167	165,291,021 (28,674,022)	284,408,875 (50,123,497)	365,316,666 (70,567,197)	512,706,339 (114,069,847)
건수	1,912,922	7,260,093	12,710,780	17,301,584	23,223,826

*주 : 2015년부터의 ( )안의 수치는 원스톱특례제도의 이용실적임

　일본은 고향세의 효과에 대해 총무성은 고향세에 대해 납세자가 기부 대상을 선택하는 제도이기 때문에 기부 자체를 생각하게 되는 계기가 된다는 점, 고향은 물론 응원하고 싶은 지역을 지원하는 제도라는 점, 지방자치단체가 경쟁을 하면서 국민들에게 해당 지방자치단체를 알릴 수 있다는 점을 들고 있다.[15]

　지방자치단체의 입장에서 고향세는 지방자치단체의 인구가 적어도 세수를 확보할 수 있다는 장점이 있다. 인구감소로 세수 부족에 시달리는 지방자치단체는 고향세로 확보된 예산으로 다양한 사업을 추진할 재정적 기반을 마련할 수 있다. 또한 초기 제도 설계 당시에는 고려되지 못하였지만 각종 재해 지역 복구에도 고향세를 통한 기부금을 모집할 수 있다는 장점이 있다.[16] 또한 제공하는 답례품을 통해 해당 지방자치단체의 특산품을 홍보

14　總務省, ふるさと納税に関する現況調査結果(令和元年度実施), 2019, 2頁.

15　總務省, ふるさと納税の理念(www.soumu.go.jp/main_sosiki/jichi_zeisei/czaisei/czaisei_seido/furusato/policy/)

16　2011년 3·11 동일본 대지진의 경우에는 후루사토 납세를 통해 후쿠시마(福島)·미야기(宮城)·이와테(岩手) 현에 두 달 만에 400억 엔이 기부되었다. 그러나 이는 제도 본래의 취지보다는 이 제도를 통한 재해의연금이라고 할 수 있다. 후루사토납세를 통한 재해지

할 수 있으며 이를 생산하는 과정에서 지역 경제 활성화를 도모할 수 있다.

납세를 하는 주민의 입장에서도 고향세는 무엇보다 기부라는 행위를 통해 세금 공제를 받을 수 있다는 장점이 있다. 소득에 따라 공제한도의 차이는 있지만 공제한도도 2배로 상향되어 있다.[17] 또한 납세한 지방자치단체에게 납세에 대한 답례품도 받을 수 있다. 무엇보다 조례 등으로 용도를 제한하는 경우가 많지만 고향세의 경우 기본적으로 용도에 납세자가 관여할 수 있다는 이점이 있다.

그러나 고향세가 일본에서도 긍정적인 평가만 있는 것은 아니다. 우선 납세자 입장에서는 세금공제가 되지만 일반 주민의 입장에서는 적정 행정 서비스 제공의 장애가 될 수 있는 문제가 있다. 고향세를 받는 해당 지역의 주민들은 고향세를 통한 지원을 통해 주민들이 부담한 세금보다 더 높은 행정 서비스를 받을 수 있지만 반대로 납세자가 거주하는 지역의 경우에는 고향세로 인해 세입이 줄어들었음에도 불구하고 동일한 행정서비스가 이루어져야 해서 수익자원칙에 위배될 수 있다는 문제가 있다. 또한 고향 납세로 인한 공제는 이듬해에 이루어지는데 작년보다 수입이 크게 줄어드는 경우 공제 한도도 줄어들어 현재 거주하는 곳의 지방자치단체에 내야 할 세금보다 더 많은 금액을 기부하는 경우가 발생할 수도 있다.

지방자치단체의 입장에서도 다른 지역의 기부하고자 하는 주민의 관심을 이끌만한 특산물이 없는 경우에는 후루사토납세를 통해 얻을 수 있는 효과가 거의 없다는 한계도 있다. 이 때문에 기부 유치를 위해 지방자치단체가 경쟁적으로 고가의 답례품을 남발하는 경우도 증가하는 문제가 발생하고 있다.

역의 기부는 2016년 구마모토(熊本)지진에서도 나타났다.

17 독신으로 연수입이 500만 엔인 사람이 후루사토납세를 한 경우 2015년 이전에는 한도가 3만 엔이었지만 2015년 세제 개편으로 인해 5만9,000엔까지 높아졌다. 이는 2천 엔을 내는 경우 최대 5만9,000엔까지의 특산품을 받을 수 있음을 의미하는 것이다.

Ⅲ. 국내의 고향세 도입을 위한 입법 동향

1. 제20대 국회 이전의 입법 동향

우리나라에서 고향세 논의는 2008년 대선과정에서 처음 등장하였다. 이후 2010년 당시 한나라당이 지방선거 공약으로 '향토발전세'의 신설을 주장하면서 다시 논의되었다. 향토발전세는 일본의 후루사토납세와 기본적인 제도 내용이 동일하였는데 지역균형발전과 지역재정격차 해소라는 목적 하에 개인이 지방소득세(주민세 소득할)의 최대 30%를 본인의 고향이나 5년 이상 거주했던 지역에 분할납세(기부)할 수 있는 방안이었다. 하지만 이에 대해 중앙정부와 수도권 지방자치단체들의 반대로 인하여 별다른 성과를 내지 못하였다.

우리나라에서 고향세와 관련된 최초의 입법은 2009년 이주영 의원이 대표 발의한 「지방재정법 일부 개정 법률안」이다.[18] 이 개정안에 의하면 지방자치단체는 해당 지방자치단체 이외의 지역에 주민등록이 되어 있는 자로부터 주민 복리향상과 고향 투자를 위해 '고향투자기부금'을 모집할 수 있도록 하고 있다. 또한 기초자치단체장은 고향투자기부금의 관리를 위해 '고향투자기부금 특별회계'의 설치, 관련 정보의 공개 등을 규정하고 있다. 이 법안은 고향투자기부금을 기부하려는 자는 1만 원 이상을 기초 자치단체를 지정하여 기부할 수 있으며, 기부하는 경우 해당 과세연도의 주민세 소득할의 10%에 해당하는 금액에서 개인부담금을 뺀 금액까지는 전액 세액공제하고, 이를 초과하는 금액은 추가로 소득공제를 하거나 필요경비에 산입하도록 하는 내용을 담고 있다. 이 법률안은 당시 일본 후루사토납세

---

18 이주영 의원은 지방재정법 개정 법률안의 통과를 전제로 하여 지방자치단체의 기부행위를 허용하는 내용의 기부금품의 모집 및 사용에 관한 법률 일부 개정 법률안도 같이 발의하였으나 두 법률안 모두 폐기되었다.

와 상당히 유사한 형태를 띠는 것으로 평가된다.[19] 2011년에 홍재형 의원이 대표 발의한 「소득세법 일부 개정 법률안」에 의하면 출생지를 떠나 수도권에 거주하는 자는 본인이 '지정하는 지자체'(고향)에 본인이 납부할 소득세액의 10%이내 금액을 납부할 수 있도록 하는 내용이었다. 다만 이 법률안은 지정할 수 있는 지방자치단체에 서울을 비롯한 수도권 지역은 제외하고 있다는 특징이 있다.

이 두 법률안은 모두 조세형평성 등의 문제로 인하여 입법과정에서 많은 논란이 있었고 기간만료로 폐기되었다. 이후 고향세 논의는 일부 지방자치단체 중심으로 논의가 있기는 하였으나 제19대 국회에서는 별다른 논의가 이루어지지 않았다.

2. 제20대 국회에서의 입법 동향

제20대 국회에 들어오면서 고향세에 대한 입법논의는 다시 활발해지기 시작하였다. 고향세 도입을 위한 입법안은 주로 「기부금품의 모집 및 사용에 관한 법률」(이하 "기부금품법"이라 함), 「소득세법」, 「지방세법」 등을 개정하는 방안과 새로운 법률을 제정하는 방안의 두 가지 방법으로 추진되었다.

우선 관련 법률을 개정하는 방안은 주로 조세특례제한법, 소득세법, 기부금품법, 등을 일괄 개정하는 내용을 일괄 발의하는 형태의 입법으로 추진되고 있다.

2017년 5월 전재수 의원은 재정자립도가 전국 하위 20% 이하인 지자체가 고향기부금을 모집하고 이를 세액을 공제하는 기부금품법 개정안 등을 발의하였다. 이에 의하면 지방자치단체에 기부하는 금액에 대해 10만원까

---

19 염명배, 우리나라의 고향세제도 법제화 논의와 쟁점사안에 관한 연구, 한국지방재정논집 제22권 제3호, 2017, 31면.

지는 전액 세액공제를 하고 이를 초과하는 금액에 대해 2천만 원 이내는 소득세 15%, 2천만 원을 초과하는 금액에 대해서는 소득세 30%를 세액공제 하는 내용을 담고 있다.

같은 해 김광림 의원이 대표 발의한 기부금품법 개정안도 기부자에게 세제혜택(소득공제)을 받도록 하자는 내용을 담고 있지만 입법안으로는 처음으로 지역 농산물 및 특산물로 기부자에게 답례할 수 있다는 규정을 포함하고 있다는 특징이 있다.[20]

김두관 의원의 대표 발의한 기부금품법 개정안의 경우에는 기부대상 지방자치단체는 재정자립도 30% 이하로 하고 1인당 연 3,000만 원 이하를 기부하도록 하고 기부자의 자격을 해당지역 출신자(출향민)들로 한정하는 내용을 담고 있다. 김두관 의원 안은 전재수 의원 안에 비해 기부대상 요건은 완화하는 대신 기부자 자격요건은 강화한 법안이라고 평가할 수 있다.[21]

고향세 도입을 위해 새로운 법률을 제정하는 방안을 살펴보면 2016년에 제20대 국회 제1호 법안으로 황주용 의원이 대표 발의한 「농어촌발전을 위한 공동모금 및 배분에 관한 법률안」이 있다.[22] 이 법률안은 현행 기부금품법에서 국가나 지방자치단체의 기부금품 모집행위를 금지하고 있기 때문에 '농어촌발전공동모금회'를 설립하여 이를 통해 모금한 고향세를 농어촌 지방자치단체에 배분하는 내용이었다. 즉 모금회를 통한 기부금품법의 금지규정을 우회하여 고향세를 도입하는 방안이었다. 이 법률안의 가장 큰 특징은 고향세를 '기부금'의 형대로 보고 있다는 점이다. 이 법률안은 수도권 지방자치단체들의 반대를 최소화하기 위하여 고향세를 '기부금'으로 과

---

20 기부금품의 모집 및 사용에 관한 법률 일부개정법률안(김광림 의원 대표발의) 제5조의 2(지방자치단체의 고향기부금 모집·접수 등에 관한 특례) ③ 제1항에 따른 시·군·구는 고향기부금을 기탁한 사람에게 해당 시·군·구의 농산물, 특산품 등을 대통령령으로 정하는 기준에 따라 제공할 수 있다.
21 엄명배, 앞의 논문, 40면.
22 이 법률안은 제20대 국회 제1호 법안으로 발의되었다.

악하고 세금공제를 국세(소득세)에서 세액공제 하도록 정하고 있다.

　또 다른 제정안으로는 2017년 이개호 의원이 대표 발의한 「고향사랑 기부금에 관한 법률안」이 있다. 이 법률안에 의하면 모든 국민은 현재 거주 지역을 제외한 모든 지방자치단체에 기부할 수 있도록 하고 있다. 또한 납세자가 지방자치단체에 기부를 하면 지방자치단체는 기부자에 대하여 대통령령이 정하는 한도를 초과하지 아니하는 범위에서 물품 또는 경제적 이익("답례품")을 제공할 수 있도록 정하고 있다. '특산물'의 범위에 대해서 지역특산품 등 해당 지방자치단체의 관할 구역 안에서 생산 혹은 제조된 물품 이외에 해당 지자체의 관할구역 안에서만 통용될 수 있도록 발행한 상품권 등을 포함하고 있다. 또한 지방자치단체는 모금한 기부금의 관리·운영의 효율을 위하여 고향사랑기금을 설치하도록 하고 이 기금은 주민의 복리 증진에 필요한 사업의 추진에만 사용하도록 규정하고 있다. 기부금에 대해서는 기부금액 10만원까지는 전액 세액공제, 2천만 원까지는 16.5%, 2천만 원을 초과하는 경우에는 33%를 세금감면 하도록 정하고 있다. 무엇보다 이러한 감면을 중앙정부가 91%를 부담하도록 하여 사실상 국가 재정의 지방 이전을 도모하고 있다는 특징이 있다.

　2018년에는 제정안으로 정인화 의원 대표로 「지역균형발전 기부금에 관한 법률안」과 윤영일 의원 대표로 「고향발전 기부금법안」이 발의되었다. 「지역균형발전 기부금에 관한 법률안」은 모금을 하고자 하는 지방자치단체는 해당 지역의 주민을 제외하고 지역균형발전 기부금을 모금할 수 있도록 하고 기부한 사람에게는 물품 등을 제공할 수 있도록 하고 있다. 또한 기부금 관리와 운영을 위하여 별도의 기금을 설치하고 기부금은 저출산·고령화와 관련된 문제 해결을 위한 용도로만 사용하도록 하였다.

　또한 윤영일 의원이 대표 발의한 「고향발전 기부금법안」역시 정인화 의원 대표 발의 내용과 대동소이하다. 다만 다른 입법안들과 달리 기부의 구체적 방법에 있어서 기부금 모금에 있어서 금융기관 납부, 전자결제, 신용

카드 등을 통한 방법을 사용하도록 하고 있다는 차이가 있을 뿐이다.

이러한 많은 법안 발의에도 불구하고 소관 상임위의 심사에 그치고 회기 만료로 인해 모두 폐기되어 별다른 성과를 얻지 못하였다.

3. 제21대 의회의 입법 동향

고향세 도입은 새로 시작된 제21대 의회에서도 다시 추진되고 있다. 2020년 12월을 기준으로 고향사랑 기부금에 관한 법률안은 총 5건이 발의되어 있다.[23] 그러나 세부적인 내용을 보면 거주지 이외의 지역에 기부할 수 있도록 하고, 세액공제 대상으로 규정하고 있는 점, 기부자에게 지역 특산물을 답례품으로 지급할 수 있도록 하고, 기금의 효율적 관리를 위한 기금 설치 등을 포함하고 있는데 이는 제20대 국회에서 발의된 내용과 대동소이하다.

이러한 입법안을 종합적으로 살펴보면 우선 기본적으로 고향세를 도입하기 위한 취지를 담고 있지만 세부 방안에 있어서는 상당한 차이를 보이고 있다. 고향세 자체를 조세로 볼 것인지 아니면 기부로 볼 것인지 여부에서부터, 기부 대상 지방자치단체를 한정할 것인지 여부에 있어서 수도권을 제외할 것인지 여부와 한정하는 경우 재정자립도를 기준으로 할 것인지 여부 등에서도 많은 차이를 보이고 있다.[24] 또한 기부금 접수액과 접수대상 지방자치단체의 재정자립도의 제한을 둘 것인지 등에서도 서로 다른 입장

---

23 이개호 의원 대표발의(2020.6.3.), 김태오 의원 대표발의(2020.7.2.), 김승남 의원 대표발의(2020.7.7.), 한병도 의원 대표발의(2020.7.23.), 이원욱 의원 대표발의(2020.8.18.)의 총 5개의 법률안이 발의되었다.

24 제20대 국회에서 발의된 법률안을 보면 기부대상 지방자치단체에 대해 전재수 의원 안은 재정자립도 20% 이하를 김두관 의원 안은 재정자립도 30% 이하를 제시하고 있다. 제21대 국회에서 발의한 김승남 의원 대표발의에 의하면 고향사랑 기부에 참여하는 법인은 수도권정비계획법에 따른 수도권이 아닌 지방자치단체에 한해 기부할 수 있도록 하고 있다는 차이가 있다.

차이를 보이고 있다.[25]

많은 지방자치단체가 국회에서 조속히 고향세 관련 입법을 통과시켜 달라는 목소리가 커지고 있지만 현재 발의된 법률안에 대하여 소관 상임위원회 논의가 과거와 별다른 차이가 없다는 점에서 앞으로도 별다른 진척을 보이기 어려울 것으로 예상된다.

IV. 고향세 도입을 위한 법적 쟁점과 과제

1. 고향세의 법적 성격에 대한 검토

고향세는 기본적으로 용어의 사용에서부터 조세인지 기부금인지 여부가 명확하여야 한다. 만약 고향세를 '조세'로 본다면 '조세'를 납부하는 지역을 납세자의 의사에 따라 임의로 선택하게 되는 것으로 강행성이라는 조세의 본질과는 모순될 수 있다.[26] 특히 납세자가 세금의 용도를 지정하는 것도 조세제도와 조화를 이룰 수 없는 부분이다.

또한 지방소득세는 주소지의 지자체로부터 행정서비스 혜택을 받는 자가 부담해야 하는 일종의 '지역사회회비'의 성격이 있다. 지방소득세의 주소지는 지자체 과세권의 귀속을 결정하고, 납세자의 납세의무를 확정하기 때문에 과세의 중복을 피하기 위해 한 곳으로 정하고 있다. 이는 주소지의 지방자치단체로부터 과세되는 납세자와 주소지 외의 지방자치단체 사이의

---

25 전재수 의원 안은 기부금액을 1인당 연 100만 원 이하로 제한하고 있지만 김두원 의원 안은 연 3,000만 원 이하로 제한하고 있으며 강효상 의원 안은 아무런 제한이 없다.

26 원종학, 일본의 고향납세제도와 시사점, 조세·재정 브리프, 2010, 9면. 조세법은 원칙적으로 강행법의 성질을 지니며, 다수의 납세의무자에게 일률적으로 그리고 그 의사에 관계없이 획일적으로 적용된다. 따라서 법률의 근거 없이 납세의무의 전부 또는 일부를 면제하거나 혹은 납세의무의 범위라든가 이행방법에 관하여 화해하는 것은 인정되지 않는다. 임승순, 조세법, 박영사, 2014, 18면.

수익과 부담 간의 관계가 명확하지 않아, 주소지 외의 지방단체에 지방소득세의 과세권에 대한 법적근거를 부여하기 어렵기 때문이다.

이 때문에 일본의 고향세는 '납세'라고 표현하고 있지만 실제는 고향에 대한 기부금에 대한 세액공제를 도입한 '기부금'이라고 할 수 있다. 즉 고향세는 고향에 세금을 납부하는 제도가 아니라, 개인이 지정한 지방자치단체에 기부를 하여 그 기부금에 대해 세액을 공제하는 기부금인 것이다. 즉 기부는 개인의 자유의사에 근거하여 수익에 대한 부담이라는 성격을 가지고 있지 않은 것, 기부는 과세권에 근거하는 과세에 따른 납세와는 다른 것, 기부는 임의성을 본질로 하기 때문에 강제성의 문제는 본래 일어나지 않는 것이라고 하여 이러한 문제점은 명확하게 되는 것으로 해석하고 있다.[27] 일본의 고향세는 자기부담액을 제외하면 주민세와 소득세 일부를 특정 지방자치단체에 대한 기부금으로 이관한 것으로 본인에게 신규부담이 발생하지 않아, '기부'로 보기 어려운 측면이 있다.

일본의 고향세는 개인부담금이 있다고 하여도 납세자는 지방자치단체의 답례품을 받으며 국세 및 지방세 세액 공제를 받기 때문에 실질적으로 납세자에게는 별다른 부담을 지우지 않는다. 이 과정에서 일본의 고향세는 대도시에서 인구감소로 인한 위기에 직면한 지방자치단체로의 실질적인 소세이전 기능을 기대할 수 있다. 하지만 우리나라에서 고향세가 조세로 보고 지방세 이전이 이루어지게 되면 초기에는 수도권 주민들의 고향세 납부가 많을 것으로 예상되고 있기 때문에 결국 수도권 재정에 영향을 미치게 될 가능성이 크다. 이로 인해 고향세 논의를 보면 기부자의 부담이 매우 큰 순수한 기부금 차원에서 논의되고 있다. 이러한 경우에는 일본과 같은 조세이전이 아닌 일반적인 기부금으로 보아야 할 것이다. 고향세 논의 초기에 고향세라고 하였으나 최근에는 "고향사랑 기부금"라는 표현을 사용하

---

27 伊川正樹·최천규, 일본의 지방세법과 지방세조례와의 관계, 조세와 법, 제1권 제2호, 2008, 51면.

는 경우가 많은 것도 이러한 점을 고려한 것이라고 할 수 있다. 따라서 제도 논의를 위해서는 고향'세'라기 보다는 '기부금'이라는 점을 보다 명확하게 할 필요가 있다.

2. 납세 주체와 고향의 범위 설정

고향세 제도 도입에서 가장 기본적인 문제는 고향세에서 말하는 고향의 범위 설정이다. 고향세는 그 용어로 인하여 일반적으로 의미하는 고향으로 그 범위를 한정하는 제도로 오해받기 쉽다. 또한 고향세에서 말하는 고향에 대한 명확한 정의가 불분명해서, 그 대상이 광역지방자치단체인지, 기초지방자치단체를 기준을 할 것인지도 불명확하다. 무엇보다 기부주체의 측면에서도 고향세의 기부주체를 단순히 고향을 떠난 사람을 대상으로 한다는 취지에서 출향민으로 할 것인지 혹은 전 국민으로 할 것인지 혹은 이를 넘어 전 국민으로 할 것인지 논란이 있을 수 있다.

일본의 고향세에서 고향은 일반적으로 자신이 태어나고 자란 지역이 아닌 납세자가 선택한 지역으로 광범위한 범위를 의미한다. 과거와 달리 인구이동이 빈번한 상황에서 출생지, 초중등 교육을 받은 지역, 부모가 거주하는 지역, 일정기간 거주한 지역 등을 구분하는 것은 사실상 불가능하다. 그렇기 때문에 일본은 고향세의 고향의 범위를 납세자가 선택한 지방자치단체라고 하여 사실상 자기가 거주하는 지방자치단체를 제외한 모든 지방자치단체로 확대하고 있다.

우리의 경우 발의된 법률안을 보면 기부주체에 대해서는 많은 차이를 보이는데 이는 각각의 법률안에서 추진하는 목적이 다르기 때문이다. 수도권에 거주하고 있는 출향민을 대상으로 조세이전 또는 기부금의 이전을 목적으로 한다면 '수도권 거주 출향민'으로 한정하는 것이 적합할 수 있다. 또한 납세자가 거주하는 다른 지역의 발전을 위한 것이라면 납세자가 거주하는 지역을 제외하는 것이 적합할 수 있다. 하지만 정책목적의 실질 논리인 지역경제 활성화라는 관점에서 기부주체를 설정한다면, 고향의 정의를 제약하여 기부주체를 제약하는 것은 올바르지 않을 수 있다.[28]

고향세 혹은 고향사랑 기부세 등 명칭을 불문하고 '고향'이라는 개념에 의존하게 되면 장기적 관점에서 정책 효율성이 낮아질 가능성이 있다. 우리는 지방의 인구가 수도권으로 대거 이동하였는데 이들은 1955년부터 1963년까지 태어난 베이비부머 세대였다. 인구구조에서 베이비부머 세대의 비중이 가장 높은 상황에서 이들이 2020년부터 차례로 고령인구(만65세 이상)에 포함되면서 이들은 더 이상 고향세를 비롯한 세금을 추가적으로 부담하기 어려운 상황이다. 오히려 이들은 이제는 납세의 주된 주체이기 보다는 납세를 통한 지역 복지의 수혜자가 되고 있기 때문이다. 또한 수도권에 거주하는 현 세대 중 지방에서 올라온 경우 떠나온 고향에 대한 애정이 있다고 하여도 이들이 수도권 정착 후 상당한 시간이 흐른 현재의 상황에서 이들의 자녀는 현 세대의 고향이 아닌 수도권에서 태어났기 때문에 고향 개념에서 엄청난 차이를 보일 수 있다.[29] 이들은 수도권이 자신들이 태어나고 자란 고향이며 지금까지 생활하고 있는 지역이다. 혁신도시 사업과 같이 지역균형발전을 위해 수도권의 공공기관이나 기업들이 수도권 이외의 지역으로 이전하였기 때문에 수도권 이외의 지역에서 생활하는 경우에도 이후 이러한 지역을 벗어난다고 하여도 현재의 생활지역에 고향세를 납부할 의미가 약해질 수 있다. 즉 수도권에서 태어난 경우에 자신의 고향을 비수도권이 아닌 서울 등의 수도권이라고 생각하게 되고 이 경우에 고향세의 도입은 오히려 지방 파견근무자의 납세를 수도권으로 역류시켜 수도권의 조세수입을 지방으로 이전하려는 정책의도를 퇴색시키거나 역효과가

---

28 홍근석·염명배, 일본 고향납세제도 현황과 우리나라 적용 방안, 한국지방행정연구원, 2019, 101면.
29 염명배, 일본 '후루사토 납세' 제도에 대한 논의와 '한국형' 고향세 도입 가능성 검토, 한국지방재정논집 제15권 제3호, 2010, 101면.

발생할 우려도 있다.[30]

　일본은 고향세에 대해 도쿄의 자치구는 반대하고 있지만 다른 지방지차단체는 찬성하는 상반된 입장을 보이고 있다.[31] 그러나 도쿄의 자치구가 고향세 납부를 찬성하여 납세를 할 수 있는 지방자치단체로 신청하는 경우에 고향세 납부를 찬성하여 동참하는 경우 도쿄에서 지방으로 이전되는 지방세보다는 지방에서 도쿄로 들어오는 지방세가 더 커질 수 있다. 우리의 경우도 이와 마찬가지로 서울시는 아직 고향세 도입에 대해 명확한 의견을 표명하고 있지 않지만 만약 서울시도 고향세 도입을 찬성하여 대상 지방자치단체 중 하나가 된다면 지방의 세입이 수도권으로 집중되는 역효과가 발생할 수 있다. 따라서 고향세는 일반적인 고향을 의미하는 것도 아닌 상황에서 '고향'이 아닌 '지역'이라는 점을 강조하는 것이 고려될 필요가 있다. 즉 납세를 통해 '고향'을 살리는 것이 아니라 내가 좋아하거나 관심 있는 '지역'을 살린다는 점을 명확하게 하는 것이 적절할 것이다.

3. 과도한 답례품 지급 방지

　고향세는 납세자가 납세를 할 지방자치단체를 자유롭게 선택하는 제도이기 때문에 지방자치단체는 자신들을 알리기 위한 경쟁이 치열할 수밖에 없다. 일본 고향세는 지방자치단체간의 주민세 이관에 불과하여 각 지방자치단체들은 납세자를 끌어오기 위한 경쟁을 하고 있다.[32] 같은 금액으로 얻을 수 있는 세금혜택이 동일한 상황에서 납세자는 가장 유리한 조건을 찾

---

30 염명배, 앞의 논문, 2010, 101면.
31 도쿄도는 일본의 지방자치단체 중 유일하게 스스로 총무성에 신고를 하지 않아 고향세 대상 지방자치단체에서 제외되었다. 도쿄는 도시에 있던 세수가 지방으로 이동하여 '수익자부담원칙에 반한다고 하여 고향세에서 스스로 이탈한 것이다. ふるさと納税、東京都が離脱 全自治体で唯一、制度に反対, 日本経済新聞 電子版. 2019年5月24日閲覧。
32 고하라 다카하루(小原隆治), 일그러진 현행 제도 폐지 혹은 개편 절실, 월간 주민자치 제85호, 2018, 19면.

을 수밖에 없으며, 지방자치단체는 이러한 납세자들을 유인하기 위한 방안으로 답례품 제공을 규정하고 있다.

일본의 고향세에서 납세자의 유인책으로 규정하고 있는 답례품은 다른 지방자치단체와의 경쟁에서 우위를 점하기 위한 유일한 수단이기 때문에 이에 대한 경쟁이 가열될 수밖에 없다. 지방자치단체의 입장에서는 답례품의 선호도가 떨어져 줄어들 기부액보다는 납세자 측의 자기부담액 2천 엔보다 고가의 답례품을 제공하여 증가할 고향세 효과가 더 크다고 볼 수 있다. 이로 인해 일본은 고향세의 답례품을 과도하게 지급하는 경우가 증가하였다. 실례로 시즈오카 현 오야마정(静岡県小山町), 오사카부 이즈미 사노 시(大阪府泉佐野市), 와카야마 현 고야 정(和歌山県高野町), 사가 현 미야키정(佐賀県みやき町)의 경우 과도한 답례품으로 인하여 일본 내에서도 논란이 있었다. 오야마정의 경우 기부액의 40%에 해당하는 상품권을 답례품으로 보냈는데 이 결과 모은 고향세는 약 250억 엔에 달하였다.

이렇게 지방자치단체의 답례품 경쟁이 과열되면서 일본 총무성은 2017년에 지방자치법 제245조의4에 의한 '기술적인 조언'이라는 전제 하에 지방자치단체들에 보낸 통지에서 고향세의 답례품은 기부금의 30%이하로 하고, 환금성이 높은 물품을 제공하는 것을 자제해달라고 요청하였다. 이로 인해 세수확보 차원에서 고향세를 보다 적극적으로 활용하고자 하는 지방자치단체의 불만이 증가하였고 이를 위반하는 경우도 증가하였다. 결국 총무성은 2019년에 과도한 답례품을 보내는 지방자치단체를 고향세 대상 지방자치단체에서 제외하고 세금공제를 받을 수 없도록 지방세법을 개정하였다. 개정된 지방세법에 의하면 지방세로 인한 답례품은 지역특산품으로 하고 기부액의 30% 이하, 중개 사이트를 이용한 경우 수수료 등을 포함한 경비와 답례품 금액의 총 기부액의 50%이하로 한정하도록 하였다. 또한 과거 고향세는 모든 지방자치단체를 대상으로 하였으나, 개정으로 인해 지방자치단체가 총무성에 신청하여 지정을 받은 경우에만 고향세 대상이 되도록 하였다. 이로 인해 고향세 대상 신청을 하지 않은 도쿄와 함께 과도한 답례품으로 문제가 된 4개 지방자치단체는 2019년부터 고향세 대상에서 제외되었다.

일본의 고향세는 수도권에서 지방으로 세수확산을 목적으로 하였으나 정작 지방자치단체간의 세수 확대 경쟁을 유발하고 있다. 고향세는 어느 하나의 지방자치단체가 많은 성과를 얻으면 다른 지방자치단체의 세수는 줄어드는 구조이기 때문에 지방자치단체 간의 제로섬(zero-sum) 경쟁이 될 수밖에 없는 구조이기 때문이다. 따라서 심한 경쟁 속에서 답례품은 납세를 선택한 것에 대한 해당 지방자치단체의 선물 개념이라는 취지와는 달리 과도한 경쟁의 상징이 되고 있다. 또한 만약 도쿄가 고급 답례품을 바탕으로 고향세에 참여하게 된다면 오히려 지방의 세수를 흡수하게 될 것인데 결국 고향세가 반드시 지방자치단체에게 유리하게 작용한다고 보기 힘들 수 있다.

이러한 일본의 문제점을 고려한다면 우리의 고향세 논의에서도 답례품에 대한 고민이 필요하다. 우리나라의 지자체는 고향세에 대한 '답례품' 경쟁을 벗어나 고향세를 납부할 때 고려하는 정책을 우선시하도록 하는 '정책사업'의 경쟁으로 전환해 가도록 하는 것이 고향세의 본연의 취지에 부합할 것이다.[33] 고향세에서 지역은 개인이 자유롭게 선택하는 것이기 때문에 이러한 선택에서 지역을 홍보하고 선택한 것에 대한 답례로서의 상품제공은 허용될 수 있다고 보아야 할 것이다. 다만 고향세는 시간이 지나 그 성과가 커질수록 지방자치단체간의 경쟁이 치열해질 것으로 예상되기 때문에 답례품에 대한 한계를 명확하게 규정하는 것이 필요하다. 답례품의 경우 고향세의 취지를 고려하면 지역에서 생산되는 물품으로 한정하여야 하고, 물품이 아닌 지역 상품권 등의 제공도 금지되어야 할 것이다. 가액의

---

33 심재승, 고향사랑기부제도를 활용한 지방자치단체 활성화의 실행가능성에 관한 연구. 한국지적정보학회지 제19권 제3호, 2017, 123면.

경우에도 총 기부액의 30% 이하의 범위로 설정하고 중개 수수료 등으로 인한 비용을 포함하는 경우에도 기부액의 50%를 넘지 못하도록 하는 것이 필요하다.

답례품의 종류에도 보다 다양한 방안이 고려되어야 한다. 지방자치단체 관할의 테마파크나 시설이용권, 농업체험, 각종 지방자치단체 주관 축제 초대권 등 기부자가 기부한 지방자치단체에 직접 방문하고 참여할 수 있는 형태의 체험 기반의 답례품을 통해 지역 활성화와 유기적으로 연결되는 것이 필요하다.[34]

중앙정부 차원에서도 답례품 경쟁을 사전에 방지하고 정책 중심의 논의가 될 수 있도록 사전 통제가 필요하다.[35] 또한 답례품에 대한 기준 이외에 방자치단체가 답례품을 제공하기 이전에 사전에 중앙정부에 적합성을 승인 받도록 하여 과도한 경쟁으로 인한 제도의 왜곡을 방지하는 것이 필요하다.

4. 기업판 고향세의 도입 가능성

일본의 고향세는 개인의 참여로 출발하였지만 이후 기업도 참여할 수 있도록 그 범위가 확대되었다. 일본의 기업판 고향세로 불리는 지방창생응원세제의 경우 지역의 많은 현안 해결에 있어서 재정적인 측면에서 많은 기여를 하고 있다는 긍정적인 평가를 받고 있다. 이로 인해 일본의 기업판 고향세를 우리나라에도 도입하고, 법인의 기부금 공제액에 대해 현행보다 두

---

34 심재승, 앞의 논문, 122면. 고향세 기부시 제공되는 답례품은 지역경제 활성화와 반드시 연계되는 것은 아니다. 고향세 수입이 증가한다고 하여 특산품 생산이 증가하는 것은 아니며, 특산품에 대한 가공업체가 해당 지방자치단체가 아닌 인근 도시지역에 있는 경우 고향세 수입이 도시지역으로 흘러들어 오히려 도농 간의 세수 격차를 크게 할 수도 있다. 조재욱, 앞의 논문, 52면.

35 일본의 경우 지방자치단체 선정위원회를 통해 사업자 및 답례품에 대한 심사를 거쳐 답례품을 결정하도록 하고 있다.

배 인상해서 법인이 고향세에 적극 참여하도록 하여야 한다는 견해가 있다.[36] 이는 국민총소득 중 개인 소득에 비해 법인 소득 부분이 계속 증가하여 법인이 보유한 현금성자산이 갈수록 커지고 있다는 점을 고려한 것이다. 따라서 상대적으로 자금여력이 있는 법인의 참여를 독려하여 인구가 줄어들어 재정적인 타격을 받고 있는 지방자치단체의 세수 확보에 활용할 필요가 있다는 것이다. 공제액을 현행보다 두 배로 인상하는 경우 현재 우리나라 최고 법인세율은 주민세소득할을 고려하면 최대 24.2%로 법인이 지방자치단체에 기부를 하면 기준소득금액의 50% 범위 내에서 전액 손금산입되는데 되고 있기 때문에 기부금공제액을 두 배로 인상해 공제하더라도 최대 48.4%까지 공제받을 수 있어서 기부한 법인은 51.6%를 직접 부담하는 수준이라는 것이다.

그러나 일본의 경우 법인도 참여하도록 한 제도의 취지도 중요하지만 과도한 공제로 인하여 기업들이 과도한 절세효과를 누리고 있다는 비판도 고려되어야 한다. 우리의 경우에도 법인의 공제액을 과도하게 높이는 경우 법인이 제도의 취지보다는 절세를 위한 참여가 확대될 수 있다. 또한 우리의 경우 법인들의 주된 소재지가 수도권인 상황에서 이들의 참여 확대는 자칫 수도권 지방자치단체의 재정에 영향을 줄 수 있다. 또한 지방자치단체는 많은 기업들에게 고향세 납부를 요청하면서 지방자치단체와 기부하고자 하는 기업이나 법인과의 유착이나 비리가 발생할 가능성도 있다.

따라서 기업형 고향세 도입을 위해서는 사전에 지방자치단체들에게 기업형 고향세를 통해 얻은 재원으로 할 사업을 계획하고 이를 위원회 등을 통해 승인을 받도록 하여야 한다. 일본과 마찬가지로 해당 사업의 총 비용 내에서 기업이 고향세를 부담하도록 하는 것이 적절하다. 기업이 고향세를 납부하는 경우 지역과의 유착을 방지하기 위하여 해당 지방자치단체에게

---

36 신승근·조경희, 일본의 고향사랑 조세제도 도입방안에 관한 연구, 지방자치법연구 제17권 제1호, 2017, 284면.

는 하나의 사업만 지원할 수 있도록 한정하는 방안도 고려될 수 있을 것이다. 이러한 전 과정의 진행상황에 대해 통합된 시스템을 구축하여 정보를 일반인들이 쉽게 확인할 수 있도록 하는 투명성 확보가 필요하다.

5. 고향세 제도의 한계

고향세의 도입 목적은 지역 간 재정격차를 해소하여 지역균형발전을 도모하기 위한 것이라고 하지만 일본의 후루사토납세연구회에서는 도입초기부터 고향세 도입의 의의를 설정하면서 지방의 재정격차 해소라는 목표를 제외하고 있다는 점에 주목하여야 한다. 이는 고향세는 그 방식 여부를 불문하고 지방 활성화나 지역 간 격차를 해소하는 근본적인 대책이라고 할 수 없기 때문이다. 지방자치단체의 재정격차 해소 등을 위해서는 무엇보다 지방자치단체의 수입 자체를 확대하는 방안이 실제 이루어져야만 한다. 지방자치단체의 세수 확보에 고향세는 주된 방안으로는 한계가 있다. 또한 일본의 고향세는 수평적 형평성만을 개선하는 정책으로, 우리의 경우 수평적 형평성뿐만 아니라 수직적 형평성까지 악화되어 있는 상황이라는 가장 큰 차이가 있다. 지방자치단체의 지방세 수입을 빼어 다른 지방자치단체로 이전하는 고향세의 기본 구조는 명칭 여하를 불문하고 지방자치단체간의 심각한 갈등을 유발할 수 있다. 일본의 고향납세제도가 재정격차 해소 방안보다는 지방재정 확보 방안으로 활용되었나는 점이 충분히 고려되어야 한다.[37] 지방세의 절대적인 크기를 키우지 않은 상태에서 단순히 배분의 문제만을 고려할 경우 배분과정에서 지방자치단체 간 갈등을 증폭시킬 우려가 있다.[38]

고향세는 일반 조세와 달리 강제성 없이 자발적인 참여를 전제로 하고

---

37 류영아, 고향사랑기부제도 도입의 쟁점과 과제, 이슈와 논점 제1382호, 2017, 3면.
38 염명배, 앞의 논문, 2017, 100면.

있다. 따라서 고향세로 인한 지방자치단체의 세수는 다른 조세에 비해 매우 불안정할 수밖에 없다. 올해 고향세 수입이 많았다고 하여 내년에 높다고 할 수 없으며, 올해 고향세 수입이 적었다고 하여 내년에도 고향세 수입이 적다고 예측할 수 없기 때문이다. 이러한 불안정성으로 인하여 지방자치단체는 고향세를 기반으로 중장기 사업을 추진하기는 어렵다. 오히려 고향세를 활용하는 사업은 단기 중심으로 마련될 수밖에 없으며 사업 중간에 고향세 납입이 감소하는 경우 해당 사업은 중단되거나 심지어 사업 자체가 백지화될 위험을 내포하고 있다.

따라서 고향세 도입이 지방자치단체의 재원 부족을 해결하는 중요한 방안이라는 인식보다는 고향세를 통해 다른 지역 주민들에게 해당 지역을 홍보하고, 지역의 관광이나 상품구매 등과 연계될 수 있는 고향세 후속 방안에 대한 논의가 이루어져야 한다. 답례품을 중심으로 하는 지방기업의 수요를 확보할 수 있을 뿐만 아니라 이를 통한 지방내수 진작의 효과는 일본에서도 긍정적으로 평가받고 있는 부분이다. 고향세를 단순히 세원확보 방안으로만 인식할 것이 아니라 고향세와 연계되어 지방의 내수를 진작시킬 수 있는 구체적인 방안이 마련되어야 한다.

일본의 고향세는 도입 초기 이용이 저조하였으나 제도를 개편하면서 고향납세의 실적이 증가하였다는 점에서, 향후 우리나라도 지속적인 모니터링과 추세 파악을 통한 제도 개편이 지속적으로 이루어져야 할 것이다.[39] 제도 도입 초기부터 제도 운영을 분석하고 문제점을 파악하여 제도를 개선하는 노력이 있어야 고향세의 과도한 경쟁이나 제도상의 문제점을 해소하고 이를 제대로 정착시킬 수 있을 것이다.

---

39 류영아, 앞의 논문, 3면.

V. 결론

지방자치단체는 낮은 재정자립도로 인하여 지방자치단체들은 일반적인 행정 서비스 제공자체도 어려운 경우가 증가하고 있다. 지방자치단체는 재정자립도를 개선하기 위하여 많은 방안이 논의되고 있지만 별다른 효과를 보이지 못하고 있다. 이 과정에서 지방자치단체는 지역 간 세수의 불균형과 지역경제 활성화, 고용 절벽 등의 다양한 문제에 직면하고 있다. 이러한 위기상황 속에서 지방자치단체의 재원확보의 방안으로 등장한 것이 일본에서 시행하고 있는 고향세이다.

일본의 고향세는 일반인들의 기부라는 방법을 이용하여 지방자치단체의 창의성을 기반으로 하여 지역의 활성화의 계기가 될 수 있다는 점에서 어느 정도 기능이 인정되고 있다. 또한 동일본 대지진과 같은 대규모 재해가 발생하는 경우에는 일반적인 기부뿐만 아니라 고향세 제도를 활용한 '기부'를 유도할 수 있다는 점에서 제도 설계 과정에서 예상하지 못한 순기능도 나타났다. 하지만 일본의 고향세는 '경제적 이익의 무상제공'이라는 제도의 명분과 '실질적인 절세 수단'이라는 현실간의 괴리가 존재하고 있다. 일본에서는 고향세가 활성화 될수록 이러한 제도상의 문제점이 커지고 있다.

지금의 입법을 통해 고향세가 우리나라에 도입되는 경우 기대만큼 지방재정 확충이나 지역 간 세수불균형이 완화될 수 있을 것인지는 아직 명확하지 않다. 또한 우리나라에서 논의되는 고향세의 목적은 일본에 비해 더 광범위하다. 무엇보다 일본의 경우와 마찬가지로 우리의 고향세 도입이 지방자치단체의 재정 확충에 많은 기여를 할 수 있다고 하여도 지방재정의 근본적은 해결책을 될 수 없다. 고향세는 수도권 지역의 역차별, 지방자치단체간의 과도한 경쟁 등을 유발할 가능성이 매우 크다. 따라서 고향세는 지방재정 문제를 해결하는 만능키가 아니라 지방재정을 확충할 수도 반대로 지방재정을 악화시킬 수도 있는 양면성을 가지고 있는 제도라고 바라보아야 할 것이다. 단순히 고향세 제도만으로 지방자치단체의 세수 확보가 가능한 것이 아니라 고향세 제도 도입과 운영과정에서 지방자치단체가 지금과는 전혀 다른 노력이 수반되어야 원하는 세수 확보를 기대할 수 있을 것이다.

지역에 대해 기부를 한다는 제도 자체의 순수한 취지가 구현되면서 지방재정을 해소하는 방안으로 소위 고향세 제도가 제대로 마련되고 이행되기 위해서는 아직 많은 과제가 있다. 이러한 과제들을 하나씩 해결하는 과정에서 궁극적으로 인구감소로 인해 갈수록 위기에 직면하고 있는 지방자치단체의 현안해결과 재정 확보를 기대할 수 있을 것이다.

03

지역혁신거점 구축을 위한
혁신도시 법제에 대한 비판적 고찰 | 조진우

Ⅰ. 국토균형발전의 시도 : 혁신도시

우리나라는 급속한 경제성장을 이루기는 하였지만 이 과정에서 국토발전은 수도권에 치중되어 왔다. 수도권으로 일자리와 교육을 위해 많은 인구가 이동하면서 수도권의 과밀화가 심각한 상황에 직면한지 오래이다. 수도권은 단기간에 인구가 과도하게 집중되면서 시설의 부족과 각종 사회문제가 발생하고 있지만, 비수도권의 경우에는 인구의 유출로 인하여 성장동력 자체를 상실하여 수도권에 더욱 의존하는 상황이 가속화되고 있다. 이러한 문제를 해결하기 위하여 수도권에는 각종 규제를 부과하고, 지방에는 다양한 지원 방안 등이 추진되었지만 인구의 수도권 쏠림은 더욱 가속화되고 있다. 2019년에는 이미 주민등록기준상 전체인구의 절반 이상이 수도권에 거주하는 심각한 상황에 직면하고 있다.

하지만 국가경쟁력을 확보하고 강화하기 위해서는 무엇보다 수도권과 비수도권의 균형 있는 발전이 전제가 되어야만 가능하다. 이를 위해서는 지역의 성장역량을 강화하여 수도권으로 기울어진 운동장을 회복하는 것이 필요하다. 이를 위해 지방의 기존 도시를 발전시키는 것과 별개로 신도시를 건설하여 수도권의 인구를 지방으로 유도하려는 정책이 추진되었다. 대표적인 사업이 행정기능을 지역으로 이전하는 행정중심복합도시 건설을 비롯하여 민간기업 투자활성화를 위한 기업도시 등을 들 수 있다. 하지만 이러한 정책만으로는 전국적인 효과를 기대하기 어렵고 성장 동력을 찾기도 힘들다는 문제가 있었다. 그에 따라 다양한 공공기관을 지역으로 이전시키고 이를 기반으로 하여 산·학·연이 하나의 클러스터를 구축하는 혁신도시가 건설되었다. 2007년 「공공기관 지방이전에 따른 혁신도시 건설 및 지원에 관한 특별법(이하 '혁신도시건설법'이라 함)」의 제정으로 시작된 혁신도시는 이제 공공기관의 지방 이전이라는 1단계 과정을 지나 이전한 공공기관을 기반으로 혁신도시의 본래 기능인 산·학·연 클러스터를 구축하는 정착과 자립을 추구하여야 하는 시기에 직면하고 있다. 이에 정부는 지난 2019년 2월 '혁신도시 시즌 2'를 발표하고 이후 혁신도시 종합발전계획을 수립하여 추진하고 있다.

하지만 지금까지의 국토균형발전을 목표로 야심차게 추진되어 온 혁신도시는 선정과정에서도 많은 논란이 있었으며 지금까지의 추진과정에서도 많은 문제를 노출하며 본래의 목적을 구현하는데 많은 어려움을 겪고 있다. 또한 시즌2라는 구상에 비해 혁신도시가 제대로 기능하고 있는지에 대해서는 아직도 많은 문제제기가 있다. 여기에서는 혁신도시계획의 추진과정과 혁신도시 관련 법제의 내용을 살펴보고자 한다. 이를 기반으로 현재의 혁신도시의 법적인 문제점과 이를 개선하기 위한 법적 과제를 논의하고자 한다.

Ⅱ. 지역균형발전을 위한 혁신도시계획의 변화와 법제

1. 혁신도시의 개념

혁신도시는 공공기관 이전을 계기로 지방의 거점지역에 조성되는 "작지만 강한" 새로운 차원의 미래형 도시, 기업, 대학, 연구소 등 우수한 인력들이 한 곳에 모여 서로 협력하면서 21세기 지식기반 사회를 이끌어 가는 첨단도시, 수준 높은 주거·교육·문화 등 쾌적한 생활여건을 갖춘 친환경 도시를 말한다.[1] 혁신도시특별법에서는 혁신도시를 이전공공기관을 수용하여 기업·대학·연구소·공공기관 등의 기관이 서로 긴밀하게 협력할 수 있는 혁신여건과 수준 높은 주거·교육·문화 등의 정주(定住)환경을 갖추도록 개발하는 미래형 도시라고 정의하고 있다.

공공기관이 지방이전이 혁신도시 형성의 핵심역할을 한다는 점에서 산업이 중심이 되는 일반적인 산업클러스터(cluster)나 기업도시(company town)와는 다르며, 중앙과 지방정부의 협력적 관계를 통해 거버넌스 체계를 구축한다는 점에서 기존의 지역발전전략에 의한 하향식 지역혁신체계와도 차이가 있다.[2] 또한 혁신도시는 기존의 계획도시들이 도시기능이 주거기능, 생산기능, 연구기능과 같은 단일 기능 중심으로 편중되어 형성되어 기능간 연계가 취약하다는 문제점이 있었으나 혁신도시는 기능간, 주체간 연계가 긴밀하게 이루어지는 혁신여건 조성과 이들 상호 간 혁신을 통한 성장과 발전을 도모하고 있다는 점에서 차이가 있다.

지역균형발전을 위해 추진되는 개발은 혁신도시 뿐만 아니라 기업도시,

---

1 황해봉, 기업도시, 혁신도시 및 행정중심복합도시 법제에 대한 토지공법적 검토, 토지공법연구 제37집 제2호, 2007, 98면.

2 남기범, 해외 혁신도시 유사사례와 정책적 시사점, 국토연구 297호, 2006, 29-30면.

행정중심복합도시 등이 있다. 기업도시는 기업이 직접 개발주체가 되어 기업 활동을 효율적으로 영위하기 위해 필요한 일체를 직접 개발하는 도시를 말한다.[3] 기업도시의 핵심은 다른 도시와 달리 개발주체와 최종수요자가 동일하다는 점이다. 행정중심복합도시는 중앙행정기관 및 그 소속기관을 행정중심복합도시로 이전하는 계획에 따라 그 기관들이 이전하여 행정기능이 중심이 되는 복합도시로 새로이 건설되는 도시를 말한다.

혁신도시의 주요 구성요소는 공공기관, 기업, 대학, 연구소 등의 혁신주체, 혁신주체와 혁신주체간의 공동 협력 및 네트워킹 지원시설, 그리고 주거, 교육, 문화, 여가 공간 등의 도시시설의 세 가지를 들 수 있다.

2. 혁신도시계획의 입안 및 추진 과정

(1) 혁신도시 구상 및 선정 단계

혁신도시는 2002년 대통령선거에서 '신행정수도의 건설과 지역균형발전 추진'이 공약으로 나오면서 공공기관 이전을 기반으로 하여 본격적으로 논의되었다. 이후 2003년 6월 대구에서 개최된 제9차 국정과제회의에서 국가균형발전을 위한 구상이 발표되었는데 여기에서 제시된 3대 원칙과 7대 과제[4] 중 하나가 혁신도시 구상이다. 2004년 「국가균형발전특별법」이 제정

---

3 과거 기업도시개발 특별법에서는 기업도시 개발유형을 산업교역형 기업도시(제조업과 교역 위주의 기업도시), 지식기반형 기업도시(연구·개발 위주의 기업도시), 관광레저형 기업도시(관광·레저·문화 위주의 기업도시)로 구분하였다. 그러나 2005년 개정을 통해 이러한 구분을 삭제하고 기업도시로 통합하여 보다 다양한 형태로 기업도시를 추진할 수 있도록 하였다.

4 국가균형발전정책의 3대 원칙과 7대 과제는 다음과 같다.
  < 3대 원칙 >
  1. 국가개조의 차원에서 집권형 국가를 분권형 국가로 바꾸고, 지방이 지니는 복합적 문제를 해소하기 위해 지방분권, 국가균형발전, 신행정수도건설 등'종합적 접근'으로 지방화를 추진한다.

되었고 공공기관 이전 로드맵이 발표됨에 따라 건설교통부장관은 2005년 '공공기관 지방이전계획'을 수립·고시하여, 67개 정부소속기관, 54개 정부출연기관, 21개 정부투자기관과 5개 정부출자기관, 기타 29개 공공법인을 수도권과 대전을 제외한 12개 광역시·도에 이전하기로 하고, 이전하는 공공기관을 수용하기 위하여 충청남도를 제외한 11개 광역시·도에 각 1개씩의 혁신도시[5]를 건설하기로 하였다.

---

2. 자립형 지방화를 위한 '지역혁신체계'를 구축하고, 이를 통해 지방경제를 혁신주도 경제로 전환시켜 나간다.
3. 지방을 우선적으로 육성하고, 수도권의 '계획적 관리'를 통해 지방과 수도권이 상생 발전할 수 있는 토대를 구축한다.
< 7대 과제 >
1. 「국가균형발전특별법」, 「신행정수도특별법」, 「지방분권특별법」 등 3대 특별법을 2003년 9월 정기국회에 제출하고, 지방의 자주재원을 확대하며, '국가균형발전특별회계'를 설치하여 지방화를 위한 법률적 제도적 기반을 마련한다.
2. 금년 말까지 신행정수도 입지조사와 기본구상을 수립하고, 2004년 말까지 입지선정을 완료함으로써 행정수도 이전을 구체화하며, <u>정부소속기관, 정부투자·출연기관 등을 대상으로 제1차 지방이전계획을 금년 말까지 확정 발표하고 2004년 중에 제2차 종합이전계획을 발표한다.</u>
3. 국가R&D 예산의 지방 지원 비율을 2003년 20%에서 임기 내에 두 배 이상으로 확대하여 지방대학을 집중 육성하고, 지역산업 및 지역문화와 연계한 인재양성을 본격 추진한다.
4. 2004년 중에 지역발전계획에 따른 지역혁신체계 시범사업을 추진하고, 지역산업 정책의 선정체계 및 추진체계, 심사평가체계를 전면 개편한다.
5. 금년 중에 시도별 사업계획, 지역특성, 지역의 비교우위 등을 종합적으로 고려해 자립형 지방화를 위한 국가균형발전 5개년계획을 수립한다.
6. 금년 밀까지 지방 기초자지단체가 제안하는 1-2개 핵심규제의 개혁을 목표로 하는 「지역특화발전특구법」을 제정하여 지역경제발전의 토대를 구축한다.
7. 지역격차 완화를 위해 「전국최소기준」 관련 정책을 개발하고, 금년 중에 농어촌, 산촌 등 낙후지역에 대한 전반적 조사를 실시해 낙후지역 발전을 위한 특별대책을 추진한다.
5 혁신도시는 부산(영도구, 남구, 해운대구), 대구(동구), 광주전남(나주시), 울산(중구), 강원(원주시), 충북(진천군, 음성군), 전북(전주시, 완주시), 경북(김천시), 경남(진주시), 제주(서귀포)의 10개이다. 다만 19개의 기관은 세종시로 21개의 기관은 혁신도시 외 지역으로 개별이전하게 되었다.

하지만 선정과정에서 이전 공공기관으로 인한 지역 발전을 도모하려는 지역 간의 갈등이 첨예하게 대립하면서 혁신도시가 선정된 지역과 선정되지 못한 지역 간의 갈등이 심화되고 소송까지 이어지는 상황이 발생하기도 하는 등 지역별로 나눠 먹기식 선정이 이루어졌다는 비판이 제기되었다.[6] 이는 선정과정에서 수도권 집중 완화와 자립형 지방화라는 혁신도시의 목적보다는 지역 간, 혁신도시간의 명확한 차별화 없이 단순히 공공기관을 유치하는 기회로만 인식하는 경우가 많았고, 절차상 투명성성의 부족도 원인이었다.

(2) 혁신도시 시즌 1 단계

혁신도시 구상의 핵심인 「공공기관 지방이전계획」의 안정적이고 일관적인 추진을 도모하기 위하여 공공기관 '지방이전에 따른 혁신도시 건설 및 지원에 관한 특별법(이하 '혁신도시건설법'이라 함)'[7]이 2007년에 제정되었다. 이를 근거로 하여 공공기관이 이전할 10개의 혁신도시를 건설하는 '혁신도시 시즌 1'이 본격적으로 추진되었다.

혁신도시건설법은 공공기관 지방이전 및 혁신도시 건설 사업에 관한 최상위 심의·의결 기구인 국가균형발전위원회를 규정하였으며 이를 지원하기 위한 조직으로 국토교통부의 공공기관 지방이전추진단이 마련되어 사

---

6 혁신도시선정과정에서 입지선정위원회의 평가 결과 강원도 지역에는 원주시가 선정되면서 강원도에서 혁신도시로 선정되지 못한 춘천시와 춘천시민들이 강원도지사의 혁신도시최종입지선정 및 공포 행위에 대하여 법적근거의 하자와 재량권남용을 이유로 헌법소원을 제기하였다. 이에 헌법재판소는 공법인인 춘천시의 헌법소원 능력결여와 시민들의 기본침해 가능성 내지 자기관련성을 부정하고 각하 하였다(헌재결 2006. 12. 28, 2006헌마 312).

7 '지방이전에 따른 혁신도시 건설 및 지원에 관한 특별법'은 2018년 개정을 통해 '혁신도시 조성 및 발전에 관한 특별법'으로 개정되었다. 여기에서는 논의를 위해 전자가 혁신도시 건설에 치중되어 있다는 점을 고려하여 '혁신도시건설법'으로, 2018년 개정된 법률을 '혁신도시법'으로 약술하고자 한다.

업시행자, 이전기관, 지방자치단체 등과 협력하여 혁신도시 건설이 추진되었다. 이미 조성된 부지를 활용하여 추진되었던 부산 혁신도시를 시작으로 순차적으로 부지조성공사가 마무리 되고 국고지원을 통해 진입도로와 상수도 등의 기반시설이 마련되었다. 2005년에 선정된 175개 공공기관[8]은 단계별로 이전을 추진하여 2012년까지 완료하는 것으로 계획하였으나 이전이 계획보다 늦어지면서 2019년에 사실상 완료되었다.

(3) 혁신도시 시즌 2 단계

혁신도시로의 공공기관 이전이 사실상 완료되고 국토의 균형발전에 대한 논의가 다시 활발해지면서 혁신도시 정책에도 변화가 불가피 하였다. 이에 따라 정부는 2018년 2월에 공공기관 이전 중심의 '혁신도시 시즌1'에 이은 혁신도시의 성장을 위한 '혁신도시 시즌 2'를 마련하였다.[9]

'혁신도시 시즌2'는 "혁신도시를 국가균형발전을 위한 신지역성장의 거점화 한다"라는 비전하에 살기 좋은 도시 조성과 혁신성장 지역 거점화라는 두 가지 방향을 제시하고 있다. 살기 좋은 도시 조성에서는 가족동반 이주율과 삶의 질 만족도를 높이는 것을 목표로 하고 있으며 혁신성장 지역 거점화에서는 지역인재 채용율의 확대(13%→30%), 입주 기업 수 확대(232개→1,000개)를 목표로 하고 있다. 이를 위해 2018년까지 추진기반 정비 및 혁신도시 정주 기반 확충, 2020년까지 공공기관 정착 및 도시 안정화, 2022년까지 혁신도시 중심의 신학연 융·복합 클러스터 구축을 전략으로 제시하

---

8 초기 이전대상기관은 175개 기관이었으나 2007년 혁신도시건설법이 제정되면서 세종시로 이전하는 23개 중앙부처 기관이 제외되면서 152개로 축소되었다. 이후 기관의 분리·신설로 159개로 다소 늘어났으나 2008년 공기업 선진화 방안으로 공공기관 통폐합이 이루어지면서 다시 147개로 축소되었다. 이후에도 기관의 통폐합이 이루어지면서 154개로 최종 조정되었다.

9 관계부처 합동, 혁신도시 시즌2 추진방안, 2018.

였다.

혁신도시법에 근거하여 마련된 혁신도시 종합발전계획이 국가균형발전위원회의 심의를 거처 2018년 10월 확정되었다. 혁신도시 종합발전계획을 살펴보면 먼저 혁신도시별 특화발전 지원, 정주여건 개선, 주변 지역과의 상생발전을 주요 내용으로 하고 있다. 특히 지역의 자립적인 발전기반 조성에 중점을 두고 지역 전략산업과 이전 공공기관 등 지역 내 혁신기반을 감안하여 혁신도시별 발전테마를 선정하고, 이에 따라 특화발전 전략 및 관련 사업을 발굴하도록 하였다.[10] 또한, 계획의 실효성을 높이기 위하여 혁신도시별로 발전재단을 설립하여 특화발전 전략 이행 주도 및 산·학·연 협력 증진을 위한 컨트롤 타워 역할을 수행하도록 하였으며, 상생발전 기금 조성을 의무화하도록 하였다.

혁신도시 종합발전계획은 크게 ① 혁신도시별 특화발전 지원, ② 모두가 살고 싶은 정주환경 조성, ③ 주변지역과의 상생발전이라는 세 가지 추진 전략을 마련하고 있다. 혁신도시별 특화발전 지원에 있어서는 기업입지여건 개선, 규제 샌드박스 및 이전기관 활용을 통한 기업 활동 지원, 발전재단을 설립하고 개방형연구실과 지역인재를 양성하는 산·학·연 합력체계 구축을 세부 방안으로 정하고 있다. 모두가 살고 싶은 정주환경 조성에 있어서는 복합혁신센터 건립 및 대중교통 확충을 통한 문화·교통편의 향상, 보육 및 의료서비스 여건 개선, 스마트 시티 조성을 통한 스마트 라이프 구현을 정하고 있다. 세 번째 전략인 주변지역과의 상생발전에서는 혁신도시와 연계하여 도시재생 뉴딜사업을 추진하고 지역제품을 구매하는 방식으로의 원도심 발전 지원, 상생발전 협의체 및 기금 조성을 정하고 있다.

---

10 이에 따라 부산(첨단해양신산업), 대구(첨단의료 융합산업), 광주전남(에너지 신산업), 울산(친환경에너지), 강원(스마트 헬스케어), 충북(태양광 에너지), 전북(농생명 융합), 경북(첨단 자동차), 경남(항공우주산업), 제주(스마트 MICE)로 혁신도시별로 발전테마를 선정하였다. 이는 혁신도시 종합발전계획 수립과정에서 정해진 것이 아니라 이미 과거 혁신도시 선정단계에서부터 정해진 분야로 큰 변화는 없다고 할 수 있다.

3. 혁신도시법의 주요 내용

과거 혁신도시 초기에는 공공기관 이전을 주된 내용으로 하는 혁신도시건설법이 마련되었다. 하지만 혁신도시로의 공공기관 이전이 마무리되면서 기존의 혁신도시건설법이 혁신도시법으로 전면 개정되었다. 법명의 변경이 의미하듯이 과거 혁신도시건설법이 공공기관 지방이전과 도시의 건설에 치중되어 있었다면 혁신도시법은 건설이후의 혁신도시의 육성과 발전에 중점을 두는 것으로 그 입법목적에 차이가 있다.

혁신도시법은 "수도권에서 수도권이 아닌 지역으로 이전하는 공공기관 등을 수용하는 혁신도시의 조성을 위하여 필요한 사항과 해당 공공기관 및 그 소속 직원에 대한 지원에 관한 사항, 혁신도시를 지역발전 거점으로 육성·발전시키는 데 필요한 사항을 규정함으로써 공공기관의 지방이전을 촉진하고 국가균형발전과 국가경쟁력 강화에 이바지함"을 그 목적으로 규정하고 있다.

이전공공기관의 장은 지방이전계획을 수립하여 소관 행정기관의 장에게 제출하도록 하고 제출된 지방이전계획은 국가균형발전위원회의 심의를 거쳐 승인하도록 하고 있다(법 제4조).혁신도시 발전을 위해서 국토교통부장관은 5년마다 혁신도시를 국가균형발전을 위한 거점으로 육성·발전시키기 위한 전략, 혁신도시 정주환경 조성에 관한 사항, 클러스터 구축 등의 사항을 포함한 혁신도시종합발전계획을 수립하도록 하고 있으며 시도지사는 5년마다 혁신노시별 발전계획을 수립하여 국토교통부장관에게 제출하도록 하고 있다(법 제5조의2). 그동안 혁신도시 및 지역발전을 위한 다수의 계획이 지방자치단체 및 이전공공기관을 중심으로 수립 중이나, 혁신도시 정책의 체계적·종합적 추진을 위한 중앙정부 차원의 종합계획이 부재하다는 지적에 따라 중장기적 혁신도시 정책방향을 제시하고 지방자치단체의 혁신도시 관련 계획 수립과정에서 지침으로 기능하는 중앙정부 차원의 종합발전계획의 수립 필요성이 제기되어 왔다.[11] 이러한 지적에 따라 발전계획 수립이 규정된 것으로 초기단계 공공기관의 이주에 치중한 것과 달리 혁신도시별로 특색 있는 도시 발전계획을 수립하도록 하였다는 점에 의의가 있다. 또한 혁신도시에 대한 행정적·재정적 지원 근거로 활용하기 위하여 종합발전계획의 추진실적에 대한 평가를 실시하고, 그 결과에 따라 혁신도시별로 지원을 달리 할 수 있도록 하고 있다(법 제5조의2제8항).

혁신도시지구 지정과 관련하여 국토교통부장관은 국가기관 및 지방자치단체, 공기업 등의 혁신도시 개발사업자를 지정하고 이들의 요청 등을 통해 혁신도시개발예정지구를 지정할 수 있도록 하고 있다(법 제6조제1항, 제10조제1항).

그리고 혁신도시의 생활안정을 위하여 혁신도시사업시행자는 「대도시권 광역교통 관리에 관한 특별법」 제7조제1항의 규정에도 불구하고 사업시행자는 같은 항에 따른 광역교통개선대책을 수립하여 국토교통부장관에게 제출하도록 하고 있다(법 제24조). 또한 혁신도시가 있는 지역의 학교 및 교육과정 운영에서 특례를 규정하고 있는데 이는 특수목적 고등학교의 우선적 지정, 자율학교 및 특수목적 고등학교 운영에 필요한 교원의 임용 또는 소속 교원의 전보유예를 요청할 수 있도록 하고 있으며 혁신도시의 학교에 필요한 외국인교원을 임용할 수 있도록 규정하고 있다(법 제25, 26조). 또한 이전공공기관의 지역인재 채용에 대해 해당 기관이 이전한 지역에 소재하는 지방대학 또는 고등학교를 졸업하였거나 졸업예정자에 대해서는 대통령령이 정하는 비율에 따라 채용을 강제하도록 하고 있다(법 제29조의 2제1항).

혁신도시로의 이전 공공기관 및 직원 등에 대한 지원, 연구기관·종합병원 및 대학에 대한 지원 등을 규정하고 있으며(법 제45조, 45조의2, 47조), 혁신도시를 지역성장 거점으로 육성하기 위하여 혁신도시 발전지원센터를

---

11 대한국토·도시계획학회, 국토와 도시, 보성각, 2019, 537면.

설치·운영할 수 있도록 하고 있다(법 제47조의3). 또한 혁신도시의 성과가 혁신도시가 들어서지 아니한 다른 지방자치단체에도 확산하기 위하여 혁신도시 개발·운영의 성과를 공유할 수 있는 기금을 설치·운영할 수 있는 근거를 마련하고 있다(법 제49조).

Ⅲ. 혁신도시 조성 및 발전에서의 문제점

1. 혁신도시 관련 행정의 중복과 비효율

초기 혁신도시는 이제 공공기관의 이전이 마무리되면서 혁신도시 시즌2가 시작되면서 정책의 중심이 지방자치단체로 변화하였다. 그동안의 혁신도시 정책이 공공기관 이전에 치중되면서 중앙정부 중심으로 추진되었다면 혁신도시 시즌 2 이후에는 혁신도시 발전을 촉진하기 위하여 시·도지사가 혁신도시별로 발전계획을 수립하여 국토교통부장관에게 제출하도록 하면서 지방자치단체가 혁신도시 정책을 주도하게 되었다고 할 수 있다.

그러나 혁신도시를 관할하는 지방자치단체의 경우 혁신도시를 만들면서 세종특별자치시와 같은 별도의 지방자치단체가 구성된 것이 아니라 구도심의 기존의 지방자치단체가 혁신도시까지 담당하게 되었다. 이미 성장이 끝나 도시가 쇠퇴하는 구도심과 이제 급격한 성장을 시작하는 혁신도시는 도시성장에 있어서 큰 차이가 있는데 이를 동시에 담당하게 됨으로 인하여 행정의 효율성을 기대하기 어렵다.

하나의 혁신도시임에도 불구하고 이를 관리하는 지방자치단체가 이원화되어 행정의 중복이나 흠결이 발생하는 경우도 있다. 충북혁신도시의 경우 혁신도시 관할 지방자치단체가 음성군과 진천군으로 이원화되어 있으며, 전북혁신도시도 전주시와 완주군으로 이원화 되어 있다. 혁신도시 내부에

서도 행정구역이 이원화되어 있기 때문에 민원센터 등 기본적인 행정시설
은 해당 지방자치단체별로 마련할 수밖에 없어 예산과 인력의 중복이 불가
피하고 이로 인한 비효율성은 클 수밖에 없다.[12] 같은 혁신도시임에도 불구
하고 관할 지방자치단체가 상이함에 따른 행정서비스의 차이가 발생할 수
있을 뿐만 아니라, 행정서비스의 사각지대까지 발생할 수 있다는 점에서
혁신도시의 발전에 장애요인이 될 수 있다.

2. 혁신도시 정주여건의 미흡

혁신도시는 공공기관을 지방으로 이전시켜 해당 공공기관과 관련 기업
들에 종사하는 직원들이 해당 지역으로 이주하여 도시의 성장 동력으로 하
고자 하는 것을 전제로 하고 있다. 따라서 혁신도시 초기단계부터 이들이
조기에 원활하게 이주하여 생활할 수 있는 정주여건을 마련하는 것은 혁신
도시의 정착에 중요한 요소이다. 그러나 혁신도시 건설 초기단계에는 이전
하는 공공기관을 선정하고 선정된 공공기관을 언제 이전할 것인지 여부에
정책의 초점이 맞추어지면서 정주여건 등에 대해서는 상대적으로 소홀하
였다. 공공기관이 이전하면 관련 직원들도 단기간에 지방으로 대부분 이주
할 것이고 바로 지역이 발전할 것이라는 청사진만 강조된 것이다. 정작 혁
신도시의 정주여건은 매우 열악한 상황이 지속되었고 혁신도시가 시즌2를
추진하고 있는 것과 달리 10개의 혁신도시 주민들의 정주여건에 대한 만족
도는 아직도 낮은 상황이다.[13]

---

12 충북혁신도시의 경우 혁신도시 내에 진천군과 음성군이 각각 덕산혁신도시출장소와 맹
   동혁신도시출장소를 설치하여 운영하고 있으며 공원관리에 있어서도 각각 혁신도시 공
   원관리사무소를 설치하여 운영하고 있다. 전북혁신도시의 경우에도 전주시와 완주군에
   서 각각 혁신도시 민원센터를 설치하여 운영하고 있다.
13 빛가람 혁신도시를 대상으로 한 정주환경 만족도 평가 연구에서 자연환경 및 경관, 주거
   환경, 도로 및 주차, 이웃과의 관계, 치안 및 방범, 공원녹지 등 휴식시설을 제외한 10개
   특성은 평균 이하인 것으로 조사되었다. 이는 빛가람 혁신도시가 개발된 지 5년 이상이

정주여건의 불만족은 이주율에도 영향을 주게 되는데 혁신도시 계획과는 달리 낮은 이주율을 보이고 있다. 2020년 상반기를 기준으로 혁신도시의 가족동반 이주율은 65.3%인데 수도권에 가까운 경우에는 이주율이 낮게 나타나고 있으며 수도권과 거리가 먼 제주, 부산, 전북의 경우에는 가족동반 이주율이 높게 나타나고 있다.[14] 또한 실제 이주는 낮은 상황이다. 특히 지역에 따라 큰 차이를 보이는데 구도심에 위치하는 부산, 대구 등의 혁신도시의 경우에는 높은 이주율을 보이고 있지만 김천, 충북 등 도심 외곽에 위치하는 혁신도시의 이주율은 평균에도 미치지 못하고 있다. 가족동반 이주율도 증가추세이기는 하지만 주로 수도권과 가까운 지역이 상대적으로 높은 상황이다. 즉 비슷한 시기에 시작된 혁신도시들이 이미 이주율에서 큰 차이를 보이고 있는데 이는 해당 혁신도시의 성공적 정착 여부를 판단하는 중요한 요소가 되고 있다.

가족 동반 이주가 낮은 주요한 원인은 정주여건의 부족이다. 일반적으로 가족동반 이주를 고려할 때 교육과 의료여건을 중요시한다. 교육 분야에 있어서는 혁신도시 이전 가족들에 대한 별다른 정책적 배려나 특성이 없는 상황에서 이전 공공기관 직원들이 수도권의 교육환경을 버리고 가족동반 이주를 선택하기 쉽지 않다. 의료 분야에 있어서도 혁신도시내 종합병원이 없거나 이를 이용하기 위해서는 30분 이상이 걸리는 상황이다. 시즌2에 들어서는 지금에야 각 혁신도시별로 종합병원 설립이 추진되는 상황이라는 점을 감안하면 이를 실제 확충하기까지는 많은 어려움이 있을 것으로 예상되고 있다.[15]

경과된 점을 고려할 때 정주환경에 대한 만족도가 여전히 높지 않다는 사실을 보여주고 있다. 백민·안형순. 이전 공공기관 종사자의 혁신도시 정주환경 만족도 평가 분석, 한국콘텐츠학회논문지 제18권 제12호, 2018, 454면.

14 국토교통부, 20년 상반기 혁신도시 정주환경 통계조사 발표, 2020.8.12

15 혁신도시 여부를 넘어 비수도권의 경우에는 전문의 등의 전문의료인력을 확보하는 것이 매우 어려운 상황으로 산부인과 등 일부 분야는 전문의가 전혀 없는 경우도 발생하고 있다. 이러한 상황에서 시설의 확보뿐만 아니라 적정 전문의료인력을 적기에 확보할 수

혁신도시의 유형은 초기부터 '기존도시 활용형(혁신지구)'과 '독립 신도
시형(혁신도시)'으로 구분되었다.[16] 기존 도시 활용형의 경우 기존 도시 중
기성시가지나 산업단지 등 개발지역에 혁신지구가 위치하는 재개발형과
기성시가지나 산업단지를 제외한 기존도시 중 미개발지에 혁신지구를 두
는 신시가지형으로 구분하였다. 독립 신도시형(혁신도시)은 혁신도시를 새
로 구축하여 기존의 시가지와 연계되는 방안으로 제시되었다. 이 두 가지
방식 중 어떠한 방식으로 혁신도시를 추진하였는가는 혁신도시 조기 정착
의 성패를 결정하는 이주율에도 결정적인 영향을 미치게 되었다. 실제 부
산·울산 혁신도시와 경남 혁신도시에서의 이주율은 기존 구도심의 기반을
얼마나 활용할 수 있느냐를 두고 확연히 갈리고 있다. 부산 등 대도시에 위
치한 기조도시 활용형 혁신도시는 기존의 대도심 기반을 그대로 활용할 수
있기 때문에 정주여건이 비교적 양호하여 이주율이 높다. 하지만 독립 신
도시형으로 추진된 혁신도시의 경우 신도시로 조성되었기 때문에 정주요
건 마련에 오랜 시간이 소요되고 지연되는 경우도 빈번해지면서 이주율이
매우 낮게 나오고 있다. 특히 가족 동반 이주율이 심각하게 낮은 상황인데
이는 다시 혁신도시가 공동화하는 현상을 발생하고 있다. 서울과 가까운
충북, 강원 혁신도시의 경우 서울과 지리상 가까워 이주율이 낮게 나타나
고 있다.[17]

혁신도시의 정주여건 혁신도시 구상단계에서부터 기존 도심에 위치할
것인지 아니면 도시 외곽에 신도시 형태로 할 것인지에 따라 혁신도시의

있을지도 의문이다.

16 국토교통부, 공공기관 지방이전 및 혁신도시 건설 백서 총괄편, 2016, 25면.

17 가족 동반 이주율이 낮은 혁신도시의 경우 혁신도시로 이주한 공공기관, 기업의 직원들
이 주중에는 혁신도시에서 생활하고 주말에는 수도권에서 생활하면서 주말에는 혁신도
시에 사람이 없는 상황이 수년째 지속되고 있다. 이와 관련하여 실제 예정된 공공기관이
모두 이전해도 혁신도시는 기업과 인구가 없는 '유령도시'가 될 것이라는 예측도 있었
다. 김영봉. 행정도시, 혁신도시, 기업도시 문제의 본질과 대책, CEO Report 제9호,
2009, 19면.

정주여건 마련에 있어서 큰 차이를 보일 수밖에 없다. 하지만 혁신도시 초기에는 어떠한 공공기관이 언제 이전하는지에 치중하여 혁신도시내 정주여건 마련이 제대로 이루어지지 못한 것이다. 혁신도시 이주율이 낮아지면서 이는 주변 정주여건이 개선되지 못하는 원인이 되고 이는 다시 이주율이 낮아지는 원인이 되는 악순환이 발생하고 있는 것이다.

근본적으로는 혁신도시는 도시의 기본적인 인프라가 구축되지 않은 상황에서 단순히 근무하는 공공기관이 이전하였다고 하여 가족들이 모두 지역으로 내려올 것이라고 낙관하였다는 점이다. 공공기관은 순환 근무를 하는 경우가 많아 직원들이 가족만 서울에 두고 근무지인 지방에 따로 나와 거주하는 경우가 많다. 그렇기 때문에 공공기관을 이전하면 반드시 공공기관 직원들과 가족들이 대거 이주하는 것은 아님에도 불구하고 혁신도시를 서둘러 만들어야 한다는 것에만 집착하여 거주환경에 대한 노력이 부족하였다. 이는 혁신도시를 단기간에 하나의 성과로 바라보려는 관점과 수도권이 아니어도 신도시를 만들기만 하면 수도권의 인구가 몰려들 것이라는 과거의 중앙집권적 계획이 유지되었기 때문이다.

3. 혁신도시 구도심과 주변 도시의 공동화

혁신도시로 공공기관의 이전이 완료되고 이들을 위한 거주시설 등이 갖추어지면서 공공기관 이전으로 인한 인구유입 뿐만 아니라 주변 지역에서 혁신도시로의 인구유입이 심화되고 있다. 이는 구도심에서 혁신도시로의 인구유입 뿐만 아니라 주변도시에서 혁신도시로의 인구유입이 모두 발생하고 있다.

혁신도시 정책은 수도권에서 지방으로 공공기관 이전을 매개로 하여 인구가 이동하는 것을 기반으로 하고 지역의 인재들이 산학연 클러스터를 중심으로 혁신도시로 이동하는 것을 전제로 한다. 그러나 혁신도시가 혁신도시 주변 지역의 인구까지 흡수할 수 있다는 점이 충분히 고려되지 못하였다. 혁신도시가 구상되던 2000년대 초반만 하더라도 인구는 증가하는 것으로 인식되었고 지금과 같이 전 세계에서 유래를 찾아보기 힘들 정도의 저출산·고령화를 예측하기 힘들었다는 불가피한 측면도 있다. 하지만 혁신도시는 해당 지방자치단체의 구도심에 있는 인구를 혁신도시로 흡수하는 빨대 효과를 보이고 있다.[18]

혁신도시를 통해 구도심에도 활기를 불어넣을 것으로 기대하였으나 구도심의 노후화된 인프라에 비해 혁신도시에는 새로운 인프라가 확충됨에 따라 구도심의 주민들이 혁신도시로 이주를 선호하게 되고 이는 구도심의 공동화를 낳고 있다. 이러한 문제는 대도시를 기반으로 한 기존 혁신지구형 보다는 혁신도시형으로 추진된 지역의 중소도시의 혁신도시에서 보다 심각하게 발생하고 있다.[19]

구도심의 경우 많은 시설이 상당한 노후화가 진행된 지역으로 주민들의 재건축·재개발의 요구가 많은데 지역의 경기 침체 등으로 인해 이를 진행하는데 어려움을 겪는 경우가 많이 있다. 그런 상황에서 주변의 혁신도시로 인구가 이동함에 따라 구도심에 인구가 더욱 줄어드는 공동화가 발생하고 있는데 이로 인해 수익성 악화 등으로 인한 재건축·재개발 추진 자체가

---

18 이러한 빨대효과로 인해 원도심이 사실상 혁신도시로 흡수되고 있는 상황이다. 경북혁신도시인 김천시의 경우 2014년 공공기관 이전이 본격화하면서 혁신도시에 새로운 인구가 유입되기 시작하였는데 이 과정에서 원도심의 인구는 같은 기간 1500명이 감소한 것으로 나타났다. 김천시의 경우 원도심보다 혁신도시에 2배 이상의 인구가 살고 있으며, 원도심 전출자 중 14%정도는 매년 혁신도시로 이주하고 있는데 혁신도시로 이주하려는 잠재적 수요는 여전히 많은 상황이다. 임성호, 혁신도시와 연계한 원도심 활성화, 국토 제439호, 2018, 30-31면 참고.

19 경북혁신도시의 경우와 같이 구도심과 혁신도시는 지형적으로 상당한 거리를 두고 떨어져 있다. 이런 경우에는 혁신도시가 건설되는 경우에는 혁신도시가 정착되어 가면서 구도심의 주민들이 구도심의 낡은 주거를 버리고 혁신도시로 이주하게 된다. 이 과정에서 구도심이 급속하게 공동화되는데 지방자치단체는 이를 극복하기 위해서 도시재생을 통해 구도심 활성화를 도모하려 하고 있다.

표류할 수밖에 없다. 또한 지방자치단체는 재정자립도가 낮은 상황에서 혁신도시로 인해 거두어들인 지방세 등을 혁신도시에서 발생하는 각종 민원 등을 해소하는데 활용하기도 버거운 상황에서 구도심에까지 이를 사용하는 것도 여의치 않으며. 정책의 중심도 구도심 보다는 혁신도시의 정착에 집중될 수밖에 없는 상황이다. 결국 지역균형발전을 위해 지역의 활력을 넣기 위해 추진된 혁신도시가 다시 그 지역의 활력을 넣기 위한 도시재생 사업이 추가로 필요한 원인으로 작용하고 있는 것이다.

4. 혁신도시 지역과의 연계성 미흡

수도권에 주로 위치해 있던 공공기관이나 기업의 입장에서 과거 혁신도시 계획에서 요구되거나 고려된 지역밀착은 크게 중요한 요소가 아니었으며 그 필요성 역시 크지 않았다. 지역에 기여하기 보다는 일반적인 사회 기여 차원에서의 활동에 치중되어 있었으며, 무엇보다 공공기관의 경우 공공기관이라는 성격상 사회공헌활동은 어느 지역에 치중되기 보다는 일반 국민을 대상으로 할 수밖에 없었다. 다만 지역단위에서 지역사회 공헌으로 하는 활동은 공공기관의 지역단위 조직에서 추진하는 것이지 해당 공공기관 전체 차원에서 추진되는 사회공헌활동은 지역에 한정하여 추진하기에는 용이하지 않다. 이러한 상황에서 이전 공공기관이나 기업의 경우 지역사회 기여활동은 일회성이거나 주민과의 소통보다는 주민이 참여하는 행사를 개최하는 일방향성을 가질 수밖에 없다. 죄근에 이전한 공공기관의 지역사회 기여활동이 증가하는 추세를 보이면서 혁신도시정책이 강조하는 공공기관의 역할이 본격적으로 기능하고 있다고 평가할 수 있다. 하지만 혁신도시 정책의 효과라기보다는 혁신도시 정책과 별도로 정부에서 추진하고 있는 사회적 가치 구현이라는 정책의 효과에 기인한다고 보아야 한다. 특히 2018년 공공기관 경영평가 제도 개편을 통해 사회적 가치 구현이 중요한 요소가 되고 이 중 상생·협력 및 지역발전이 세부분야에서 독자적인 평가 지표가 되면서 평가를 위해 지역발전 기여가 높아졌다고 볼 수 있다.[20] 지역발전과 관련된 항목과 관련하여 지역사회를 위한 시설 이용, 편의제공 노력 등이 세부 평가 내용에 규정되면서 혁신도시 공공기관은 혁신도시 발전 차원의 협력사업 발굴보다는 운동장, 수영장 등 직원 편의 시설을 주민들도 이용할 수 있도록 하는 시설개방에 치중되고 있다. 혁신도시 계획에서 고려한 이전공공기관의 역할과 사회적 가치 지표에서의 공공기관의 역할은 다소 차이가 있다. 특히 지표 중심의 활동이다 보니 평가에 유리한 일회성, 일방향성 행사 중심이 되어 지역과의 연계를 통한 연속적인 사회기여를 도모하기 어렵다는 한계가 있다.

또한 혁신도시 공공기관과 기업 상호간에 지역발전 차원의 협력이나 협의 역시 미비한 수준이다. 분쟁이 발생하는 경우 지방자치단체 등 혁신도시 구성원간의 갈등 조정은 쉽지 않은 상황이다. 광주시와 전남도, 나주시는 빛가람 혁신도시에 들어서는 복합혁신센터 건립과 관련된 비용 문제에 있어서 협의회 운영이 용이하지 않은 상황이다.[21] 혁신도시 발전기금 조성에 관해서도 많은 이견을 보이고 있으며 특히 고형폐기물(SRF)연료와 관련하여 나주 열병합발전소 가동 문제의 경우 민관 거버넌스 회의마저 무산되는 등 심한 갈등을 보이고 있다. 혁신도시법 제31조에서는 혁신도시발전위원회를 두도록 하면서 각 혁신도시 관할 지방자치단체는 이에 따른 혁신도시발전위원회 설치 및 운영 조례를 마련하고 있지만 혁신도시와 관련된 기

---

20 2019년 공공기관 경영평가(100점 만점)에 있어서 세부항목을 살펴보면 경영관리 분야에 사회적 가치 구현 항목에 24점을 배점하고 있다. 세부 항목으로는 일자리 창출(7점), 균등한 기회와 사회통합(4점), 안전 및 환경(5점), 상생·협력 및 지역발전(5점), 윤리경영(3점)이 있다. 기획재정부, 2019년도 공공기관 경영평가편람(수정), 2019, 21쪽.

21 혁신도시 종합발전계획에서 혁신도시 정주환경 조성을 위해 문화·커뮤니티 시설과 창업공간 등이 집적된 복합혁신센터를 모든 혁신도시에 동시에 건립하고 이에 대해 100억한도로 국고 보조율 50%를 지원하도록 정하였다. 빛가람혁신센터는 총 490억 원의 공사비에 지상 6층 전체면적 2만m²규모로 설립하는 시설이다.

관의 의견 수렴 수준에 그치거나 혁신도시로의 기업유치에 보다 치중하면 서 상생발전 기반 구축에 대한 보다 구체적인 논의가 용이하지 않은 상황 이다.

5. 기업과 대학의 클러스터 구축 참여 한계

혁신도시는 이전공공기관을 기반으로 한 산학연 클러스터를 구축하여 도시의 성장 동력으로 하고자 하였다. 공공기관이 지방이전을 바탕으로 한 도시계획이 성공한 사례는 캐나다 온타리오 서드베리(Sudbury), 미국 캘리 포니아 어바인(Irvine) 비즈니스파크, 프랑스 소피아 앙티폴리스(Sophia Antipolis) 혁신도시를 들 수 있다.[22] 하지만 이러한 성공적인 사례는 이전되 어 온 공공기관이 중요한 역할을 해서가 아니라, 대학, 기업, 지방자치단체 등 혁신도시의 주체가 명확하였다는 점이다.[23]

공공기관이 수행하던 업무에서 클러스터가 필요한 부분은 매우 제한적 이라고 할 수 있다. 공공기관이 해당 업무가 법률상 명확하게 규정되어 있 어서 해당 사무만을 수행하도록 하고 있다. 이는 해당 공공기관이 이전하 는 경우 그 특성화 방향이 일반적인 기업이 이전하는 것보다는 명확하다는 장점이 있을 수 있다. 그러나 연구기능이 주된 공공기관을 제외하고는 일 반 기업과 마찬가지로 클러스터와 연관성이 떨어지게 된다. 해당 공공기관 과 연구 등을 지속적으로 수행하던 기업의 경우 해당 혁신도시로 이전을 고려할 수 있겠지만 혁신도시로의 이전이 해당 공공기관과의 연구를 지속 하게 하는 것을 의미하는 것이 아닌 상황에서 이전을 결정하는 것은 쉬운 일이 아닐 것이다. 이전한 기업에게 공공기관이 별도의 우대를 하는 것은

---

22 각 혁신도시의 자세한 내용은 남기범, 해외 혁신도시 유사사례와 정책적 시사점, 국토연 구 297호, 2006, 30-34면 참고.

23 이보영, 혁신도시와 지역 및 국가의 경쟁력, 한국경제지리학회지 제14권 제1호, 2011, 12면.

다른 지역의 기업에게 부당한 차별을 가할 수 있을 뿐 아니라 제도적으로도 많은 제약이 따르고 있기 때문에 공공기관이 산·학·연 클러스터 구축의 동력이 되는데 한계가 존재한다.

기업의 경우 그동안 혁신도시의 정주여건이 미흡하고 공공기관 이전이 다소 지연되면서 이제야 혁신도시로의 이전이 논의되고 있는 상황이다. 전국의 혁신도시는 동시에 시작되었으나 정주여건 등의 문제로 기업이전은 지역별로 심한 쏠림 현상을 보이고 있다. 국토교통부가 공개한 혁신도시별 입주기업 현황을 보면 2019년 상반기에 전국의 혁신도시로 이전한 기업은 1,017개였지만 이중 절반 이상이 경남혁신도시로 이전하였고 울산, 전북, 제주 혁신도시의 경우에는 한 곳의 기업도 이전하지 않은 것으로 나타나고 있다. 정주여건이 미흡하거나 주변에 산업단지 등 대안이 존재하는 경우 등의 요건에 따라 토지 분양률은 높지만 정작 실제 기업이전은 낮고 혁신도시별로 큰 차이를 보이고 있는 것이다.[24]

대학의 경우에도 혁신도시에 클러스터 구축에 참여하는 것도 용이하지 않다. 산학연 클러스터를 조성하는 과정에서 연관성이 높은 학과 중심으로 캠퍼스 일부 이전이 논의되었으나 지침 상호간의 충돌로 인해 불가능한 상황이다. 대학 설립·운영규정 제2조의7에서 대학의 일부에 대한 위치 변경 특례에서 대학의 일부를 산업단지 안으로 위치를 변경하는 경우만을 규정하고 있을 뿐 혁신도시로의 일부이전은 제외하고 있다.[25] 따라서 혁신도시

---

24 전북혁신도시의 경우 인근에 위치한 완주산업단지의 분양가가 전북혁신도시 클러스터의 분양가의 절반 수준에 불과하여 기업들이 전북혁신도시 입주를 꺼릴 수밖에 없는 실정이다.

25 대학설립·운영 규정 제2조의7(대학의 일부를 산업단지 안으로 위치 변경하는 경우의 특례) ① 대학(대학원대학은 제외한다)이 교육부장관이 정하여 고시하는 기준에 따라 대학의 일부를 그 주된 위치에서 변경하여 「산업입지 및 개발에 관한 법률」 제2조제8호에 따른 산업단지(산업단지와 인접한 지역을 포함하며, 이하 "산업단지"라 한다) 안에서 운영하는 경우에는 제2조제6항 각 호 외의 부분 본문에도 불구하고 설립주체의 소유가 아닌 건축물 또는 토지를 교사 및 교지로 사용할 수 있다.

시행지침에서는 대학 등 교육 연구시설의 건축을 허용하고 있으며 이에 따라 혁신도시 클러스터 부지를 분양하였지만 실제 대학의 클러스터 관련 학과나 연구소 이전은 불가능한 문제가 있다.

6. 지역발전을 위한 상생발전기금 조성 미흡

혁신도시는 공공기관 이전을 기반으로 한 신도시 건설이 아니라 주변 지역의 성장을 선도하는 역할을 중요시하였다. 이러한 취지를 고려하여 혁신도시의 개발과 운영의 성과를 주변지역과 공유할 수 있도록 하기 위한 방안으로 혁신도시법에서는 지방세액의 전출 및 별도의 기금 운영을 규정하고 있다.[26] 혁신도시 시즌2 추진방안에서도 이전기관이 납부한 지방세를 기반으로 상생발전 기금을 조성하도록 유도하기로 하였다. 실제 전북 지역균형발전기금의 경우 목표액 35억 원을 목표액으로 설정하고 '17년 9억 원을 조성하였다. 또한 광주·전남 혁신도시의 경우 2006년 전라남도와 광주광역시가 성과공유 협약을 체결하여 공공기관 지방세의 70%로 기금 조성을 추진하기로 하였다.

그러나 실제 혁신도시의 상생발전 기금조성 추진 현황은 계획과 달리 미비한 상황이다. 우선 혁신도시법 시행령 제45조에서는 기금의 설치 및 운

---

26 혁신도시법 제49조(혁신도시 개발·운영의 성과 공유) ①국가 및 지방자치단체는 혁신도시의 성과가 혁신도시가 들어서지 아니한 다른 지방자치단체에도 확산되어 지역균형발전에 기여하도록 노력하여야 한다.

② 혁신도시가 들어선 시·군·구(자치구를 말한다. 이하 같다)는 이전공공기관이 납부한 지방세액의 전부 또는 일부를 다른 시·군·구의 발전을 위하여 사용하도록 하기 위하여 관할 광역시 및 도로 전출할 수 있다.

③ 혁신도시가 들어서는 시·도는 제2항의 규정에 따라 전입 받은 지방세액과 그 시·도가 출연하는 재원 등으로 그 시·도 관할구역 안의 시·군·구의 발전을 위한 기금을 설치·운영할 수 있다.

④ 공동혁신도시를 건설하는 경우에는 관계 시·도가 공동으로 제3항의 기금을 설치·운영할 수 있다.

영에 관한 사항은 해당 지방자치단체의 조례로 정하도록 하고 있으나 혁신
도지 중 가정 먼저 기금조성에 나선 전라북도만 독립적인 조례('전라북도
혁신도시 성과공유 지역균형발전지금 설치 및 운용 조례')가 제정되어 있
을 뿐 혁신도시가 들어선 다른 지방자치단체에서 이와 관련된 조례를 제정
하지 못하고 있다.

초기 혁신도시 선정 시기와 달리 혁신도시 내부에서 다양한 문제와 요구
가 증가하는 상황에서 이전한 공공기관 등이 납부한 지방세를 다른 지역의
발전을 위해 사용한다는 것은 해당 지방자치단체의 입장에서는 기금 조성
부터 선뜻 이행하기 쉽지 않은 상황이다. 광주전남 혁신도시의 경우에도
성과공유 협약에도 불구하고 발전기금 조성에 지방자치단체 상호간 이견
으로 큰 진전을 보이지 못하고 있는 실정이다.[27]

IV. 지역혁신거점 기능을 위한 혁신도시법제의 개선방안

1. 중앙정부와 지방자치단체 역할 정립

혁신도시는 지방자치단체가 해당 사업 추진에 대하여 많은 논의를 통해
제안하도록 한 것이 아니라 공공기관 이전이라는 수혜를 얻기 위해 경쟁적
으로 지방자치단체가 혁신도시개발계획을 급조하여 제안하도록 하면서 시
작되었다. 혁신도시 사업이 지방자치단체가 제안을 하면 중앙정부가 검토
하여 지역에 안분하여 승인하는 방식으로 추진되었다. 따라서 혁신도시법
은 형식상 지방자치단체의 참여를 전제한 상향식 개발계획으로 되어 있으

---

27 혁신도시 기금 높고 광주전남 상생 삐걱, 전남일보, 2019.2.28.; 혁신도시 발전기금 이
견, 광주매일신문, 2019.5.28.

나 실질적으로는 기존의 중앙집권적 계획의 형태가 그대로 유지되었다.[28] 지방자치단체는 혁신도시를 스스로 창안하여 지역발전의 중심으로 정책을 구상한 적이 없다. 따라서 지방자치단체는 혁신도시를 중앙정부가 보내 준 하나의 선물로 인식할 뿐이다.[29]

혁신도시 성장을 위하여 시즌2가 마련되었지만 지방자치단체에 계획고권이 없는 상황에서 지방자치단체의 혁신도시 정책은 기존의 정책을 그대로 유지하면서 보완 혹은 구체화하는 수준에 머물 수밖에 없었다.

지방자치단체의 계획고권은 "지방자치단체가 관할 구역 내의 공간질서를 수립함에 있어서 자치권의 범위와 상급계획의 범위 안에서 스스로 계획을 수립하고 집행할 수 있는 구속력 있는 권한"[30] 또는 "지방자치단체가 국가의 지시에 엄격하게 구속되지 않으면서 자기지역의 전체적 공간질서를 적극적으로 형성·발전시키고 이를 구속적으로 확정하는 권한과 상위의 국가계획수립과정에의 참여권을 포함하는 개념"[31]이라고 할 수 있다 현재 지방자치단체는 형식적으로는 계획고권을 가지고 있지만 실질적으로는 중앙정부가 결정한 계획의 집행을 위한 사무 처리를 수행하는 정도에 머물러 있다. 국토계획법제에서 중앙집권적 통치형태는 그대로 유지되고 있어서 각 지방자치단체가 서로 다른 그 지역적 여건을 고려하여 나름대로 차별화하여 규율할 여지가 사실상 거의 없어서 단지 제목만 조례로 바뀌 법에서 규정한 사항을 다시 정하고 있는 상황이다.[32] 이러한 문제를 해결하기 위해

---

28 혁신도시 개발에서 지방자치단체의 권한과 역할은 별로 주어져 있지 않아 당해 지역의 지역계획고권을 가진 지방자치단체라는 말이 무색할 정도이다. 황해봉, 기업도시, 혁신도시 및 행정중심복합도시 법제에 대한 토지공법적 검토, 토지공법연구 제37집 제2호, 2007, 120면.

29 이민원, 대한민국 플랜B로서 혁신도시 2.0 구축방안, 지역사회연구 제24권 4호, 2016, 115면.

30 정훈, 지방자치단체의 계획고권과 국토의 균형발전, 토지공법연구 제84집, 2018, 60면.

31 김남철, 지방자치단체간의 갈등 완화를 위한 계획법상의 원칙, 공법학연구 제29집 제4호, 2001, 350면.

32 김희곤, 국토계획법제에 대한 평가, 토지공법연구 제52집, 2011, 41면.

서는 무엇보다 궁극적으로 지방자치단체에 실적인 계획고권이 부여되어 혁신도시 관할 지방자치단체가 보다 지역에 보다 적합한 정책을 마련하여 추진할 수 있도록 하여야 한다.

계획고권상의 한계가 있지만 '혁신도시 시즌 2'는 혁신도시 추진 주체가 그동안의 중앙정부에서 이제는 혁신도시 관할 지방자치단체로 변화하였다는 것을 의미한다. 혁신도시의 관할 지방자치단체가 '혁신도시 시즌 2'를 마련하였지만 지금까지의 단계까지 오는 동안 발생한 많은 문제점들은 지방자치단체가 독자적으로 해결하기 힘든 사안들이다. 하지만 혁신도시에 대한 중앙정부의 지원은 대부분 청사 신축비 등에 한정되어 왔으며 '혁신도시 시즌 2'에 들어서면서 예산지원도 점차 감소하고 있다.[33] 혁신도시법에서 조성 이후 발전에 관해 규정하고 있는 각종 지원 방안은 물론 '혁신도시 시즌 2'에서 제시하고 있는 혁신도시별 발전방안은 중앙정부가 단순히 후견의 입장에서 가능한 것이 아니라 보다 적극적이고 실질적인 지원이 뒷받침되어야 가능하다.

우선 중앙 부처별로 산재되어 있는 지역 활성화 정책의 정비가 필요하다. 혁신도시는 클러스터를 지역발전 기반으로 하고 있지만 부처별 지역 활성화에서는 이러한 요소가 충분히 고려되지 못하고 있다. 정책 부서가 산재함에 따라 혁신도시 활성화 정책, 지역 경제 활성화 정책 등 정책이 난립하고 있으며 이로 인해 정책의 불필요한 중복이나 공백이 발생할 뿐만 아니라 지방자치단체에게는 혼란을 가중시킬 뿐이다. 혁신도시에 적용되는 정책들을 양정부 차원에서 먼저 일원화 시키는 정책 통일이 추진되어야 한다.

'혁신도시 시즌 2'에서 제시하는 각 혁신도시별 전략산업의 클러스터 구축과 관련하여 연구기관의 유치 및 신설을 위하여 주변의 대학이 쉽게 연구기관을 설립하거나 전략산업과 연계된 학과가 이전할 수 있도록 '대학

---

33 혁신도시 특별회계를 살펴보면 2012년에는 1,270억 원 이었으나 2014년에는 109억 원으로 감소하였고 2017년에는 8억 원으로 급격하게 감소하고 있다.

설립·운영규정'상 대학의 일부 이전에 혁신도시를 포함하는 방안이 마련되어야 한다. 혁신도시에서 대학의 기능을 위해서는 혁신도시에 입지가 용이할 수 있도록 산업단지 캠퍼스와 유사한 특례조항 신설도 고려될 수 있다.

또한 혁신도시로의 유입을 활성화하기 위하여 보다 과감한 정책 지원을 고려할 필요가 있다. '혁신도시 시즌2'에서 클러스터 조성을 규정하고 있지만 정작 기업들에 대한 실질적인 유인책은 제시되지 못하고 있다. 현재 취득세나 재산세 등의 감면이 시행되고 있지만 클러스터 부지의 분양률은 높아지고 있지만 정작 기업의 입주까지 연결되지 못하고 있다. 따라서 부지 매입보다는 기업의 입주를 전제로 하는 각종 세액에 대한 감면을 연장하거나 확대하는 방안이 보다 현실적이라고 할 것이다.

정주여건과 관련하여 중앙정부가 지금까지 별다른 정책적 지원을 하지 않고 있는 자율학교와 특목고 우선지정(혁신도시법 제25조), 교육재정지원 특례(동법 제26조), 외국인교원 임명(동법 제27조) 등은 이미 법률상 근거가 마련되어 있기 때문에 조속한 집행이 이루어져야 할 것이다. 이와 관련하여 정주요건 중 중요한 요소인 교육과 관련하여 자율형 사립고가 없는 시·도로 이전한 기관·기업 임직원 자녀에게 고등학교 입학 특례를 주는 초·중등교육법 시행령 개정도 고려될 수 있을 것이다.

지방자치단체 차원에서는 주변 지방자치단체와의 긴밀한 협조가 이루어져야 한다. 혁신도시가 '혁신도시 시즌 2'로 본격화하면서 주변지역에서 혁신도시로 인구 이동은 더욱 가속화 될 수 있다. 이러한 상황에서 혁신도시의 지방자치단체와 주변 지방자치단체와의 갈등이 발생할 수 있기 때문이다.

중앙정부, 지방자치단체의 역할 변화 중 대표적인 것은 지역균형발전기금을 들 수 있다. 혁신도시의 성과를 주변 지역과 공유하기 위하여 조성하는 지역균형발전기금 조성에 있어서 중앙정부 및 지방자치단체의 역할이 명확하여야 한다. 혁신도시법 제49조에서는 혁신도시 개발 운영의 성과를 공유하기 위하여 해당 지방자치단체는 기금을 설치 운영할 수 있도록 규정하고 있다. 하지만 기금 설치가 임의적으로 규정되어 있어서 성과공유는 쉽게 이루어지지 않고 있다. 전북혁신도시의 경우 35억 기금을 조성할 계획인데 혁신도시의 성과를 공유할 주변 시군이 많은데 주변지역이 이를 활용하기에는 턱없이 부족한 금액이다. 다른 혁신도시의 경우에는 지역균형발전기금 조성 자체도 원활하게 추진되지 못하고 있는 상황이다. 지방자치단체는 기금 자체가 혁신도시 관할 지방자치단체에게는 손해라고 인식하면서 기금조성에 소극적이거나 기금을 원래 취지와는 다르게 혁신도시 내부의 문제 해결에 사용하는 것을 선호하는 경향을 보이고 있다.

지역균형발전기금의 목표를 실현하기 위해서는 기금의 규모를 보다 확대하는 등의 조치가 필요한데 이를 지방자치단체가 추진할 문제로 방치할 것이 아니라 중앙정부 차원에서 일종의 발전기금 조성의 마중물로서 일부 기금 지원이 고려될 필요가 있다. 중앙정부가 기금을 먼저 일부 지원하고 지방자치단체의 참여를 독려함으로써 기금 규모의 확대를 도모할 수 있으며 혁신도시 관할 지방자치단체가 기금 조성을 하도록 실질적으로 강제할 수 있다. 또한 중앙정부는 지원을 근거로 하여 이러한 기금이 제대로 조성되고 쓰이고 있는지 감독이 가능할 것이다.

지방자치단체 역시 혁신도시가 성과를 혁신도시 안에서만 나누려고 하는 것이 아니라 주변지역과 공유한다는 취지를 기금조성 및 집행을 통해 주변지역이 실제 접할 수 있도록 하여야 한다. 혁신도시는 주변지역과의 상생이 없다면 혁신도시 정책의 성공을 기대하기 힘들다는 점에서 혁신도시 관할 지방자치단체가 기금 조성을 기반으로 주변 지방자치단체의 공감대와 협조를 유도하는 노력이 필요하다.

2. 혁신도시 발전지원센터의 활성화

혁신도시로 이전한 공공기관과 기업, 대학이 연계되는 클러스터 구축은 혁신도시 성장의 기반이 되는 요소이다. 하지만 지금까지 중앙정부나 지방자치단체들은 혁신도시 계획에서 클러스터 구축을 먼 미래의 일로 인식하고 공공기관 이전에 매몰되었다. 몇 개의 공공기관이 언제 이전하는가 여부에 집중되어 이전 이후에 추진되어야 할 산학연 연계는 논의에서 소홀할 수밖에 없었다. 혁신도시 건설초기에는 산학연 클러스터 구축 등을 위하여 '혁신도시 비즈니스센터'가 운영되었다. 그러나 실제로는 혁신도시 건설과 공공기관 이전지원업무에 집중하면서 중장기적 발전방안 마련 및 산학연 유치 등의 역할은 미흡하였다. 조직구조상 전담인력이 부족하였으며, 투자유지 업무의 전문성도 부족하였기 때문이다.[34] 기업 역시 현재 입주해 있는 지역에 비해 혁신도시의 정주여건까지 미흡한 상황에 클러스터 구축에 적극적으로 나서기 쉽지 않았다.

이러한 문제를 해결하는 역할 수행을 위하여 혁신도시법을 개정하여 제47조의3에서 '혁신도시 비즈니스센터'를 '혁신도시 발전지원센터'로 변경하여 설치·운영할 수 있는 근거를 마련하였다. 이에 의하면 발전지원센터의 설립은 시도지사가 자율적으로 결정하되 국토교통부의 협의를 거쳐 재단법인의 형태로 설립하도록 규정하였다. 그러나 발전지원센터는 지방자치단체가 의무적으로 설치하여야 하는 기관도 아니도 설치 초기 단계에서 소요되는 예산노 크기 때문에 실제 설립은 미흡한 상황이다.[35]

발전지원센터는 단순한 지원이 아니라 클러스터 활성화 촉진과 혁신성

---

34 윤영모, 지역성장거점 육성을 위한 혁신도시 발전지원센터 활성화 방안, 국토 제439호, 2018, 35-36면.

35 현재 혁신도시 중 경북혁신도시만 2016년부터 센터를 운영하고 있으며 인력 역시 6명 정도에 불과하다. 혁신도시의 센터 설립에 부지매입 및 건축비용으로 240억 원이 소요되었는데 지방자치단체의 입장에서는 큰 부담이 될 것이다.

장거점으로 육성하기 위한 전략 수립 등 혁신도시의 실질적인 기능을 담당하도록 하고 있다는 점에서 한시적이라고 하여도 필수적으로 설립되어야 한다. 과거 비즈니스센터와 같이 부처의 하나의 팀 단위 또는 업무별 담당 부서에서 나누어 이를 수행하는 것은 증가하는 업무를 고려한다면 적절하다고 할 수 없다. 발전지원센터의 설립 부진이 초기 예산 문제라는 점을 고려한다면 중앙정부, 지방자치단체, 민간 등의 비용 분담 방안 마련이 선행되어야 한다. 지역에 있는 테크노파크 및 연구개발진흥재단의 경우 초기 설립비용은 상당부분 정부에서 지원하였다는 점을 고려하면 혁신도시 발전지원센터에 대해서도 중앙정부의 지원방안이 마련되어야 한다.[36] 혁신도시 계획을 주도한 중앙정부가 혁신도시 시즌2에서 규정하고 있는 바와 같이 혁신도시 활성화를 지방자치단체의 역할이라고 그칠 것이 아니라 지방자치단체가 활성화를 할 수 있는 법적 기반을 마련하여야 실질적인 시즌2의 시작이라고 할 수 있다.

또한 발전지원센터가 재단법인의 형태로 설치 및 운영되고 있다는 점을 고려하면 센터의 의사결정을 위한 이사회 등의 의사결정기구를 명확하게 규정하여야 한다. 의사결정기구의 구성에 있어서도 이전공공기관, 기업, 연구기관, 대학, 지역대표 등 다양한 분야의 주체들이 참여하고 주도하도록 하고 중앙정부나 지방자치단체는 이를 지원하는 역할 분담이 이루어져야 한다. 이를 통해 지역의 다양한 주체들의 주도적인 참여는 혁신도시 발전정책의 수립과 추진의 과정에서 지역의 공감대를 형성하고 정책의 실효성을 확보할 수 있다.

3. 지역인재채용 제도의 개선

참여정부 시기에 정부의 국정과제 중 하나인 국가균형발전을 법제화 하

---

36 윤영모, 앞의 논문, 43면.

기 위하여 「국가균형발전특별법」이 제정되었다.[37] 이 중 지역인재의 양성과 관련하여 「국가균형발전특별법」제12조에 지역 교육여건 개선과 인재양성을 규정하고 있다.[38] 이에 따르면 국가 및 지방자치단체는 지역의 교육여건 개선과 국가균형발전에 필요한 우수인력의 양성을 위한 사항을 규정하고 있는데 지방대학 졸업자 등에 대한 국가·지방자치단체·공공기관 등의 고용우대를 포함한 채용장려에 대한 사항을 포함하여 단순한 채용장려에서 '고용우대를 포함한 채용장려'로 구체화하고 있다.[39] 이는 지역인재의 육성을 통해서 지방 소재 대학의 경쟁력을 강화하고 지역인재의 수도권 유

---

37 국가균형발전특별법에서 국가균형발전은 제정 당시 제2조 제1호에는 '지역 간 발전의 기회균등을 촉진하고 지역의 발전역량을 증진함으로써 삶의 질을 향상하고 지속가능한 개발을 도모하여 국가경쟁력을 강화하는 것'이라고 하였으나 이후 개정을 통해 현재 '지역 간 발전의 기회균등을 촉진하고 지역의 자립적 발전역량을 증진함으로써 삶의 질을 향상하고 지속가능한 발전을 도모하여 전국이 개성 있게 골고루 잘 사는 사회를 구현하는 것'이라고 정의하고 있다.

38 국가균형발전특별법 제12조(지역 교육여건 개선과 인재 양성) ① 국가 및 지방자치단체는 지역의 교육여건 개선과 국가균형발전에 필요한 우수인력의 양성을 위하여 다음 각 호의 사항에 관한 시책을 추진하여야 한다.

  1. 지방대학(수도권이 아닌 지역에 있는 「고등교육법」 제2조 각 호에 따른 학교를 말한다. 이하 같다)과 산업체 간 산학협동을 통한 고용촉진에 관한 사항

  2. 수도권이 아닌 지역에 있는 「초·중등교육법」 제2조제3호에 따른 고등학교 또는 이에 준하는 학력을 인정받는 학교의 졸업자 또는 졸업예정자에 대한 지방대학 입학 지원에 관한 사항

  3. 지방대학 졸업자 또는 졸업예정자에 대한 지방대학의 대학원 입학 우대 및 국가·지방자치단체·공공기관 등의 고용우대를 포함한 채용장려에 관한 사항

  4. 지방대학 우수졸업인력의 지역정착을 위한 지원에 관한 사항

  5. 지방대학 특성화 및 지방대학의 대학원 교육·연구 역량 강화와 산학연 협력 강화에 관한 사항

  6. 지역 초등학교·중학교·고등학교(「초·중등교육법」 제2조 각 호에 따른 학교를 말한다. 이하 같다) 교육여건 개선에 관한 사항

  7. 지방대학 역량 강화와 교육 개선 지원에 관한 사항

  8. 그 밖에 지역 교육여건 개선 및 지역 인적자원개발에 필요한 사항

39 2014년 개정으로 채용장려제의 대상을 기존의 국가 및 지방자치단체에서 공공기관까지 확대하였다.

출을 방지하고 해당 지역에 정주하면서 지역발전에 공헌하도록 하는 취지에서 도입되었다.[40] 또한 2014년에 제정·시행된 「지방대학 및 지역균형인재 육성에 관한 법률」은 지역인재 채용 확대를 독려하기 위해 공공기관 및 상시근로자 300인 이상 기업이 대졸 신규 채용 인원의 35% 이상을 지역인재로 채용하는 경우 국가와 지방자치단체는 해당 공공기관 및 기업에 대해 행·재정적 지원을 할 수 있도록 하였다.

이러한 제도는 고용우대 혹은 채용장려의 형태로 규정되었는데 혁신도시법 제29조의2에서는 이전공공기관의 장은 해당 기관이 이전하는 지역에 소재하는 지방대학 또는 고등학교 졸업생이거나 졸업예정자에 대해서 일정 인원을 채용하도록 강제하고 있다.[41] 이는 과거의 채용장려가 의무가 아닌 우대이기 때문에 실제 효과가 크지 않다는 점과 혁신도시 자체가 지역 인력의 활용을 기반으로 하고 있다는 점을 고려하여 혁신도시법은 지역인재의 의무적 채용을 규정하고 있는 것이다. 저출산·고령화에 청년층이 일자리를 찾아 수도권으로 이주하는 상황에서 공공기관에 일정 비율 채용을 강제하는 것은 이들을 지역에 정착시키는 매우 강력한 유인수단이다. 이는 "공공기관 지방이전 → 지방에 양질의 일자리 제공 → 해당 지역인재의 양질의 일자리 취업 가능성 확대 → 해당 지역인재의 수도권 유출 방지 → 공공기관 취업 우대로 지방대학에 우수 인재 입학 → 국가균형발전 실현"이라는 혁신도시의 궁극적인 목표를 구현하는 방안을 제도화한 것이다.

지역인재채용제도가 혁신도시의 목표 구현에 기능하기 위해서는 우선 지역의 범위를 조정할 필요가 있다. 혁신도시 입주 공공기관 입장에서는

---

40 지역인재 선발제도 도입에 대한 주요 내용은 조상균, "지방소재 법전원의 현안과 과제-지역인재 선발제도를 둘러싼 문제를 중심으로-", 법학논총 제39권 제3호, 전남대학교 법학연구소, 2019, 38-42면 참고.
41 혁신도시법 시행령 제30조의2 제1항에서는 채용시험의 실시단계별로 이전지역의 채용 의무 대상이 되는 사람이 선발예정인원 대비 일정 비율 이상이 되도록 강제하고 있다. 동법 시행령 별표 1을 보면 2018년 18%에서 매년 3%씩 증가하여 2022년도 이후에는 이전공공기관이 지역인재를 30%이상 채용하도록 규정하고 있다.

그 범위가 해당 혁신도시 소재 지역으로 한정되어 버리는 경우에는 아무리 지역 내 인재라고 하더라도 다양한 인재 채용에 한계가 있다.[42] 의무채용의 취지에는 공공기관도 공감대가 형성되어 있지만 점점 높아지는 채용 비율을 고려하면 해당 지방자치단체로 한정하는 경우 지역에서 공급되는 지역인재와 선발에 필요한 지역인재와의 격차는 커질 수밖에 없다. 따라서 지역의 범위를 시도에서 광역으로 확대하여 공공기관 뿐만 아니라 그 수혜지역을 확대할 수 있는 탄력적인 운영이 필요하다. 혁신도시의 취지가 혁신도시 자체만의 성장이 아니라 혁신도시와 주변지역을 발전시키는데 있다는 점을 고려하면 이렇게 지역을 탄력적으로 운영한다고 하여도 지역 인재의 취업기회를 확대하여 혁신도시의 성과를 공유하는 취지에 부합할 것이다. 이 과정에서 의무채용의 범위를 해당 시도를 1차로, 광역을 2차로 구분하여 해당 혁신도시 지역을 우선하되 부족한 인원은 광역단위에서 채용하는 방안도 고려될 수 있을 것이다. 다만 이러한 확대로 인해 다른 지역에서는 의무채용의 취지에 반하는 결과를 낳을 수 있다. 따라서 의무채용의 범위를 시도에서 광역까지 확대하는 방안은 지방자치단체에서 자율적으로 정하도록 하고 그 범위가 혁신도시의 의무채용 취지를 훼손하지 않는 범위 내에서 중앙정부가 승인하는 방안이 보다 적절할 것이다.

---

42 이전 공공기관의 이전지역 지역인재 채용률을 지역별로 보면 이전지역 지역인재 채용률이 가장 높은 지역은 부산으로 30.3%를 보이고 있는 반면에 울산은 4.4%로 상대적으로나 절대적으로나 매우 낮은 비율을 보이고 있다. 이러한 차이를 보이는 것은 여러 요인들이 있겠지만 지역 간 이전공공기관들의 채용규모와 그 지역에서 공급되는 지역인재규모간의 격차 차이가 매우 중요한 요인일 것으로 추측된다. 울산의 경우 울산소재 대학수, 그 결과 졸업생수가 다른 지역에 비해 크게 적기 때문에 울산으로 이전한 공공기관들의 울산지역 인재채용비율이 낮게 되었을 것이다. 류장수·조장식, 이전공공기관의 지역인재채용 실태와 채용 결정요인 연구, 지역사회연구 제26권 제4호, 2018, 53면.

4. 주민참여형 혁신도시 계획 추진

혁신도시 정책 추진과정에서 중앙정부 중심의 정책 추진이 이루어져 왔으며 많은 이해관계로 인해 해당 지방자치단체의 목소리가 충분히 반영되기 힘들었다. 혁신도시 시즌2부터는 해당 지방자치단체뿐만 아니라 주민들의 목소리를 듣고 이를 정책에 반영할 수 있는 상향식 정책 수립과 추진이 이루어져야 할 것이다. 즉 계획안의 수립단계에 있어서도 보다 일찍부터 즉 계획안의 고려단계, 성안단계에서부터 주민 등 이해관계인의 참여가 보장됨이 바람직하다.[43]

이를 위해서는 무엇보다 혁신도시의 주민이 혁신도시의 다양한 문제를 건의하고 이를 정책에 반영하는 주민참여형 정책 수립이 이루어져야 한다. 혁신도시 주민들의 참여가 단기간에는 부족한 정주여건의 확충 요구에 치중될 수 있으나 이들이 참여하는 과정에서 혁신도시 정책에 대한 이해를 높이고 지방자치단체가 추진하는 정책에 대한 주민들의 협조를 얻을 수 있기 때문이다.[44]

지방자치단체는 원칙적으로 계획고권을 가진다고 하더라도 상위법이나 상위기관으로부터의 제한을 인정하지 않을 수 없다. 그래서 지방자치단체와 해당 지방자치단체의 주민이 밀접한 관련이 있는 경우에는 협조와 참여 없이는 계획의 목표를 원활하게 실현하는 것은 사실상 불가능하다. 우선적으로 계획의 수립과정에서 지방자치단체와 주민의 이해가 선행되어야 하고 결정과정에 의견을 진술하거나 참여할 수 있어야 한다.[45] 이러한 주민들

---

43 김희곤, 앞의 논문, 48면.
44 우리는 지방자치단체의 관할 구역이 외국에 비하여 크며 따라서 지방단위에서 참여형 거버넌스 형성가능성에 있어서 상대적으로 불리한 입장이다. 이를 보완하기 위하여 향후 지방단위의 참여활성화에 관심을 가져야 한다. 특히 지방단위의 하부구역인 지역사회에서의 참여기제에 대한 관심증대가 요구된다. 이승종·김혜정, (제2판)시민참여론, 박영사, 2018, 490면.
45 장교익·이진홍, 지방자치단체의 도시계획고권에 관한 고찰, 법학연구 제54집, 2014, 209면.

의 이해와 협조는 지방자치단체가 추진하는 혁신도시 정책 성공의 기반이 될 수 있다.

다른 지역과 달리 혁신도시는 기존 거주민이 아니라 절대 다수가 타지에서 이주하였다는 점에서 지역에 대한 유대감 등이 약한 상황이다. 이들을 적극적으로 각종 계획에 참여하도록 유도하는 것은 거주하는 곳, 근무하는 곳이라는 단순한 도시 관념을 넘어서 혁신도시에 보다 밀착할 수 있는 계기가 될 수 있다. 즉 혁신도시는 "내가 (수도권에서) 이주한 도시"라는 개념이 아니라 "내가 만들어가는 도시"라는 개념이 자리 잡도록 하여야 한다.

한편으로는 혁신도시 주민들뿐만 아니라 구도심의 주민들의 정책 참여도 고려되어야 한다. 기본적으로 혁신도시로 인해 발생한 구도심의 공동화를 해소하기 위한 방안에 대한 주민들이 의견을 진술하거나 참여하도록 하여야 한다. 무엇보다 앞으로의 도시개발사업은 전면 철거방식의 재개발, 재건축 사업보다는 기존의 주거지를 점진적으로 개선해나가는 도시 새장 사업 중심으로 진행될 것으로 이러한 도시 재생사업에서는 현지 주민들의 참여는 필수적으로 요구된다.[46] 이들은 구도심에 대한 도시정책뿐만 아니라 구도심과 혁신도시간의 연계방안까지 논의를 확대할 수 있으며 이를 통해 구도심과 혁신도시가 상생할 수 있는 방안 모색을 기대할 수 있다.[47]

---

46 강현수, 주민의 인권과 권리를 보장하는 참여도시 만들기, 저성장 시대의 도시정책, 한울아카데미, 2011, 330면.

47 이와 관련하여 혁신도시와 원도심은 태생부터 다르기 때문에 이핵연계형 도시계획을 마련하여야 한다는 견해가 있다. 이에 의하면 혁신도시는 "빠른 도시", "현대적 도시", "스마트 도시"로, 원도심은 "느린 도시", "밤의 도시", "역사문화도시"로 발전시킬 필요가 있다는 것이다. 임성호, 혁신도시와 연계한 원도심 활성화, 국토 제439호, 2018, 33-34면. 하지만 혁신도시와 원도심의 태생이 다른 것은 명확하지만 이러한 구분은 자칫하면 혁신도시와 구도심을 명확하게 구분하는 잣대가 될 수 있다는 점에서 보다 신중하여야 한다. 혁신도시와 구도심의 각각 부족한 부분을 상호 보완하는 형태의 도시계획이 추진되어야 혁신도시의 지역 이질성을 보다 완화하고 구도심의 기능을 유지하고 활성화 시킬 수 있을 것이다.

5. 혁신도시 선정 제도의 개선

혁신도시 정책이 추구하는 지역균형발전은 수도권의 억제를 통해 지역 불균형을 교정하는 것이 아니라 수도권과 지방의 상생발전 전략에 따라 전국의 각 지역을 상호의존의 공생관계로 발전시켜 전 국토의 성장잠재력을 극대화하는 국가발전전략이라고 할 수 있다.[48] 이러한 지역균형발전은 지역 간에 성장의 과실을 단순히 균등하게 배분하는 것이 아니라 지역 간의 '창의적인 경쟁'과 '민주적 참여'의 원칙 하에서 각 지역의 잠재력을 최대한 살릴 수 있는 기회가 보장되고, 국가 전체적으로 최선의 시너지 효과를 낼 수 있는 것이어야 한다.[49] 따라서 혁신도시는 정책의 성패와 무관하게 주변지역 성장을 위한 혁신이라는 목적을 지속적으로 유지할 수밖에 없다.

혁신도시법 제3장에서는 혁신도시의 지정 등에 관한 사항을 규정하고 있는데 국가기관 및 지방자치단체, 「공공기관의 운영에 관한 법률」 제5조에 따른 공기업, 「지방공기업법」에 따른 지방공기업의 경우에는 혁신도시 개발예정지구의 지정을 국토교통부장관에게 제안할 수 있도록 하고 있다 (제6조, 제10조 제1항). 하지만 지역균형발전을 위한 지금까지의 혁신도시 사업의 틀이 변화 없이 유지된다면 새롭게 지정되는 혁신도시도 지금까지 제기된 많은 혁신도시의 문제가 반복될 수밖에 없다. 혁신도시가 지역의 성장을 선도하지 못하고 구도심은 물론 주변 지역의 인구까지 흡수하여 지역의 또 다른 불균형을 일으키고 가속화시키는 문제점이 반복될 것이다.

우선 혁신도시 선정 논의 이전에 기존의 혁신도시 정책에 대한 철저한 평가와 개선 방안이 마련되어야 한다. 이를 통해 기존 혁신도시의 정착을 도모할 뿐만 아니라 혁신도시가 새롭게 지정되는 경우에도 그동안의 실패를 반복하지 않고 조기 정착을 기대할 수 있기 때문이다. 혁신도시 시즌2

---

48 이병규, 지역균형발전의 헌법적 고찰, 공법학연구 제16권 제2호, 2015, 33면.
49 이정식, 지역균형발전의 새로운 패러다임, 국토계획 제36권 제2호, 2001. 4면 참조.

에 이른 지금에 있어서는 장기적으로 혁신도시 중에 부적합한 도시들은 평가를 통해 탈락시키고, 기존의 도시나 신도시 중에 혁신적인 기능을 포함하고 있고 국가의 혁신도시 정책과 부합한다면 새로이 혁신도시로 포함하여 국가 전체적으로 혁신기반을 확대시켜가는 정책의 검토 필요성도 제기되고 있다.[50] 혁신도시법에서는 혁신도시 선정에 대한 사항만을 규정하고 있을 뿐 혁신도시의 지정을 철회하는 사항은 규정하고 있지 않고 있다. 현실적으로 혁신도시로 이미 선정된 지역을 탈락시키는 경우 혁신도시라는 상징성 하나만으로 지역에서의 반대가 심할 것으로 예상되고 또한 많은 예산이 투입되었기 때문에 정책실패에 대한 중앙정부나 지방자치단체의 부담감도 클 수밖에 없다. 혁신도시가 탈락되었다고 하여 추가로 선정된 지역으로 공공기관을 다시 이전시키는 것 역시 매우 어려운 것이 사실이다. 따라서 혁신도시 정책에 대해 중앙정부 차원에서의 지속적인 모니터링을 실시하고 지방자치단체에서 제시한 계획의 실행 상황 중심의 평가 및 결과 공개를 실시하고 비록 상징적인 의미가 될 수 있으나 혁신도시 선정 취소 규정을 마련하여 지방자치단체가 혁신도시의 발전을 보다 적극적으로 추진할 수 있도록 추진하도록 독려하는 방안이 고려될 수 있을 것이다.

이와 관련하여 2020년에 추가된 대전 혁신도시는 기존의 혁신도시의 문제점을 상당부분 반영하였다는 특징이 있다. 2020년 3월에 대전혁신도시 설립법이 제정되면서 대전광역시는 혁신도시 건설 기반을 마련하였다. 대전혁신도시가 다른 혁신도시와 가장 큰 차이점은 대전역이라는 원도심과 연계되어 원도심 활성화를 기반으로 하여 대전역세권 개발사업 등의 기존 사업들과의 시너지 효과까지도 기대할 수 있다는 점이다. 이는 혁신도시와 주변지역의 인구이동을 최소화 할 수 있으며 혁신도시로 인해 구도심의 공동화를 방지하여 인구유입요인을 높이는 방안으로 정책의 효율성이 기존의 혁신도시에 비해 매우 높을 것으로 기대된다.

---

50 대한국토·도시계획학회, 앞의 책, 2019, 542면.

V. 결 론

혁신도시는 공공기관, 기업, 대학, 연구소 등의 혁신주체와 혁신주체 간의 공동협력 및 네트워크 지원시설, 그리고 주거, 교육, 문화, 여가 공간 등의 도시 시설로 구성되는데, 혁신도시는 이러한 구성요소의 구축과 이들 간의 협력과 신뢰라는 사회적 자본이 형성되어야 성공할 수 있다.[51]

현재 혁신도시가 지역혁신과 균형발전의 거점이 되어야 한다는 기대를 충족시키기 위해서는 아직 많은 과제를 해결하여야 한다. 수도권 중심으로 국토의 성장기반이 오랜 기간 기울어져 있는 상황에서 지역의 균형발전을 위한 성정거점을 마련하기 위하여 혁신도시 건설이 논의되었다. 따라서 단순히 혁신도시 자체에 국한될 것이 아니라 혁신도시 자체뿐만 아니라 주변지역과의 연계까지 고려되어야 한다. 지속적으로 혁신도시 관할 지방자치단체뿐만 아니라 혁신도시로 이전한 공공기관, 기업 그리고 주민까지 모두 함께 역량을 모아야 한다. 혁신도시와 유사하면서 비교적 성공한 해외유사 사례 중 하나인 프랑스의 '소피아 앙티폴리스'(Sophia Antipolis)가 반세기가 지난 지금도 개발이 진행 중이라는 점에서 혁신도시는 이제 시작을 위한 첫걸음을 떼었을 뿐이다.[52]

혁신도시가 시즌2에 접어들고 새로운 혁신도시가 선정되어 추진되는 지금은 혁신도시가 그저 신도시로 조정된 많은 경우 중 하나에 그치지 않고 지역혁신과 균형발전의 거점역할을 할 수 있는 역량을 가지는 마지막 기회임을 의미한다. 혁신도시가 제대로 성장할 수 있는 법적 기반을 정비하고 지역 중심의 정책 추진이 이루어져야 시간은 다소 걸리겠지만 지역마다의 특색이 있는 혁신도시가 조성될 수 있을 것이다. 초기 이주 관점의 틀을 벗어나 이주한 주민들을 중심으로 한 도시의 안정화 관점에서 기반 조성을

---

51 대한국토·도시계획학회, (6정판)도시계획론, 보성각, 2016, 549-550면.
52 류승한, 혁신도시의 신성정거점화를 위한 정책과제, 국토 제431호, 2017, 23면.

위한 방안이 마련될 때 혁신도시는 하나의 도시가 아니라 인구가 줄어들어 갈수록 약화되고 있는 지역의 성장을 견인차 역할을 하는 도시로 성장할 수 있을 것이다.

04

대도시 주민의 생활환경의 개선과
자치구의 도시계획권의 확대 | 선정원

I. 대도시의 도시계획에 있어 시와 자치구의 관계재정립의 필요

1. 자치구의 제도화와 그의 발전과제

우리나라에서 자치구제도는 1988년 지방자치법의 개정으로 지방의회의 구성, 지방자치단체장의 직선제 도입 등과 함께 특별시와 광역시내에 설치되어 있던 구를 지방자치단체화하면서 비롯되었다.[1] 즉, 현행 지방자치법은 "지방자치단체인 구(이하 "자치구"라 한다)는 특별시와 광역시의 관할 구역 안의 구만을 말하며, 자치구의 자치권의 범위는 법령으로 정하는 바에 따라 시·군과 다르게 할 수 있다."고 하여 자치구제의 도입을 규정하고 있다 (지방자치법 제2조 제1항). 이로 인해 대도시행정조직은 중층의 계층구조를 지니게 되었다.

도시화에 따른 도시지역의 인구성장은 농촌지역을 중심으로 형성된 지

---

1 자치구제의 도입연혁에 관해서는, 조정찬, 자치구제도에 관한 고찰, 법제, 2000.6, 23면 이하 참조.

방자치구역에 대한 변화를 가져오게 된다. 지속적인 도시개발이 이루어지면서 시가지가 확대되고 도시공간구조가 변화함에 따라 시민들의 생활권도 크게 변화하고 있으며, 생활행정을 주로 담당하고 있는 구행정도 새로운 변화와 대응을 요구받고 있다. 대도시에서 단일의 자치단체만 존재하던 시기에 구는 특별시 및 직할시의 하급행정기관으로서 특별시 및 직할시가 정한 행정업무를 수동적으로 집행하는 것에 치중하였다.

대도시에서 자치구제를 도입한 것은 대도시의 효율적 관리와 주민의 참여의식을 제고하기 위해서는 동일한 생활·경제권내에서 광역자치단체 이외에 기초자치단체를 별도로 설치하여 주민들에게 행정서비스를 제공하는 것이 주민들의 생활환경과 삶의 질의 개선에 필요한 것으로 판단하였기 때문이다.

하지만, 행정구가 자치구로 전환된 지 30년이 넘었지만 아직도 자치구의 조직, 재정, 기획, 인적 자원의 충원 등에서 자치구출범 당시 입법자가 가졌던 기대는 충족되지 못하고 있다. 자치구 관할구역에 영향을 미치는 법정 또는 비법정의 도시계획들은 주민의 생활환경에 직접 영향을 미치기 때문에 주민의 삶에 보다 밀착된 자치구가 과거보다 주도권을 갖고 공간형성에 나서게 할 필요가 점점 커지고 있다. 그러나, 도시계획의 영역은 민선단체장들인 시장과 구청장들이 지역 발전을 위해 지나친 의욕의 과시와 선심성 행정의 위험도 커서 주민공론과 공익적 가치에 의한 견제와 통제의 필요도 여전히 큰 분야라고 할 수 있다.

여기서는 새로운 대도시의 주서환경에서 상충하는 이익들이 보다 잘 조화되어 실현될 수 있는 방안을 찾기 위해 자치구가 갖고 있는 도시계획권에 초점을 맞추어 분석하고 대안을 모색해 보고자 한다.

2. 자치구의 도시계획권의 확대를 둘러싼 찬반론과 그 이유

(1) 자치구의 도시계획권 확대의 반대론

자치구의 도시계획권 확대에 대한 반대론은 현재의 규제상태를 지지하는데 그 핵심이유는 부동산투기의 보다 강력한 규제의 필요, 대도시의 체계적이고 질서있는 개발과 난개발의 방지 필요에서 찾고 있다. 이 입장에서는 그 동안 도시의 발전과정에서 도시계획은 급증하는 도시주민들을 위한 물적 인프라와 주거공간 등의 효과적인 공급을 위해 민간자본의 수익성 위주 사업구조와 외관 중심적인 도시개발 및 환경개선에 치중해 왔다. 이로 인해 우리 사회는 고질적인 투기현상과 사회적 자원의 낭비라는 부작용이 현저해졌는데, 대도시에서는 자치구보다 강한 규제권을 가진 특별시와 광역시가 사업자들과 주민들의 투기욕망의 규제를 위해 강력한 계획권한을 가지고 대응을 할 필요는 여전히 강력하게 존재한다는 것이다. 도시계획권한이 자치구들에게 이양되게 되면 개발압력이 자치구에게 과중될 것이고 난개발이나 과도한 개발을 불러올 것이라는 우려도 한다.

자치구의 도시계획권이 확대되면 일반주거지역과 준공업지역, 자연녹지지역을 상업지역으로 지정하려는 자치구들이 많아 지가상승에 따른 투기조장이 우려되고, 고층·고밀화에 따른 도시기반시설 부족현상을 초래할 위험도 크며, 주변지역의 상업지역 추가지정을 요구하는 연쇄민원도 예상된다는 우려를 한다.[23] 또, 자치구에서 실질적으로 자기 구를 자기 스스로 계

---

2 심교언, 서울시 자치구도시기본계획의 용도지역계획상에 나타난 문제점 및 개선방향에 관한 연구, 서울대학교 대학원 석사, 1995.2, 37면.

3 "주민 및 사업시행자의 지나친 개발요구에 따라 과도한 개발을 허용하여 자연환경 훼손 및 기반시설 미확보로 인한 난개발을 초래할 우려가 있다". 강식·김성주·김용준, 지구단위계획 권한이양에 따른 과제와 개선방안, 정책연구(경기연구원) 2010.11, 66면.

획해 본 경험이 부족하고 전담부서의 인력과 전문성도 약하며 타부서와의 협조체제미비, 관계공무원의 잦은 교체 등의 문제점도 지적하고 있다. 예산 등의 부족을 이유로 계획의 미집행이 증가하고 개발되더라도 주변의 경관·미관과 조화를 이루지 못한 채 졸속으로 개발되어 도시기반시설의 부족으로 인해 교통혼잡과 생활불편을 초래하거나 환경오염과 도시재난의 위험성을 높일 우려도 있다고 본다.

(2) 자치구의 도시계획권 확대의 찬성론

자치구의 도시계획권 확대의 찬성론은 현재의 규제상태의 개혁을 요구하는데 다음의 이유들을 제시하고 있다.

첫째, 지방자치가 실시되고 있음에도 자치구는 해당 주민들의 생활공간의 개선을 주도적으로 추진할 수 없어 자치발전에 중대한 장애가 되고 있다는 것이다.

이 입장에서는 자치구가 구자체의 계획에 의하여 지역의 장기발전상을 주민들에게 보여줄 수 있을 때, 이니셔티브를 가지고 주민의 지지와 협력을 유도하고 구민의식을 발전시킬 수 있다고 한다. 또, 자치구의 도시계획권이 확대되면 지역문화를 활성화시키기 위하여 지역특성을 부각시킬 수 있는 계획을 입안하고 시행할 수도 있게 되고 지역발전을 위한 다양한 이해관계충돌을 조정하는 능력과 책임의식을 발전시킬 수 있게 될 것이라고 한다.[4]

특히, 우리나라의 경우 농촌지역의 군이나 시에 비하여 자치구의 재정능력은 월등한데 도시계획기능은 매우 미약하고 예산 및 주요사업의 인·허가

---

[4] 자치구의 도시계획은 주민들의 일상생활에 필요한 생활환경시설의 확충을 그 중심내용으로 하는 '생활권 계획'으로서 의미가 강조되어야 한다. 김창석, 자치구 도시기본계획의 계획이론적 고찰, 도시문제 286호, 1992.9, 91면.

권에 있어서도 상대적으로 지나치게 시중심으로 형성되고 운용·되어왔다는 것이다.

둘째, 대도시에서 도시계획권의 배분에 있어 시에 지나치게 편중된 권한의 배분은 도시계획의 수립, 결정과 집행에 있어 자치구의 협조를 얻을 수 없고 자치구의 불신과 소외감만을 키워왔는데 이의 해소를 위해서는 자치구의 도시계획권이 확대되어야 한다는 것이다. 시도 그 능력을 초과하는 과중한 계획과제를 안고 업무에 시달리고 주민수요에 신속하게 대응하는데 어려움을 겪고 있다고 한다.

예를 들어, 서울의 자치구는 도시관리계획의 입안권과 도시계획시설의 경미한 결정·변경권만을 가지고 있을 뿐이다.[5] 자치구주민의 문화, 휴식, 복지시설의 공급을 증대시킬 수도 없었고, 주거환경의 질적인 향상을 통한 쾌적한 주거공간도 자치적으로 제공할 수 없었다.[6] 때문에 자치구 차원에서 자치구 도시기본계획이나 지역생활권계획과 같이 주민의 수요와 지역의 특성을 반영한 계획을 수립할 수 없어 자치구의 생활공간에 대한 기획이 거의 가능하지 않아 주민밀착형 도시계획의 수립과 추진에도 장애가 되고 있었다.[7] 이에 따라 특별시나 광역시와 자치구간 불신의 벽이 매우 높은 상황이다.

이상에서 자치구의 도시계획권의 확대에 관한 찬반양론을 살펴보았다. 제시된 이유들은 아직도 의미있는 것들도 있지만 현시대의 새로운 정책화두인 인구절벽과 자치분권의 새로운 시대상황에 맞게 시와 자치구의 도시

---

5 이러한 평가는, 양재섭/김인희, 서울의 마을단위계획 운영실태와 자치구 역할 개선방향 연구, 2012, 서울연구원 보고서 참조.

6 정무용, 자치구의 도시계획 - 구단위 도시기본계획을 중심으로 -, 도시문제 제27권 제279호, 1992.2, 43면 이하.

7 양재섭·윤기학·남선희, 주민참여형 마을단위계획에서 자치구의 역할에 관한 연구-서울시 휴먼타운과 경관협정을 사례로, 서울도시연구 제16권 제4호, 2015.12, 25면 이하 참조

계획권을 재배분하고 공익을 보호하기 위해 새로운 통제시스템이 설계될
필요가 있다 하겠다.

Ⅱ. 자치구 도시계획권의 비교

1. 일본 동경도와 자치구사이의 도시계획권의 배분

(1) 동경도 자치구의 연혁

일본에서 자치구제도는 동경도에만 인정되는 것으로 요꼬하마나 오사카
등 다른 대도시에서는 구가 여전히 자치구가 아닌 행정구로 시에 대한 부
속행정기관의 성격을 가지고 있다. 그것은 일본에서 동경도만 인구가 1200
만이 넘는 도시로서 다른 도시와는 비교할 수 없을 만큼 많은 인구가 살고
있어서 분권화의 필요가 매우 컸기 때문이다.

동경도는 도시지역인 동경시와 농촌지역인 시정촌지역으로 나눌 수 있
는데, 자치구는 동경시 지역에 현재 23개가 설치되어 있다. 1975년까지 자
치구청장은 구의회가 도지사의 동의를 얻어 선임할 수 있었지만, 1975년
이후는 주민의 직선제로 바뀌어 현재에 이르고 있다. 이 무렵까지 자치구
공무원의 절반이상이 동경도 소속공무원이었으나 직선제이후 계속 자치구
의 공무원으로 신분이 바꺼이지고 있다.

현재에도 법률 등 상위법을 근거로 동경도는 자치구에 대한 권한을 가지
고 있는데, 원칙적으로 자치구는 시에 준하는 기초자치단체로서 재정권, 조
례제정권 등의 권한을 갖지만, 다른 시들과 비교할 때, 인사권과 재정권에
대한 제약이 남아 있어서 자치구의 자치권확대운동이 전개되고 있다.[8] 구

---

8 土歧 寬, 東京都と 特別區, 地方分權下の 地方自治(木田 弘 / 下條美智彦 編著), 2002,

체적으로는 청소사업, 소방, 상하수도 등에 관한 사무는 동경도에 유보되어 있었다.

동경도 자체의 과대화로 인한 업무부담증가와 자치구의 권한확대운동의 결과 도와 구의 양에서 도구제도를 어떻게 조정할 것인가에 관한 검토가 이루어졌다. 구청장회의의 자문기관인 특별구정조사회가 1981년 조직되어 특별구를 일반적인 시로서의 지위를 인정하려는 노력을 했다. 도에서도 도제조사회가 조직되어 동경의 사회실태와 특성을 조사하고 광역자치단체와 기초자치단체의 업무를 재조정하기 위해 1984년 "새로운 도제도의 방향"이라는 보고서를 발간하였다.[9]

이 과정을 거쳐 도구협의회아래에 도구제도검토위원회를 설치하기로 하고 1986년 "도구제도개혁의 기본방향"이란 보고서를 발간하여 특별구를 대도시지역에 있어 기초자치단체로서 인정하여 도구간의 역할분담을 명확히 하였으며 도는 광역자치단체로서 도시지역전체의 행정의 일체성과 통일성 확보라는 광역적 업무에 충실하기로 합의하였다. 이 합의에 따라 1998년 4월 지방자치법이 개정되어 2000년 4월부터 시행되고 있는데, 개정된 지방자치법 제281조의 2는 도와 특별구간의 역할분담의 원칙이라는 제목으로 이 합의를 조문화하고 있다.

구체적으로는 소방과 상하수도를 제외하고 청소업무, 옥외광고물규제업무, 도시계획업무(용도지역제 제외), 아동상담소 등의 설치업무 등이 구로 이관되었다.

(2) 일본 동경도와 자치구의 도시계획권의 내용과 그 특색

일본에서는 입안권-결정권의 구별에 의해 자치구와 동경도간의 권한배

38면.
9 土歧 寛, 상게서, 2002, 39면.

분을 하고 있지 않다. 결정권을 구청에 부여하되 일정한 경우 도지사의 동의를 얻는 방식으로 결정권-동의권배분방식에 의해 도시계획의 현지성과 통제필요의 이익을 조정하고 있다. 동경도는 용도지역결정권, 고층주거유도지구 등에 관해 결정권을 여전히 갖고 있으나, 많은 지구결정권과 도시계획시설결정권은 구에 이전되어 있다. 이것은 한국에도 시사하는 바가 크다고 생각한다.

2. 서울특별시와 자치구 사이의 도시계획권의 배분

(1) 지방자치단체의 도시계획권에 대한 법적 규제의 변화

우리나라에서 도시계획에 관한 일반법인 도시계획법은 1962년 제정되었다. 이 당시 도시계획에 관한 권한은 예외적으로 서울시장과 도지사에게 위임된 경우를 제외하고는 중앙정부인 국토건설청장에게 부여되어 있었다. 1962년 구 도시계획법 제4조는 "국토건설청장은 도시계획구역 및 도시계획을 결정하고자 할 때에는 미리 관계지방의회의 의견을 들은 후 중앙도시계획위원회의 의결을 거쳐야 한다."고 하였는데, 제17조는 "국토건설청장은 각령의 정하는 바에 의하여 도시계획구역내에서 주거지역, 상업지역, 공업지역 또는 녹지지역을 지정할 수 있다"고 규정하고 있었다. 1962년 법 제3조에서는 국토건설청장의 권한은 "그 일부를 서울특별시장 또는 도지사에게 위임할 수 있다"고 규정하고 있었다.

1962년 구 도시계획법상 도시계획권의 배분에 관한 내용들은 1963년 제정된 구 국토건설종합계획법(건설부장관으로 바뀜), 1972년 제정된 구 국토이용관리법에도 그대로 유지되었다.

도시계획 부문에서 지방자치단체의 도시계획권의 의미있는 확대가 이루어지 것은 2000년 도시계획법의 개정을 통해서이다. 2000년 구 도시계획법

제6조 제1항은 "특별시장·광역시장 또는 시장은 관할구역에 대하여 도시계획을 수립하여야 한다"고 규정하고 있고 제2항은 "군수는 필요하다고 인정되는 때에는 관할구역에 대하여 도시기본계획을 수립할 수 있다. 이 경우 미리 건설교통부장관과 협의하여야 한다"고 하고 있었다. 2000년 구 도시계획법 제10조 제1항은 "특별시장·광역시장·시장 또는 군수는 도시기본계획을 수립한 때에는 건설교통부장관의 승인을 얻어야 한다. 승인을 얻은 도시기본계획을 변경한 때에도 또한 같다."고 하고 있었다.

2000년 구 도시계획법 제18조 제1항은 도시계획의 입안권자에 대해서 규정하고 있는데, "도시계획은 당해 도시계획구역을 관할하는 특별시장·광역시장·시장 또는 군수가 입안한다. 다만, 국가계획과 관련된 경우에는 건설교통부장관이 직접 또는 관계중앙행정기관의 장의 요청에 의하여 시·도지사, 시장 및 군수의 의견을 들은 후 도시계획의 입안을 할 수 있으며"라고 하고 있었다. 또, 2000년 법 제23조는 도시계획의 결정권자에 대해 규정하고 있는데, "도시계획은 시·도지사가 직접 또는 시장이나 군수의 신청에 의하여 이를 결정한다."고 하면서, 건설교통부장관이 입안한 계획 등에 대해서는 장관이 결정하도록 하는 등 일부 예외규정을 두고 있었다.

특별시와 광역시의 도시기본계획에 대해 국토교통부장관이 갖고 있던 승인권은 2009년 2월 6일 국토의 계획 및 이용에 관한 법률이 개정되면서 사라졌다. 2009년 법 제22조 제1항에서는 "특별시장 또는 광역시장은 도시기본계획을 수립하거나 변경하려면 관계행정기관의 장과 협의한 후 지방도시계획위원회의 심의를 거쳐야 한다"고 규정하였다.

하지만, 2009년 2월 6일 국토의 계획 및 이용에 관한 법률에서는 제22조의2를 신설하였는데 제1항에서는 "시장 또는 군수는 도시기본계획을 수립하거나 변경하려면 대통령령으로 정하는 바에 따라 도지사의 승인을 받아야 한다"고 규정하였다.

2009년의 국토의 계획 및 이용에 관한 법률 제24조 제1항은 도시관리계

획의 입안권을 특별시장·광역시장·시장 또는 군수에게 부여하였고, 또, 제
29조 제1항은 "도시관리계획은 시·도지사가 직접 또는 시장·군수의 신청
에 따라 결정한다. 다만, 지방자치법 제3조 제3항에 따라 자치구가 아닌 구
가 설치된 시(이하 "대도시"라 한다)의 경우에는 시장이 직접 결정한다"고
규정하고 있었다.

　이상 도시계획의 연혁에서 살펴보았듯이 지방자치단체의 도시계획권은
법개정을 통해 점차 확대되어 오고 있다. 하지만, 우리 도시계획법제에서
대도시의 자치구가 갖는 도시계획권의 문제에 대해서는 입법자는 아직도
매우 전근대적 태도를 유지하고 있고 그 규정내용들도 매우 불명확하다.
그 결과 주민 스스로 주민의 복리증진을 위해 생활공간의 정비를 하고자
하여도 그 노력이 성공하기 어렵게 되어 있다.

(2) 서울특별시 자치구들의 도시계획에 관한 권한의 내용

1) 구에 한정적으로 영향을 미치는 도시계획의 성질

　전국적인 통일성과 체계성이 보장되어야 하는 국토계획과 달리 도시계
획은 일정한 지역공간에 초점을 두고 안전성, 건강성, 편리성, 경제성 및
능률성, 형평성 등을 지표로 토지와 시설 등 기존자원의 최적이용을 꾀하
는데 목적이 있으므로 지방자치단체의 고유사무로서의 특성이 강한 측면
이 있다. 구에 한정적으로 영향을 미치고 도시 전체의 통일적 규율의 필요
가 적은 계획사항, 예를 들어 해당 자치구 주민들이 대부분 이용하는 주차
장, 체육시설이나 문화시설과 같은 도시계획시설의 설치업무는 자치구의
자치사무로서의 성격이 강하다고 하겠다.

2) 자치구들의 도시계획에 관한 권한의 내용

　국토의 계획 및 이용에 관한 법률은 광역자치단체장에게 부여된 권한이

시·도의 조례가 정하는 바에 의하여 기초자치단체장에게 위임될 수 있도록 규정하고 있다.(국토의 계획 및 이용에 관한 법률 제139조 제2항) 이 조항은 광역시의 경우 자치구가 도시계획의 입안 및 결정권을 부여받을 수 있는 중요한 법적 근거인데, 서울특별시 도시계획조례는 용도지역, 용도지구, 도시계획시설, 지구단위계획구역의 지정 및 지구단위계획의 수립(기초조사 포함) 등의 도시관리계획 입안에 관한 사무, 12미터 이하 도로와 광장, 5천 제곱미터 이하의 주차장, 부지면적 3천 제곱미터 이하의 체육시설과 공공공지 등 도시계획시설의 결정·변경결정 및 고시에 관한 사무 등을 서울시장이 구청장에게 위임하도록 규정하고 있다.(서울특별시도시계획조례 제68조 제1항 별표4)[10]

(3) 서울특별시 자치구와 다른 기초자치단체들의 도시계획에 관한 권한의 비교

1) 부산광역시 자치구에 위임된 도시계획에 관한 권한과의 비교

광역자치단체장에게 부여된 권한은 시·도의 조례가 정하는 바에 의하여 기초자치단체장에게 위임될 수 있는데,(국토의 계획 및 이용에 관한 법률 제139조 제2항) 부산광역시 자치구에 위임된 도시계획에 관한 권한은 부산광역시도시계획조례 제66조 제1항과 제2항에 근거를 두고 있다. 즉, 부산광역시도시계획조례 재66조 제1항은 시장의 권한중 별표 19에 규정된 권한을 "구청장, 군수, 부산·진해경제자유구역청장"에게 위임하는 근거를 두면서 제2항에서 "제1항의 위임사무는 별도의 규정이 없는 한 이에 부수되는 사무를 포함한 것으로 본다."고 규정하여 상당히 유연하게 구청장에게 관련

---

10 2000년 11월 6일 이전까지는 서울시사무위임규칙 제6조와 별표가 구청장에 위임하는 근거규정이었으나, 이 규칙에서 도시계획부분이 폐지되고 그 대신에 서울특별시 도시계획조례가 서울시장의 권한을 구청장에게 일부 위임하는 규정을 두게 된 것이다.

권한들을 위임하고 있다.

부산광역시도시계획조례 별표 19는 도시계획에 관한 많은 내용을 위임하고 있는데, 위임되는 도시계획시설설치권의 범위도 서울특별시와 비교하면 상당히 광범위하다. 즉, 기반시설중 폭20미터이하의 일반도로, 주차장, 궤도, 자동차 및 건설기계검사시설, 공원(어린이공원, 묘지공원에 한한다. 다만, 묘지공원은 신설인 경우는 제외), 공공공지, 수도공급설비(배수시설에 한함), 전기공급설비(변전시설, 배전사업소에 한정), 시장(대규모점포 및 임시시장에 한정), 학교(유치원, 초등학교, 중학교에 한정), 공공필요성이 인정되는 체육시설(골프장, 운동장은 제외), 공공청사(국가 및 시·도 단위 기관의 청사는 제외), 문화시설(도서관에 한정), 사회복지시설, 공공직업훈련시설, 청소년수련시설 등의 설치권한이 구청장에게 위임되어 있다.

또, 도시관리계획의 입안(다만, 시장이 필요하다고 인정할 때에는 시장이 입안할 수 있음), 도시관리계획의 결정 및 변경결정과 이에 관한 고시·열람(단, 시장이 입안하여 결정한 도시관리계획을 변경하려는 구청장·군수는 미리 시장과 협의를 거쳐 시장의 의견을 반영하여야 함), 도시관리계획에 관한 지형도면의 작성과 이에 관한 고시·열람(다만, 시장이 입안·결정한 시설은 제외), 도시계획시설부지 매수청구 접수, 접수증 발급, 매수결정, 매수통지, 토지매수, 대금지급 및 도시계획시설 채권 발행과 이에 관한 조례 제정·운영, 도시계획시설결정 실효의 고시, 도시계획시설에 대한 단계별집행계획 수립 및 변경계획수립과 이에 관한 공고 등도 구청장에게 위임되어 있다.

부산광역시가 자치구에 위임하고 있는 권한은 서울특별시와 자치구의 관계에 비할 때 더 넓은데, 이 내용은 서울특별시에서도 도시계획조례를 개정할 때 자치구에의 권한의 위임범위를 판단하는데 있어 중요한 참고기준이 될 수 있을 것이다. 다만, 부산광역시 도시계획경험을 분석한 논문에 따를 때, 결정권까지 자치구에 위임한 것은 상당한 문제를 야기하고 있다

는 비판도 존재한다.[11]

도시계획의 결정은 많은 예산이 소요됨에도 불구하고 부산광역시의 경우 민선구청장출범전보다 도시계획시설결정건수가 50%이상 늘어났고, 도시계획시설은 한번 결정되면 특별한 여건변화 없이는 폐지와 축소가 어려움에도 불구하고 상당수 도시계획들이 폐지되거나 수정되고 있다. 예를 들어 도시계획도로의 경우 민원인들의 집요한 요구와 사업시행이 불투명하다는 이유로 폐지되었으나, 시장이 자치구청장의 시설결정사항에 대한 시정을 요구할 수 있는 감독규정이 없어 많은 문제를 야기하고 있다 한다.[12] 그러므로, 시장에게 감독할 수 있는 근거를 유보해두는 것이 적절할 것이다.

2) 시와 자치구의 권한의 비교 – 수원시의 도시기본계획입안·결정권과 강남구의 도시계획권의 비교

수원시와 강남구의 권한을 비교해보면 우리나라에서 기초자치단체로서 위치를 갖는 시와 자치구 사이에도 갖고 있는 도시계획권에는 매우 큰 차이가 존재함을 알 수 있다.

경기도와 관계에서 수원시 등 시장 및 군수에게 위임된 도시계획권에 관한 내용은 우선 경기도 사무위임조례 제9조 제2항 별표2에 규정되어 있다.

---

11 즉, 도시계획시설의 결정은 도시내에 있는 요소들의 상호작용을 이해하고 그것들을 규제하여 도시계획시설의 결정목적에 맞게 결정하여야 함에도 불구하고 자치구청장이 단순히 민원이 있다 하여 기존 도시계획시설을 폐지·축소하고 새로운 시설을 결정하는 것처럼 도시계획시설기준과 부합되지 않는 결정이 이루어지고 있다. 이러한 문제점을 해결하기 위해서는 자치구에 위임하는 시설에 대해 도시계획시설별로 위임하여 줄 것이 아니라, 도시계획의 내용이 토지이용계획을 수반하고 있음을 감안할 때, 시설의 일정 규모에 따라 그 권한을 위임하도록 하고, 기존시설의 폐지와 신규시설의 결정에 신중을 기하기 위하여 입안권은 자치구에 위임하되, 결정권은 시장이 갖도록 하는 방안이 타당하다는 주장도 있다. 남재근, 민선단체장 출범에 따른 도시계획수립과정 변화에 관한 연구 - 부산광역시를 중심으로 -, 부산대학교 석사학위논문, 1998, 56-57면 참조.
12 남재근, 상게논문, 57면.

도시계획에 대해서는 도시지역에서 지구단위계획 결정 또는 변경 결정이 수반되는 부지면적 3만m² 미만의 용도지역변경, 도시지역 외에서 지구단위계획 결정 또는 변경 결정이 수반되는 부지면적 30만m² 미만의 용도지역변경, 용도지구의 지정, 변경지정의 결정 및 지형도면의 승인·고시, 도시·군계획시설 결정 또는 변경 결정 및 지형도면의 승인·고시 등이 시장에게 위임되어 있다.

도시계획시설의 설치와 관련해서는 도로, 주차장, 자동차정류장, 궤도, 자동차 및 건설기계 검사시설, 광장, 공원(소공원, 어린이공원, 역사공원, 문화공원, 수변공원, 체육공원, 도시농업공원에 한정), 녹지, 공공공지 등의 설치권이 시장에게 위임되어 있다.

경기도 사무위임조례 제9조 제2항 별표2에 따를 때, 수원시는 경기도와의 관계에서 도시기본계획에 관해 지구단위계획과 용도지구와 관련하여 입안권은 물론 결정권까지 상당히 넓게 가지고 있음을 알 수 있다.

이에 비하여 강남구와 같은 서울의 자치구는 도시기본계획입안권은 일정한 경우 인정되어 있으나 결정권의 인정기초가 취약하여 자치권의 공동화문제가 심각한 수준인데, 이것은 기초자치단체의 자기책임성을 심각하게 침해하고 있다고 하겠다. 즉, 입안권과 결정권이 분리되어 있는 결과 자치구는 도시계획에 관하여 아이디어를 제시할 의무만 질 뿐 권한은 거의 인정되지 않아 실무운용상 도시계획에 관한 권한이 거의 없는 것과 마찬가지라는 점이 큰 문제인 것이다. 수원시와 강남구는 똑같은 기초자치단체로서 대도시에 속해 있느냐의 차이는 있지만 이와 같은 차이를 고려하더라도 자치구의 자치권을 지나치게 제한하고 있다고 하겠다.

(4) 서울특별시와 자치구의 도시계획 거버넌스의 개혁필요

우리 지방자치법은 "자치구의 자치권의 범위는 법령으로 정하는 바에 따라 시·군과 다르게 할 수 있다"고 하고 있다(지방자치법 제2조 제1항). 자치구의 자치권을 시·군과 다르게 규정할 수 있다는 취지는 대도시가 단일 생활공동체로서의 특성을 갖고 있다는 점을 고려하여 자치구의 자치권을 시·군보다 더 제한하는 것을 허용하기 위해서이다.[13]

하지만, 서울특별시 자치구의 도시계획권은 경기도 수원시의 권한에 비해서 훨씬 좁을 뿐만 아니라 부산광역시 자치구에 비해서도 훨씬 더 협소하다. 또, 1988년 자치구제가 도입된 후 사회가 민주화되고 역대 정권에서 지방분권정책이 줄기차게 추진되었지만 서울특별시 자치구의 도시계획권은 거의 변화없이 그대로 매우 제한적이고 협소하게 인정되어 있을 뿐이다. 이와 같이 분권정책으로부터의 철저한 소외는 서울특별시가 대규모 토건형 재개발정책을 지양하고 주민주도로 소규모의 도심재생정책이나 마을만들기정책을 추진하는 과정에서도 변하지 않았다. 서울특별시 내에서 마을만들기 정책이 그 정신에 맞게 잘 작동하여 활성화되기 위해서는 현장이 더 주도권을 갖도록 도시계획권의 재배분이 필요하다. 분권과 주민자치의 정신을 더 잘 반영할 수 있도록 도시계획의 거버넌스가 시급히 개혁되어야 한다.

3. 자치구 도시계획권의 확대와 통제의 새로운 조화

(1) 주민자치권과 지역특성의 주민자율적 추구기회의 확대

대도시지역에서 도시계획의 거버넌스는 어떤 방향으로 개선되어야 할 것인가를 판단할 때 무엇보다 우선적으로 고려되어야 할 도시환경의 변화는 우리나라에서는 대도시지역, 특히 수도권도시로의 인구집중이 여전히 현재진행형이지만 사회전체적으로는 인구감축과 저성장이 고착화되고 있

---

13 조정찬, 자치구제도에 관한 고찰, 법제, 2000.6, 26면.

고 지방분권정책이 국가의 긴급하고도 중요한 정책으로 인식되고 있다는 점이다. 이와 같은 시대적 변화와 정책과제에 맞추어 대도시지역에서는 당장 전면적인 변화를 추구하는 것은 가능하지 않더라도 점점 더 빠른 속도로 소규모 자본으로 소규모지역의 개선과 개발을 목표로 하는 생활공간관리 중심의 도시계획시대로 전환해갈 필요가 있다.[14] 이에 맞추어 도시정부와 주민들은 보다 소규모의 자본으로 함께 자신의 생활환경을 개선하는 것이 가능하도록 필요한 법적 장애요인들도 제거해가야 한다.

최근 행정안전부가 2020년 6월 19일 제21대 국회에 제출한 지방자치법 전부개정안 제1조에서는 "지방자치행정에 주민의 참여를 보장하며, 국가와 지방자치단체 간, 지방자치단체 상호간의 협력적인 기본관계를 정함으로써" 라는 문구를 첨가했다.[15] 개정안 제안이유서에서는 "1995년 민선지방자치 출범 이후 변화된 지방행정환경을 반영하여, 획기적인 주민주권을 구현하고, 자치단체의 자율성 강화 및 이에 상응하는 투명성과 책임성을 확보하며, 중앙과 지방의 관계를 협력적 동반자 관계로 전환함으로써, 새로운 시대에 걸맞는 주민중심의 지방자치를 구현하기 위한 것"이라고 하여, 지방자치법의 이념으로 민주성, 능률성, 균형발전 이외에 주민자치를 추가하며 강조하고 있다. 이러한 지방자치 이념의 변화에 따라 도시계획분야에서도 주민자치권을 확대하고 지역특성에 따른 주민의 자율적 대응공간을 확대할 필요가 있다고 하겠다.

도시계획은 시민의 삶에 중대한 영향력을 미친다. 때문에, 도시계획이 시장과 도시계획위원회의 권한사항만이 되어서는 안된다. 이제까지 도시계

---

14 2000년대 이후 우리 사회는 저성장사회로 진입했으면서도 삶의 질에 관심이 높고 분권의 추세가 강하므로 차량위주의 도로와 대규모 기반시설보다는 보행·여가공간, 중소규모의 생활SOC 등 시민생활과 밀착된 생활환경의 혁신과 개선이 절실히 요구되고 있다. 양재섭·신민철·반영권·이재광·임화진, 분권화시대 자치구 도시계획 운영실태와 역할강화방향, 서울연구원 보고서, 2020, 96면 이하.

15 이 법안은 제20대 국회 회기중인 2018년 11월 13일 국회제출안과 대동소이한 것으로 2020년 6월 19일 제21대 국회에서 정부가 다시 제출했다.

획은 이러한 권한독점을 정당화하기 위해 주민들의 개발이익의 추구에 대한 규제수단의 측면만을 너무 크게 부각시켜 강조한 측면이 있었다.

이제 도시계획의 목표는 도시에 살아가는 시민들이 보다 적극성과 자율성을 가지고 생활환경을 개선하고 쾌적한 생활을 영위할 수 있는 가능하도록 하는 것에 초점을 맞추어야 한다.[16] 도시계획의 목표가 과거 토목공사 위주의 인프라 구축에서 이제는 국민의 삶의 질 개선을 지향하는 소프트 인프라를 어떻게 만들 것인가를 고민해야 한다.[17] 이를 위해 도시계획의 수립, 결정과 집행의 절차에서 주민들이 적극적으로 참여하고 의견들을 충분히 제시할 수 있도록 참여적으로 계획되고 집행될 필요가 있다.

계획실무에서도 이러한 방향으로의 개선노력이 이미 나타나고 있다. 서울특별시는 2010년 발간한 '2020년 목표 서울특별시 도시·주거환경정비 기본계획'에서 도시계획목표의 수정을 공언했다.[18] 즉, 그동안의 도시계획에 대해 유례없는 물량 위주의 고속 성장을 추구하면서 효율성과 기능성을 최우선 가치로 여긴 것을 반성하고 자연환경과 역사 문화적 잠재력을 보호하며 도심의 역사·문화적 특성을 그대로 유지하는 '소단위 맞춤형' 개발을 지향하되 다양한 소득계층이 더불어 살고 지역상권도 활성화되도록 할 것이라고 하면서, 이를 위해서 지역주민과 전문가, 공공이 함께 힘을 합치는 것이 중요하다고 하였다.

2010년 수립한 목표는 2015년 발간한 '2025 서울특별시 도시·주거환경정비 기본계획'에서도 유지되고 있다.[19] 즉, 고유한 주거지 특성을 살리지 못하고 물리적인 환경만을 개선하는 방식으로 인해 "아파트 공화국"이라는 오명을 받는 기존 아파트 중심의 획일적인 주거지 관리정책은 마을단위의

16 고상철·김천권, 거버넌스 시각에서 본 도시계획위원회 구성 체계와 운영에 관한 비판적 연구 : 인천광역시를 중심으로, 한국지역개발학회 세미나 논문집, 2017.6, 3면.
17 이두용, 거버넌스 관점에서 본 도시재생사업의 개선방안 연구, 경원대 석사, 2011, 80면.
18 서울특별시, 2020년 목표 서울특별시 도시·주거환경정비 기본계획 본보고서, 2010, 서문.
19 서울특별시, 2025 서울특별시 도시·주거환경정비 기본계획 본보고서, 2015, 서문.

공동체가 멸실되고 지역의 특성이 사라지는 새로운 문제가 나타났다고 하면서, 철거중심의 정비방식에서 벗어나 생활권계획에 기초해 주거지의 정비, 보전, 관리가 조화되는 생활권단위의 주거지정책을 추진하겠다고 하였었다.

(2) 주민의 복리향상을 위한 시와 자치구간 경쟁의 활성화필요

관련된 업무를 담당하고 있는 공공기관간 경쟁과 견제는 공공기관의 태만과 권력남용을 막고 국민의 복리를 증진시키는 매우 중요한 도구가 될수 있다. 대도시에서 시와 자치구는 도시계획에 있어 관련된 업무를 담당하고 있는데, 시에 과도하게 집중된 도시계획권, 즉, 도시계획의 입안, 결정과 집행의 권한을 일정 부분 자치구에 이전하여 자치구도 관할구역 주민의 복리증진을 위해 필요한 범위에서 도시계획권을 행사할 수 있어야 한다. 시민들에 대해 갖는 시의 도시계획권에 대해 자치구가 적어도 관할구역내에서는 주도적으로 권한을 행사하고 시의 권한을 견제할 수 있을 때 자치구와 시의 협력도 더 실효적으로 될 것이고 서로 상이한 계획아이디어의 의미있는 조정노력도 가능하게 될 것이다.

그렇지만 예를 들어, 현재 서울특별시를 살펴볼 때 자치구의 자치권은 대도시의 통일성과 유기적 관련성을 고려한다 하더라도 너무나 미약한 실정이다. 도시계획권의 서울특별시로의 과도한 집중은 국가나 광역자치단체의 전체적인 맥락속에서 통일성과 종합성의 관점만 강조한 결과일 뿐 개별성과 다양성 그리고 자치구의 책임성의 관점은 소홀히 취급하고 있다. 하향적인 도시계획으로서 "규제일변도"이었을 뿐,[20] 문제대응적이고 상향적인 접근방법을 취하려는 노력이 매우 약했고 그 결과 상호 불신만 쌓여 왔

---

20 이학동, 자치구 도시계획의 한계와 제도개선, 한국행정학회 학술발표논문집, 1996.12, 15-16면.

다. 그 결과 도시 주민의 생활환경의 개선과 참여의 활성화에 있어 시중심의 단발적인 시범사업위주의 접근방법의 한계도 점점 명확해지고 있다. 도시계획이 보다 주민과 시장 친화적이 되기 위해서는 도시계획과 토지규제의 획일성이 완화되고 유연성을 확대하며 자치구와 주민이 일정 정도 권한을 가지고 주도할 수 있어야 한다.[21] 그것이 계획의 현실적합성도 높이는 계기가 될 수 있을 것이다.

결국 자치구는 자치단체이지만 도시계획에 있어서는 계획주체로 인정받지도 못하고 거의 모든 도시계획결정권을 대도시의 시장이 갖고 있는데, 이것은 자치구의 특성과 독자성을 지나치게 무시하는 것으로 지방자치법의 이념에도 어긋나는 것이다.[22] 현재 우리나라에서는 대도시로 인구집중이 심화되면서 시군보다 더 많은 인구가 자치구에 거주하고 있고 그 인구도 늘어나고 있는데 기초자치단체들 사이에서도 생활공간의 형성에 관한 권리를 시군과 자치구로 나누어 과도하게 차별하는 것은 평등원칙과 비례원칙의 정신에 비추어도 타당하지 않은 것이다.[23] 관할구역에서의 주민생활환경에 대한 기획과 설계의 권한은 자치권의 중요한 내용으로서 인정하고 존중할 필요가 있다 할 것이다.

국가와 광역자치단체들은 지나치게 후견주의적이고 억압적인 태도를 버리고 보다 진취적으로 입장을 전환하여 자치구 영역내에서의 도시계획과 관련하여 자치구들이 광역시보다 더 지역주민들이나 지역현실에 맞게 창의적으로 해당 지역의 계획을 세워 집행할 수 있는 잠재력을 가지고 있다는 것을 긍정적으로 수용할 수 있어야 할 것이다.[24] 주민들의 생활공간에

21 서순탁, 거버넌스 변화에 따른 도시계획체계 개편방안 연구, 도시행정학보 제21집 제1호, 2008, 100면.
22 동일 취지의 글은, 이학동, 전게 논문, 16면.
23 최용전, 도시정비법상의 정비계획수립 및 정비구역지정권한 이양에 관한 연구, 토지공법연구 제75집, 2016, 241면.
24 Paul S. Weiland, PREEMPTION OF LOCAL EFFORTS TO PROTECT THE ENVIRONMENT: IMPLICATIONS FOR LOCAL GOVERNMENT OFFICIALS,

대한 계획권을 갖지 못한 자치구는 반복적 일상업무만을 처리하거나 우발적인 업무만을 처리하게 될 것이다. 또, 저성장 분권화의 흐름이 고착되어 가는 시대임에도 여전히 시장에게만 과도하게 도시계획권을 보유시키는 것은 자치구들이 도시개발의 필요, 환경보호와 주민 삶의 개선과 같은 주민밀착형 과제들 사이의 상호모순을 조정하여 보다 혁신적으로 조화시키려는 시도를 좌초시켜 도시의 현대화도 지연시킬 것이다.

자치구의 도시계획권이 확대되게 되면 주민들도 특별시 및 광역시와 직접 정치적으로 접촉하여 고압적으로 자신의 개발욕구를 만족시키려는 시도보다는 인근주민이나 구청과의 관계에서 합리적인 의도와 목적을 입증하려 노력하게 될 것이다. 그리고, 지방의회와 지역구민들의 의견을 존중하여 입안함으로써 계획의 집행력을 높여 행정자원의 낭비를 줄이고 주민의 불만을 감소시킬 수 있을 것이다.

자치구의 도시계획권이 확대되면 자치구내에서 도시계획의 전문가들을 양성하고 훈련시킬 기회도 증가할 것이기 때문에 시 전역에 걸쳐 지속적인 문제인 도시계획인력의 부족상태도 극복하는 계기가 될 것이다.

(3) 자치구의 도시계획권의 확대와 통제의 새로운 조화 - 비례원칙과 보충성원칙에 의한 도시계획권의 재분배

그동안 우리 입법자들은 자치분권의 시대에 맞게 일반법 수준에서 시와 자치구의 관계의 현대화를 위한 법원칙들을 선언하고 있다. 이와 같이 지방자치 관련 일반법들에 선언된 원칙들을 존중하여 도시계획분야에서 계획체계를 현대화하는 것은 지방자치발전을 위한 중요한 과제가 되었다. 이러한 과제들을 해결함에 있어 입법자들은 현행 도시계획의 현실과 실무를 고려하여 단계적이고 점진적으로 개혁에 접근해가야 할 것이다.

Virginia Environmental Law Journal 18, 1999, 497-499면.

우리 지방자치분권 및 지방행정체제개편에 관한 특별법 제9조는 사무배분의 원칙을 선언하고 있는데 대도시에서 시와 자치구의 관계에 한정하여 요약해 본다.

첫째, 관할 사무가 중복되어서는 안된다. 관할권의 배분시 행정의 종합적·자율적 수행 필요와 주민의 편익증진, 집행의 효과 등을 고려하여야 한다.(제9조 제1항)

둘째, 관할권의 배분시 지역주민생활과 밀접한 관련이 있는 사무는 원칙적으로 시·군 및 자치구의 사무로, 시·군·구가 처리하기 어려운 사무는 특별시·광역시·특별자치시·도 및 특별자치도의 사무로, 시·도가 처리하기 어려운 사무는 국가의 사무로 각각 배분하여야 한다.(제9조 제2항)

셋째, 관할권의 배분시 지방자치단체가 그 사무를 자기의 책임하에 종합적으로 처리할 수 있도록 관련 사무를 포괄적으로 배분하여야 한다.(제9조 제3항)

넷째, 사무를 배분하는 때에는 민간부문의 자율성을 존중하여 국가 또는 지방자치단체의 관여를 최소화하여야 하며, 민간의 행정참여기회를 확대하여야 한다.(제9조 제4항)

지방자치분권 및 지방행정체제개편에 관한 특별법 제9조는 사무배분에 있어서 대체로 보충성의 원칙을 반영한 것으로 볼 수 있을 것인데, 이 배분원칙들은 도시계획관계법령에서도 존중되어야 할 것이지만 대도시에서 도시계획분야의 특수성도 고려되어야 한다.

그동안 대도시지역에 있어 도시계획과 관련하여 난개발과 부동산투기의 방지를 위해 시장에게 권한을 집중시키고 자치구와 주민의 법적 지위를 미약하게 인정한 것은 비례원칙의 관점에서 재평가해볼 수 있을 것이다. 난개발과 부동산투기라는 공익을 보호하기 위해 시와 자치구의 관계에서 권한배분을 수단으로 사용한 경우 권한배분상태가 과도하게 시장우위적으로 배분된 것인지 아닌지가 평가되어야 한다. 이 때 자치구의 지역적 특수성과 주민들의 다양한 욕구의 충족필요라는 공익도 적절하게 고려한 것인지 살펴야 한다. 비례원칙의 적용에 있어 현대행정의 복잡성이 증가하면서 공익과 공익간 이익형량이 점점 중요해지고 있는데, 과거와 같이 난개발방지와 부동산투기의 방지와 같은 공익만 일방적으로 우선적으로 고려해서는 안된다.

대도시의 도시계획과 관련하여 시와 자치구의 관계는 한편으로는 시의 도시계획을 자치구가 수용하는 하향적 성격을 가지면서도, 다른 한편으로는 자치구의 도시계획내용을 서울시가 수용하는 상향적 성격도 가져야 한다.[25] 이를 위해 기존 도시계획의 하향적 계획과정에 상향적 계획과정을 접목시켜 자치구에게 지역특성과 지역주민의사를 수용할 수 있도록 시의 도시계획의 경직성과 추상성을 보완하고 구체화할 기회를 부여할 필요가 있다.[26] 용도지역, 지구단위계획, 도시계획시설 등과 관련된 권한들에 대해 자치구로의 위임대상을 확대하되 시와 자치구간 협의절차를 도입할 수 있을 것이다.

대도시에서 시가 도시 전체의 통일성과 조화 등을 이유로 자치구청장 등의 선심성 공약으로 인한 도시난개발욕망을 제어하는 역할도 여전히 필요하지만, 시 혼자만으로는 현실적으로 수많은 도시계획사업을 스스로 면밀히 기초조사하여 흠없는 도시계획으로 완성시키는 것이 불가능하고, 자치구지역내의 현지사정과 시 계획들의 현실적 문제점들에 대해서는 자치구가 시보다는 더 잘 알 수 있고 그것을 변화시키려는 의지도 더 강하다는 점도 고려해야 한다.

자치구에게 도시계획권을 확대하는 경우에도 상위계획에 위배되는지 여부에 대한 감독권과 변경요구권 등 통제권을 시에게 인정함으로써 자치구

---

25 김수근, 자치구 도시기본계획의 현실적 접근방향, 자치행정 제53권, 1992.8, 62면.
26 김창석, 우리나라 자치구 도시기본계획의 개념정립에 관한 연구, 서울시립대학교 수도권개발연구소 연구논총 제18집 1992.12, 2면 참조.

의 계획권 남용의 위험도 완화시킬 수 있을 것이다.[27]

Ⅲ. 도시계획에 있어 시와 자치구간 거버넌스의 개혁

1. 도시계획에 관한 입안·결정권과 도시계획시설결정권의 재배분

(1) 입안권과 결정권의 구별에 따른 권한의 배분상황

우리 법상 도시계획의 수립행위는 크게 입안과 결정으로 구분되어 있다. 서울특별시와 자치구의 도시계획권의 배분에 있어서도 중요한 의미를 갖는 것이 입안권과 결정권의 구별이다. 서울특별시 도시계획조례는 용도지역, 용도지구, 도시계획시설, 지구단위계획구역의 지정 및 지구단위계획의 수립(기초조사 포함) 등의 도시관리계획 입안에 관한 사무, 12미터 이하 도로와 광장, 5천 제곱미터 이하의 주차장, 부지면적 3천 제곱미터 이하의 체육시설과 공공공지 등 도시계획시설의 결정·변경결정 및 고시에 관한 사무 등을 서울시장이 구청장에게 위임하도록 규정하고 있다.(서울특별시도시계획조례 제68조 제1항 별표4) 서울특별시와의 관계에서 자치구는 입안권만 인정받고 있을 뿐 독립한 계획주체로서의 지위를 인정받지 못하고 있다.

구체적으로 서울특별시에서 도시계획이 수립되고 시행되는 전형적인 과정을 살펴본다. 먼저 도시계획의 입안은 기초자치단체장의 책임하에 관계전문기관의 협조를 받아 행해지는 것으로, 입안이란 구체적으로 계획안을 확정하여 가는 작업중 도시계획안의 작성행위를 말한다고 할 수 있다. 도

---

27 최용전, 도시정비법상의 정비계획수립 및 정비구역지정권한 이양에 관한 연구, 토지공법연구 제75집, 2016, 242면.

시계획의 입안은 도시기본계획의 내용에 적합하게 하여야 하며, 기초조사, 계획안의 작성, 계획안에 대한 주민의 의견청취과정과 도시의 주요구조에 미치는 영향이 큰 사항에 대하여는 지방의회의 의견청취를 거쳐 최종계획안이 입안된다. 입안된 도시계획안은 공청회와 공람과정을 통해 시민의견을 수렴하여 도시계획안에 반영된다. 이렇게 입안된 도시계획안은 서울 도시계획위원회와 도시계획상임기획단의 자문과 심의를 거쳐 시장이 최종 결정한다.

현행법상 서울시 도시기본계획의 입안 및 결정 권한은 전적으로 시장에게 있으며, 자치구는 서울시가 계획안을 수립한 이후 자치구 설명회 및 공청회 등을 통해 의견을 제시하고 있을 뿐이어서 중앙집권적 자치관을 벗어나지 못하고 있다.

(2) 자치구의 도시계획결정권의 부재와 입안권 보장범위의 불명확성

1) 자치구의 도시계획결정권의 부재의 문제점

광역자치단체와 기초자치단체의 권한배분에 관해 지방자치법은 광역적 사무, 통일성과 조정이 필요한 사무 등에 대하여 광역자치단체가 처리하고 기초자치단체의 현지성과 특수성을 반영하여야 하는 사무는 기초자치단체가 처리하도록 그 권한이 배분되어야 한다고 규정하고 있다(지방자치법 제10조 제1항).

대도시지역에서 도시계획권의 배분과 관련하여 지방자치법 제10조 제1항의 권한배분원칙을 적용할 때 특히 문제되는 것 중의 하나는 입안권과 결정권을 구별하여 광역적 사무인지 자치구의 현지성이 두드러지는 사무인지와 상관없이 도시계획의 결정권은 특별시장과 광역시장에게 부여하고 있는 점이다. 자치구로서는 도시계획의 결정권이 없고 입안권도 극히 제약

받고 있어 자치구지역의 현지성과 특수성이나 주민들의 다양한 욕구를 수용하기가 매우 어려워 자치권의 발전이 매우 제한받고 있는 것이다.

그 동안 법학계에내에서도 이 문제에 관하여 계획고권의 침해관점에서 현행법의 규제방식이 지나치게 자치권을 제약한다는 비판이 많이 있어 왔다.

계획고권은 독일법상 계획법에서 유래되는 개념인데 지방자치단체가 관할 구역내의 공간질서를 수립함에 있어서 자치권의 범위와 상급계획의 범위 안에서 스스로 계획을 수립하고 집행할 수 있는 구속력 있는 권한이라고 말할 수 있다.[28] 지방자치단체 구역 내에서 건축적인 용도나 그 밖의 용도에 의한 토지이용과 관련하여 구속력 있는 계획을 자율적으로 자기의 책임하에 규율하고 형성할 수 있는 권한으로 정의하기도 한다.[29]

독일법상 계획고권은 지방자치권의 내용으로 인정되고 있고 여기에는 도시계획의 결정권이 포함되고 있어서, 지방자치단체는 관할구역에서 토지의 이용과 관련하여 구속력을 수반하는 계획에 대한 형성의 자유를 갖는데 그 권한은 법령에 의하여도 불법적으로 침해될 수 없다.[30]

우리 법령과 광역자치단체의 조례 등에서 자치구에게 입안권만 인정하는 것은 계획고권을 포함하는 자치권에 대한 위헌적 침해라는 것이다. 즉, "계획고권이라고 하는 것은 지방자치단체가 자기지역의 전체공간질서를 적극적으로 형성시키고 이를 구속적으로 확정하는 권한이므로, 이렇게 정의되는 지방자치단체의 계획고권에는 계획수립권뿐만 아니라 그에 대한 결정권도 포함된다 할 것이다. 따라서 국가의 도시계획입안권과 도시계획결정권을 규정하고 있는 도시계획규정은 자치권에 대한 본질적 내용의 침해로서 헌법의 자치권보장에 어긋나는 것이라 할 수 있다."고 한다.[31]

---

28 정훈, 지방자치단체의 계획고권과 국토의 균형개발, 토지공법연구 제84집, 2018, 60면 참조.
29 임현, 토지계획법제의 입법동향, 일감법학 제20호, 2011, 237면.
30 신봉기, 계획고권재론, 토지공법연구 제17권, 2003, 253면.
31 김남철, 지방자치단체의 계획고권과 국가의 공간계획, 토지공법연구 제6집, 1998, 310면.

국가의 경제발전과 자치분권을 조화시키고 있는 독일의 계획고권론에 기반한 우리의 계획권배분에 관한 비판은 경청되고 존중될 필요가 있다. 이런 관점에서 자치구에게 도시계획의 결정권을 거의 인정하지 않은 것은 심각한 문제라 할 것이다.

2) 자치구의 입안권 보장범위의 불명확성과 높은 침해위험

서울특별시에서 자치구청장은 서울특별시도시계획조례 제68조 제1항 별표4의 위임에 따라 지구단위계획의 수립과 같은 도시관리계획 입안권을 가지고 있다. 하지만, 이 별표4에서는 "시계획과 관련하여 필요하다고 인정할 때에는 시장이 입안할 수 있으며"라고 규정하여, 자치구에 위임되어 있는 지구제의 입안권에 관해서도 서울시장이 필요한 경우 그 입안권을 행사할 수 있게 되어 있다.

동일한 지구에 대해 서울특별시장과 자치구청장의 입안이 있는 경우 권한의 충돌과 경합이 문제될 수 있다. 이 때, 지방자치법 제10조 제3항의 원칙, 즉, "시·도와 시·군 및 자치구는 사무를 처리할 때 서로 경합하지 아니하도록 하여야 하며, 사무가 서로 경합하면 시·군 및 자치구에서 먼저 처리한다"는 원칙에 따라 자치구의 입안권이 우선하도록 해석하여야 할 것이지만, 지역제와 지구제의 경우 결정권을 시장이 가지고 있는 상황에서 자치구의 입안권에 우선권을 인정할지는 의문이다.[32] 사실상 자치구의 입안권은 시장의 뜻과 배치되는 한 행사될 수 없다고 보아야 할 것이다.

서울특별시도시계획조례 제68조 제1항 별표4의 "시계획과 관련하여 필요하다고 인정할 때에는 시장이 입안할 수 있으며"라는 조항은 너무 막연하기 때문에 법치국가원칙의 파생원칙인 명확성의 원칙을 위반하고 있지

---

32 서울특별시와 자치구가 중복하여 사무에 대한 관할권을 갖도록 규정한 경우가 많은데, 각 주체의 구체적 역할배분기준은 없기 때문에 분쟁이 발생하고 서로 책임을 회피할 소지가 많다. 이와 같은 비판은, 우동기, 서울특별시와 자치구간의 인사·조직기능 배분구조의 문제점과 과제, 한국행정학회 학술발표논문집, 1996.12, 44면 참조.

않나 생각된다. 법치주의적 명확성을 보호하고 보충성원칙이나 비례원칙의 정신을 고려할 때, 시장이 직접 입안권을 행사하는 대상과 기준을 명확히 하고 나머지 업무에 대해서는 자치구의 주도권을 인정하거나 그 권한을 존중하는 장치를 두는 것이 타당할 것이다.[33]

구청장이 도시계획을 입안한 경우에도 특별시와 광역시의 도시계획위원회가 그 입안내용에 대해 반드시 심의를 하도록 되어 있다. 이로 인해 특정 자치구의 도시계획안이 시도시계획위원회의 업무 순위에서 밀려 심의대상이 되지 않거나 장기간 지체되는 경우도 발생하고 있고 안건으로 상정되지 않기도 한다. 자치구가 입안내용을 작성하는 과정에서 이미 기초조사 등 준비로 많은 시간이 소요되었는데 도시계획위원회의 심의가 연기되면 다시 조사를 해야 할 수도 있어 추가비용이 발생할 수도 있다. 그리고, 더 큰 문제는 그 계획안의 심의지체로 장기간 주민들의 재산권행사가 제한되거나 주거불안정이 초래되거나 주민 상호간 갈등이 표출되기도 한다.[34]

이러한 문제점들에도 불구하고 자치구에게는 시장이나 시도시계획위원회의 판단에 대해 이의를 신청하거나 조정을 위한 절차도 존재하지 않는다. 이러한 계획실무는 보충성원칙이나 비례원칙의 정신에 비추어 문제가 있기 때문에 시와 자치구간 계획갈등의 조정을 위한 도시계획분쟁조정위원회를 설치하여 상호이견을 조정하는 것이 타당하다고 생각한다.

또, 도시관리계획의 결정이나 변경을 위해 도시계획위원회가 심의를 할 때 구청장이 참석하여 자치구의 입장을 설명하기 위해서는 도시계획위원장의 사전승인을 얻지 못하면 참석할 수 없다. 구청장이 참석하는 경우에

---

33 독일 베를린시가 시와 자치구 간 이견을 조율하고 관리계획을 협의·조정하기 위해 운영하고 있는 '불합치계획'(Dissensplan) 제도를 소개하고 있다. 자치구의 관리계획 변경 요청이 반려되었을 때 불합치계획 대상지를 생활권 발전계획 뒷부분에 수록하고, 추후 해당 계획의 변경을 우선적으로 검토하는 데 활용하고 있다 한다. 양재섭, 서울시 생활권 계획의 활용과 운영방안, 정책리포트(246), 2018.3, 19면 참조.

34 최용전, 도시정비법상의 정비계획수립 및 정비구역지정권한 이양에 관한 연구, 토지공법연구 제75집, 2016, 241면.

도 입안된 사안이 시의 견해와 다를 경우 해당 위원회에서 부결되거나 상당한 변경이 이루어지기도 한다. 서울특별시와 같은 시의 도시계획조례의 규정을 개정하여 도시계획위원장의 사전승인규정을 신고로 개정하고 자치구에서 참석할 수 있는 자들의 범위도 현실에 맞게 수정할 필요가 있다. 그리고 이해관계있는 자치구와 사전협의하거나 의견을 수렴하는 것을 필수화해야 한다. 자치구가 입안한 안건의 처리를 위한 행정절차를 간소화하고 투명하게 하고,[35] 시와 구의 합동심의를 위한 절차도 도입할 필요가 있다.

이상에서 살펴본 바와 같이 특별시와 광역시의 도시계획위원회에 의한 심의에는 여러 문제들이 있고 또, 시도시계획위원회가 각 구청의 지역 현황을 정확히 파악하고 주민들의 의견를 반영하는 것은 한계가 있음에도 불구하고 도시계획위원회가 시장의 도시계획권을 근거로 자치구 주민들의 생활공간형성에 있어 배타적이고 우월적인 권력기관으로 위치하는 것은 문제가 있다 할 것이다.

(3) 입안권과 결정권 구별논리의 극복필요

현재의 입안권·결정권 구별논리는 지나치게 자치구의 권한을 제한하고 있다. 위에서 제안한 개선안들 이외에 다음과 같은 개선대안들도 고려되어야 할 것이다.

첫째, 입안권과 결정권만을 구별하는 방식은 너무 단순하기 때문에, 이 구별방식이외에 자치구가 결정권을 갖되 서울시가 승인권을 갖도록 하고 승인을 받지 않으면 효력이 발생하지 않도록 하는 승인유보형 도시계획결정권제도를 새로이 도입하는 방안이 법령과 조례의 개정과정에서 고려되어

---

35 양재섭·신민철·반영권·이재광·임화진, 전게보고서, 2020, 102면은 투명성을 강화하기 위해 서울시 담당부서가 구청장 등이 입안한 사안에 대해 도시계획위원회에의 상정여부를 직접 판단하기 보다는 객관적 입장에서 의견을 첨부하여 도시계획위원회에 상정하는 것이 바람직하다고 한다.

야 한다. 이 점은 일본 동경도와 자치구의 관계에서 그 실례를 볼 수 있다.

둘째, 일정한 도시계획사항에 대해서는 자치구와 광역자치단체가 공동의 위원회를 만들어 공동으로 입안하고 결정하도록 하는 제도를 도입하는 것을 생각해볼 수 있다.

이 방안들은 도시계획의 입안권만을 자치구에 주고 있는 사항들, 즉, 지역, 지구, 일정한 범위의 도시계획시설, 지구단위계획구역의 지정 및 지구단위계획(기초조사포함)에서 검토되어 도입될 필요가 있다 하겠다.

(4) 도시계획의 입안을 위한 기초조사의 부족과 자치구에 대한 입법자의 배려필요

도시계획이 주민들의 생활권에 밀착하여 삶의 질을 높이는데 기여하기 위해서는 도시계획에 의해 영향받게 되는 이익들에 대해 충분한 기초조사를 하고 고려해야 할 이익들의 비교와 평가를 적정하게 하여 도시계획이 수립되어야 한다.

우리나라 대도시 도시계획의 가장 큰 문제점 중의 하나가 기초조사의 부족이다. 입안을 위하여 필요한 사항을 조사, 측량하고, 도시계획이 결정된 후에도 일정한 기간마다 필요한 사항을 조사, 분석하여야 하는데, 기초조사가 형식적으로 이루어지고 있다. 그것은 조사에 필요한 예산이 매우 적게 책정되어 있고, 조사대상인 행정자료들 중에서 정보공개에서 제외되는 자료도 많아 수집에 한계가 있으며, 디지털화되어 보관이 용이해지기 전에는 기존의 도시계획조사보고서가 관리부실로 없어지는 경우도 많았기 때문이다.

국토의 계획 및 이용에 관한 법률 제13조 제1항은 광역시장에게 기초조사에 관한 권한을 주면서 제2항에서 자치구청장과 같은 "관계 행정기관의 장에게 제1항에 따른 기초조사에 필요한 자료를 제출하도록 요청할 수 있다. 이 경우 요청을 받은 관계 행정기관의 장은 특별한 사유가 없으면 그 요청에 따라야 한다"고 규정하고 있다. 이 규정에도 불구하고 현실적으로 특별시장이나 광역자치단체장만으로는 수많은 자치구내의 도시계획예정지역에 대한 철저한 현장조사를 하기는 매우 어렵다. 그럼에도 불구하고 입법자가 기초조사의 권한을 대도시의 시장에게만 부여하고 자치구청장은 자료제출요청의 대상기관으로서 지위만을 부여하고 있을 뿐이다.

자치구에게 입안권이 인정되지만, 결정권이 없는 상태에서의 입안권은 권한으로서의 측면이 너무나 약해 자치구로서는 기초조사를 충실히 할 할 유인을 발견하지 못하고 시의 기초조사에 대해 냉소적이게 된다. 자치구는 기초조사를 열심히 해도 그것이 반드시 계획에 반영되는 것도 아니고 자신의 계획도 아니어서 주민들에게 홍보를 할 수도 없으며 지역주민의 의사를 관철시킬 수도 없기 때문에 관심이 매우 적게 되는 것이다.

시에 의해 도시기본계획이 수립되어도 자치구의 재정적인 형편과 인적 자원의 열악한 형편을 고려하지 못하는 경우가 많다. 이로 인해 상세한 집행계획이 수립되지 못하여 기본계획의 집행은 장기적으로 표류하는 경우도 상당히 존재한다. 집행계획에 대해 자치단체장의 계획실현의지가 부족하거나 계획간 우선순위의 결정이 정치적 배경에 의해 좌우되는 경우도 적지 않다.[36] 이로 인해 시나 자치구의 담당공무원들이 집행계획의 수립을 장기간 방치하여 기본계획단계에서의 도시의 미래지향적 발전목표는 정치적 구호 이상의 의미를 갖기 어렵게 된다.

결과적으로 그 동안 우리나라 대도시를 위한 도시계획은 현장을 떠나 비현실적이었다고 할 수 있는데 도시계획의 집행력을 높일 수 있는 방안이 다각도로 강구되어야 한다. 자치구를 사실상 배제한 채 광역시가 수립하는 도시계획은 자치구와 주민들의 비협조나 비현실적인 계획내용으로 인해 그 집행가능성이 낮고, 반대로 광역자치단체를 배제한 채 기초자치단체가 입안하고 결정하는 계획도 마찬가지로 재정형편 등에 의해 낮을 수밖에 없

---

36 정현세, 도시조사제한의 개선방안, 도시문제 제23권 11호, 1988.11, 66면.

을 것이므로 자치구의 계획권을 확대하면서도 공익보호를 위한 통제도 강화하는 방향으로 그 권한들이 재배분되고 그 역할들도 재설정되어야 할 것이다.

(5) 도시계획과 개별 계획들 관계의 불명확성 및 불일치의 해소를 위한 자치구 계획권의 확대

대도시에서 주민생활의 공간형성에 직접적 영향을 미치는 지구단위계획이나 마을만들기계획 그리고 경관계획 등을 수립결정하고 시행하려 할 때 심각하게 문제되는 것 중의 하나가 상위계획들 사이의 관계가 불명확하고 개별 계획들의 내용도 지나치게 획일적이거나 불분명하다는 점이다. 즉, 국가나 광역시의 상위계획들 간 위계구조가 명확하지 않아서 자치구에서 생활권계획을 수립하는 과정에서 어느 하나의 상위계획을 따라도 다른 상위계획과 모순이나 충돌이 발생할 가능성이 있다.

이러한 문제는 대도시의 계획수립시 자치구의 참여가 매우 제한되어 있고 주민참여가 활성화되지 않은 상황에서 상위계획의 수립단계에서는 여러 계획들간 충돌상황이 잘 드러나지 않는다는 점, 계획간 모순과 충돌이 발생했을 때 이를 조정할 수 있는 수단이나 방법이 부족하다는 점[37] 때문인데 현행 도시계획시스템에서는 이를 해소하기가 매우 어렵다.

이 문제의 해결을 위해 계획간의 우선관계조항이나 부합조항 및 관계기관의 감독이나 조정제도를 도입할 필요가 있고 자치구의 계획권을 확대할 필요도 있다. 시와 자치구의 계획간 통합을 위한 협의절차를 강화할 필요도 있다. 예를 들어, 시와 구간 협의절차를 강화하여 서울시 생활권계획과 자치구 도시기본계획을 통합하되 자치구의 자율성을 확대하고 기획기능을

---

37 김보미, 지방자치단체의 공간계획 자치권에 관한 연구, 한국지방자치학회보 제29권 제4호, 2017, 18-20면.

강화하게 할 필요가 있다. 특별시장이나 광역시장과 자치구청장 사이에 계획을 둘러싼 갈등이 자치권의 침해와 관련된 경우 권한쟁의심판이나 기관소송의 방법도 허용될 필요가 있다 할 것이다.[38]

(6) 생태공원 등 도시계획시설의 가치와 자치구의 설치관리권의 확대필요

1) 생태공원 등 도시계획시설의 가치

우리 도시주민들의 주거환경에 있어 크게 부족한 것이 주민들이 공적으로 또는 사적으로 자연스럽게 모일 수 있는 공용공간이나 문화체육시설 등이다.[39] 예를 들어, 생태공원은 인구가 밀집해 사는 도시에 있어 주민들의 휴식공간의 확보를 위해 매우 중요하다. 생태공원의 주요기능과 가치를 살펴본다.

첫째, 주거지에 가까운 곳에 위치한 생태공원은 자연과 인간을 다시 연결시키는 공간이 된다. 도시화는 자연과 인간을 분리시키는데, 이것은 특히 어린이들에게 정서적으로 매우 부정적인 영향을 미친다. 생태공원은 어린이들에게 농촌과 전원생활이 줄 수 있는 자연체험을 제공한다. 성인들을 위해서도 도시의 인간적 유대감부족을 보완하여 다른 사람들과의 정서적 교류를 부분적으로나마 회복시켜 준다.[40] 생태공원조성사업을 통해 자치단체와 주민들간의 의사소통도 활발하게 되고 운동단체나 어머니회 또는 청소년단체 등 각종 동호회모임들이 활성화될 수 있다. 이를 통해 마을공동

---

38 정훈, 지방자치단체의 계획고권과 국토의 균형개발, 토지공법연구 제84집, 2018, 74면.

39 새로운 도시공동체운동(New Urbanism)에서 매우 중요하게 다루는 것이 사람들이 모일 수 있는 공용시설과 문화체육시설이다. 이런 시설들을 중심으로 사람들이 모여 의사소통함으로써 공동체가 형성될 수 있기 때문이다. Jeremy R. Meredith, Sprawl and the New Urbanist Solution, Virginia Law Review 2003, p.451.

40 Julie M. Johnson/Jan Hurley, A Future Ecology of Urban Parks : Reconnecting Nature and Community in the Landscape of Children, Landscape Journal 21, 2002, pp.110-115.

체도 활성화될 수 있다.

둘째, 생태공원도 해당 지역사회의 수요에 따라 여러 가지 형태일 수 있다. 주로 사람들의 산책이나 운동 등 휴식장소(Leisure garden)로 기능할 수도 있다. 학교에서 관리하는 생태공원은 어린이들을 위한 야생식물의 재배나 동물의 사육실습장이 될 수도 있다. 학교공원(Child and school garden)은 저소득주민들이 밀집해 있는 곳이고 주거환경이 열악하며 녹지지역이 부족한 지구들에서 어린이들의 정서함양에 중요한 기여를 할 수도 있다. 생태공원은 오염물질이 많이 배출되는 산업공단도시에서도 시민들에게 산소와 전원의 장점을 누릴 수 있는 소중한 공간이 되기도 한다.

또, 미국의 도시들에서 최근 다양하게 급증하고 있는 기업공원(Entrepreneurial garden)이 있다.[41] 이것은 공공기관에서 보유관리하는 공원이지만 공원에서 야채나 화초 등을 가꾼다. 이 일은 실업청소년들이나 저소득 가정의 청소년들에게 방과후 또는 방학중의 일자리로 제공하며 여기서 생산된 야채나 화초는 도시주민들에게 판매한다. 청소년들의 정서함양 및 순화와 일자리제공이라는 측면에서 한국을 위해서도 상당한 시사를 준다고 생각한다.

셋째, 생태공원은 치유공원(Healing and therapy gardens)일 수도 있다. 노인들이나 환자들에게 치유와 안정을 위한 공간이 된다. 숲과 꽃과 새들이 함께 존재하는 공간은 난치병환자들이나 노인들 그리고 정신질환자들에게 치유의 효과를 낼 수도 있어 병원의 부속시설로써 또는 병원과 연계하여 운영되기도 한다.

---

41 John Ferris/Carol Norman/Joe Sempik, People, Land and Sustainability : Community Gardens and the Social Dimension of Sustainable Development, Social Policy & Administration Vol 35 No.5, 2001.12, pp.559-568(563).

2) 도시계획시설의 설치에 관한 자치구의 권한확대필요

생태공원이외에도 박물관, 도서관, 체육시설 등 도시계획시설은 주민의 문화, 휴식, 복지를 위한 것으로 주민들의 삶의 질의 개선을 위해 중요한 역할을 한다.[42] 때문에, 도시계획시설들은 주민들의 생활환경의 수요를 충족시키도록 충분하면서도 공평하게 배분되어야 한다.[43]

소득수준이 올라가면서 주민들의 공공시설에 대한 수요가 변하고 있고 과거에 나타나지 않았던 수요들도 나타나고 있어 계획주체들은 이에 보다 신속하고 긴밀하게 대응할 필요가 있다. 그 수요의 다양성에 신속하게 대응하기 위해서도 주민들에 보다 밀착해서 관리가능한 자치구의 도시계획시설설치권이 확대될 필요가 있다. 예를 들어, 서울특별시의 경우 도시계획시설 중 자치구청장에게 설치권을 위임하고 있는 시설기준인 3천㎡ 이하의 공공용지, 체육시설, 문화시설 등의 규모를 현실에 맞게 확대할 필요가 있고,[44] 지구단위계획 중 자치구청장에게 위임된 경미한 변경권의 범위를 확대할 필요도 있다.

2. 지구제의 운영에 있어 주민생활공동체의 역할확대 - 마을만들기와 경관조성

(1) 지구단위계획

주민들의 일상생활에 있어 대면집촉이 가능한 생활공동체의 관점에서

---

42 정무용, 자치구의 도시계획-구단위 도시기본계획을 중심으로, 도시문제 제27권 제279호, 1992.2, 58면 이하.

43 김창석, 자치구 도시기본계획의 계획이론적 고찰, 도시문제 286호, 1992.9, 103면.

44 자치구청장에게 위임하는 도시계획시설의 기준을 3천㎡서 5천㎡로 확대하고 주차장(현행 5천㎡)과 같이 주민생활과 밀접한 시설은 규모의 제한없이 자치구의 권한으로 위임하자는 제안은, 양재섭·신민철·반영권·이재광·임화진, 전게보고서, 2020, 104면 참조

가장 관련성이 깊은 도시계획제도는 지구단위계획이다. 지구단위계획은 "도시·군계획 수립 대상지역의 일부에 대하여 토지이용을 합리화하고 그 기능을 증진시키며 미관을 개선하고 양호한 환경을 확보하며, 그 지역을 체계적·계획적으로 관리하기 위하여 수립하는 도시·군관리계획을 말한다."(국토의 계획 및 이용에 관한 법률 제2조 제5호)

지구단위계획을 수립하는 경우에는 건축물의 용도, 높이, 용적률, 형태 등이나 공원과 녹지 등의 설치 등을 규제하는 방식으로 구역의 지정목적이나 그 구역의 중심기능 그리고 용도지역의 특성 등을 고려하여 수립하여야 한다.

국토의 계획 및 이용에 관한 법률에 의해 수립·결정되는 계획들 중 도시관리계획은 도시기본계획과 달리 개인의 재산권 행사에 중대한 영향을 미친다. 도시관리계획의 하위계획으로 수립되는 지구단위계획은 도시관리계획보다 한층 더 구체적인 것으로 행정처분(대법원 2018.11 29. 선고, 2018두49109 판결)으로서 개인의 재산권에 강한 법적 구속력을 미친다.[45]

하지만, 우리나라의 지구단위계획은 국가의 법령이나 특별시나 광역시의 도시관리계획으로 수립되어 자치구 주민들 입장에서는 현실적합성 측면에서 불만들이 많이 제기되고 있다. 자신들의 생활권에 대해 획일적으로 규정하거나 최소한만 규정하여 주민들의 다양하고 구체적인 생활환경의 특성이나 실제생활수요를 너무나 반영하지 못하고 있다는 것이다.[46]

또, 법령이나 자치법규에서도 지구단위계획의 수립과 결정에 있어 시와의 관계에서 자치구의 역할을 불분명하고 불충분하게 규정하여 갈등과 마찰도 빈번하고 자치구의 정치인들이나 공무원들은 시의 지구단위계획에

---

45 손상락, 지방자치단체 도시계획권 강화방안, 정책포커스 정책자문, 2004, 18면.
46 독일과 한국의 지구단위계획을 비교할 때 획일적 특성이 우리 지구단위계획의 문제점으로 두드러진다. 이러한 평가는, 이세준·이석정, 가로공간 형성을 위한 지구단위계획 수립과정의 연구- 독일 한국의 사례를 중심으로, 한국도시설계학회지 제10권 제4호, 2009, 183면 참조.

대해 냉소적이거나 소극적으로 대응하기도 한다. 이로 인해 자치구가 법적 근거가 불명확한 비법정계획을 수립하여 주민들의 생활공간형성에 영향을 미치는 경우도 있어 주민들에게는 소득수준이나 문화수준에 적합한 주거환경과 삶의 질을 확보하는 것은 너무 어려운 과제가 되고 있다.[47][48]

지구단위계획의 수립과 결정에 있어 시장에 권한이 집중되어 있는 상황에서 시장은 자신의 임기를 고려하여 장소적으로나 시간적으로 그 성과가 한정될 수밖에 없는 사업, 예를 들어, 마을만들기 사업이나 경관협정 등을 시범사업형태로만 단기적으로 전개하는 것이 반복되고 있다. 현장주도의 필요가 가장 큰 주민참여형 사업을 현장에서 가장 멀리 떨어진 광역시장이 주도하는 현재의 시스템에서 이 문제는 필연적으로 나타날 수밖에 없다.

이러한 문제점들을 고려할 때 지구단위계획의 수립과 결정에 있어서도 자치구의 권한이 더 확대될 필요가 있다 할 것이다.

(2) 마을만들기계획의 구체화와 활성화 필요

대도시에서 최근 주목받고 있는 마을은 전통적인 농어촌에서 자연적인 경계를 갖는 마을과는 다르지만 보통 거리와 구획에 한정되어 주민들끼리 빈번한 대면접촉이 가능하고 의사소통이 이루어지는 공동체의 형성가능성이 그 경계를 가르는 중요한 기준일 것이다.

마을공동체는 "마을 주민이 구성하는 다양한 모임, 단체 또는 법인 등의 주민지치 공동체"라고 할 수 있고, "마을만들기"란 주민과 마을공동체가

---

47 심재헌·이재국, 서울시 지구단위계획의 운용에 관한 연구, 한국디지털건축인테리어학회 논문집 제4권 제2호, 2004, 33면.
48 물론 광역시의 입장에서는 지구단위계획의 수립에 있어서도 부동산투기의 억제에 높은 관심을 가질 수 밖에 없는 통계도 존재한다. 예를 들어, 서울특별시 지구단위계획의 운영실태를 도시계획심의회의 심의통계에 따라 살펴보면 전체 신청건수의 50% 정도를 공동건축의 확대, 변경 및 축소 등에 관한 사항이라 한다. 김영호/이정형, 서울시 지구단위계획 운영실태 분석에 관한 연구, 대한건축학회 학술대회 발표논문집 2002.10, 638면.

주도하여 마을의 전통과 특성을 계승·발전시키고, 마을의 인적·물적 자원을 활용하여 지역사회가 당면한 각종 문제를 해결하거나 마을 발전을 위하여 공동으로 추진하는 모든 활동을 말하는데,[49] 최근 서울특별시도 기존 동단위 주민자치 조직들을 통합하여 주민자치회를 구성해 주민들이 일상생활의 문제들, 즉, 마을만들기에 적극 나서도록 유도하고 있다.[50]

서구국가들이나 일본에서 주민들이 마을만들기운동과정에서 자치구가 창의성을 발휘하고 주민위주의 행정과 기업경영원리를 도입하여 성공하는 사례도 많이 나타나고 있다. 마을만들기사업이 주민들에게 갖는 의의는 몇 가지로 요약해 볼 수 있다. 첫째, 주민들이 근린구역에 대해 주권자로서의 역할을 할 수 있게 하고 풀뿌리 민주주의를 경험할 수 있게 해준다. 둘째, 낙후지역의 개발이나 노후 기반시설의 정비 등 주거환경의 개선을 추진함에 있어 주민들의 다양한 요구와 이해관계들을 합리적으로 조정하고 주민 간 갈등을 해소하는데 기여할 수 있다.[51] 셋째, 자발적인 주민공동체의 여

---

49 20대 국회(2020.5.29.임기만료)인 2017.2.24. 진선미의원이 대표발의한 '마을공동체 기본법'안 제3조 제3호, 제4호에 나타난 정의이다. 21대 국회에서도 '마을공동체 기본법'의 제정이 시도될 것으로 보인다.

50 2018년 서울연구원의 보고결과에 따르면, 2017년 실시된 서울특별시의 주민자치회 시범사업에서 1단계 4개 구 14개 동의 경우, 평균 75.6 명의 주민이 참여해(30대 이하 15.2%) 10개월 간 평균 62.7회 모임을 통해 주민주도 마을계획을 수립하고, 평균 16.8개 실행계획을 제안했는데 50.6%가 주민주도 실행방식이었다 한다. 또 4개 구 14개 전 동이 개최한 마을총회는 동인구 평균 2.6% 주민이 마을계획 투표에 참여해, 마을계획 실행률 66.4%, 참여자 63.1%가 만족했다고 한다. 안현찬, 서울형 주민자치회 시범사업 정책설계화 추진과정, 월간 주민자치 제81호, 2018.7, 22면 참조.

   2019년 서울특별시는 주민자치회시범사업 3년차를 맞이하여 20118년 주요 추진성과로 참여 주민의 양적, 질적 확대로 주민 대표성 제고, 생활의제 숙의 활성화 등 풀뿌리 민주주의의 기반 마련, 2단계 자치구 시행 확대로 주민자치회 제도화 기반 확대를 꼽으면서, 향후 과제로 주민자치 관련 지역사회 내의 충분한 공감대 형성 과정 필요, 주민자치회의 안정적 운영을 위한 재정 여건 확보 필요, 주민자치회 분과 운영 및 수평적인 민관협력 활성화 필요 등을 제시하고 있다. 서울특별시, 2019년 주민자치회 시범사업 추진계획, 2019.3 참조.

51 이나영·안재섭, '근린재생 일반형' 도시재생사업과 주민참여활성화방안 : 서울시 구로구

론을 통해 투기세력을 견제하여 무분별한 부동산개발에 의한 생활환경의 훼손을 방지하는데 기여할 수도 있다.

마을만들기도 여러 종류가 있을 수 있는데 행정주도형과 주민주도형으로 나눌 수도 있고, 구체적인 사업내용에 따라 생활만들기, 시설만들기 및 인재만들기로 분류할 수도 있다.[52] 생활만들기는 생활환경의 개선을 과제로 하는 것이고, 시설만들기는 도로나 공원과 같은 공공시설의 설치와 관리를 과제로 하는 것이며, 인재만들기는 마을만들기를 위해 필요한 인재를 발굴하고 양성하는 것을 과제로 한다.

또, 추구하는 사업목적에 따라 문화만들기, 생활만들기, 환경만들기, 경제만들기로 나누어볼 수도 있을 것이다.[53] 문화만들기는 해당 공간에 존재하는 역사적 환경을 보존발굴하고 지역의 홍보나 축제 등을 통해 주민들간 동질감을 강화시키는 것 등을 목표로 하고, 생활만들기는 기반시설을 정비하고 노후주택을 개량하는 것들을 목표로 하며, 환경만들기는 주민들의 생활환경의 물리적 측면들을 개선하는 것을 목표로 하고, 경제만들기는 취약계층의 취업활성화, 소규모 비즈니스의 활성화 등 해당 지역의 산업과 경제활동을 부흥시키는 것을 목표로 한다.

그 동안 추진되었거나 현재 추진되고 있는 마을만들기사업들에서는 몇

가리봉동을 중심으로, 한국도시지리학회지 제20권 제3호, 2017, 63면 이하.

52 일본의 마을만들기현장에서는 그 운동을 주도하기 위해 마을협의체가 구성되어 마을 공동의 이익을 위해 협의하고 활동하고 있었으나, 우리나라의 경우에는 관주도로 실시될 뿐 마을협의체가 없거나 있어도 그 활동이 저조하다. 이로 인해 주민주도의 운동이 되지 못하고 있다. 또, 일본에서 마을만들기운동은 도시에서는 시민의 보호와 아름다운 환경의 개선에 관심이 많은 반면 농촌에서는 지역경제활성화사업에 관심이 많다고 한다. 김영주, 지속가능한 커뮤니티 관점에서 본 일본의 마을만들기 사례분석, 한국가정관리학회지 제30권 제4호, 2012, 3면. 13면.

53 홍진이, 마을만들기 사업과 지방자치단체의 역할, 공공사회연구 제3권 제2호, 2013, 153-154면. ; 김권수, 서울시의 도시재생사업이 주민의 마을만족도와 공동체의식에 미치는 영향, 공공사회연구 제4권 제1호, 2014, 72-73면에서는 도시재생의 기본방향을 생활재생, 경제재생과 환경재생으로 나누고 있는데, 마을만들기 사업도 이 관점에서 분류할 수 있을 것이다.

가지 문제점들도 나타났다. 첫째, 우리나라 마을만들기계획은 일상화된 마을만들기운동으로 발전하지 못하고 시범사업방식에서 벗어나지 못하고 있다.[54] 관주도로 시범적으로 운영되다가 마을만들기를 진행하던 지역이 어느날 갑자기 주택재개발지역으로 지정되어 마을만들기성과가 무용지물이 되기도 한다.[55]

둘째, 마을만들기사업에 대해 주민들의 참여율이 저조하다. 특별시나 광역시가 아니라 주민거주지 가까운 자치구가 주민들에게 전화나 서면 등을 통해 의견을 묻고 설명회를 개최하면서 거리와 블록별로 주민들이 의견들을 교환할 수 있도록 기회와 장소를 제공하는 것과 같은 적극적인 노력이 없다면 주민참여율은 낮을 수밖에 없을 것이다. 마을만들기사업이 어느 정도 완성된 이후에도 주민들의 관심과 참여를 유도하기 위한 자치구의 지속적인 노력이 필요하다.

셋째, 시와 자치구의 계획간 차별화와 연계성이 너무 부족하다. 우리나라 마을만들기 조례는 시와 자치구간에 그 내용이 비슷하고 중복되어 있으며 그 역할이 차별화되어 있지도 않다. 특별시나 광역시는 마을만들기사업의 지원에 중점을 두고 자치구는 실행에 중점을 두는 방향으로 역할이 분담되는 것이 바람직할 것이다.[56]

넷째, 시가 마을만들기사업을 주도해도 도시계획과 연계시키지 않고 있어 마을만들기사업의 실효성을 떨어뜨리고 있다.[57] 도시계획과 관련된 마을만들기계획의 경우 주민들의 전문성부족 때문에 외부의 민간인인 기술용역사가 계획작성을 도와주는 경우도 있으나 그 사례는 제한적이다. 자치

---

54 양재섭·윤기학·남선희, 주민참여형 마을단위계획에서 자치구의 역할에 관한 연구 - 서울시 휴먼타운과 경관협정을 사례로, 서울도시연구 제16권 제4호, 2015.12, 28-29면.

55 여관현, 마을만들기 지원제도의 운영방안에 관한 연구 – 한국과 일본의 마을만들기 조례를 중심으로, 한국도시행정학회 발표논문집, 2013.2, 96면.

56 여관현, 상게논문, 94면.

57 문석진, 지속가능한 마을공동체를 위한 지방자치단체의 역할, 공공사회연구 제3권 제2호, 2013, 44-45면.

구의 경우 주민들을 도울 전문인력도 부족하다.

(3) 경관계획과 경관협정에 있어
주민들의 낮은 참여도의 개선필요

도시주민들에게 "아름답고 쾌적한 경관"이 점점 삶의 질 확보에 있어 중요한 가치를 갖게 되면서 "자연, 인공 요소 및 주민의 생활상 등으로 이루어진 일단의 지역환경적 특징"(경관법 제2조 제1호)인 경관의 보존, 관리와 형성이 도시계획에서 주목받고 있다.

대도시에 있어 경관계획의 수립권자는 특별시장이나 광역시장이다.(경관법 제7조 제1항 제1호) 자치구청장도 경관계획을 수립할 수 있지만 그 계획에 대해서는 특별시장이나 광역시장의 승인을 받아야 한다.(경관법 제13조 제1항) 주민도 경관계획의 수립을 제안할 수 있다.(경관법 제8조 제1항) 특별시장이나 광역시장이 경관계획을 수립할 때에는 경관위원회의 심의(경관법 제12조 제1항)가 필요하고, 주민 및 관계 전문가 등의 의견청취를 위한 공청회(경관법 제11조 제1항)를 개최하여야 하며, 지방의회의 의견(경관법 제11조 제3항)도 들어야 한다.

광역자치단체장은 경관사업을 원활하게 추진하기 위하여 지역주민, 시민단체, 관계 전문가 등으로 구성된 경관사업추진협의체를 설치할 수 있다.(경관법 제17조 제1항) 토지소유자 등은 전원의 합의로 경관협정을 체결할 수도 있는데, 이 협정의 효력은 협정체결에 동의한 도지소유사 등에게만 미친다.(경관법 제19조 제1항) 동의한 자들은 자율적 기구로 경관협정운영위원회를 설립하여 운영할 수도 있다. 경관협정의 체결과 운영에서는 주민들의 자율적이고 적극적인 참여가 매우 중요하다.

하지만, 우리나라 대도시지역에서 경관계획의 수립 및 추진에 있어 주민들의 낮은 참여는 중요한 문제가 되고 있다.[58] 기초조사단계에서 주민대상

사전설명회를 개최하거나 공청회를 개최하더라도 참여율이 낮다. 주민입장에서 볼 때 주민제안을 하더라도 그 제안이 경관계획에 대한 구속력을 갖지 않는 것이고 공청회 등에 참여하여 의견을 표시하더라도 경관계획의 방향과 구체적 내용이 그 제안과는 무관하게 추진되거나 형성될 가능성을 배제할 수 없다.

주민참여를 활성화하기 위해 홍보방법도 다양화하고 주민들의 대표가 경관계획의 형성과정에 주도적으로 참여하여 그 의사를 실질적으로 반영할 수 있는 시스템으로 개선하는 것이 바람직할 것으로 생각된다.[59]

3. 자치구의 계획권 확대와 통제강화에 있어 지방의회와 조례 역할의 개선

우리나라에서 도시계획과 관련하여 자치구의회는 상당히 제한적 권한만 인정되고 있고 조례의 규율범위도 매우 제한되어 있다. 주요 규율내용을 살펴본다.

첫째, 도시기본계획을 수립하거나 변경할 때 자치구의회의 의견을 청취해야 한다.(국토의 계획 및 이용에 관한 법률 제21조 제1항) 하지만, 이 때 자치구의회의 의견은 시장에 대한 구속력을 갖고 있지는 않다.[60]

둘째, 자치구도시계획위원회의 설치에 관한 사항은 법률에 의하여 자치구조례로 정하도록 되어 있는데, 자치구도시계획위원회는 시장이 구청장에게 위임한 도시계획사무의 심의를 그 업무내용으로 하고 있고, 이 위원회의 설치형식은 자치구조례로 규정하도록 하고 있다.(국토의 계획 및 이용에 관한 법률 제113조 제2항, 제114조 제2항) 이에 따라 우리나라 자치구들

---

58 문지원, 경관계획에서의 주민참여활성화를 위한 방향제시연구, 국토계획 제46권 제6호, 2011, 16면.

59 문상덕, 경관법과 지방자치, 지방자치법연구 제8권 제4호, 2008, 18-19면.

60 김동건, 지방자치단체와 공간계획, 토지공법연구 제38집, 2007, 397-398면.

은 '00구 도시계획조례' 또는 '00구 도시계획위원회 설치조례'를 제정해 운용하고 있다. 이 둘 사이에 명칭의 차이는 있지만 내용상으로는 도시계획위원회의 설치를 규정하고 있다는 점에서 대동소이하다.

국토의 계획 및 이용에 관한 법률 제21조 제1항, 제113조 제2항과 제114조 제2항의 규정내용은 우리 법체계에서 조례의 입법범위와 지방의회의 권한범위 사이에 중대한 차이가 존재할 수 있다는 점, 특히, 위임조례에서 그 차이가 두드러진다는 점을 잘 보여준다. 이 점을 더 살펴본다.

첫째, 우리 법상 도시계획과 관련하여 자치구의회는 도시기본계획에 대해서만 의견제출권을 갖도록 규정하고 있을 뿐이다.[61] 그 원인은 "지방의회 의원들의 도시계획에 대한 전문성이나 지역이기주의에 바탕을 둔 방향으로 편향될 가능성"을 우려한 것으로 보인다.[62]

여기서 주목되어야 하는 것은 법률은 주민의 재산권에 구속력을 미치는 도시관리계획에 대해서는 자치구의회에 의견제출권을 인정한다는 명문의 규정을 두고 있지 않다는 것이다. 즉, 우리 법은 "국토교통부장관, 시·도지사, 시장 또는 군수는 도시·군관리계획을 입안하려면 대통령령으로 정하는 사항에 대하여 해당 지방의회의 의견을 들어야 한다"고 규정하고 있는데, (국토의 계획 및 이용에 관한 법률 제28조 제5항) 이 규정에서 지방의회는 대도시의 시의회를 말할 뿐 자치구의회를 의미하는 것은 아니다. 때문에 자치구청장의 입안권에 대해서 자치구의회가 의견을 제출할 권한이 있는지는 불분명하다. 자치구의 도시계획조례들에서도 자치구청장이 갖는 입안권에 대해 자치구의회의 의견제出권 등을 인정한 규정들은 보이지 않는다.

둘째, 자치구청장이 시도시계획조례의 위임을 받아 갖게 된 입안권과 도시계획시설의 설치권은 '기관위임사무'로서 그 권한을 갖게 된 것이다.[63]

---

61 지방의회의 의견을 듣도록 할 것이 아니라 지방의회에 동의권 내지 승인권 정도의 권한을 부여하는 방향으로 입법적 개선이 이루어져야 한다는 의견도 있다. 손상락, 지방자치단체 도시계획권 강화방안, 경남발전연구원 정책포커스 정책자문, 2004, 19면 이하.
62 손상락, 상게논문, 19면 이하.

이 법이론에 따라 우리 법률에서는 시장이 구청장에게 위임한 도시계획사무의 심의를 위해 조례로 자치구도시계획위원회를 설치하는 규정을 두도록 의무화하고 있다.(국토의 계획 및 이용에 관한 법률 제113조 제2항, 제114조 제2항) 이 조례는 이른바 위임조례로서 기관위임사무인 자치구청장의 입안권과 도시계획시설의 설치권 등에 대해 단지 구도시계획위원회에게만 심의권을 부여하고 구의회에게는 어떤 권한도 인정하지 않고 있다.

이상과 같은 법률과 조례의 입법내용을 종합해볼 때, 자치구의 공간계획에 있어 구의회의 관여가능성은 극히 미흡한 것으로 도시계획이 주민의 복리와 직결된다는 관점이나 지방의회가 주민의 대표성을 갖는다는 관점, 그리고 도시관리계획과 같이 주민의 권리와 의무에 실질적으로 영향을 미치는 '구속적 계획'인 경우 엄격히 조례의 통제를 받아야 한다는 주장[64]은 우리 법제에서는 철저히 무시당하고 있다 하겠다. 지방의회와 조례 역할의 개선이 필요하다고 본다.

4. 도시계획의 수립, 운영과 통제에 있어 주민역할의 개선

(1) 도시계획에 대한 민간전문가와 주민의 참여규정들의 연혁

1945년 이전에도 일본의 도시계획법에는 도시계획결정을 내리기 전에 도시계획위원회를 두고 그 심의를 거치도록 하고 있었으나, 일제 강점기 시대 우리나라에는 조선시가지계획령을 제정하여 집행하면서 도시계획위원회제도를 도입하지 않았다.[65] 이로 인해 민간의 의견제출통로는 막혀 있

63 이주희, 지방자치단체의 도시계획고권 강화에 관한 연구-도시관리계획을 중심으로-, 한국지방자치학회보, 제16권 제4호, 2004.12, 130쪽.
64 김동건, 지방자치단체와 공간계획, 토지공법연구 제38집, 2007, 397-398면.
65 최상철, 한국도시계획의 역사적 전개와 과제, 환경논총 제24권, 1989.7, 13면 참조. 조선

었고 매우 중앙집권적인 방식으로 도시계획이 수립되고 집행되었다.

1962년 우리나라에서 도시계획법이 제정되면서 중앙도시계획위원회 (1962년 구 도시계획법 제4장)와 지방도시계획위원회(제46조)가 신설되어 민간전문가의 참여는 가능해지게 되었다.

주민들의 참여가 가능해지게 된 것은 1981년 도시계획법이 개정되어 제 16조의2에서 "시장 또는 군수는 제10조의2에 의하여 도시기본계획을 수립 하고자 할 때에는 공청회를 열어 주민 및 관계전문가 등으로부터 의견을 청취하여야 하고" 라고 규정하면서부터이다. 하지만, 공청회는 절차의 요식 화, 홍보의 미비, 시민들의 무관심, 행정기관의 소극적 태도 등으로 인해 의미있는 주민참여절차로서는 기능하지 못해왔다.[66]

(2) 주민참여절차의 형해화

1) 공청회 등 주민참여절차의 형해화

도시기본계획의 수립에 있어서는 공청회의 개최가 의무화되어 있지만 도시관리계획의 경우는 의무적이지 않다. 주민들에게 직접 구속력이 없는 도시기본계획과 달리 도시관리계획은 주민에게 주민의 재산권과 자유에 대해 구속력을 미치는데 공청회의 개최가 의무적이지 않은 점은 문제라고 할 것이다.[67]

도시계획에 있어 주민들은 참여를 통해 다수의 상이한 이해관계들을 조 정히고 주민 개인의 권리에 내한 부당하거나 위법한 침해를 사전방지할 기 회를 갖게 된다. 입안권자로서도 도시계획에 필요한 정보를 수집할 수 있 는 기회가 된다. 하지만, 이러한 의의는 거의 살려지지 못하고 있다.

시가지계획령은 1934년 6월 제정되어 해방이후에도 대한민국에서 시행되다가 도시계획 법이 제정된 해인 1962년 1월 20일 폐지되었다.

66 김창석, 자치구 도시기본계획의 계획이론적 고찰, 도시문제 286호, 1992.9, 89면.

67 동지의 글은, 정태용, 지방자치와 도시계획, 지방자치법연구 제8권 제1호, 2008, 96면.

도시기본계획을 위한 공청회의 경우에도 홍보기간이 부족하고 공청회가 하나의 통과의례로써 형식적으로 개최되고 있다. 해당 지역을 주된 보급지역으로 하는 일간신문에 공청회의 개최목적, 공청회의 개최예정일시 및 장소, 수립 또는 변경하고자 하는 도시계획의 개요 등을 개최예정일 14일전까지 1회 이상 공고하도록 되어 있을 뿐이다.(국토의 계획 및 이용에 관한 법률 제14조 및 동시행령 제12조 제1항) 이로 인해 도시계획에 있어 주민들의 참여는 낮고 공청회의 운영도 그 취지를 살리지 못하고 있다. 직접적인 이해관계가 없어서 대부분의 주민들은 일간신문에 공고되는 도시관리계획안에 대한 관심이 부족하고 관련 공무원들도 주민들의 찬반의견을 듣는 것 이외에 더 적극적인 의미를 부여하지 않는 듯하다.[68]

주민들의 저조한 참여의 원인을 행정기관에서 찾아보면, 도시계획의 수립과 결정에 시간의 부족이 문제될 뿐만 아니라, 예산의 뒷받침이 없는 현실 때문에 기초조사에서부터 지구단위계획을 성안하기까지 주민들의 실질적인 참여를 유도할 수가 없다는 점이 문제된다.[69]

주민의 입장에서 이해관계의 부족이외에 참여절차 형해화의 다른 원인을 찾아보면 도시기본계획이 도면 중심인데 그 내용이 방대하고 전문적이어서 일반 주민들이 이해하기 어렵다는 점에도 기인한다.[70] 주민의 전문성 부족을 보완하기 위해 전문가파견제도나 지역담당관제도 등을 도입할 필요가 있다 할 것이다.[71]

---

68 정태용, 상게논문, 95면.

69 윤혁경, 주민참여를 통한 지구단위계획의 실효성 확보, 건축(대한건축학회) 제51권 제9호, 2007, 38면.

70 고상철·김천권, 거버넌스 시각에서 본 도시계획위원회 구성 체계와 운영에 관한 비판적 연구 : 인천광역시를 중심으로, 한국지역개발학회 세미나 논문집, 2017.6, 3면.

71 김세용, 지구단위계획에서 주민참여에 관한 연구, 대한건축학회논문집 제18권 제9호, 2002, 202면.; 목정훈/박종현, 지구단위계획 주민참여 제고를 위한 주민약속활용 및 개선방안 연구, 한국도시설계학회지 제7권 제2호, 2006, 125면.

2) 주민의 입안제안제도의 운영상의 문제점들

현행법은 주민도 지구단위계획구역의 지정과 도시계획시설의 설치 등과 관련하여 도시계획입안을 제안할 수 있도록 하여 주민들의 살아있는 의견이 도시계획의 입안에 반영될 수 있게 하였지만,(국토의 계획 및 이용에 관한 법률 제26조 제1항) 아직까지 그 활용도는 높지 않다. 가장 많이 활용되는 주민제안내용은 재개발, 재건축, 뉴타운 사업 등 개발사업이라 한다.[72]

도시계획입안의 주민제안제도는 현재의 이용상황과 관련하여 몇가지 문제점을 노출하고 있어 개선이 요망되고 있다. 첫째, 주민제안제도가 더 많은 개발을 요구하는 주민들의 사익창출목적을 표출하는 수단이 되고 있다. 계획의 입안은 전문성이 높기 때문에 현실적으로 주민제안계획서의 작성은 전문설계업자에게 용역을 맡겨 작성되는데, 주민과 민간사업자의 사익을 과도하게 반영하는 경향이 있다.[73] 또 주민제안의 실질적 주체는 순수한 주민보다는 공동주택 및 도시개발사업을 원하는 민간개발사업자이다. 그래서 일반 주민들의 의견이나 공익적 측면은 사업자에 의해 무시되는 경우도 많다.

둘째, 계획서 작성에 매우 많은 비용이 들어 보통의 주민들에게 그 비용은 감당하기 힘들다. 예를 들어, 개발하는 면적이나 내용에 따라서 다소 금액적 차이는 나지만 지구단위계획의 용역비용은 보통 수억원에 이른다.[74]

셋째, 주민제안의 처리과정은 제안자들의 사익과 공익의 조정절차가 될 것인데 사익의 반영도를 낮추게 되면 현실적으로 주민들은 개발의 의사가 없게 되고 계획은 추진되지 않게 된다.

---

72 윤혁경, 전게논문, 38면.

73 윤혁경, 전게논문, 38면.

74 황선덕·이진형, 주민제안방식의 지구단위계획 수립에 관한 연구, 지역사회논문집(한국지역사회발전학회) 제43집 제2호, 2018, 38면.

5. 자치구의 도시계획 전문인력의 확충필요

도시사회에서 도시계획의 관리업무는 급격하게 증대하고 있고 전문인력에 대한 수요도 증가하고 있다. 앞으로 우리나라에서도 서울과 같은 대도시에서는 대규모 토목건설형 사업보다는 주민들의 생활환경을 개선하고 삶의 질을 높이는 중소규모의 사업들이 증가할 것으로 예상된다.

이러한 수요에 맞추어 자치구의 계획기능이 대폭 확충되어야 한다. 하지만, 자치구 조직내에는 아직도 계획직 공무원의 숫자가 매우 적어 자치구의 실정에 맞고 지역의 장점을 부각시킬 수 있는 계획이 가능하지 않은 상황이다.[75] 도시계획의 중요성과 복잡성을 감당할 수 있는 능력과 경험을 가진 실무공무원도 현저히 부족하다. 그래서 소수의 담당공무원들에게는 도시계획사무가 업무과중과 기피의 대상이 되고 있다. 예를 들어, 서울특별시가 추진하는 마을만들기 계획과 관련하여 발간된 2015년 서울연구원의 보고서에 따르면, 강동구와 강북구는 해당 구에서 벌어지는 사업임에도 1~2명의 공무원이 사업의 전 과정을 담당했고 주로 기술용역사나 시민단체에 의존하여 사업을 추진하였는데, 예산도 매우 부족하고 계획 및 사업추진과정에서 자치구의 담당자가 빈번하게 교체되면서 사업시행이 중단되어 주민들의 불만이 제기되었다고 한다.[76] 자치구에 도시계획상임기획단을 설치하고 도시계획직렬을 부활하며 시-구간 담당공무원들의 인사교류가 활성화될 필요가 있다 할 것이다.[77]

---

75 도시계획 및 관련 전문가(103명)를 대상으로 실시한 자치구의 계획역량에 대한 설문결과에 따르면, 자치구의 계획역량의 강화를 위해 '전문인력과 조직의 보강'(76.7%)이 필요하다는 응답이 가장 많았다고 한다. 양재섭·김인희, 도시기본계획에 따른 서울의 생활권 계획 도입 및 운영방안 연구, 서울시정개발연구원, 2011, 10면 참조.

76 양재섭·윤기학·남선희, 주민참여형 마을단위계획에서 자치구의 역할에 관한 연구-서울시 휴먼타운과 경관협정을 사례로, 서울도시연구 제16권 제4호, 2015.12, 37면.

77 양재섭·신민철·반영권·이재광·임화진, 전게보고서, 2020, 109-110면.

Ⅳ. 결어

해방이후 도시계획권은 중앙정부로부터 광역자치단체로 그리고 기초자치단체로 이전되어가는 과정에 있다. 이 글에서는 저성장과 분권화의 시대상황에 맞추어 자치구의 도시계획권의 확대필요를 설명하고 주민참여의 활성화나 지방의회의 역할강화 등을 통한 새로운 통제도구들의 강화필요성을 강조했다.

자치구는 주민생활공동체의 공간계획과 관련하여 일정 범위내에서 재량을 가지고 계획하고 집행할 수 있는 권한이 부여될 때 보다 주도적으로 주민생활환경의 개선에 노력할 수 있는 잠재력을 가지고 있다. 주민들의 권리의식이 지극히 높아진 상황에서 대도시 정부가 대도시를 통일적으로 규율할 필요에 의해 개인의 자유를 획일적으로 제한하려는 태도를 앞으로도 고수할 수 있을 것으로 기대하기는 어렵다.

대도시에서 시의 도시계획만으로는 그 광역성 때문에 주민들이 참여하는 것이 실질적으로 매우 어렵다. 자치구와 주민들이 근린 생활권을 중심으로 한 도시계획에서 더 주체적 지위를 갖도록 권한과 책임을 부여하는 방향으로 도시계획체계가 개혁되어야 할 것이다.

III

지역산업의 진흥과 규제

01

관광산업의 활성화와
영업자의 신뢰성규제 | 선정원

I. 지역사회에 있어 관광산업의 중요성과
영업활동규제의 적극적 의의

1. 지역서민들의 영업활동촉진을 위한 관광산업의
기여가능성

우리나라의 지역사회에는 오랜 역사를 갖는 음식점, 유흥주점과 숙박시설에서부터, PC방, 핸드폰가게와 네일숍 등 신종의 영업까지 다양한 영업활동이 이루어지고 있다. 자영업은 지역사회에서 주민들의 생활유지를 위한 생계 수단이 되어 왔는데, 최근 경제불황이 장기화하면서 자영업자의 파산이 빈번하고 대기업의 상업활동이 지역사회의 골목상권에까지 침투하면서 자영업의 기반을 위협하고 있다는 비판이 고조되고 있다. 이에 따라 자영업자들의 영업활동의 보호와 촉진이 또한 주요한 법적 과제로 대두되고 있다.[1]

---

1 이와 관련한 법적 문제점을 분석하고 자치입법의 문제점과 개선방안을 제시한 글로는, 김희곤, SSM 영업규제조례를 둘러싼 자치입법의 문제점과 과제, 토지공법연구 제60집,

관광산업은 국가의 서비스산업발전에도 기여하지만 그것에 그치지 않고 각 지역사회에서 서민생활경제의 발전과 관련하여서도 중요한 산업으로서, 음식업, 숙박업, 택시업과 공예품산업 등 중산층과 서민들의 생존의 유지와 청년들의 일자리 창출에 기여하고 있다.

지방자치단체들은 관광산업이 지역경제의 활성화에 미치는 중요성을 인식하고 볼거리와 먹거리의 마련을 위해 지역축제, 생태공원의 조성, 쾌적한 교통환경의 조성, 식당가의 조성 등의 노력을 해 왔다. 하지만, 이것은 주로 국내관광객의 취향에 맞춘 것으로서 글로벌 사회로 바뀐 환경에서는 부족한 측면이 있다.

경제가 선진국형태로 발전하고 변하면서 전체 경제가 제조업 중심에서 서비스업의 비중이 점점 커지고 서비스업에서는 의료산업과 관광산업의 비중이 매우 커져가고 있는 것은 세계적인 추세이다.

2020년에는 코로나19로 인해 언택트 사회가 되면서 세계적으로 관광산업은 극심한 타격을 입고 있다. 하지만, 전염병의 확산이 종식된다면 관광산업은 빠른 속도로 회복될 것이다. 지방생존이 화두인 지역사회에서 몰락해가는 제조업의 빈자리를 메꾸어줄 산업으로서 관광산업의 중요성은 누구도 부인하기 어려울 것이다. 이러한 사정은 지방뿐은 아니다. 서울에서도 최근 20여년 동안 일본관광객이나 중국관광객을 중심으로 외국인관광객들이 급격히 늘어나면서 명동상권이나 전통한옥마을들이 활성화되고 있는 것은 외국인관광객이 지역경제에 미치는 영향력을 잘 보여주는 사례라 할 수 있다. 관광산업이 지속적으로 활성화되기 위해서 볼거리, 먹거리는 물론 숙박시설과 관광영업의 행태에 대한 개선이 시급히 요청되고 있다.

2013.2, 249쪽 이하 참조.

2. 관광산업의 촉진을 위한 영업활동규제의 적극적 의의

전세계적으로 지방경제의 활성화를 위해서 관광산업이 중요한 가치를 갖게 되면서 국가를 넘어 지역간에도 관광객유치를 위한 경쟁이 매우 치열해지고 있다. 국내외 관광객들이 국내관광지들을 지속적으로 찾도록 하기 위해서는 보고 체험할만한 관광상품들을 가지고 있어야 할 뿐만 아니라 쾌적하고 독특한 숙박시설도 충분해야 하고 부실한 관광서비스프로그램이나 관광사업종사자들의 불성실한 행태를 시정하기 위한 노력도 필요하게 되었다.

관광진흥의 노력이 관광호텔 등 숙박시설의 정비에만 그치고 관광업종사자들의 영업행태가 개선되지 않는다면 외국인관광객들의 불평불만을 초래하여 그들의 재방문을 기대하기는 어려울 것이다. 관광객을 위한 영업활동이 관광선진국들의 기준에 적합하게 친절하고 건전하며 상식에 적합한 서비스들로 구성되어 경제적으로 제공되어야 한다. 이러한 이유때문에 관광업 종사자의 영업활동에 대한 신뢰성을 감독하고 그것을 강화하는 것은 영업활동을 위축시키는 것이 아니라, 오히려 외국인 관광객들의 신뢰를 확보하여 영업활동을 촉진시키는 적극적 의미를 갖는 것이다.[2]

택시요금이나 숙박료에서 불법적인 과다요금청구행태는 물론, 명품과 귀

---

2 2012년 7월 17일 청와대에서의 제1차 관광진흥확대회의에서 정부는 관광 불편해소와 전략 관광산업 육성을 위해 중국과 동남아 관광객 대상 복수비자 발급 대상 및 유효기간 확대, 외래객이 호텔에 지불한 숙박요금에 포함된 부가세 사후환급, 관광불법행위에 적극적으로 대처하기 위한 관광경찰제도 도입, 부동산 투자이민제 적용 지역 콘도에 투자하는 외국인에 한해 객실당 1인 분양 허용, 복합리조트 개발지원체계 마련을 통한 복합리조트 육성, 자연 친화적 생태·지역관광 조성, 국가직무능력표준(NCS) 개발 및 자격증 제도 개선, 관광통역안내사 확충 및 자질 향상, 국적크루즈 외국인 카지노 도입 추진 등 크루즈산업 활성화, 의료관광 클러스터 조성 등 핵심 과제들을 논의했다.

이 회의에서 정부가 외국인관광의 진흥을 위해 "관광불법행위에 적극적으로 대처하기 위한 관광경찰제도 도입"을 앞으로의 주요 과제로 제시했듯이 영업경찰의 강화는 관광진흥의 활성화를 위해서도 중요한 의미를 갖는다.

금속 등에서의 짝퉁판매, 그리고 여행계약 및 관광객들의 예상과 다른 질 낮은 여행프로그램의 제공 등의 문제들이 시급하게 개선되어야 할 것이다.

이 글에서 관심을 갖는 영업법과 그 규제사유에 대한 연구의 심화를 위하여 선진외국의 법학연구성과를 수용하고자 독일 영업법(Gewerberecht)와 미국 식품의약법(Food and Drug Law)의 성과를 참고하고자 한다. 다만, 제한된 지면관계상 외국의 논의들에 대해 체계적으로 상세한 내용을 전달하지는 못하고 국내의 관련쟁점들의 이해와 분석을 위해 필요한 범위내에서만 소개하고 활용할 것이다.

Ⅱ. 영업규제기준의 체계화와 영업자의 신뢰성에 대한 감독규제

1. 영업의 개념과 영업의 자유에 대한 제한

(1) 독일 영업법의 개요

독일에서 영업에 관해 총괄적으로 규정한 일반법은 "영업법"(Gewerbeordnung) 인데, 그 기원은 1811년 프로이센의 "영업경찰법"(Gewerbepolizeigesetz), 1845 년의 "영업법"(Gewerbeordnung), 1869년 북독일연방의 영업법(Gewerbeordnung) 에 있다.[3] 현행 영업법은 159조로 구성되어 있는데 다양한 영업에 관한 총칙규정 이외에 영업을 상설영업(stehende Gewerbe), 노상영업(Reisegewerbe) 과 시장영업(Märkte)으로 분류하여 규정하고 있다. 제1조에서는 예외를 규

---

3 Rolf Stober, *Handbuch des wirtschaftsverwaltungs- und Umweltrechts*, 1989, S.1035. ; Eberhard Fuhr·Karl Heinrich Friauf·Eugen Stahlhacke(Hg.), *Kommentar zur Gewerbeordnung*, Einleitung Abschnitt C.

정하거나 제한규정을 두지 않는 한 모든 사람에게 영업활동은 허용된다고 하여 영업의 자유를 규정하고 있다. 이로 인해 영업은 원칙적으로 허가의 대상이 아니고 단지 신고의 대상이 된다. 다만, 공익보호의 필요와 위험방지를 위해 예외적으로 영업에 대해 허가제를 도입한 경우도 있다. 상설영업은 대개 신고의무만 부과되지만, 노상영업은 원칙적으로 사전허가를 받아야 된다. 시장영업은 허가나 신고없이 가능하지만 시장개설자는 허가를 얻어야 한다.[4]

최근 독일에서도 일정한 종류의 영업허가신청에 대하여 신청후 3개월이 지나면 인허가가 의제되는 제도를 도입하여 영업심사절차의 촉진에 노력하고 있다.(Gewerbeordnung § 6a) 외국인관광객의 증가에 따라 숙박시설이 부족해지면서 숙박업에 대해서도 이 인허가의제규정을 적용하고 있다.

(2) 우리 법상 영업의 개념과 영업의 자유에 대한 제한

영업은 영리를 목적으로 독립적이면서도 지속적으로 이루어지는 합법적 상행위활동으로서, 비영리활동이나 학문적·예술적 활동과 구별되고 제조활동과도 구별되며 일시적인 활동과도 구별된다.[5]

우리 헌법 제15조 직업의 자유에서 도출된 영업의 자유에 의하여 영업활

---

4 이에 관한 설명은, 이현수, 독일 영업법상 영업금지, 법제, 2013.2, 7쪽 참조. ; 박상희·김명연, 풍속영업의 법적 규제, 현안분석(95-5), 1995, 49-65쪽 참조.

5 이 정의는 독일 영업법상의 정의와 유사하지만 모든 측면에서 동일하지는 않다. 독일에서 영업의 개념은 영업법의 적용범위와도 관련이 있는데, 우리나라와는 개별 영업관계법의 제정상황이 서로 다르기 때문에 동일할 수는 없을 것이다. 다만, 우리나라의 행정법령에서는 영업에 대한 정의를 하고 있지 않고 관련 행정판례도 찾기 어려워 독일 영업법상의 논의를 참고하여 정의를 내렸다.; Rolf Stober, Handbuch des wirtschaftsverwaltungs- und Umweltrechts, 1989, SS.1042-1053. 독일 영업법 관련 판례상 영업은 "사회적으로 무가치하지 않은, 영리획득목적의 지속적이고 독자적인 활동 모두를 의미하되, 1차 산업생산, 자유직업 및 자기 재산의 단순한 관리와 활용행위를 제외한다"고 정의되고 있다. 이현수, 위의 논문, 7쪽 각주 7 참조.

동은 가능한 한 규제없이 영업자의 자유로운 의사에 맡겨질 것이 요청된
다. 하지만, 영업의 자유도 우리 헌법 제37조 제2항에 규정되어 있듯이 국
가안전보장·질서유지 또는 공공복리를 위하여 필요한 경우는 법률로써 제
한할 수 있다.

  사법의 영역에서 상행위활동과 계약 등에 관해 규율하고 있는 법률로는
상법과 민법이 중요하지만, 공법의 영역에서 지역사회 주민들의 영업활동
에 대해 규제하고 있는 법률들 중 중요한 것들로는 식품위생법, 공중위생
관리법, 풍속영업의 규제에 관한 법률, 게임산업진흥에 관한 법률, 영화 및
비디오물의 진흥에 관한 법률, 음악산업진흥에 관한 법률, 체육시설의 설
치·이용에 관한 법률과 다중이용업소의 안전관리에 관한 특별법 등이 있다.

  입법자들이 도입한 다양한 영업관계 법률들은 시장에서 영업자들과 기
업들이 다양한 아이디어를 이용하여 영업활동을 하는 것을 보장하되 주민
들의 건강과 안전을 보호하고 영업자들의 경제적 사기로부터 소비자와 시
장을 보호하기 위해 다양한 규제들을 도입해 왔다. 하지만, 우리 실정법령
들에 도입된 다양한 영업규제들은 체계화되어 있지 않고 관련 연구도 부족
하여, 법집행자들은 법의 정신, 원칙과 기본과제를 체계적으로 인식하지 못
하여 일관된 법집행을 하지 못하고 있고, 입법자들도 현행법개선을 위해
필요한 정보를 획득하지 못하고 있다.

2. 네거티브 규제방식에 대한 연구필요

  최근 우리 사회에서 경제침체를 극복하기 위해 경제사회영역에 대한 규
제방식을 포지티브 규제방식에서 네거티브 규제로 전환하여야 한다는 목
소리가 높다. 박전대통령은 투자여건을 개선하기 위해 "모든 규제를 네거
티브 방식으로 전환하되, 어려운 경우에는 실질적으로 네거티브 수준이 달
성되도록 규제를 대폭 완화해야 한다"는 입장을 밝혔고,[6] 국가정책조정회

의에서도 '네거티브 규제방식 확대방안'을 확정했다.[7]

네거티브 방식이라는 용어는 우리 법학에 낯설은 것으로 보이지만 관련 논의가 전혀 없었던 것은 아니다. 우선, 행정법학상 처분의 위법론은 처분이 어떤 법기준을 위반했을 때와 관련된 논의이었다. 처분의 위법론은 처분의 취소, 철회와 무효의 구별, 그리고 하자개념을 통해 처분의 위법 이외에 표현상 명백한 오류와 부당 등의 사유를 구별하고 그 효과를 논의했다. 다만, 행정법학에서의 처분의 위법론은 오늘날의 네거티브 규제방식으로의 전환과 관련하여 유용성의 한계가 있다. 무엇보다 처분의 위법론은 개별 특별행정법, 예를 들어 영업법에서 보호하고자 하는 일반적·실체적 규제기준에 관한 논의의 장을 제공하기 위한 것은 아니었다.

우리나라와 같이 개별 특별행정법들에 대한 연구가 부족한 국가에서는 네거티브 규제방식에 관해 심각한 지식의 공백이 드러날 수밖에 없지만, 미국과 유럽의 식품의약법 지식을 토대로 식품법상의 쟁점을 논하는 글에서 이에 관한 단편적인 정보가 제공되고 있다.[8]

건강기능식품에 포함되는 기능성 물질의 인정방식은 허용목록을 적극적으로 등록하게 하는 포지티브 리스트(positve list)제와 금지되는 물질을 등록하게 하는 네거티브 리스트제(negative list)로 분류할 수 있다.[9] 포지티브

---

6 청와대에서 2013년 7월 11일 개최된 제2차 무역투자진흥회의에서 박근혜 대통령의 발언이다.

7 2013년 8월 22일 정홍원 국무총리의 주재로 열린 국가정책조정회의에서는 기업활동 규제 1845건을 원점에서 재검토해 1650건의 기업규제를 대폭 손질하기로 했다. 정부의 분류에 따른 규제개혁대상들은 네거티브 방식이 적용된 규제 597건(32%)이며, 네거티브 수준의 규제 완화는 228건(12%), 규제의 존치나 개선 필요성을 주기적으로 검토하는 재검토형 일몰 규제 825건 등이었다. 정부는 이번 규제완화 방안에서 ▲기업 입지여건 개선 ▲창업 활성화 ▲의료·관광 등 서비스산업 규제개선 ▲방송·통신 융합촉진 규제 개선 ▲농축산 부문 규제 합리화 ▲행정적 규제 개선 ▲국민생활 관련 규제 개선 등 크게 7가지로 분류했다. 파이낸셜뉴스, 2013년 8월 23일자 기사.

8 선정원, 기능성 물질에 대한 규제의 정비와 새로운 기능성 물질에 대한 보호의 강화, 행정법연구 제36호, 2013, 75쪽.

9 포지티브 리스트와 네거티브 리스트라는 용어는 의약법상 이미 널리 쓰이고 있는 표현

리스트제는 목록에 포함될 대상물질을 확정하고, 또, 어떤 식품에 포함되어야 할 최소의 양, 인체에의 투입이 허용될 수 있는 허용한계치인 최대허용량 등을 함께 기재하는 것이 보통이다. 기능성 물질의 리스트에 있는 어떤 물질을 식품에 사용하고자 하는 사업자는 그것이 기능성 물질이라는 점, 그양이 최소치와 최대치의 범위안에 있다는 점에 대하여 입증책임을 진다.

하지만, 네거티브 리스트제는 어떤 식품에 포함되어서는 안될 물질을 목록으로 만들어 고시하는 방식인데, 식품에 포함되지 말아야 될 물질은 확정할 수 있지만 포함되어도 좋을 물질들이 무엇인지 확정하기 어려울 때 사용할 수 있는 규제방식이다.

식품의약법에서의 논의내용을 고려하여 영업법상 네거티브 규제방식은 영업자들이 시장에 진입하거나 영업활동을 할 때 위반하지 말아야 할 규제기준을 법조문에 기술하는 입법방식을 말한다고 할 것이다.

3. 영업의 자유에 대한 제한의 유형

(1) 진입규제와 감독규제

영업관계법에서 네거티브방식의 규제를 도입하기 위해서는 영업자가 준수해야 할 일반적 규제기준이 몇가지로 압축되어 기술될 수 있어야 한다. 또, 규제는 그 개입시기나 성질에 따라 다른 기능과 특성을 가지므로 영업에 관한 입법과 법해석에 있어서는 그러한 점도 고려되어야 한다.[10]

으로 우리나라에서도 식품영양학이나 의학분야에서도 사용되고 있다. 유럽연합은 식품 보충물질의 규제와 관련하여 포지티브 리스트제를 채택하였다. Mark Delewski·Maria Monica Fuhrmann, Risikosteuerung im Nahrungsergänzungsmittelrecht, ZLR 2005, 2005, S.660.

10 영업규제 전반에 관한 포괄적 분석은, 최영규, 영업규제의 법제와 그 수단에 관한 연구 : 규제행정론적 관점에서, 서울대 박사논문, 1993이 있다. 영업허가를 중심으로 인가제, 등록제, 신고제 등 다양한 경제적 규제수단들을 분류하고 정리하고 있다.

규제는 영업자의 사업활동과 관련하여 규제시점을 기준으로 시장에의 참가의 허용여부와 관련된 사전적 진입규제와 시장에서의 영업활동에 대한 평가를 기초로 하는 사후적 감독규제로 나눌 수 있다. 진입규제의 대표적인 것은 규제강도가 보다 강한 허가, 인가, 특허 등 인허가라고 부르는 것들과 그 강도가 더 약한 등록과 신고 등이 있다. 감독규제는 영업자의 영업활동이 감독법규를 위반할 때, 과태료와 과징금, 영업정지와 영업소폐쇄 명령 등의 제재를 통해 합법적 영업질서를 보호하고 회복하려는 행위이다.

하나의 영업활동에 대해서 진입규제없이 감독규제만 사용되는 경우도 있지만, 진입규제와 감독규제가 함께 사용되는 경우도 많다. 두 방식의 규제가 함께 사용되는 경우 전체규제의 목적달성을 위해 상호 관련성이 높도록 설계되어야 한다.

(2) 대물적 규제와 대인적 규제

영업법상 규제는 영업시설이나 영업대상인 상품의 기준에 관한 대물적 규제기준과 영업자의 특성에 관한 대인적 규제기준으로 나눌 수 있다.

영업법상 대물적 규제는 식품이나 시설 등 물건과 관련하여 주로 그의 안전성보장을 위해 규제하고 더 나아가 필요한 경우 기능성의 보장을 위해 규제한다.

음식점영업자가 지하수를 먹는 물과 세척에 사용하면서 급수시설의 관리를 소홀히 하여 질산성 질소가 허용치를 초과하여 검출되어 영업정지처분을 받거나, 다중이용업소인 호프집을 운영하는 영업자가 대피구를 차단하고 소방장비를 비치하지 않은 이유로 영업정지처분을 받은 경우 안전성기준에 위반한 때이다. 또, 유통기한의 규제도 안전성기준을 보호하기 위해서이다.[11]

---

11 1985년부터 도입된 식품 유통기한 표시제는 소비자에게 판매가 허용되는 기간인데, 최

자영업이 중심을 이루는 지역상권에서 상인들간 경쟁은 매우 치열하고 소비자들은 구매결정시 상품의 질에 민감하게 반응한다. 때문에 낮은 품질의 제품을 고가품질의 상품으로 오인시키려는 상행위들도 범람하고 있다. 일정한 규격과 기준을 충족한 식품에 한정하여 건강기능식품의 인증마크를 붙이는 것을 허용하고 그것을 허위로 표시한 영업자에 대해 제재하고, 식품의 원산지표시를 위반한 영업자에 대해서 제재를 가하는 것은 소비자를 위해 상품의 품질을 보호하기 위해서이다.

영업법상 대인적 규제는 전통적으로 영업활동에 종사하는 영업자의 신뢰성의 보장을 목적으로 했지만, 현대에 들어와 과학기술의 발달에 따라 영업활동을 하는 영업자의 전문성의 보장이 필요해지면서 전문성의 확보를 목적으로 한 규제가 도입되고 있다.

일반음식점을 영업하는 자가 청소년에게 주류를 판매하다 적발되었을 때 15일의 영업정지처분을 내리는 것은 영업자에 대한 사회적 신뢰를 영업자가 침해했기 때문이다. 유흥주점에서 미성년자를 고용한 경우에도 신뢰성위반을 이유로 법적 제재가 가해진다.

우리나라의 영업과 관련된 전통적인 법률들, 즉, 공중위생관리법이나 식품위생법 등에서 기본적 보호법익은 '위생' 즉, 건강과 생명에 대한 위해요인의 방지와 제거라는 안전성이었고, 영업자의 주관적 행태와 관련된 측면, 즉 신뢰성은 선량한 풍속의 침해방지에만 초점을 맞추었을 뿐 다른 측면은 소홀히 취급되었다. 그 동안 영업자의 경제적 사기행위의 방지와 같은 법익은 영업관계법에서 주목하지 못해왔다. 그 결과, 경제적 사기의 방지와 관련된 규정들은 개별적으로 산재하여 체계화되어 있지 못하거나 흠결되

근 정부는 식품의 과잉폐기를 막고 식품가격의 안정을 위하여 유통기한과 구별하여 소비기한(Use by Date)을 실정법에 도입하려 하고 있다.(농민신문 2011/08/22) 소비기한이란 해당 식품을 소비자가 소비해도 건강이나 안전에 이상이 없을 것으로 인정되는 소비 최종시한으로 그 기한이 지나면 부패·변질이 시작되는 기한으로 현행의 유통기한보다 길다.

어 있다.

4. 영업자의 신뢰성에 대한 감독규제

(1) 영업자의 신뢰성에 대한 감독규제의 의의

영업자의 신뢰성(Zuverlässigkeit)은 영업활동의 주관적 허용한계를 판단하는 기준으로서 영업자의 의사와 행태 등 개인적 특성에 의하여 영업자의 영업활동이 성실하고 질서정연하게 행사되는 것을 보증할 수 있는 것을 의미하는 것으로 이해하고자 한다.[12] 신뢰성은 영업활동과 관련된 영업자의 품성에 대한 평가인데,[13] 신뢰성의 정의는 행정법학을 위해서뿐만 아니라 법질서 전체를 위해서도 일반조항의 의미를 가진다고도 평가된다.[14] 또, 신뢰성은 불확정 법개념중에서도 경험개념에 속하기 때문에 사실의 포섭과 적용, 그 평가의 적합성 등에 대한 전면적인 사법심사가 가능하다고 본다.[15]

개인이 영업의 주체인 때에는 영업활동과 관련된 그의 품성과 행태를 평

---

12 Hans D. Jarass, Wirtschaftsverwaltungsrecht und Wirtschaftsverfassungsrecht, 1984, §10 Rn.3 신뢰성은 불확정개념에 속하기 때문에 개별법령과 판례들을 종합하여 구체화하는 것이 적절한 접근방법이겠지만, 아직 우리 실정법체계상 영업에 관한 일반법이 없어 법령이나 판례에서 이러한 시도를 하고 있지 않으므로 독일 영업법 제35조 제1항 영업정지의 요건으로서 신뢰성의 의의에 관한 논의를 참고하여 정의를 내렸다. 다만, 우리나라의 영입관계법의 규율은 독일과 다른 면도 있으므로 신뢰성 개념을 더 단순하게 정리해서 파악했다.

13 Bernd Wiebauer, Berufliche Integrität und gewerberechtliche Zuverlässigkeit, GewArch 2010, S.378.

14 Walter Georg Leisner, Unzuverlässigkeit im Gewerberecht (§35 Abs.1 S.1 GewO) Ausferungsgefahren – notwendiger Gewerbebezug, GewArch 2008, S.225. 신뢰성의 정의와 평가에 있어 개인의 성격이나 행태 전반으로 확대되어서는 안되고 영업과 관련된 측면에 한정되어야 한다고 주장한다.

15 Kurt-Michael Heß, Wird die Unzuverlässigkeit im Sinne des §35 Abs.1 Satz1 GewO in der Rechtspraxis zu ausufernd angewandt?, GewArch 2009, S.89.

가하면 되지만, 영업활동의 주체가 법인인 경우 영업허가나 영업정지 여부의 판단에 있어 해당 법인에 속한 많은 임직원들의 행태중 어떤 것이 평가의 대상으로서 결정적일 수 있는지 문제가 된다. 대법원은 관광호텔의 종업원 등이 호텔의 객실을 성매매 장소로 제공한 경우 영업정지처분을 하는 것은 정당하다고 판시했다.(대법원 2012.5.10. 선고 2012두1297 판결)[16]

영업자의 신뢰성에 대한 규제는 헌법상 기본권으로 보장된 영업의 자유에 대해 사회질서유지와 공공복리의 보호를 이유로 개별 법률에 근거가 유보되어 있을 때 인정되는 것으로 행정법상 대인적 규제로서 진입규제와 감독규제의 형태로 존재할 수 있다. 허가를 요하는 영업에 있어서 영업자의 신뢰성은 허가의 요건이 되지만, 신고영업에 있어서도 영업정지를 판단하기 위한 요건이 된다.

공중위생업소에 관해 규율하는 일반법인 공중위생관리법 제9조의2는 "시·도지사는 공익상 또는 선량한 풍속을 유지하기 위하여 필요하다고 인정하는 때에는 공중위생영업자 및 종사원에 대하여 영업시간 및 영업행위에 관한 필요한 제한을 할 수 있다"고 하고 있는데,[17] 영업제한사유인 "공익상 또는 선량한 풍속을 유지하기 위하여 필요"라는 기준은 우리 영업법상의 규제기준으로서 신뢰성이 도입되어 있음을 보여주는 것으로 이해할 수 있을 것이다.[18] 풍속영업의 규제에 관한 법률 제1조는 "이 법은 풍속영

---

16 영업정지처분을 내릴 정도의 신뢰위반은 사실상 법인과 동일시할 위치에 있는 임원의 행위나 상당수 종업원들의 상호묵인된 행위 등에 한정되어야 하는 것은 아닌가 하는 의문도 있다. 임원이 아닌 단순 종업원의 행위인 경우, 관광호텔의 종사자들이 해당 종업원의 성매매알선행위를 알고 묵인하였는지 여부, 그 알선행위가 상당기간 반복되어 해당 관광호텔에 대한 사회적 인식에 있어 선량한 풍속을 위반하는 업소로 평가될 수 있는지 등을 고려하여 판단했어야 할 것으로 본다.

17 식품위생법 제43조 제1항도 "특별자치시장·특별자치도지사·시장·군수·구청장은 영업질서와 선량한 풍속을 유지하는 데에 필요한 경우에는 영업자 중 식품접객영업자와 그 종업원에 대하여 영업시간 및 영업행위를 제한할 수 있다"고 규정하여, 유사한 규정을 두고 있다.

18 우리 법제에서는 공중위생관리법이나 식품위생법 등 영업과 관련된 전통적인 법률들에

업을 하는 장소에서 선량한 풍속을 해치거나 청소년의 건전한 성장을 저해하는 행위 등을 규제하여 미풍양속을 보존하고 청소년을 유해한 환경으로부터 보호함을 목적으로 한다"고 규정하고 있는데, "선량한 풍속을 해치거나 청소년의 건전한 성장을 저해하는 행위", "미풍양속을 보존하고 청소년을 유해한 환경으로부터 보호" 등의 표현은 규제기준으로서 신뢰성이 이 법률의 주요 보호법익임을 표명한 것이라 할 것이다.

(2) 영업자의 신뢰성에 대한 감독규제의 유형화 필요

우리나라 대표적인 영업관계 법률인 공중위생관리법이나 식품위생법 그리고 풍속영업에 관한 법률 등에서 영업자와 종업원 등의 의사나 태도 등에 있어 그의 성실성과 신뢰성에 대한 법적 평가는 주로 미성년자의 유흥주점 고용과 같은 선량한 풍속위반행위의 관점에서 이루어져 왔다. 하지만, 영업자 등이 소비자나 관광객 등의 무지나 정보부족을 이용해 부당하게 상품이나 서비스를 고가에 판매하려는 경우들이 많이 나타나고 있어 영업활동중의 경제적 사기행위에 대해서도 규제를 해야 한다.

영업자의 경제적 사기행위를 방지하여 건전한 거래질서를 보호하는 것은 사법상의 계약취소론이나 계약해제론 등으로만 대응하거나 형법상 사기죄를 통해 형사처벌하는 것만으로는 한계가 있고 영업정지와 영업소폐쇄명령 또는 과태료와 과징금과 같은 행정법적 규제수단들을 이용하여 통제하는 것도 필요하다. 이러한 점에서 우리 영업관계법령에서 경제적 사기행위의 방지에 대해 개별 입법을 통해 산발적으로 대응하는 것에 그치고

서 기본적 보호법익은 '위생' 즉, 건강과 생명에 대한 위해요인의 방지와 제거라는 안전성이고, 영업자의 신뢰성은 특수한 측면, 즉, 선량한 풍속의 침해방지라는 측면에 한정하여 감독해왔다. 때문에 영업자의 신뢰성에 대한 규제는 그 동안 안전성의 측면보다는 입법적으로 더 주목받지 못해왔다고 볼 수 있다. 그 결과, 신뢰성과 관련된 규정들은 개별적으로 산재하여 존재하고 있다.

있는 점은 문제가 있다.

자본주의 사회의 특성상 영업자들은 점점 더 이윤추구욕구를 강하게 표출하게 될 것이므로, 풍속영업의 규제에 관한 법률이 영업자의 선량한 풍속위반을 종합적으로 규제하는 것처럼 독립한 단행법을 제정하거나, 기존의 대표적 영업관계법률에서 일반적인 규제기준을 도입하고 각 개별 영업법들에서 그 기준을 구체화하여 규정하는 방식으로, 종합적·체계적으로 대응해 가야 할 것이다.

(3) 영업자 등의 선량한 풍속위반의 규제

영업감독의 대상으로서 매춘과 도박 등 선량한 풍속위반의 규제는 영업자의 비윤리성을 이유로 규제를 가하는 것인데, 풍속영업의 규제에 관한 법률이 영업감독의 주요 근거법이다.[19]

풍속영업의 규제에 관한 법률은 선량한 풍속을 위반하여 영업활동을 한 법 위반자에 대해 행정제재나 형사처벌을 할 수 있도록 한 법률로서, 대상이 되는 영업은 풍속영업, 즉, 청소년들을 위한 오락게임을 서비스하는 PC방, 비디오대여점, 노래방, 숙박업소, 목욕장업소, 이용업소, 단란주점, 유흥주점, 무도장 등이다. 영업활동에 종사하는 영업자와 그 종업원 등은 영업장소에서 성매매알선행위, 음란행위와 그의 알선·제공행위, 음란한 영화 등의 판매, 대여, 관람, 진열 등의 행위, 도박같은 사행행위가 금지된다.(풍속영업의 규제에 관한 법률 제3조)

식품위생법은 영업자의 준수사항에 관하여 규정하면서 청소년을 유흥접객원으로 고용하여 유흥행위를 하게 하는 행위, 청소년출입·고용 금지업소

---

19 이 법률의 전반적인 개선방안에 대해서는, 강문수, 「풍속영업의 규제에 관한 법률」정비방안 연구, 한국법제연구원 보고서, 2010 및 박상희·김명연, 풍속영업의 법적 규제, 현안분석(95-5), 1995가 있다.

에 청소년을 출입시키거나 고용하는 행위, 청소년에게 주류를 제공하는 행위, 식품접객영업자가 유흥종사자를 고용·알선하거나 호객행위 등을 금지하고 있다.(식품위생법 제44조)

공중위생관리법은 공중위생업자가 "성매매알선 등 행위의 처벌에 관한 법률·풍속영업의 규제에 관한 법률·청소년 보호법·의료법에 위반하여 관계행정기관의 장의 요청이 있는 때에는 6월 이내의 기간을 정하여 영업의 정지 또는 일부 시설의 사용중지를 명하거나 영업소폐쇄 등을 명할 수 있다"고 하여 풍속위반행위를 금지시키고 있다.(공중위생관리법 제11조)

판례에 나타난 사례로는 미성년 남녀를 혼숙하게 한 숙박업자에게 2개월의 영업정지를 명한 처분이 적법하다는 것(대법원 1994.3.11. 선고 93누23800 판결 ; 대법원 2000.2.11. 선고 99두10674 판결)이 있고, 노래연습장에서 손님이 직접 이른바 '티켓걸'을 부르고 그 티켓비를 지급하는 것을 업소 주인이 알고서 용인한 경우, 구 식품위생법 시행령이 정하는 '유흥종사자를 둔' 경우에 해당하므로 금지된다는 판결이 있다.(대법원 2006.2.24. 선고 2005도9114 판결)

Ⅲ. 영업자의 경제적 사기행위에 대한 감독규제

우리 영업관계법은 영업자와 종업원 등의 영업활동과 관련하여 선량한 풍속의 보호임무는 명확하게 인식하여 명확한 보호의지를 보여주고 있다. 그러나, 우리나라의 여러 영업관계법령들은 오늘날 점점 중요해지고 있는 영업자 등의 경제적 사기행위의 방지임무에 대해서는 일관되고 체계적으로 인식하고 있지 못하고 단지 산재한 개별적 규정들을 통해 규율하고 있다.

경제적 사기행위에 대한 규제에 있어 선구적인 분야인 식품법을 중심으로 미국과 우리나라의 법적 규율상황을 먼저 살펴보고 나서, 영업법 일반에 필요한 경제적 사기행위를 정의하고 그 구체적 규제상황들을 살펴본다.

1. 식품법상 영업자 등의 경제적 사기행위의 규제

(1) 미국 식품의약법상 경제적 사기행위
(Economic Adulteration and Misbranding)의 규제

행정법상 규제의 대상인 경제적 사기행위와 관련하여 참고할 만한 선구적인 입법례는 미국 식품의약법(Food and Drug Law)이다. 여기서는 미국 식품의약법상 경제적 사기행위의 규제를 좁은 의미에서 경제적 사기행위(Economic Adulteration), 그리고 허위표시와 과장광고(Misbranding)를 포함하는 것으로 넓게 이해하기로 한다.[20]

미국은 1906년 최초로 식품의약법(Pure Food and Drugs Act)을 제정한 이후 오늘에 이르고 있는데, 그 과정에서 식품에 대한 규제기준으로서 위해성 이외에 경제적 사기도 중요한 규제목표가 되어 왔다.[21] 좁은 의미에서 경제적 사기행위(Economic Adulteration)는 식품의 동일성(Identity)에 관한 사기행위로서 판매하는 식품에 대해 사실보다 더 가치있게 보이게 하기 위하여 판매자가 해당 식품에 포함되어야 할 중요한 내용물질을 넣지 않거나 적게 포함시킨 경우, 다른 물질로 대체시켜 포함시킨 경우, 식품의 훼손 등을 숨기고 판매한 경우, 식품의 양이나 부피를 사실과 다르게 증가시킨 경우, 질을 광고와 다르게 감소시키는 등의 행위를 말한다.[22]

---

20 두 기준은 미국 식품의약법 입법사에서 등장 시기가 다르고, 일정 부분 중복되는 부분이 있지만, 경제적 사기행위의 방지라는 공통의 목적으로 갖는다. Matt·Merrill·Grossman, *Food And Drug Law 3 ed.*, 2007, p.108.

21 1906년의 식품의약법은 '순수식품의약법'(Pure Food and Drugs Act)이라는 명칭에서 알 수 있듯이, 식품판매업자들이 소비자들에게 판매한 것으로 선전하는 것과 다른 경제적 사기행위의 방지가 주요 입법목적의 하나이었다. 때문에, 미국 식품의약법의 영역에서 경제적 사기행위의 방지는 오랜 역사를 가지고 있다.

오늘날 식품과 관련된 경제적 사기행위의 규제에 관하여 미국은 물론 우리나라에서도 가장 널리 알려진 것은 식품의 허위표시와 과장광고의 금지이다. 미국 식품의약법상 허위표시와 과장광고(Misbranding)의 금지는 식품제조자 및 식품판매자 등 식품영업자가 식품의 표시와 광고를 할 때 식품의 이름, 내용과 성분, 양과 사업자의 주소 등을 알려야 하는데, 이 때, 식품의 내용, 질과 양, 효능 등에 관해 허위로 표시하거나 과장해서는 안된다는 것이다.[23]

오늘날 건강기능식품의 등장과 함께 세계적으로 의약품과 식품의 한계가 불분명해지고 있는데, 미국에서도 식이보충식품(Dietary Supplements)의 경우 허위표시와 과장광고의 금지와 같은 경제적 사기의 방지가 매우 중요한 법적 과제로 등장하고 있다.

(2) 우리 식품관계법에서의 경제적 사기행위의 규제

우리 식품법도 경제적 사기행위에 대한 규제의 필요성을 명확하게 인식하여 여러 식품관계법령에서 식품에 대한 허위표시와 과장광고의 금지에 대해서 명확하게 규정하고 있다.

첫째, 식품 등의 표시·광고에 관한 법률은 식품에 관한 표시기준을 규정하고 이에 해당되는 식품은 그 기준에 맞는 표시가 없거나 표시방법을 위반한 식품 등은 판매하거나 판매할 목적으로 제조·가공·소분·수입·포장·보관·진열 또는 운반하거나 영업에 사용할 수 없도록 하고 있다.(식품 등의

---

22 미국 식품의약법(FD&C) 402(b)(4). Wesley E. Forte, The Food And Drug Administration and the Economic Adulteration of Foods, Food Drug Cosmetic Law Journal Vol.21, 1966, p.552. ; Matt·Merrill·Grossman, Food And Drug Law 3 ed., 2007, pp.155-162.
23 미국 식품의약법(FD&C) 403(a). Matt·Merrill·Grossman, *Food And Drug Law 3 ed.*, 2007, p.92ff.

표시·광고에 관한 법률 제4조 제3항)

우리 법에서는 의무적인 식품표시사항을 1. 식품, 식품첨가물 또는 축산물, 2. 기구 또는 용기·포장, 3. 건강기능식품으로 나누어 규정하고 있다.(식품 등의 표시·광고에 관한 법률 제4조 제1항) 표시되어야 할 사항들은 제품명, 내용량 및 원재료명, 재질, 제조연월일, 유통기한 또는 품질유지기한, 보관방법, 섭취량, 섭취방법 및 섭취 시 주의사항, 건강기능식품이라는 문자 또는 건강기능식품임을 나타내는 도안, 질병의 예방 및 치료를 위한 의약품이 아니라는 내용의 표현 등이다.

또, 식품위생법은 검사를 받지 아니한 축산물의 판매금지, 야생동물의 식품으로의 사용금지, 유통기한이 경과된 식품의 사용금지, 손님호객행위의 금지, 유흥접객원으로 청소년의 고용금지, 청소년에의 주류제공금지와 유흥업소 등에의 출입금지, 식품접객업 장소에서 손님의 유흥을 돋우는 접객행위금지 및 그 알선 금지, 유흥종사자의 고용 및 알선의 금지 등도 규정하고 있다.(식품위생법 제44조)

둘째, 농수산물과 그 가공품의 원료에 대해서는 영업자에게 원산지를 표시하도록 규정하고 있다.(농수산물의 원산지표시에 관한 법률 제5조) 더 나아가, 위해 농수산물의 유통자의 적발을 가능하게 하고 농수산물의 유통과정에서 발생하는 경제적 사기행위자의 색출을 가능하게 하기 위하여 농수산물의 이력추적관리제도를 도입하여 농수산물을 생산하거나 유통 또는 판매하는 자는 이력추적관리에 필요한 입고·출고 및 관리 내용을 기록하여 보관하도록 하였다.(농수산물품질관리법 제24조)

2. 영업법상 영업자 등의 경제적 사기행위의 정의

영업자들의 경제적 사기행위에 대해 통일적인 규율을 하기 위해서는 그 개념을 영업법의 관점에서 정의할 필요가 있다. 영업법의 규제대상으로서 경제적 사기행위는 영업자와 그의 종업원 등이 영업을 통해 제공하는 상품이나 서비스와 관련하여 가격이나 그 내용에 있어 위법부당하게 진실을 은폐하여 구매자에게 손실을 끼치는 행위를 의미하는 것으로 정의하기로 한다.[24] 경제적 사기행위에 대한 규제는 영업활동과 관련하여 건전한 거래질서를 보호하기 위한 것이다.

영업상의 거래과정에서 상품이나 서비스의 질이나 가격과 관련하여 구매욕구를 자극하기 위하여 영업자와 종업원 등이 과장을 하거나 그 단점이나 하자를 숨기는 것이 허용될 수 없는가, 아니면 어느 정도까지는 허용될 수 있다고 보아야 하는가 하는 문제는 대답하기 어려운 문제이다. 건전한 사회통념에 비춰 그 표현이나 행태가 사회상규에 위배되지 않는 범위내의 것일 때에는 경제적 사기행위에 해당되지 않는다고 보아야 할 것이다.[25]

---

24 사기행위에 대하여 우리 형법 제347조 제1항은 "사람을 기망하여 재물의 교부를 받거나 재산상의 이익을 취득"하는 행위라고 하고 있다. 영업법을 위한 경제적 사기행위의 정의에 있어서는 형법상의 사기개념과 비교할 때, 영업활동의 대상인 고객들과 관련하여서는 기망행위와 손실이라는 요건은 공통으로 필요하되 영업자 등이 반드시 재산상의 이득을 얻을 필요까지는 없는 것으로 정의하기로 한다. 왜냐하면, 예를 들어, 여행상품을 판매하는데, 광고에서 홍보한 내용과는 크게 달랐을 때 고객들은 해당 여행으로 인하여 시간적 손해와 기대와 만족도의 저하 등의 손실은 있었지만 여행사가 그 여행상품으로 반드시 재산상 이익을 얻지는 못했을 때에도 형사처벌과 달리 행정법적 제재를 가하는 것이 필요할 수 있기 때문이다.

25 대법원은 상품의 선전·광고에 있어 다소의 과장이나 허위가 수반되었다고 하더라도 일반 상거래의 관행과 신의칙에 비추어 시인될 수 있는 정도의 것이라면 이를 가리켜 기망하였다고는 할 수가 없고, 거래에 있어 중요한 사항에 관한 구체적 사실을 신의성실의 의무에 비추어 비난받을 정도의 방법으로 허위로 고지하여야만 비로소 과장·허위광고의 한계를 넘어 사기죄의 기망행위에 해당한다고 하였다.(대법원 2007.1.25. 선고 2004도45 판결)

3. 영업법상 경제적 사기행위에 관한 법적 규제

(1) 사인과 공공기관에 대한 경제적 사기행위

영업자들의 경제적 사기행위는 그 상대방에 따라 사인에 대한 것과 국가와 지방자치단체 등 공공기관에 대한 것으로 나눌 수 있다.

사인에 대한 경제적 사기행위는 택시요금과 숙박요금, 학원수강료, 그리고 석유나 귀금속 등 상품과 관련하여 합리적 이유도 없이 관계규정 등에서 정해지나 거래관념상 인정되는 합리적인 요금이나 가격을 과다하게 초과하여 청구하고 수령하는 행위를 말한다. 그 동안 학원운영자가 수강료와 관련하여 학원생이나 그 학부모에게 경제적 사기행위를 하는 경우도 많았다. 이 문제가 심각해지자 입법자는 이에 대한 규제를 강화했다. 이제 학원운영자는 학원수강료를 거짓으로 표시·게시·고지하거나, 표시·게시·고지한 수강료를 초과한 금액을 징수하여서는 아니 되고, 학원의 수강료가 과다한 경우 교육감은 학원수강료에 대해 조정을 명할 수 있다고 규정했다. (학원의 설립·운영 및 과외교습에 관한 법률 제15조 제4항, 제6항) 휘발유 가격이 상승하면서 가짜휘발유를 팔다가 적발되어 제재를 받는 석유사업자에 대해 영업소폐쇄처분이 내려지는 경우도 자주 나타나고 있다.

공공기관에 대한 경제적 사기행위는 어린이집이나 노인복지시설을 운영하는 자가 보육하는 어린이의 숫자나 보육기간을 허위로 조작하거나 수용하고 있는 노인들의 숫자를 부풀리는 방식 등으로 사회복지비나 보조금을 허위로 과당 수령하는 경우가 해당된다. 예를 들어, 국가 또는 지방자치단체는 예산의 범위에서 어린이집의 설치 및 보수, 보육교사 인건비, 교재·교구비, 직원 교육훈련 비용, 장애아 보육비용, 차량운영비 등을 지원할 수 있는데,(영유아보육법 제36조. 동시행령 제24조 제1항) 보조금을 사용목적 외로 사용하거나 거짓이나 그 밖의 부정한 방법으로 보조금을 교부받은 경

우에는 이미 교부한 비용과 보조금의 전부 또는 일부의 반환을 명할 수 있다.(영유아보육법 제40조)[26]

(2) 법정기준의 위반과 표시·광고의 위반으로서 경제적 사기행위

영업자들의 경제적 사기행위는 법정수수료기준을 위반하는 방식으로 이루어지거나 영업자 스스로 광고하고 홍보한 것과 매우 다르게 상품이나 서비스를 제공하는 경우로 나누어 볼 수도 있다.

법정 수수료기준 등을 위반한 예로는 부동산공인중개사가 부동산의 매도금액을 허위로 기재하고 매도인 등으로부터 과다하게 거래수수료를 수령하는 행위가 있다. 부동산중개업자는 거래계약서를 작성하는 때에는 거래금액 등 거래내용을 거짓으로 기재하거나 서로 다른 2 이상의 거래계약서를 작성하여서는 아니 된다.(공인중개사의 업무 및 부동산 거래신고에 관한 법률 제26조 제3항)

영업자 스스로가 표시하고 광고한 기준을 위반한 경제적 사기행위의 예로는, 귀금속이나 여행프로그램에 대해 영업자가 표시하고 광고한 것과 달리 짝퉁 제품을 제공하거나 또는 그 양을 줄이고 질을 부당하게 낮추거나, 약속한 서비스의 중요 내용을 제외하고 여행프로그램을 제공하는 경우 등이다.

---

26 지방법원의 판결이나 행정심판재결례중에는 유사사례가 많이 발견된다. 영유아보육료의 부당편취와 관련된 판결로는 춘천지방법원 강릉지원 2011.9.20. 선고 2010구합1010 판결이 있고, 경기도행정심판사례로는 영유아보육법 위반 원장자격정지처분 등 취소청구사례(2013-429. 2013경행심522 755) 등이 있다.

IV. 관광사업에 있어 영업자 등의 신뢰성에 대한 감독규제

1. 관광사업에 대한 법적 규율

관광사업의 촉진과 관련된 법률은 오랫동안 관광진흥법[27]과 관광기본법[28]으로 구성되어 있었다.

관광사업이란 관광객을 위하여 운송·숙박·음식·운동·오락·휴양 또는 용역을 제공하거나 그 밖에 관광에 딸린 시설을 갖추어 이를 이용하게 하는 업을 말하는데, 관광사업자가 되기 위해서는 관광사업을 경영하기 위하여 등록·허가 또는 지정을 받거나 신고를 해야 한다.[29](관광진흥법 제2조 제1, 2호) 관광지는 자연적 또는 문화적 관광자원을 갖추고 관광객을 위한 기본적인 편의시설을 설치하는 지역으로서 관광진흥법에 따라 지정된 곳을 말한다.

관광진흥법은 관광사업의 종류를 여행업, 관광숙박업(호텔업, 휴양 콘도미니엄업), 관광객이용시설업, 국제회의업, 카지노업, 유기시설이나 유기기구를 갖추고 있는 유원시설업, 관광 편의시설업으로 나누어 열거하고 있다. 여기서, 관광객이용시설업은 관광객을 위하여 음식·운동·오락·휴양·문화·예술 또는 레저 등에 적합한 시설을 갖추고 있거나, 관광숙박시설 등을 갖

---

27 1961년 8월 22일 법률 제689호로 관광사업진흥법이 관광사업의 촉진을 목적으로 처음 제정되었다. 그 이후 이 법률은 관광사업법(법률 제2878호, 1975. 12. 31 제정)으로 명칭을 바꾸었다가 1986년 12월 31일 관광진흥법으로 전면개정되어 오늘에 이르고 있다.

28 1975년 12월 31일 법률 제2877호로 관광기본법이 제정되었다. 관광기본법은 제정당시와 마찬가지로 2013년 10월 현재 여전히 15개의 조문으로 된 법률로서 다른 법영역에서와 달리 너무 간략하여 '기본법'으로서 기능을 하지 못하고 있다.

29 우리 법제상 관광사업은 실정법에 의해 규율된 법상의 개념으로서, 예를 들어, 관광숙박업소는 단순한 숙박업소와는 명확히 구별된다는 점에서 사회에서 일상적으로 이해되고 있는 내용과는 차이가 있다.

추고 있어야 한다.(관광진흥법 제3조)

여행업, 관광숙박업, 관광객이용시설업 및 국제회의업을 경영하려는 자는 특별자치도지사와 기초자치단체장에게 등록하여야 하고, 카지노업을 경영하려는 자는 전용영업장 등의 시설과 기구를 갖추어 문화체육관광부장관의 허가를 받아야 하며, 유원시설업을 경영하려는 자는 필요한 시설과 설비를 갖추어 특별자치도지사와 기초자치단체장의 허가를 받아야 한다.(관광진흥법 제4조, 제5조) 입법자는 관광관련 사업과 관련하여 등록하거나 허가를 획득한 사업자에 한정하여 관광업에 종사하도록 하고 있다.

2. 관광사업에 있어 영업자 등의 선량한 풍속위반의 규제

우리나라를 방문하는 많은 외국인 관광객들을 상대로 명동이나 제주도 등에서 성매매를 알선하다 적발되는 사례들이 끊이지 않고 있다.[30] 하지만, 외화획득을 위해서는 외국인들의 일탈행위를 어느 정도 수용해야 한다고 보고 성매매단속 등을 강력하게 해서는 안된다는 입장도 있는 듯 보인다.

그렇지만, 우리 법률은 성매매알선 등 행위의 처벌에 관한 법률·풍속영업의 규제에 관한 법률·청소년 보호법·의료법에 위반하여 성매매 등 선량한 풍속을 위반한 영업자에 대해서는 6월 이내의 기간을 정하여 영업의 정지 또는 일부 시설의 사용중지를 명하거나 영업소폐쇄 등을 명할 수 있도록 규정하고 있다.(관광진흥법 제35조 제7항. 공중위생관리법 제11조 제1항) 관광호텔의 종업원 등이 호텔의 객실을 성매매 장소로 제공한 경우 공중위생영업자인 관광회사는 호텔 내에서 성매매가 이루어지는 것을 방지

---

30 '명동산악회'는 명동에서 일본관광객에게 성매매를 알선하다가 경찰에 의해 붙잡혔다. 조선일보 2012.12.10. ; 제주에서 경찰은 일본인관광객을 상대로 성매매를 알선하던 27명을 검거했다. 뉴시스 2012.08.27.

하여야 할 의무를 위반하였고 그 의무위반을 탓할 수 없는 정당한 사유가 없는 경우 종업원 등의 성매매알선행위를 이유로 영업정지처분을 하는 것은 정당하다는 판결도 있다.(대법원 2012.5.10. 선고 2012두1297 판결)

외국인 관광객을 위해서 허용된 카지노의 경우에도 카지노사업자가 지나친 사행심을 유발하는 등 선량한 풍속을 해칠 우려가 있는 광고나 선전을 하는 행위를 하거나, 19세 미만인 자를 입장시키는 행위 등에 대해서는 6개월 이내의 기간을 정하여 카지노사업의 전부 또는 일부의 정지를 명할 수도 있다.(관광진흥법 제28조 제1항, 제35조)

입법자가 음란행위나 사행행위를 처벌하는 형법이외에 풍속영업의 규제에 관한 법률 등을 제정하여 영업활동에 있어 매춘이나 도박 등 선량한 풍속을 위반하는 비윤리적 행위를 방지하겠다는 의지를 표현한 것은 관광과 관련된 영업활동에서도 그대로 존중되어야 한다. 오랫동안 지역사회에서 선량한 풍속을 존중하는 영업질서를 형성·유지하고자 해온 노력과 그 성과를 관광사업의 진흥의욕을 무리하게 앞세워 무시하고 파괴해서는 안될 것이다. 관광사업의 활성화정책을 추진하더라도 기존의 법적 가치와 법질서를 파괴하지 말고 질서있게 추진하여야 할 것이다.

3. 관광사업에 있어 영업자 등의 경제적 사기행위의 규제

(1) 관광진흥법상 영업자의 경제적 사기행위의 규제

관광진흥법은 영업에 대한 감독을 규정하면서 영업자 등의 경제적 사기행위에 대해서도 규정하였는데, 법위반자에 대해서는 등록, 허가 또는 사업계획의 승인을 취소하거나 6개월 이내의 기간을 정하여 그 사업의 전부 또는 일부의 정지를 명하거나 시설·운영의 개선을 명할 수 있게 했다.(관광진홍법 제35조 제1항) 그 위반유형은 다음과 같다.

영업자가 등록한 영업범위를 벗어나거나, 사전광고한 기획여행의 방법, 즉, 기획여행명·여행일정[31] 및 주요 여행지, 여행경비, 교통·숙박 및 식사 등 여행자가 제공받을 서비스의 내용, 최저 여행인원 등을 위반하여 기획여행을 실시한 경우(관광진흥법 제35조 제1항 제6호, 관광진흥법시행규칙 제21조), 여행업자가 고의로 여행계약을 위반한 경우 등.

(2) 관광관계법에 규제되지 아니한 관광객 대상 경제적 사기행위의 규제

관광사업에 종사하는 자들의 경제적 사기행위들은 관광진흥법에 열거된 경우이외에도 다양하게 존재하고 있고, 개별 영업법들에서 규정하고 있으나 체계화되어 있지 않고 자치법규에 맡겨져 있어서 규범의 명확성도 부족하다.

영업에 관하여 규율하는 기본법률을 제정하여 영업의 감독기준에 관한 일반적 기준들[32]을 규정하거나 기존의 개별영업관계 법률의 형식을 유지하는 경우에는 개별 법률들에 그 일반적 규정들을 도입하는 것이 필요하다.

관광객들을 상대로 한 경제적 사기의 유형들 중 관광관계법에 규정되지 아니한 것들을 살펴본다.

1) 외국인 관광객에 대한 택시요금의 부당징수행위의 규제

외국인 관광객들에 대한 바가지 택시요금이 자주 문제되고 있다. 우리

---

31 여행일정과 관련하여 여행사가 사전예고한 프로그램과 달리 특정한 쇼핑장소를 거의 강제적으로 경유하도록 하는 행위가 문제된다. 저가여행상품의 경우 이러한 관행은 매우 보편화되어 있어 문제이다.

32 여기서 일반적 기준이란 영업자의 대인적 요건으로서, 영업자의 신뢰성과 전문성을 의미하고, 대물적 기준으로서 시설, 장비, 제품 등의 안전성, 그리고 그들의 기능성을 말한다.

국민들의 경우에는 심야시간이나 대중교통을 이용하기 어려운 오지 등을 가는 경우를 제외하고는 택시를 타더라도 택시기사들에 의한 부당요금의 징수행위는 거의 찾아보기 어렵다. 하지만, 관광객들의 경우는 한국어도 가능하지 않고 지리도 어두우며 우리나라의 요금체계도 알기 어렵기 때문에 택시기사들의 부당요금징수에 당하는 경우가 자주 나타나고 있다. 적발된 택시들은 미터기를 달지 않거나 미터기를 조작한 경우도 많았다.

현행법상 택시와 같이 여객을 운송하는 사업자들은 부당한 운임 또는 요금을 받는 행위가 금지되고 있다.(여객자동차운수사업법 제26조 제1항 제2호) 이 규정을 위반한 경우 50만원 이하의 과태료를 부과할 수 있고,(여객자동차운수사업법 제94조 제3항 제3호) 그 자격을 취소하거나 6개월 이내의 기간을 정하여 그 자격의 효력을 정지시킬 수 있다.(여객자동차운수사업법 제87조 제1항 제4호)

한편, 이 규정을 집행하는 서울특별시는 '서울특별시 여객자동차운수사업법 위반행위 신고포상금 지급 조례'를 제정하여 그 제3조 제1항 제9호에서 외국인관광객을 대상으로 부당요금을 징수하는 행위에 대하여 신고한 자에 대하여 포상금을 지급할 수 있도록 하여 관광객 상대로 부당요금을 징수하는 행위들을 억제하려고 하고 있다.[33]

관광현장에서 빈번하게 나타나는 택시요금의 부당징수를 억제하기 위한

---

33 하지만, 이러한 입법적 조치들에 불구하고 관광객 상대 부당요금징수행위가 빈번하게 발생하면서 서울특별시는 국토해양부에 여객자동차운수사업법령에 대한 개정을 요청하면서 "상습적으로 승차거부로 적발된 택시회사에 대해 사업면허를 취소하고 1년에 3차례 승차거부가 적발된 운전자에 대해선 자격 취소"하고, "바가지요금을 부과하다 걸린 개인택시는 1차 적발시 30일 동안 운행할 수 없고 2차례 이상 위반하다 걸리면 사업면허가 취소된다. 법인택시는 △1차 적발시 택시 2대 운행정지 △2차 이상 위반시 1회 위반할 때마다 3대 감차"하는 방안을 제안했다 한다. 머니투데이 2013.3.6. 기사.

문화체육관광부와 경찰청은 관광지 범죄 예방, 바가지요금 단속 등 외국인 관광객들의 불편해소를 위해 2013년 10월 16일부터 서울 명동과 인사동, 동대문, 이태원 등 서울시내 주요 관광 명소에서 현직 경찰관과 의무경찰관 등으로 이뤄진 101명의 관광경찰을 출범시켰다. YTN 2013.10.16. 보도.

여객자동차운수사업법의 규율은 약하고 불완전하다. 각 지방자치단체별로 조례 등을 제정하여 통제하는 경우가 있다고 해도 그것은 체계적이지도 못하고 전국을 여행하는 관광객들의 입장에서는 일관성과 명확성도 부족하다. 관광진흥법에서 경제적 사기행위의 방지를 위한 규정을 도입하고 택시요금의 부당징수에 대해서도 적절히 규정을 둘 필요가 있다. 입법적 개선이 요청되고 있다.

2) 외국인관광객들에 대한 가격표시제의 준수 및 짝퉁 제품의 유통행위에 대한 행정법적 제재의 도입필요

귀금속, 화장품, 의류 등 선물용품에 대하여 의무적으로 가격을 표시하도록 되어 있는 경우에도 가격표시제를 준수하지 않고 부당하게 과다한 가격을 청구수령하는 사례들도 자주 나타나고 있다. 숙박요금이나 음식값을 둘러싼 기만적 행위들, 렌터카 요금의 과다청구, 그리고 계약서에 없는 관광여행경비의 과다청구행위[34] 들도 문제된다. 최근 의료관광이 각광받으면서 의료관광활성화 지원조례 등이 제정되고 있는데 과다한 의료비청구도 문제되기 시작했다.

우리나라의 화장품은 외국인 관광객들에게 인기가 있는데, 소비자에게 화장품을 직접 판매하는 자는 화장품의 1차 포장 또는 2차 포장에 화장품의 가격을 의무적으로 표시하도록 되어 있다.(화장품법 제10조 제1항 제7호, 제11조 제1항)

이외에도 귀금속이나 고가의류의 경우에도 가격표시제는 실시될 수 있다. 우리 실정법도 다른 물품 등에 가격표시제를 확대실시할 수 있는 근거규정을 두고 있다. 즉, 주무부장관은 소비자의 보호 또는 공정한 거래를 위하여 필요하다고 인정할 때에는 물품을 생산·판매하거나 물품의 매매를 업

---

34 관광가이드의 서비스 수수료는 여행사로부터 받아야 하는 것이지만, 현실적으로 관광객들, 특히, 중국인 관광객들에게 거의 강제로 때로는 과다하게 징수하는 관행이 문제이다.

으로 하는 자 또는 용역의 제공을 업으로 하는 자에게 해당 물품의 가격 또는 용역의 대가를 표시할 것을 명할 수 있고, 표시명령을 받은 생산자와 판매자 등은 물품의 가격이나 용역의 대가를 거래 상대방이나 일반소비자가 알기 쉬운 방법으로 표시하여야 한다.(물가안정에 관한 법률 제3조, 동 시행령 제5조)

전통시장이나 농어촌의 5일장 등에도 점차 외국인관광객들이 증가하고 있는데 가격표시제를 어떻게 운용할 것인지, 예를 들어, 법적 규제와 상가 협의회 등에 의한 자율규제방식을 어떻게 역할분담하게 하고, 어떤 물품에 가격표시제를 운영할 것인지 각 지방자치단체들의 실정에 맞는 자치법규의 제정과 운용이 요구된다.

최근 관광현장에서는 음식점옥외가격표시제의 도입이 주요 현안이 되고 있다. 국내 관광객은 물론 외국인 관광객들에게도 음식점에 들어가기 전 음식물가격을 알 수 있도록 함으로써 과도한 식비요구를 차단할 필요가 있기 때문이다. 제주특별자치도는 '제주특별자치도 가격표시에 관한 조례'를 제정하여 사업자에게 가격표시의 명령을 내릴 수 있도록 하고, 명령을 받은 사업자는 해당 물품의 가격이나 용역의 대가를 거래 상대방이나 일반 소비자에게 알기 쉬운 방법으로 표시하되, 일반소비자에게 판매되는 실제 거래가격을 표시하도록 의무지웠다.(제주특별자치도 가격표시에 관한 조례 제4조) 행정은 원가 및 경영상황에 관한 보고 또는 관계 자료의 제출명령을 내릴 수 있다.

짝퉁 제품을 제조하거나 판매하는 자에 대해서는 현재 타인의 상표를 "위조 또는 모조"한 행위로서 상표법 제65조와 제66조에서 규정하면서, 상표권자 등이 "그 침해의 금지 또는 예방"을 주장할 수 있도록 하였으나, 제재수단으로서는 제93조 이하에서 주로 침해죄, 위증죄, 허위표시제 등 형사처벌에 한정하고 있고, 법인에 대해서는 벌금형(제97조)을 병과할 수 있도록 했다. 짝퉁 제품이 유명 영업장에서 판매되는 경우도 있으므로 영업정지나 영업소폐쇄명령과 같은 행정법적 제재수단도 도입될 필요가 있다.

3) 면세품 부가가치세 환급서류의 교부의무의 감독

우리 법은 면세물품의 판매자가 외국인 관광객에게 면세물품을 판매할 때에는 여권 등에 의하여 해당 물품을 구입하는 자의 신분을 확인한 후 전자판매확인서를 이용하는 경우외에는 물품판매확인서 2부와 반송용 봉투를 내주도록 규정하고 있다. 그리고, 외국인 관광객에게 면세물품을 판매할 때에는 송금절차 및 환급절차 등을 알려주도록 규정하고 있다.(외국인 관광객 등에 대한 부가가치세 및 개별소비세 특례규정 제8조 제1항, 제2항)

그러나, 영업자들이 환급절차를 알려주지 않거나 할인상품이라는 이유 등으로 관광객들에게 환급서류를 발급해주지 않는 사례들이 나타나고 있다. 세금환급은 매출을 기준으로 영업소가 납부해야 하는 10%의 부가세를 돌려주는 것이기 때문에 할인 여부는 환급과 관련이 없으므로 이러한 주장은 타당하지 않은 것이다. 부가세환급에 관한 규정이 대통령령에만 규정되어 있는 것은 문제인데, 외국인의 재산권도 보호되어야 하므로 법률적 근거를 두는 것이 필요하다고 본다.

V. 결어

이 글에서는 최근 지역사회에서 위기를 겪고 있는 자영업자들이 집중적으로 종사하고 있는 영업활동에 관한 규제기준을 고찰하면서, 특히, 영업활동촉진에 중요한 의미를 가지는 관광사업에 있어 최근 문제되는 영업자들의 영업행태상의 문제들을 시정하기 위한 영업자의 신뢰성에 대한 감독규제를 다루었다. 관광산업의 활성화를 위해서는 관광숙박시설의 부족문제를 해결하는 것만으로는 족하지 않고 관광서비스프로그램의 질을 높이고 부당택시요금의 청구와 같은 영업자들의 경제적 사기행위를 방지하는 감독이 병행되어야 한다.

산업계는 물론 정부도 경제규제의 기준에 관한 입법방식을 네거티브 규제방식, 즉, 시장참가자들이 시장에 진입하거나 영업활동을 할 때 위반하지 말아야 할 규제기준을 법조문에 기술하고 그 기준만 위반하지 않으면 자유롭게 경제활동을 가능하게 하는 입법방식으로 전환하려는 의지가 강하다. 그럼에도 불구하고, 시장참가자들이 경제활동에 있어 준수해야 할 일반적·실체적 기준이 무엇인지에 관한 정보가 우리에게 부족하여 실효적인 규제개혁추진이 벽에 부딪치고 있다.

이 글에서는 영업규제의 주관적 기준으로서 신뢰성과 전문성을 제시하고 그 중에서 신뢰성의 기준에 대해 선량한 풍속위반의 여부와 경제적 사기행위 여부라는 두 개의 기준으로 나누어 각 기준에 대해 개념정의하고 해당 사례들을 살펴보았다.

공법에 속한 영업법상의 주관적 규제기준으로서 경제적 사기행위에 대한 연구가 이 글에서 처음 이루어지는 것을 고려하여 독일의 영업법과 미국의 식품의약법의 성과를 참조하여 경제적 사기행위를 정의하고 각 사례유형을 살펴보았다. 특히, 관광사업의 영역에 있어 외국인관광객에 대한 택시요금의 부당징수행위, 가격표시제의 위반 및 짝퉁 제품의 유통행위와 면세품 부가가치세환급서류의 교부거부행위 등을 경제적 사기행위의 방지를 위해 시급한 것으로 주장했다.

풍속영업의 규제에 관한 법률이 영업자의 선량한 풍속위반을 종합적으로 규제하는 것처럼 경제적 사기행위에 대한 규제를 총괄하기 위하여 독립한 단행법을 제정하거나, 기존의 대표적 영업관계법률에서 일반적인 규제기준을 도입하고 각 개별 영업법들에서 그 기준을 구체화하여 규정하는 방식으로, 종합적·체계적으로 대응해 가야 할 것이다.

02

기업형 축산의 증가와
환경조례의 입법기술 | 선정원

I. 지역사회의 갈등관리와 환경조례의 역할

1. 개발과 환경보호를 둘러싼 지역사회의 갈등과
그 양상의 분화

　지역개발과 환경보호는 지역사회에서 항상 뜨거운 논쟁의 주제가 되어
왔다.[1] 지역개발과 발전을 중시하는 사람들은 지방소멸의 위협이 체감되면
서 저출산의 극복과 젊은 인력의 유출방지를 위한 지역개발이 현시점에서
절실히 필요하다고 보고 있다. 반대로 환경보호를 강조하는 사람들은 지역
개발을 위한 대규모시설의 설치허용이 원상회복되기 어려울 정도로 자연
을 훼손하고 주민의 건강에 유해한 결과를 가져오는 것을 지적하며 개발사
업 인근주민들과 환경보호단체들 중심으로 강력하게 개발반대운동을 전개

---

[1] 지방자치가 실시되기 이전에는 "모든 지방자치단체가 법률로 규정된 획일적 환경기준
을 적용"하고 있어 일본과 같이 "지방자치단체도 상위법의 범위내에서 환경기준을 탄
력적으로 설정·운용할 수 있는 재량권을 부여할 필요가 있다"는 비판과 제언이 많았다.
이에 대해서는, 김종순, 환경행정에 있어서 중앙과 지방의 역할분담, 환경정책 제3권 제
2호, 1995, 135면 참조.

하고 있다.[2] 이러한 논쟁과 갈등은 오늘날 식물원, 박물관, 문화원이나 교육
시설 같은 선호시설과 폐기물처리시설과 같은 혐오시설의 설치를 둘러싸
고 지역주민들의 상반된 대응으로 계속 이어지고 있다.

최근에는 대부분의 농어촌지역에서 태양광시설의 설치나 축사시설의 설
치가 지역사회의 갈등의 중심이 되고 있다. 태양광의 경우에는 화석에너지
를 대체하는 환경친화적인 측면과 지방의 자연환경을 훼손하는 양 측면을
모두 가지고 있다. 축사의 경우는 과거 개발과 환경보호의 갈등의 전형적
인 예들과 달리 농업에 종사하는 농민들과 동일하게 축산업이라는 다른 1
차산업 종사자간의 갈등이라는 특징을 갖는다. 또, 태양광시설이나 축사시
설의 설치에 나타난 갈등은 지역주민 중 비교적 중소자본을 가진 사업자와
인근 농민들 사이에 주민상호간의 갈등으로서의 성격을 보여준다. 이 때문
에 원자력발전소나 공항의 건설 등과 같이 국가와 대자본이 결부된 갈등과
는 달리 국가가 아니라 지방자치단체가 갈등의 방지와 극복의 핵심 주체가
될 수밖에 없다.

지방자치가 강화되면서 지역주민간 갈등사례들에서 지방자치단체는 갈
등의 해결을 더 이상 국가에 의존할 수는 없고 스스로 주체적인 대응에 나
서지 않으면 안되게 되었다. 분권화된 사회에서 주민간 갈등의 성공적인

---

2 지방자치와 분권의 진전이 지역개발과 환경보호의 관계에 어떤 영향을 미칠 것인지 환
경보호에 부정적 영향을 미칠 것인지 학계에서도 주목하고 있었다. 1995년 단체장 직선
제의 도입 전후에 발표된 글들은 지방자치가 실시되면 지방자치단체장들이 지역개발을
선거공약으로 내세우고 개발에 몰두하면서 지방자치가 실시되기 전보다 환경이 악화되
지 않을까 하는 우려가 많았다. 정회성, 환경행정에 있어서 중앙과 지방간의 역할분담,
환경정책 제3권 제1호, 1995, 139면 참조.
  1995-1998년 지방환경관리청과 시도의 규제실적에 대해 오염배출업소에 대한 단속
율과 적발율, 그리고 적발업소에 대한 강한 행정처분율과 약한 행정처분율 중심으로 조
사한 한 연구자는 "지방자치 실시 이후 중앙정부가 지바자치단체보다 환경규제 집행에
더 적극적인 태도를 보이고 있으며 지방자치단체의 환경규제는 전반적으로 약화되었다
고 할 수 있다"고 보고하기도 했다. 고재경, 지방자치와 환경규제집행의 변화, 국토계획
제35권 제5호, 2000, 245면 이하.

관리는 지방자치단체의 자치능력을 시험하는 리트머스와 같은 것으로서 분권과 자치에 대한 정치적 요구가 정당한 것인지 그리고 감당할 수 있는지를 판단하는 척도가 될 것이다. 환경행정과 같이 갈등잠재력이 높은 영역에서 지방자치단체는 행정의 예측가능성, 공정성과 신뢰성을 높이는 이념으로서 법치행정의 원칙을 갈등관리행정의 핵심적인 지침으로 존중하여야 할 것이다.

2. 가족형 축산에서 기업형 축산으로의 변화와 축산관련조례에 대한 기대

(1) 가족형 축산에서 기업형 축산으로의 변화

우리 축산업은 축산물수요의 증대로 인해 농어촌지역을 중심으로 가족형 축산(Family Farm)에서 기업형 축산(Factory Farm)으로 변화해가고 있다. 기업형 축산은 가족형 축산보다 그 규모가 크기 때문에 수질오염 및 공기오염과 같은 환경오염, 그리고 건강침해 등 지역주민들의 중대한 법익을 침해하는 경우가 더 많다. 이로 인해 우리 농어촌사회는 사업자, 지역주민과 지방자치단체 사이에서 심각한 갈등이 발생하여 감정적 대립과 폭력이 행사되고 빈번하게 데모가 발생하며 소송이 제기되는 경우도 자주 등장하고 있다. 이러한 갈등이 오랫동안 지역의 변화와 발전을 가로막기도 한다.[3] 하지만 가족형 축산에서 기업형 축산으로의 변화는 되돌리기 어려운 사회적 추세이기 때문에 이 과정에서 발생하는 갈등을 어떻게 예방하고 해결

---

3 충청남도의 갈등사례들을 조사한 보고에 따르면 갈등이 발생해서 소멸하기까지 800일 정도가 걸리며, 주민들은 장기간 시위 및 집회로 생계가 어려워질 뿐 아니라 정부도 정책을 추진하지 못하면서 사회문제가 지속되게 된다고 한다. 법원의 판결은 최후의 수단으로만 이용하려고 하기 때문에 판결에 의한 갈등의 소멸도 800일 정도 걸렸다고 한다. 김강민, 충청남도의 공공갈등 현황과 공공갈등 구조, 열린 충남, 2016, 100-101면 참조.

할 것인가가 농어촌 지역사회의 중대한 현안이 되었다.

(2) 환경조례와 축산관련조례에 대한 기대

1995년 지방자치단체장의 직선으로 지방자치가 실시되던 초기에는 "자치환경정책의 위상을 국가환경정책에 종속적인 것"으로 보고 "개별분야의 환경법들은 환경관련사무를 원칙적으로 국가사무로 하고, 이를 지방자치단체장에게 기관위임하는 데 그치고" 있는 현실을 비판하고, "자치단체는 환경기본조례를 바탕으로 각종 환경조례를 제·개정함으로써 자치입법을 적극적으로 형성해 나아가야 할 것"이고 "자치입법권을 확대"하는 데에도 노력해야 할 것이라는 요구가 강력히 제기되었다.[45]

하지만, 오늘날 우리나라에서 환경조례는 환경기본조례를 중심으로 영역별로 폐기물, 상하수도, 자연경관보전, 대기오염, 가축분뇨, 공해차량제한, 금연지역, 환경영향평가, 환경오염피해분쟁조정, 신고보상 등 다양한 목적으로 여러 분야에서 제정되어 있다.[6]

축산업에 한정할 때, 앞으로 기업형 축산사업자들이 증가하면서 가축으로부터 발생한 오물과 쓰레기처리 설비의 미비, 가축전염병의 확산에 따른 대량폐사로 인한 지하침출수의 발생, 농약이나 항생제의 남용 등으로 환경이나 건강에 대한 침해의 정도가 심각해지고, 외국인노동자들이나 거주가 불안정한 노동자들의 증가 등으로 주민들의 평온한 삶을 위협하는 다른 요인들이 등장해 이의 해결을 위해 더 많은 조례들이 등장하게 될 것이다.

---

4 강재규, 지방자치단체의 환경조례제정의 법적 문제, 경성법학 제5호, 1996, 12면, 14면.
5 2005년 시점에서도 개별환경법령에서 환경관련사무는 대부분 국가사무이거나 기관위임사무로 되어 있고 자치사무는 매우 적다는 비판이 제기되고 있었다. 최철호, 지방분권개혁과 환경법의 과제, 환경법연구 제27권 제4호, 2005, 260면 참조.
6 국가법령정보센터(www.law.go.kr)의 자치법규에서 '환경'이라는 검색어로 검색되는 우리나라의 조례가 3300개로 나타나고 있다.(2021.1.19. 검색)

개발과 환경보호 사이의 갈등처럼 지역내 갈등이 증가할수록 갈등해결의 도구로서 자치입법과 지방자치단체의 정책, 처분권과 계약권의 행사방식 등에 대해 법치행정의 관점에서 그리고 국가가 아니라 지방의 관점에서 심층적인 분석과 검토가 더 절실하게 필요할 것이다.[7]

지역내 주민간 환경갈등의 처리에 관련된 법령은 불완전하다. 위임의 범위가 넓고 불확정개념들이 사용되어 위임의 한계도 명확하지 않다. 때문에 자치입법의 재량도 상당히 넓다. 이와 같이 넓은 자치입법재량을 행사함에 있어 지방자치단체들은 상당한 시행착오를 겪어 왔다. 이 글에서 다룰 대상 사례에서도 축사건축허가와 관련된 조례내용, 특히 이격거리규제내용은 여러 차례 조례에 의해 바뀌고 있다. 관련 사건에서 법원의 관련 하급심 판결도 두 차례 있었고 하급심의 판결내용도 대법원에 의해 파기되었다.

자치법규의 해석론을 통해 법치행정의 원칙을 준수하면서도 해당 지역사회의 특수성을 적절히 반영하도록 지방자치단체를 지원하는 것은 개발과 환경보호를 둘러싼 지역갈등을 극복하는데 있어 매우 중요하다 할 것이다.

3. 대상사례

(1) 사실관계의 설명

원고는 2015. 6. 12. 피고에게 충남 금산군에 계사를 신축하기 위하여 건축허가 신청을 하였는데, 신청시는 가상 가까운 주거밀집지역인 충남 금산군 금성면 소재 마을로부터 직선거리 682m에 위치하고 있었다.

---

7 사회과학에서 갈등관리에 관한 연구들은 "갈등관리의 수단으로 법·정책·규칙 등과 같은 제도의 중요성을 언급할 뿐, 갈등관리 제도를 대상으로 하는 연구는 소수에 불과한 사항"이다. 이러한 지적에 관해서는, 문승민·나태준, 기초지방자치단체의 갈등관리 조례 도입 영향요인 분석 : 정책혁신과 확산의 관점을 중심으로, 사회과학연구 제43권 제1호, 2017, 154면 참조.

금산군수는 2015. 10. 20. 원고에 대하여 이 사건 신청지는 금산군 가축 사육 제한구역 조례(2015. 9. 7. 금산군 조례 제1996호로 개정된 것) 제3조 제1항 제1호 [별표 2]에 따른 가축사육 제한구역에 해당한다는 사유로 건축허가불허가처분(제1차 불허가처분)을 하였다. 이 사건 개정 전 조례는 '주거밀집지역(5가구 이상)으로부터 1,200m'를 닭에 관한 가축사육 최소제한거리로 규정하였다.

원고는 2015. 11. 25. 금산군수를 상대로 건축불허가처분 취소소송을 제기하여 2016. 9. 8. 불허가처분 취소판결을 선고받았는데,[8] 이 판결에서 법원은 "가축의 수량 내지 축사의 규모, 친환경시설의 설치 여부 등을 불문하고 일률적으로 주거밀집지역으로부터 1,200m를 닭의 사육제한거리로 규정하고 있어 지나치게 과도한 제한인 점"을 들어 해당 조례조문을 위법무효로 판단하였다.

대전지방법원의 판결[9] 이후 금산군은 금산군 가축사육 제한구역 조례 제3조 제1항 제1호, [별표 2]는 2016. 11. 23. 충청남도금산군조례 제2065호로 일부개정하였는데, 여기서는 '주거밀집지역(5가구 이상)으로부터 900m'를 닭에 관한 가축사육 최소제한거리로 개정하였다.

금산군수는 2017. 3. 20. 대전지방법원의 판결[10] 에 따른 재처분의무를 이행하면서 원고의 신청지가 이 사건 개정조례에 따라 가축사육 제한구역에 해당되고 개발행위의 규모에 부적합하다는 사유로 다시 건축허가신청을 불허하였다(제2차 불허가처분).

(2) 재판의 경과와 판결의 내용

대상 사례는 금산군수의 제2차 불허가처분에 대한 취소소송이다. 제2차

---

8 대전지방법원 2016. 9. 8. 선고, 2015구합105468 판결.
9 대전지방법원 2016. 9. 8. 선고, 2015구합105468 판결.
10 대전지방법원 2016. 9. 8. 선고, 2015구합105468 판결.

불허가처분에 관한 1심 지방법원판결은 대전지방법원 2017. 11. 1. 선고 2017구합102319 판결이고, 원심인 고등법원판결은 대전고등법원 2018. 5. 2. 선고 2017누14135 판결이며, 대상 대법원판결은 대법원 2019. 1. 31. 선고 2018두43996 판결이다.

관련 법적 쟁점은, 이 사건 조례는 사육하는 가축의 수량 내지 축사의 규모, 친환경시설의 설치 여부 등을 불문하고 일률적으로 주거밀집지역으로부터 900m를 닭의 사육제한거리로 규정하고 있어 지나치게 과도한 제한으로서 무효인가 하는 점이다.

이 사건에서 제1심인 대전지방법원은 "이 사건 조례 제3조 제1항 제1호, [별표 2]도 수권 규정인 가축분뇨법 제8조에서 정한 위임 내용을 구체화하는 단계를 벗어나, 법령상 가축사육을 제한할 근거가 없는 지역에 대해서까지 가축사육을 제한하는 것이어서 그 효력이 없다"고 하면서 불허가처분을 취소하였다.[11]

또, "이 사건 조례는 여전히 사육하는 가축의 수량 내지 축사의 규모, 친환경시설의 설치 여부 등을 불문하고 일률적으로 주거밀집지역으로부터 900m를 닭의 사육제한거리로 규정하고 있는바, 이는 위 용역결과에 비추어 보더라도 지나치게 과도한 제한에 해당"한다고도 했다.[12]

금산군수는 제1심판결에 불복하여 항소하였으나 항소법원인 대전고등법원도 제1심법원과 동일하게 축사건축불허가처분을 취소하였다.[13]

금산군수는 항소법원의 판결에 불복하여 대법원에 상고하였다. 대법원은 원심법원이 이 사건 조례 소항이 모법의 위임범위를 벗어나 과도하게 가축사육을 제한하여 무효라는 판단에 대해 법률이 정한 위임범위 일탈 등에 관한 법리를 오해한 잘못이 있다고 하여 파기환송하였다. 구체적인 이유는

---

11 대전지방법원 2017. 11. 1. 선고 2017구합102319 판결.
12 대전지방법원 2017. 11. 1. 선고 2017구합102319 판결.
13 대전고등법원 2018. 5. 2. 선고 2017누14135 판결.

다음과 같았다.

"이 사건 조례 조항의 개정 경위에 따르면, 금산군이 2015. 9. 7. 조례 개정을 통해 가축사육제한구역을 확대한 이유는, 기존 400m 거리 제한하에서도 가축 농가 인근에 거주하는 주민들의 집단 민원이 여러 차례 발생하였고, 금산군에 인접한 시·군의 경우 가축사육제한구역의 범위가 금산군보다 넓어 다른 지역의 가축 농가가 금산군으로 이전할 우려가 제기되었기 때문임을 알 수 있다. 따라서 이에 대한 대응으로 금산군은 닭의 가축사육구역을 '주거밀집지역으로부터 1,200m'로 확대하였으나, 위와 같이 확정된 판결의 취지를 존중하여 2016. 11. 23. 조례 개정을 통하여 닭의 가축사육구역을 '주거밀집지역으로부터 900m'로 축소하였다. 따라서 이 사건 조례 조항이 이 사건 위임조항의 위임범위를 벗어났다고 보기는 어렵다"고 했다.[14]

II. 우리 법상 권리의 성질 및 건물간 이격거리규제의 보호법익에 따른 차별화

1. 우리 법상 재산권과 생활환경에 대한 권리 (환경권·건강권)에 있어 보호정도의 차별화

(1) 법률에 근거한 광범위한 재산권 제한조치의 인정

우리 헌법 제23조 제1항은 "모든 국민의 재산권은 보장된다. 그 내용과 한계는 법률로 정한다."고 규정하고 있고, 동조 제2항은 "재산권의 행사는 공공복리에 적합하도록 하여야 한다."고 하고 있다. 이 규정은 재산권의 사회적 구속성을 긍정한 것으로 우리나라에서 재산권에 대해 법률에 의한 강

---

14 대법원 2019. 1. 31. 선고 2018두43996 판결.

력한 제한을 인정하는 헌법적 근거로 널리 인정되고 있다. 학자들의 논의를 기초로 재산권의 사회적 구속성이 강하게 긍정되어 왔던 두 경우를 간략히 살펴본다.

첫째, 토지공개념론은 다른 재화와 구별하여 토지의 공공적 성격을 강조하며 토지의 이용 및 거래에 있어 상당한 제한을 긍정하는 논리가 되었다.[15] 1989년 제정된 토지초과이득세법, 개발이익환수에 관한 법률, 택지소유상한에 관한 법률이 토지공개념의 구현을 위한 3법으로 불리웠다.

둘째, 우리나라 판례는 공공목적에 따른 재산권에 대한 제한에 대해 법률에 근거를 두기만 한다면 상당히 광범위하게 제한이 이루어지더라도 합헌이고 보상도 요하지 않는다고 한다. 이에 대해서는 비판적 견해들도 대두되고 있다.[16]

헌법재판소는 "도시계획법 제21조에 의한 재산권의 제한은 개발제한구역으로 지정된 토지를 원칙적으로 지정 당시의 지목과 토지현황에 의한 이용방법에 따라 사용할 수 있는 한, 재산권에 내재하는 사회적 제약을 비례의 원칙에 합치하게 합헌적으로 구체화한 것이라고 할 것"이라고 했고,[17]

---

15 최근에도 토지공개념에 관한 학자들의 관심은 상당하다. 이에 관해 소개한 최근의 문헌으로는, 강현호, 토지공개념에 대한 단상, 토지공법연구 제85집, 2019, 1면 이하 ; 최정희·이윤환, 헌법상 토지공개념에 관한 고찰, 법학연구(한국법학회) 제18권 제3호, 2018, 369면 이하 ; 정영화, 토지공개념의 헌법적 쟁점과 전망, 토지법학 제34집, 2018, 59면 이하 ; 김광수, 헌법 개정과 토지공개념, 토지법학 제34집, 2018, 29면 이하 ; 김남욱, 토지공개념과 토지이용제한, 국가법연구 제14권 제2호, 2018, 1면 이하 ; 차진아, 사회국가의 실현구조와 토지공개념의 헌법상 의미, 공법학연구 제19권, 2018, 3면 이하 등 참조.

16 공용침해와 관련된 실정법의 변화를 추적하고 새로운 규제패러다임을 모색한 글로는, 서경규, 공용침해와 손실보상의 패러다임 전환과 과제, 토지공법연구 제87집, 2019, 111면 이하가 있다. ; 정남철, 공용수용의 요건인 '공공필요'의 판단기준과 개헌과제, 토지보상법연구 제18집, 2018, 83면 이하는 공용수용을 제한하기 위하여 공공필요의 개념을 "특별히 중대한 공익적 필요성"으로 해석하여야 하며 입법론적 방법도 모색될 필요가 있다고 한다.

17 헌재결 1998. 12. 24. 선고, 89헌마214, 90헌바16, 97헌바78(병합) 결정.

"개발제한구역 내의 토지소유자에게 종래 상태에 따른 토지의 이용을 보장하면서 단지 개발행위만을 금지하는 것은 토지소유자가 수인해야하는 사회적 제약의 범위에 속한다"고 하였다.[18] 또, 헌법재판소는 건축물의 건축을 개발행위허가대상으로 규정한 국토계획법 제56조 제1항 제1호 및 토지의 형질변경을 개발행위허가대상으로 규정한 동항 제2호도 위헌이 아니라고 했다.[19] 또, 헌법재판소는 건축후퇴선의 지정을 가능케 한 근거 법령인 주거환경개선법 제6조 제1항 제2호, 동법 시행령 제5조 제1항 제2호 등에 대한 위헌을 구한 헌법소원심판에서 "위 근거법령들은 좁은 도로의 주거밀집지역의 주거환경을 개선하기 위하여 대지위에 건축을 함에 있어서 필요한 통행로를 최소한 확보하고자 토지소유자가 준수하여야 할 재산권의 내용 혹은 한계 내지 재산권행사의 공공복리성을 구체화한 합헌적인 규정으로 이해"해야 한다고 했다.[20]

(2) 생활환경에 대한 환경권침해에 있어 사법적 보호의 강화

사업자의 사업활동에 의해 이웃주민의 생활환경이 침해되는 경우 판례는 인격권이나 물권적 권리 등으로 인정하여 재산권에 비하여 훨씬 강력하게 보호하고 있다. 이 점은 판례가 재산권에 대한 침해에 대해 법률에 근거를 두기만 한다면 광범위하게 그의 합헌성을 인정하는 것과는 명백히 대비된다.

첫째, 대법원은 공사로 수인한도를 넘는 생활환경침해가 발생한 경우 명문의 규정이 없더라도 수인한도론을 적용하여 공사중지청구권을 긍정하고 있다.

대법원은 "광산 이웃 토지소유자이거나 근접 토지거주자들은 종전부터

---

18 헌재결 2004. 2. 26. 선고, 2001헌바80·84·102·103, 2002헌바26(병합) 결정.
19 헌재결 2013. 10. 24. 선고, 2012헌바241 결정.
20 헌재결 2001. 1. 18. 선고, 99헌마636 결정.

향유하고 있던 자연환경 및 생활환경에 대하여 수인한도를 넘는 침해가 발생"하므로 "인근 주민들은 토지 소유권 및 환경권에 기초하여 이 사건 공사의 중지와 금지를 청구할 권리가 있다"고 한다.[21]

또, 대법원은 "관광지에 인접한 신월천 등의 수질이 오염됨으로써 인근에 거주하는 원고들의 식수나 농업용수, 생활용수 등도 오염되어 원고들이 현재 누리고 있는 환경이익 등이 침해되거나 침해될 우려가 있고, 이와 같은 환경이익의 침해는 위 관광지의 개발 전과 비교하여 사회통념상 수인한도를 넘는다"고 한다.[22]

둘째, 대규모사업의 시행을 위해 필요한 환경영향평가와 관련하여, 대법원은 사업계획이나 개발허가와 관련된 행정소송에서 환경영향평가구역내의 주민에게 원고적격을 긍정하는 이외에 "영향권 밖의 주민들은 해당 처분으로 인하여 그 처분 전과 비교하여 수인한도를 넘는 환경피해를 받거나 받을 우려가 있다는 자신의 환경상 이익에 대한 침해 또는 침해 우려가 있음을 증명"하는 경우 원고적격을 인정하고 있다.[23]

셋째, 대법원은 생활환경에 영향을 미치는 처분을 규정한 법률의 관계조문이 불확정개념으로 되어 있는 경우와 관련하여, "행정청이 건설폐기물처리 사업계획서의 적합 여부 결정을 위하여 '환경기준의 유지를 곤란하게 하는지 여부'를 검토할 때에는 사람의 건강이나 주변 환경에 영향을 미치는지 여부 등 생활환경과 자연환경에 미치는 영향을 두루 검토하여 적합 여부를 판단할 수 있다. 이것이 법률의 문언이나 입법 목적에 부합할 뿐만 아니라 헌법 규정과 관련 법령의 취지에도 합치된다"고 하면서, "해당 지역의 자연환경, 주민들의 생활환경 등 구체적 지역 상황, 상반되는 이익을 가진 이해관계자들 사이의 권익 균형과 환경권의 보호에 관한 각종 규정의

---

21 대법원 2008. 9. 25. 선고 2006다49284 판결.
22 대법원 2001. 7. 27. 선고 99두8589 판결.
23 대법원 2006. 3. 16. 선고 2006두330 전원합의체 판결 ; 대법원 2010. 4. 15. 선고 2007두16127 판결 등.

입법 취지 등을 종합하여 신중하게 판단하여야 한다"고 한다.[24]

법원이 위와 같이 생활환경에 대한 국민의 권리를 강력하게 보호하는 것은 어떤 논리에 기인하는 것일까? 생활환경에 관한 이웃 주민의 권리에 대한 부산고등법원의 다음 판결은 소유권 및 인격권과 비교하며 다음과 같이 말하고 있는데, 재산권과 비교하여 환경권에 대한 법원의 고양된 인식과 평가를 잘 보여준다.

"현재 환경이익을 누리고 있는 구성원은 그 환경이 명백히 부당하게 파괴될 우려가 있는 경우에는 그와 같은 부당한 침해를 사전에 거절하거나 미리 방지할 수 있는 권리, 이른바 '환경이익의 부당침해방지권'을 가진다고 봄이 상당하고, 현실적으로 부당한 침해의 위험이 있거나 이미 부당한 침해가 발생하고 있는 경우에는 특단의 사정, 즉 금전적 보상에 의한 해결을 수인할 수 있는 사유 등이 없는 한 환경이익의 부당침해방지권에 기하여 위험방지를 위한 충분하고 필요한 한도 내에서 구체적인 금지청구권을 취득하고 이를 행사함으로써 환경이익을 보전할 수 있는 것으로 해석함이 상당하다.", "매연, 소음, 진동 등에 의한 생활방해나 일조, 통풍, 정온, 조망 등 주거환경의 침해는 토지소유권의 침해의 범주에 넣어 볼 수 있지만, 그 주된 피해법익은 인간의 건강하고 쾌적한 생활이익으로서 이러한 주거환경의 이익은 그 법익의 법적 성격으로 보아 종래의 생명·신체·자유·명예·정조·초상권·신용권 등과 같이 인격권의 일 중에 속한다고 보아야 하고 이러한 인격권은 그 지배권 내지 절대권적 성격으로부터 물권적 청구권에 준하는 방해배제청구권이 인정되고 있으므로, 생활방해나 주거환경의 침해는 실질적으로는 신체적 자유 내지 정신적 자유의 침해에 속하는 것이고, 이 경우 일정한 한도를 초과하는 침해에 대하여는 방해배제청구권이 인정되는 토지소유권 기타 물권을 가지고 있지 않은 자라고 하더라도 막바로 인

---

24 대법원 2017. 10. 31. 선고 2017두46783 판결 ; 대법원 2018. 4. 12. 선고 2017두71789 판결.

격권의 침해를 이유로 인격권에 터잡아 방해배제 또는 방해예방청구권을 행사할 수 있다고 봄이 상당하다".[25]

2. 이격거리규제에 있어 보호법익에 따른 차별화

(1) 이웃 주민의 재산권보호를 위한 이격거리규제

1) 민법상 건물간 이격거리에 관한 규제

우리 민법은 제216조 이하에서는 인접하는 토지 상호간 상호이용의 조절을 위해 상린관계에 관한 규정들을 두고 있는데, 인접지 소유자에게는 소유권에 대한 제한을 수인할 의무를 부과하고 있다. 하지만, 이러한 상린관계규정이 재산권에 대한 위법한 제한조치까지 수인할 의무를 부과하지는 못한다.[26]

또, 민법은 이격거리에 관하여 매우 중요한 규정을 두고 있는데, 건물을 축조함에는 특별한 관습이 없으면 경계로부터 반미터 이상의 거리를 두어야 한다고 하고 있다.(민법 제242조 제1항) 이 규정은 서로 인접한 대지에 건물을 축조하는 경우에 각 건물의 통풍이나 채광 또는 재해방지 등을 꾀하려는 데 그 취지가 있으므로, '경계로부터 반 미터'는 "경계로부터 건물의 가장 돌출된 부분까지의 거리를 말한다".[27]

---

25 부산고법 1995. 5. 18. 선고 95카합5 판결 : 상고 [공사중지가처분이의][하집1995-1, 50].
26 대법원은 민법상의 상린관세규정에 의한 소유권에 대한 제한과 관련하여 불가피성과 합리성이라는 기준을 통해 한계를 설정하려 하고 있다. "이는 타인의 토지를 통과하지 않고는 전선 등 불가피한 시설을 할 수가 없거나 타인의 토지를 통하지 않으면 물을 소통할 수 없는 합리적 사정이 있어야만 인정되는 것이다. 인접한 타인의 토지를 통과하지 않고도 시설을 하고 물을 소통할 수 있는 경우에는 스스로 그와 같은 시설을 하는 것이 타인의 토지 등을 이용하는 것보다 비용이 더 든다는 등의 사정이 있다는 이유만으로 이웃토지 소유자에게 그 토지의 사용 또는 그가 설치·보유한 시설의 공동사용을 수인하라고 요구할 수 있는 권리는 인정될 수 없다."(대법원 2012. 12. 27. 선고 2010다103086 판결 [송전선로에대한소유권확인등]).

하지만, 민법에서는 이격거리를 충분히 확보하지 못한 건축이라도 건축에 착수한 후 1년을 경과하거나 건물이 완성된 이후에는 해당 건물에 대한 철거청구는 불가하고 손해배상만 청구할 수 있다고 규정하고 있다.(민법 제242조 제2항) "여기에서 '건축의 착수'는 인접지의 소유자가 객관적으로 건축공사가 개시되었음을 인식할 수 있는 상태에 이른 것을 말하고, '건물의 완성'은 사회통념상 독립한 건물로 인정될 수 있는 정도로 건축된 것을 말하며, 그것이 건축 관계 법령에 따른 건축허가나 착공신고 또는 사용승인 등의 적법한 절차를 거친 것인지 여부는 문제되지 아니한다".[28] 이웃주민이 이격거리위반으로 건축주에게 손해배상을 받기 위해서는 감정신청 등을 통해 손해액과 건축주의 고의과실에 대해 주장과 입증을 해야 한다.

건축주가 이격거리를 위반하여 건축에 착수한 경우 이웃주민은 1년이 되기 전에 신속하게 공사중지가처분을 신청함으로써 공사를 중지시킬 수 있다. 하지만, 공사중지가처분을 받더라도 건축허가취소소송 등 본안소송에서 패소하게 되면 이웃주민은 공사중지로 인한 손해까지 배상해야 하므로 이웃주민은 공사중지의 가처분신청에 부담을 가질 수밖에 없어 가처분신청이라는 민사적 방법은 이웃주민의 권리보호에 한계가 있다. 대법원도 "가압류나 가처분 등 보전처분은 법원의 재판에 의하여 집행되는 것이기는 하나 그 실체상 청구권이 있는지 여부는 본안소송에 맡기고 단지, 소명에 의하여 채권자의 책임 아래 하는 것이므로, 그 집행 후에 집행채권자가 본안소송에서 패소 확정되었다면 그 보전처분의 집행으로 인하여 채무자가 입은 손해에 대하여는 특별한 반증이 없는 한 집행채권자에게 고의 또는 과실이 있다고 추정되고, 따라서 그 부당한 집행으로 인한 손해에 대하여 이를 배상할 책임이 있다"고 한다.[29]

---

27 대법원 2011. 7. 28. 선고 2010다108883 판결.
28 대법원 2011. 7. 28. 선고 2010다108883 판결.
29 대법원 1999. 4. 13. 선고 98다52513 판결.

2) 건축법령상 건물간 이격거리의 규제

건축물 상호간의 이격거리에 관하여 건축법은 제58조에서 규정하고 있다. 건축법 제58조(대지 안의 공지)는 건축물을 건축하는 경우에는 국토의 계획 및 이용에 관한 법률에 따른 용도지역·용도지구, 건축물의 용도 및 규모 등에 따라 건축선 및 인접 대지경계선으로부터 6미터 이내의 범위에서 대통령령으로 정하는 바에 따라 해당 지방자치단체의 조례로 정하는 거리 이상을 띄워야 한다고 하고 있다. 이 규정에 따라 일반규정으로서 인접 건축물사이에는 '건축선 및 인접 대지경계선으로부터 6미터 이내의 범위'에서 해당 지역지구의 특성이나 건물의 용도와 규모 등을 고려하여 해당 지방자치단체의 조례로 구체적인 이격거리를 정해야 한다.

하지만, 이와 같은 인접건축물간 이격거리에 관한 건축법 제58조의 일반규정이나 민법 제242조의 규정은 건축법시행령 제81조에 따를 때, 상업지역이나 한옥보전지구 등에서 맞벽건축이나 연결복도를 건설하는 경우에는 적용되지 않기 때문에 이격거리없이 건축가능하다.

허가권자는 이격거리를 위반하여 건축이 이루어진 경우 건축허가를 취소하거나 그 건축물의 건축주 등에게 공사의 중지를 명하거나 상당한 기간을 정하여 그 건축물의 철거나 개축 또는 사용금지 등 필요한 조치를 명할 수 있다(건축법 제79조 제1항). 시정명령을 받고 이행하지 아니한 건축물에 대하여는 다른 법령에 따른 영업이나 그 밖의 행위를 허가·면허·인가·등록·지정 등을 하지 아니하도록 요청할 수 있고, 시정명령불이행에 대해서는 이행강제금도 부과될 수 있다(건축법 제79조 제2항, 제80조 제1항).

그렇지만, 건축법은 이웃주민에게 위법한 건축행위에 대한 공사중지명령의 신청권을 명문으로 인정하지 않고 있고 시정명령의 신청권도 인정하지 않고 있는데, 대법원이 이웃주민에게 신청권을 인정한 사례는 찾아보기 힘들다. 대법원은 이웃 주민의 재산권이 침해되는 경우에도 위반건물에 대한 시정명령을 할 것인지 여부, 그 시기 및 명령의 내용 등은 행정청의 재량에

맡겨져 있다고 한다.[30]

　오히려 대법원은 "건축허가가 건축법 소정의 이격거리를 두지 아니하고 건축물을 건축하도록 되어 있어 위법하다 하더라도 그 건축허가에 기하여 건축공사가 완료되었다면 그 건축허가를 받은 대지와 접한 대지의 소유자인 원고가 위 건축허가처분의 취소를 받아 이격거리를 확보할 단계는 지났으며 민사소송으로 위 건축물 등의 철거를 구하는 데 있어서도 위 처분의 취소가 필요한 것이 아니므로 원고로서는 위 처분의 취소를 구할 법률상의 이익이 없다"고 한다.[31]

　이격거리를 위반한 건축물에 대하여 행정청이 준공처분을 한 경우 하자 있는 처분으로 다툴 수 있을까? 건축물의 준공처분에 대하여 판례는 "건축 관련법규는 준공처분과 관련하여 인접주택소유자의 권리에 대하여 특별한 규정을 두고 있지 않고, 건물의 준공처분은 건축허가를 받아 건축된 건물이 건축허가사항대로 건축행정목적에 적합한가의 여부를 확인하고 준공검사필증을 교부하여 줌으로써 허가받은 자로 하여금 건축한 건물을 사용, 수익할 수 있게 하는 법률효과를 발생시키는 것에 불과"하여, 인접건물 소유자들로서는 위법한 건축허가에 의하거나, 무단증평, 이격거리위반, 베란다돌출, 무단구조변경 등 건축법에 위반하여 건축물이 시공됨으로써 재산권이 침해되더라도 준공처분의 무효확인이나 취소를 구할 소의 이익이 없다고 한다.[32]

---

30 대법원 1993. 11. 9. 선고 93누13988 판결.
31 대법원 1992. 4. 24. 선고 91누11131 판결.
32 대법원 1992. 4. 10. 선고 91누5358 판결. ; 대법원 1993. 11. 9. 선고 93누13988 판결.

(2) 이웃주민의 건강권과 환경권의 보호를 위한 이격거리규제

1) 환경정책기본법 등에 의한 건물간 이격거리 등 환경보호기준의 규제에 있어 초과조례의 허용

우리 법제에서 재산권과 생활환경권에 대한 보호강도에서 차별화가 이루어지고 있듯이, 재산권의 보호기준으로서 이격거리규제와 달리 생활환경권의 보호기준으로서 이격거리규제는 조례 등에 의해 더 강화되고 있다.

우리나라 환경행정의 영역에서는 초과조례[33]가 법률 자체의 규정에 의하여 허용되고 있다. 즉, 법률에서 정한 환경보호기준보다 더 강한 보호기준을 조례에서 규정하도록 법률 자체에서 위임하고 있다. 환경정책기본법 제12조 제3항에서는 "특별시·광역시·도·특별자치도는 해당 지역의 환경적 특수성을 고려하여 필요하다고 인정할 때에는 해당 시·도의 조례로 제1항에 따른 환경기준보다 확대·강화된 별도의 환경기준(이하 "지역환경기준"이라 한다)을 설정 또는 변경할 수 있다."고 규정하여 지역의 환경적 특수성을 고려한 초과조례를 허용하고 있다.[34,35]

---

33 초과조례의 문제는 조례가 법령과 규제목적도 같고 규제대상도 같지만 규제의 내용만이 법령의 기준을 초과하여 보다 엄격하게 규제하는 것이 허용되는가의 문제이다. 일본의 경우 초과조례는 특히 환경법의 영역에서 현저히 나타나고 있는데, 일본 최고재판소는 1975년 德島市公安條例事件에서 다음과 같이 판시하였다. "특정사항에 관하여 이를 규율하는 국가의 법령과 조례가 병존하는 경우에도 후자가 전자와는 다른 목적으로 규율하는 의도를 가지고 있으며, 그의 적용에 의하여 전자의 규정이 이도하는 목적과 효과를 전혀 저해하지 않는 경우라든가 양자가 동일한 목적을 가지고 있는 경우에도 국가의 법령이 반드시 전국적으로 동일내용을 일률적으로 규율하려는 것이 아니고, 각 자치단체가 그 지방의 실정에 따라 별도의 규제를 하는 것을 용인하는 취지로 새겨지는 경우에는 국가의 법령과 조례 사이에는 아무런 모순·저촉이 없으며, 조례가 국가의 법령에 위반하는 문제는 발생하지 않는 것이다"(最大判 1975. 9. 10, 刑集 29권 제8호, 489면.)

34 환경정책기본법에서 지역환경기준에 대하여 초과조례를 허용한 규정을 도입한 시기는 1999. 12. 31. 환경정책기본법의 개정이 있었던 때이다. 이 때, 제10조 제3항에서 "특별시·광역시·도(이하 "市·道"라 한다)는 지역환경의 특수성을 고려하여 필요하다고 인정하는 때에는 당해 시·도의 조례로 제1항의 규정에 의한 환경기준보다 확대·강화된 별

이와 유사한 규정을 대기환경보전법 제16조 제3항,[36] 물환경보전법 제32조 제3항[37] 등에서도 두고 있다.[38] 때문에 우리나라 환경행정의 영역에서 초과조례는 위 법률조문들이 적용되는 한 법률의 유보원칙을 위반하는가의 문제로 나타나게 된다. 그런데 환경정책기본법 제12조 제1항은 "국가는 생태계 또는 인간의 건강에 미치는 영향 등을 고려하여 환경기준을 설정하여야 하며, 환경 여건의 변화에 따라 그 적정성이 유지되도록 하여야 한다."고 규정하고 있기 때문에, 동법 제12조 제3항과 결합해서 살펴보면 초과조례를 제정할 수 있는 범위는 환경관계법 전반에까지 미친다고 해석할 수 있을 것으로 보인다.[39]

도의 환경기준(이하 "지역환경기준"이라 한다)을 설정할 수 있다"고 규정하여 우리나라에서 초과환경조례를 입법적으로 허용하게 되었다.

35 축사와 같은 건물과 이웃 주민의 주택과 같이 건물간 이격거리도 환경보호기준에 포함된다.

36 특별시·광역시·특별자치시·도(그 관할구역 중 인구 50만 이상 시는 제외한다)·특별자치도 또는 특별시·광역시 및 특별자치시를 제외한 인구 50만 이상 시는 「환경정책기본법」 제12조 제3항에 따른 지역 환경기준의 유지가 곤란하다고 인정되거나 제18조에 따른 대기환경규제지역의 대기질에 대한 개선을 위하여 필요하다고 인정되면 그 시·도 또는 대도시의 조례로 제1항에 따른 배출허용기준보다 강화된 배출허용기준(기준 항목의 추가 및 기준의 적용 시기를 포함한다)을 정할 수 있다.

37 시·도(해당 관할구역 중 대도시는 제외한다) 또는 대도시는 「환경정책기본법」 제12조 제3항에 따른 지역환경기준을 유지하기가 곤란하다고 인정할 때에는 조례로 제1항의 배출허용기준보다 엄격한 배출허용기준을 정할 수 있다. 다만, 제74조제1항에 따라 제33조·제37조·제39조 및 제41조부터 제43조까지의 규정에 따른 환경부장관의 권한이 시·도지사 또는 대도시의 장에게 위임된 경우로 한정한다.

38 자치입법권의 남용문제가 제기될 수 있기 때문에 "환경정책기본법에서 명시적으로 확대강화된 지역환경기준을 설정하도록 허용한 규정의 반대해석에 의하여 환경기준을 완화하는 것은 허용되지 않는다"고 보는 견해들이 지배적인 것 같다. 문병효, 강원경제의 발전과 환경보전에 관한 지방의회의 과제, 지방자치법연구 제38호, 2013, 61면. 정훈, 개발 및 환경규제와 지방자치단체, 지방자치법연구 제43호, 2014, 505면은 국가의 법령보다 보호기준이 완화된 환경조례의 제정은 법률우위의 원칙을 위반한다고 본다. 또, 최승필, 환경행정에서 지방자치단체의 역할과 권한에 대한 법적 검토, 지방자치법연구 제50호, 2016, 243면은 지방자치단체는 강화된 기준만을 제정할 수 있다고 본다.

39 하지만, 인구 50만 미만의 시와 군이 초과환경조례를 제정할 수 있는가? 물환경보전법

2) 가축분뇨법에 의한 축사건축의 규제 및 건물간 이격거리의 규제

우리나라에서 축사건축의 규제는 '가축분뇨의 관리 및 이용에 관한 법률'(약칭: 가축분뇨법)에 의하여 이루어지고 있다. 가축분뇨법 제8조 제1항에 따를 때, "시장·군수·구청장은 지역주민의 생활환경보전 또는 상수원의 수질보전을 위하여 다음 각 호의 어느 하나에 해당하는 지역 중 가축사육의 제한이 필요하다고 인정되는 지역에 대하여는 해당 지방자치단체의 조례로 정하는 바에 따라 일정한 구역을 지정·고시하여 가축의 사육을 제한할 수 있다."

대상사건에서 문제되었던 "주거밀집지역으로 생활환경의 보호가 필요한 지역"은 가축사육제한지역에 속한다(가축분뇨법 제8조 제1항 제1호). 때문에 가축분뇨법 제8조와 그의 위임에 따라 제정된 조례의 기준에 따라 그 구체적 내용이 정해지겠지만, 축사와 일정 주민들의 주택과의 이격거리가 주거밀집지역에의 해당여부 및 축사건축의 허용성판단에 결정적으로 중요하게 된다.

시장·군수·구청장은 가축사육제한구역에서 가축을 사육하는 자에게 축사의 이전, 그 밖에 위해 제거 등 필요한 조치를 명할 수 있는데, 축사의 이전을 명할 때에는 1년 이상의 유예기간을 주어야 하며, 대통령령으로 정하는 기준 및 절차에 따라 이전에 따른 재정적 지원, 부지 알선 등 정당한 보상을 하여야 하고, 시장·군수·구청장은 가축사육제한구역의 변경 또는 해제가 필요하다고 인정되는 경우에는 해당 지방자치단체의 조례로 정하는 바에 따라 가축사육제한구역을 변경하거나 해제하고 이를 고시하여야 한다(가축분뇨법 제8조 제3항, 제4항, 제5항).

제32조 제3항 단서에서 법령의 기준보다 엄격한 배출허용기준은 "환경부장관의 권한이 시·도지사 또는 대도시의 장에게 위임된 경우로 한정한다"고 규정하고 있다. 때문에 법 해석에 의하여 초과환경조례를 규정하는 것이 허용되는가는 보다 신중한 검토를 요한다 할 것이다. 정훈, 개발 및 환경규제와 지방자치단체, 『지방자치법연구』 제43호, 2014, 501면 참조.

　이상에서 살펴보았듯이 가축분뇨법에서도 생활환경에 대한 이웃 주민의 권리보호는 강화되고 있다. 가축으로부터 이웃 주민의 생활환경의 보호를 위하여 주민의 주택에 관한 소유권을 침해하지 않고 민법상의 이격거리규정을 위반하지 않더라도 일정 거리까지 '가축사육제한구역'을 지정할 수 있도록 규정하고 있다.

　더 나아가 축사의 설치허가가 갖는 해당 지역주민들간 갈등잠재력을 고려하여 가축분뇨법에서는 지방자치단체가 주도적으로 조례를 통해 이격거리를 결정하도록 위임하고 있는데, 위임문언도 '지역주민의 생활환경보전 또는 상수원의 수질보전', '가축사육의 제한이 필요하다고 인정되는 지역' 등 매우 포괄적이고 불확정적인 문언을 통해 지방자치단체에게 광범위한 자치입법재량을 허용하고 있다.

Ⅲ. 환경조례 및 축사건축을 위한 이격거리규제조례의 입법재량에 대한 사법적 통제

1. 환경조례의 입법재량에 대한 사법적 통제

(1) 성격에 따른 환경조례의 분류와 갈등해결을 위한 주요 법적 수단의 선택

　지역사회에서 사업자와 주민들 간 갈등과 분쟁을 처리하기 위하여 환경 조례를 제정하는 지방자치단체들은 어떤 방법과 수단에 의해 그 목적을 달성할 것인가 고민하지 않을 수 없다.

　입법자가 조례를 제정하면서 어떤 법적 수단을 갈등의 주된 해결수단으로는 선택할 것인지를 결정함에 있어서는 도입하려는 특정 조례규정의 성격을 이해하는 것이 필요하다. 조례는 행정행위의 분류방법과 유사하게 침익적 조례, 수익적 조례[40] 그리고 복효적 조례로 나누어 볼 수 있다. 환경조례와 같은 갈등관리목적의 조례들은 사업자와 주민간 이해충돌을 전제로 조례의 효과가 상반된 영향을 미치는 조례, 즉, 복효적 조례에 속한다고 할 수 있을 것이다.

또, 조례들이 갈등관리를 위해 사용하는 주된 법적 수단들에 따라 실체적 조례와 절차적 조례로 나누어 볼 수 있다. 우리 조례실무상 입법의 주된 목적을 중심으로 분류할 때, 실체적 환경조례에 속하는 것들로는 폐기물사업구역주민들에 대한 재정지원조례,[41] 이격거리조례 등이 있고, 절차적 환경조례로는 환경영향평가조례, 민원배심원조례[42] 등이 있다. 다만, 하나의 조례속에 실체적 규정들과 절차적 규정들이 함께 있는 경우가 많을 것이므로 이 구별은 이념형에 가까운 구별방식이다.

하나의 조례 내의 규정들도 그 성격에 따라 분류할 수도 있을 것이다. 환경조례규정 중 실체적 조례규정으로는 일정한 기준에 따라 건축을 허가하거나 물질의 제조나 유통을 허가하거나 금전이나 현물을 급부하거나 그 기준의 위반에 대해 형벌이나 제재금의 부과, 허가거부 등을 내용으로 하

---

40 예, '양주권 자원회수시설 주민지원기금 설치·운용 조례'. 폐기물시설촉진법 시행령 제27조 제1항 및 위임조례인 '양주권 자원회수시설 주민지원기금 설치·운용 조례'에서 정한 기준에 따라 주민지원기금이 조성되어 지방자치단체의 조례로 소득증대사업·복리증진사업·육영사업을 위해 지원금이 지급되고 있다. 관련 실무해석사례는 [법제처의견 15-0046, 2015. 3. 13., 경기도 양주시] 참조.

41 예를 들어, '음성군 폐기물처리시설 설치촉진 및 주변지역 지원 등에 관한 조례' 제18조 제3항에서는 폐기물시설촉진법시행령 제27조 제2항에 따른 간접 영향권 안의 주민에 대한 가구별 지원 사업에 1. 지역난방시설 및 난방비 지원(소각장 시설에 한한다.), 2. 주택개량 등의 주거환경개선(냉·난방시설의 설치사업 포함), 3. 상수도 사용료 지원, 4. 농기계구입 및 농사용 자재 구입비, 5. 의료비 및 의료보조기구 구입비를 규정하고 있다.(2020년 1월 30일 기준)

42 예, 나주시 시민민원배심원제 운영 조례.

는 규정들이다. 절차적 조례규정으로는 환경갈등과 분쟁의 해결을 위해 일
정한 사람들이 참여하는 위원회나 절차 등을 통한 소통을 주된 목적으로
하는 규정들이다.

환경갈등을 주제로 한 사회과학적 연구들에서는 환경갈등의 경우 명확
하게 타당성을 판단하거나 진위를 판단하는 것이 어려운 경우가 대부분이
라는 점을 전제로, 환경갈등의 완화 또는 해소를 위해 "각종 계획 및 사업
의 수립 단계에서부터 시민(지역주민, 학계 전문가, 환경운동단체 활동가
등)의 참여를 적극적으로 유도해야 한다"고 하여 갈등의 완화와 해결을 위
해 절차적 접근방법을 선호하거나,[43] 법적 연구에서도 환경은 한번 침해되
면 회복이 매우 어렵기 때문에 행정결정을 내리기 전에 이해관계가 충분히
조정될 필요가 있고 행정이 갈등해소를 위한 협의에 드는 시간과 비용 등
을 감당하기 어려우며 주민들도 기존의 행정절차 등을 통해서는 자신의 이
익이 잘 대변되지 않는 것에 불만을 가지므로 대안적 분쟁조정절차를 선호
하기도 한다.[44]

하지만, 환경갈등이 생겼을 경우 소통을 위한 절차만 강조하는 것을 넘
어 조례 자체에서 분쟁의 조정을 위한 실체적 결단규정들을 적절히 도입하
는 것은 사업자와 주민들 사이의 법적 불안을 제거하여 법적 평화를 가져
오는데 매우 효과적일 수 있다는 점도 경시되어서는 안된다.[45] 대상사건에
나타난 조례에서도 이격거리라는 실체적 규정을 도입하여 갈등과 분쟁을
해결하려 하고 있는 것이다.

---

43 김종호·이창훈·신창현, 환경분야 갈등유형 및 해결방안 연구, 한국환경정책·평가연구원
　　보고서, 2004, 49면 이하 참조.
44 김은주, 제주특별자치도에서의 환경갈등해소를 위한 대안적 법제 연구, 지방자치법연구
　　제49호, 2016, 303면 이하.
45 이미 생활보상의 이념을 반영하여 농어촌지역에서 개발로 인한 주민들과의 갈등의 발생
　　을 억제하고 해결하기 위해 지원금의 지급, 취업의 알선, 대체부지의 알선과 제공 등
　　다양한 실체적 수단들도 사용되고 있다. 공익사업을 위한 토지 등의 취득 및 보상에 관
　　한 법률 제77조, 제78조 등 참조.

(2) 환경조례에 대한 우리나라 사법적 통제의 특징

우리나라에서 지방자치단체의 법집행이 필요한 사무들에 대해서는 먼저 법률과 법규명령 단계에서 규정하고 일부 사항을 조례 등에 위임하면서 중앙부처들은 표준조례를 통해 지방자치단체의 조례작성을 지도하는 것이 보통이다.[46] 때문에, 판례나 국가법령정보센터의 자치법규 해석실무에서는 위임조례를 대상으로 위임한계의 준수여부를 확인하기 위한 위임문언의 해석이 중심적인 논점이 되고 있다.[47, 48] 특히, 대부분 위임조례인 환경조례에서 상위법령의 위임문언들이 불확정개념으로 넓게 규정되어 있기 때문에 그 재량남용을 막기 위해 조례입법재량에 대한 사법적 통제가 중요한 의미를 갖게 된다.

조례에 의한 환경보호기준의 강화는 사업자에 대해서 사업활동을 더 제약하는 것이 되지만 이웃 주민들의 생활환경과 건강에 대해서는 더 보호하는 복효적 효과를 미친다. 때문에 환경조례의 위법심사에 있어서는 침익적 위임조례의 사법적 통제를 위한 엄격해석론이나 수익적 위임조례의 해석론을 그대로 적용하는 것은 타당하지 않게 된다.[49]

---

46 예를 들어, 환경영향평가법 제42조에 따르면, 광역자치단체와 인구 50만 이상의 시는 환경영향평가조례를 제정할 수 있는데, 환경영향평가표준조례안에 관해서는 환경부 주도로 작성되어 지방자치단체에 전달된다. 이에 관해서는, 현경학, 환경영향평가조례지침, 지방환경 제6권 제3호, 2005.9, 21-28면 참조.

47 환경영향평가법 제42조의 위임에 따라 광역자치단체 등은 환경영향평가조례를 위반한 자에 대해 지방자치법 제27조(조례위반에 대한 과태료)에 따라 과태료를 부과하도록 규정할 수 있으나 그 위반유형별 구체적 금액에 대해서는 입법재량을 갖게 된다. 이 상황에서는 행정행위의 해석론에서와 같이 침익적 조례인가, 수익적 조례인가 아니면 복효적 조례인가 하는 것이 자치입법의 재량권의 광협에 중대한 영향을 미친다.

48 해석론과 달리 분권형 헌법개정이나 지방자치법의 개정 등 헌법과 법률의 개정논의에서는 해당 사무가 자치사무인가 위임사무인가 하는 점이 광범위한 영향력을 미치고 있다.

49 침익적 위임조례와 같이 위임문언을 엄격하게 해석하는 것이 국민의 권익증대에 도움이 된다거나, 수익적 위임조례와 같이 위임문언의 취지 등을 살펴 넓게 해석하는 것이 국민의 권익증진에 도움이 된다고 단순하게 결론내리는 것은 복효적 조례의 경우 사업자

이러한 사정이 있기 때문에 환경조례를 다룬 대상판결에서는 위임문언의 불확정성과 상반된 효과를 고려하여 단순한 규정(rule)과 달리 탄력적으로 적용될 수 있는 행정법의 일반원칙(principle)인 과잉금지원칙에 의해 조례입법재량을 통제하려 시도했던 것이다.

2. 축사건축시 행정법의 일반원칙에 의한 이격거리규제조례의 통제

(1) 조례입법재량의 통제에 있어 행정법의 일반원칙의 적용사례들

조례입법재량을 다룬 우리 판례들에서 행정법의 일반원칙은 조례의 허용여부, 그 내용과 한계 등에 대한 통제기준으로서 점차 활발하게 사용되어가고 있다. 우리 판례와 자치법규해석실무에서 평등원칙, 과잉금지원칙, 부당결부금지원칙과 신뢰보호원칙 등 행정법의 일반원칙들이 적용된 예들을 살펴본다.

첫째, 대법원은 대상사건(대법원 2019. 1. 31. 선고 2018두43996 판결)에서 과잉금지원칙을 적용하여 조례제정권자의 입법재량을 구조화하고 한계지우고 있다.

둘째, 대법원은 조례입법재량의 심사를 위해 명시적 표현은 없었지만 부당결부금지원칙을 적용한 바 있다. 대법원은 사업시행자가 설치하여야 하는 폐기물처리시설의 설치비용 부과처분에서 법령의 근거없이 주민편익시설의 설치비용까지 부과한 처분에 대해 위법무효로 판시했다.[50]

와 주민의 이해가 상충되기 때문에 곤란하게 되는 것이다.

50 이 사안은 구청장이 구 폐기물처리시설 설치촉진 및 주변지역지원 등에 관한 법률 제6조에 따라 폐기물처리시설을 설치하거나 그 설치비용에 해당하는 금액을 납부할 의무를 부담하는 택지개발사업의 사업시행자에게 '서울특별시 송파구 택지개발에 따른 폐기

법제처의 자치법규의견제시사례에서는 명시적으로 부당결부금지원칙이 조례입법의 통제를 위해 적용되고 있다.[51]

셋째, 대법원이 조례제정에 있어서도 평등원칙을 적용하여 통제한 판례들은 더 많다. 제주도특별자치도 이외 다른 곳에 등록한 자에 대한 영업의 자유를 제한한 조례의 위법무효판결,[52]

중랑구가 조례로 전상군경 등에 대해서만 보훈명예수당 등을 지급하도록 한 조례는 평등원칙을 위반하지 않는다는 판결,[53] 인천광역시 공항고속

물처리시설 설치비용 산정에 관한 조례' 규정에 따라 폐기물처리시설 설치비용 산정의 기준이 되는 부지면적에 주민편익시설의 면적을 포함시켜 폐기물처리시설 부담금을 부과한 것이었다.

대법원은 "이 사건 폐기물처리시설 설치비용 부과처분의 근거가 된 이 사건 조례규정은 사업시행자에게 주민편익시설 설치비용에 상응하는 금액까지 납부할 의무를 부과하도록 규정하고 있으므로, 이러한 조례규정이 유효하기 위해서는 법률의 위임이 있어야 하고, 그러한 위임 없이 제정되었다면 그 효력이 없다고 보아야 한다. 그런데 폐기물시설촉진법령 규정의 문언 및 체제 등에 비추어 보면, 사업시행자가 설치하여야 하는 폐기물처리시설에는 주민편익시설이 포함되지 않고, 설치비용 해당 금액에도 주민편익시설 설치비용이 포함되지 않는다고 해석된다."고 하면서, "위 조례 규정은 상위법령의 가능한 해석범위를 넘어 이를 확장함으로써 위임의 한계를 벗어난 새로운 입법을 한 것과 다름없으므로 효력이 없다."고 했다. 대법원 2018. 8. 30. 선고 2017두56193 판결.

51 「부천시 주차장 조례」에 거주지 전용주차구획을 이용하고 있거나 새로이 이용하고자 하는 자는 지방세 및 세외수입체납액이 있는 경우 그 사용을 제한할 수 있다고 규정하는 것은 주민의 권리 제한에 관한 사항으로 법률의 위임이 있어야 할 것이며, 지역 거주자를 우선하여 주차장을 지정하여 운영하는 것과 지방세 및 세외수입 체납에 대한 이행의 강제 또는 재제는 별개의 행정작용이므로 부당결부금지의 원칙에 반할 소지가 있으므로 바람직하지 않은 것으로 보입니다."「부천시 주차장 조례안」제9조제3항 관련. [의견16-0103, 2016. 5. 20., 경기도 부천시].

52 "위 조례안 조항은 제주특별자치도에서 자동차대여영업을 하고자 하는 자에 대하여 사업자 및 자동차를 제주특별자치도에 등록하여야 할 의무를 부과하고 제주특별자치도가 아닌 다른 곳에 등록을 한 사업자 및 자동차는 제주특별자치도에서 영업을 하지 못하도록 함으로써 헌법 제15조가 보장하는 영업장소의 제한을 받지 아니하고 자유롭게 영업할 자유를 제한하는 내용으로서 조례안의 적용을 받는 사람에 대하여 권리제한 또는 의무부과에 관한 사항을 규정하고 있다. 따라서 위 조례안 조항은 법률의 위임이 있어야 비로소 유효하게 된다"고 하여 법률의 근거가 없이는 조례제정에 있어 평등원칙을 위반해서는 안된다고 하였다. 대법원 2007. 12. 13. 선고 2006추52 판결.

도로 통행료지원 조례안의 무효확인소송에서 거주여부에 따른 통행료지원이 평등원칙을 위반하지 않는다는 판결[54] 등이 있었다.

넷째, 대법원이 신뢰보호원칙을 적용하여 조례입법재량을 통제한 예들도 있다.[55],[56]

---

53 대법원은 중랑구의 '국가보훈대상자 예우 및 지원에 관한 조례'안(2009. 9. 28.개정)에 대한 무효확인소송에서 "이 사건 조례안은 국가유공자 중 신체장애로 직업선택 등에 제한을 받을 수밖에 없는 상이군경들에 대한 자활의욕을 고취시키고 유가족에 대한 위로, 생활안정 및 복지 향상의 차원에서 일정한 상이군경에게는 보훈명예수당을, 유가족에게는 사망위로금을 지급하도록 하고 있다."고 하면서, "한정된 재원을 가진 중랑구가 국가유공자의 생활안정의 필요성과 그 재정의 허용 한도를 감안하여 전상군경, 공상군경에 대해서만 우선 보훈명예수당과 사망위로금을 지원하도록 한 것이 평등원칙을 위반하고 있다고 보기는 어렵다"고 하여 합리적인 이유가 있는 차별은 인정하고 있다. 대법원 2010. 5. 27. 선고 2009추190 판결.

54 대법원은 인천광역시 공항고속도로 통행료지원 조례안의 무효확인소송에서 "이 사건 조례안의 시행으로 인하여 다른 지역에 거주하는 주민과의 사이에 다소 규율의 차이가 발생하기는 하나, 이 사건 조례안은 그에 정한 일정한 조건에 해당하는 경우에는 아무런 차별 없이 지원하겠다는 것으로서, 위와 같이 통행요금 지원대상의 조건으로 정한 내용이 현저하게 합리성이 결여되어 자의적인 기준을 설정한 것이라고 볼 수 없으므로 이 사건 조례안이 평등원칙에 위배된다고 할 수 없다."고 했다. 대법원 2008. 6. 12. 선고 2007추42 판결.

55 "시세의 과세 또는 면제에 관한 조례가 납세의무자에게 불리하게 개정된 경우에 있어서 납세의무자의 기득권 내지 신뢰보호를 위하여 특별히 경과규정을 두어 납세의무자에게 유리한 종전 조례를 적용하도록 하고 있는 경우에는 종전 조례를 적용해야 할 것이지만, 개정 조례 부칙에서 종전의 규정을 개정 조례 시행 후에도 계속 적용한다는 경과규정을 두지 아니한 이상, 다른 특별한 사정이 없는 한 법률불소급의 원칙상 개정 전후의 조례 중에서 납세의무가 성립한 당시에 시행되는 조례를 적용하여야 할 것이다." 대법원 1999. 9. 3. 선고 98두15788 판결.

56 대법원은 "개정 전 조례 조항의 존속에 대한 원고들의 신뢰가 자연녹지지역 안에서의 난개발 억제라는 이 사건 조례 조항이 추구하는 공익보다 더 보호가치가 있는 것이라고 할 수 없으므로, 피고가 원고들의 이 사건 건축허가신청에 대하여 개정 후 조례 조항을 적용하는 것이 신뢰보호원칙에 반한다고 할 수 없다. 그럼에도 원심은, 개정 후 조례 조항에 편법적인 난개발을 억제하기 위한 공익목적이 있다 하더라도 원고들과 같은 지위에 있는 자들이 가지고 있었던 개정 전 조례 조항에 의하여 건축허가를 받을 수 있으리라는 신뢰의 파괴를 정당화할 수는 없다고 보아 개정 후 조례 조항이 신뢰보호의 원칙에 위배된 무효의 규정이고, 그에 기한 이 사건 처분 또한 위법하다고 판단하였는바,

(2) 대상사건의 검토 - 과잉금지원칙에 의한 이격거리규제조례의 통제

1) 복효적 환경조례에 대한 과잉금지원칙심사

지방자치단체가 축사금지구역을 지정할 때 지방행정실무상 갈등조정의 수단으로서 가장 중요한 기준으로 등장한 것이 축사와 이웃주민들의 주택과의 이격거리이다. 이격거리조례는 건물과 건물간 이격거리라는 기준을 조례에서 규정하고 그것을 위반하면 허가를 거부하므로 실체적 조례이자 일반적 금지를 규정한 진입규제에 속한다. 경제적 규제의 측면에서 진입규제와 실체적 규제는 많은 비판의 대상이 되어 왔지만, 기준의 구체화 및 실행과 관련하여 적절히 설계된 진입규제는 갈등의 해결을 위해 매우 중요한 역할을 수행할 수 있음이 대상사건에서 확인되고 있다.[57],[58]

위와 같은 원심의 판단에는 법령 개정에 있어서의 신뢰보호원칙에 관한 법리를 오해한 위법이 있다고 할 것"이라고 했다. 대법원 2007. 11. 16. 선고 2005두8092 판결 [건축허가반려처분취소].

57 축사건축과 관련된 갈등을 민사법적 방법, 즉, 사업자나 이웃주민이 손해배상소송과 공사방해금지소송을 제기하여 법원이 처리하게 하려는 경우도 있었다. 예를 들어, 주민들의 동의를 얻지 않고 행정청이 일방적으로 사업허가를 하게 되면 주민들이 격렬하게 반대하면서 공사방해와 신체상해 등이 발생하여 사업자와 주민들이 서로 손해배상소송을 제기하는 경우가 종종 있었다. 그러나, 이 방식은 갈등의 조속한 해결에 거의 도움을 주지 못했다.

　　축산업전문가도 가축분뇨로 인한 환경오염이 수용가능한 범위내에서 발생하도록 관리하기 위해서는 축산업허가제도가 강화되는 것이 매우 중요하다고 하면서 그 심사기준도 축사면적기준뿐만 아니라 사육두수기준 등이 함께 추가되어야 한다고 하고 있다. 최지용, 환경과 축산업의 공존플랜, GS&J 인스티튜트, 2014, 4-5면.

58 지방자치단체의 입장에서 진입규제와 달리 사후감독규제는 그것을 도입했을 때 많은 어려움을 야기한다. 사업자가 감독기준을 위반하고 있는지를 감시할 인력과 재원이 필요하고, 그 위반에 대해 조례에 의해 허용가능한 제재수단은 과태료밖에 없기 때문에 제재의 실효성이 의문시되고, 사업자가 생활환경을 오염시켰을 때 오염방지시설을 설치하거나 오염된 토지나 수질에 대한 정화조치를 실시하는 것이 비용이나 권한측면에서 어려움이 발생하게 된다.

축사건축에 있어 이격거리규제조례는 행정행위의 분류방법을 차용하여 설명하자면 복효적 조례라고 할 수 있을 것이다. 행정행위의 해석론에서도 복효적 행정행위에 대해서는 침익적 처분과는 달리 충돌하는 이익들의 형량이 중요하듯이 복효적 조례와 관련하여서도 이웃 주민의 권익보호뿐만 아니라 사업자의 사업활동자유의 보호라는 충돌하는 법익들간의 형량이 주요 쟁점으로 등장한다. 대법원은 복효적 환경조례의 입법재량에 대한 통제에 있어 단순한 규정보다 탄력적이고 유연한 적용이 가능한 행정법의 일반원칙인 과잉금지원칙을 적용하였다.

우리나라 헌법재판에서 입법재량을 심사하는 경우 과잉금지원칙은 매우 빈번하게 적용되어 왔다.[59] 헌법재판소에 의한 비례원칙의 적용에 있어서는 주로 독일의 논의영향을 받아 전통적 비례원칙으로서 과잉금지원칙이외에 과소금지원칙으로서 비례원칙도 주목받고 적용되고 있다. 행정소송에서 과잉금지원칙은 행정입법과 행정처분의 위법심사의 기준으로서 적용되어 왔다. 헌법재판에 비하여 행정소송에서 과잉금지원칙은 간이하게 적용되거나 평등원칙이나 신뢰보호원칙 등 다른 일반법원칙과 함께 적용되거나 단독으로 적용되는 경우에도 과잉금지원칙의 파생원칙 중 주로 관련 이익들간 형량을 주 내용으로 하는 협의의 비례원칙 또는 상당성의 원칙을 적용하는 방식으로 적용되었다.[60]

---

59 과잉금지원칙의 과잉사용으로 인해 법적 안정성의 약화와 삼권분립에 기초한 입법부의 입법권에 대한 자의적 침해의 가능성에 대한 경고도 제기되었다. 과잉금지원칙의 남용 우려에 관한 초기의 비판으로는, 양삼승, 과잉금지원칙, 헌법논총 제1집, 1990, 152면이 있다. 여기서는 행정법에서 유래한 과잉금지원칙이 헌법재판으로 확산되면서 입법자의 형성의 자유에 대한 지나친 제한을 초래할 수 있다는 Forsthoff의 견해를 소개하고 있다. 과잉금지원칙의 지나친 확장적용은 법적 안정성을 침해하는 개별주의와 법질서의 원자화를 초래하고 법원권력의 지나친 팽창을 가져올 것으로 우려한다.

　문재완, 비례원칙의 과도한 팽창, 세계헌법연구 제24권 제3호, 2018, 42면에서는 "헌법재판소가 명문의 헌법규정을 무시하고 비례원칙을 적용하는 것은 권력분립원리에 반할 뿐 아니라 헌법재판소의 정치화를 초래할 우려가 있다"고 비판한다.

60 동지의 견해는, 김태호, 행정법상 비례의 원칙 - 대법원 판례를 중심으로 -, 공법연구

대상사건에 나타난 조례의 위법심사는 입법의 위법심사라는 점에서는
헌법재판소에 의한 위헌법률심사와 유사하지만 법원에 의해 위법심사가
이루어진다는 점에서 행정처분의 위법심사방법, 특히 재량행위와 복효적
처분에 대한 위법심사와 비슷한 관점에서 해석논리가 구성되고 있다.

조례의 위법심사기준으로서 과잉금지원칙을 사용하는 예는 잘 나타나지
않았는데, 앞으로는 환경조례와 같이 사업자와 주민의 이해조정이 문제되
는 이른바 복효적 조례의 경우 과잉금지원칙은 더 중요한 심사기준으로 적
용될 것이다.

2) 대상사건의 요약과 검토

가. 대상사건의 요약과 주요 쟁점

이 사건은 금산군수의 축사건축불허가처분에 대한 취소소송인데 제1심
법원인 대전지방법원과 원심인 대전고등법원에서는 축사건축불허가처분에
대해 위법무효인 조례에 근거를 두었다는 이유로 취소하는 판결을 내렸었
다. 하지만, 대법원은 근거조례를 적법유효한 것으로 보아 축사건축불허가
처분을 적법하다고 하면서 원심인 고등법원의 판결을 파기환송하였다.[61]

대상사건에서 핵심쟁점으로 등장한 것은 닭에 관한 가축사육시설의 설
치에 필요한 최소제한거리로 '금산군 가축사육 제한구역 조례' 제3조 제1
항 제1호, [별표 2](2016. 11. 23. 충청남도금산군조례 제2065호)에서 '주거
밀집지역(5가구 이상)으로부터 900m'를 규정하고 있는 내용이었다. 그런데,
이 조례의 이격거리규제조항은 가축분뇨법 제8조 제1항에서 축사건축의

제37집 제4호, 2009.6, 112면. 행정소송에서도 비례원칙의 과다사용에 대해서는 "과잉
금지의 과잉"의 위험이 크고 입법자의 입법권을 과도하게 제약하며 법적 안정성을 침해
한다는 비판이 제기되고 있다. 최정일, 독일과 한국에서의 비례원칙에 의한 행정작용의
통제, 공법연구 제37집 제4호, 2009, 45면 이하.
61 대법원 2019. 1. 31. 선고 2018두43996 판결.

제한구역제를 도입하면서 지방자치단체가 조례로 그 구체적인 구역지정을 하도록 한 결과 등장한 것이었다.

이 사건에서 제1심인 대전지방법원은 "조례 제3조 제1항 제1호, [별표 2] 도 수권규정인 가축분뇨법 제8조에서 정한 위임 내용을 구체화하는 단계를 벗어나, 법령상 가축사육을 제한할 근거가 없는 지역에 대해서까지 가축사육을 제한하는 것이어서 그 효력이 없다"고 하면서, "이 사건 조례는 여전히 사육하는 가축의 수량 내지 축사의 규모, 친환경시설의 설치 여부 등을 불문하고 일률적으로 주거밀집지역으로부터 900m를 닭의 사육제한거리로 규정하고 있는바, 이는 위 용역결과에 비추어 보더라도 지나치게 과도한 제한에 해당"한다고 했다.[62] 원심법원인 대전고등법원도 제1심법원과 동일한 이유로 축사건축불허가처분을 취소하였다.[63]

이 사건에서 대법원은 하급심과 동일하게 과잉금지원칙을 적용하면서도 하급심과 다른 결론을 냈는데 과연 대법원의 판결논리는 설득력이 있었다고 볼 수 있는가? 권위주의적 강제이었는지 검토가 필요하다 할 것이다.

여기서 관심의 대상인 것은 하급법원과 대법원이 과잉금지원칙을 어떻게 적용했는가 하는 점, 특히, 이격거리의 필요여부 및 그 거리의 적정성을 무엇을 근거로 서로 다르게 판단을 내렸는가 하는 점이다.

나. 검토

① 대상판결과 하급심판결의 요지

하급법원의 판결이유와 대법원이 제시한 판결이유를 비교하면서 검토하기로 한다.

1심법원은 "이 사건 조례는 사육하는 가축의 수량 내지 축사의 규모, 친환경시설의 설치 여부 등을 불문하고 일률적으로 주거밀집지역으로부터

---

62 대전지방법원 2017. 11. 1. 선고 2017구합102319 판결.
63 대전고등법원 2018. 5. 2. 선고 2017누14135 판결.

900m를 닭의 사육제한거리로 규정하고 있어 지나치게 과도한 제한"으로 평가하면서, 그 이유로 "이 사건 조례에 의하면 금산군 전체 면적 중 약 87%에 해당하는 지역이 가축사육 제한구역에 해당하고 그 중 닭 사육 제한구역은 81%에 해당하는데, 이는 실질적으로 금산군 내 대부분 지역에서 닭 사육을 금지하는 것과 다를 바가 없게 되는 결과 환경과 조화되는 지속 가능한 축산업의 발전을 도모하고자 하는 가축분뇨법의 입법취지와도 어긋"난다고 했다. 대전고등법원도 이 판결이유에 동의했다.

대법원은 "금산군이 2015. 9. 7. 조례개정을 통해 가축사육제한구역을 확대한 이유는, 기존 400m 거리 제한하에서도 가축 농가 인근에 거주하는 주민들의 집단 민원이 여러 차례 발생하였고, 금산군에 인접한 시·군의 경우 가축사육제한구역의 범위가 금산군보다 넓어 다른 지역의 가축 농가가 금산군으로 이전할 우려가 제기되었기 때문임을 알 수 있다. 따라서 이에 대한 대응으로 금산군은 닭의 가축사육구역을 '주거밀집지역으로부터 1,200m'로 확대하였으나, 위와 같이 확정된 판결의 취지를 존중하여 2016. 11. 23. 조례 개정을 통하여 닭의 가축사육구역을 '주거밀집지역으로부터 900m'로 축소하였다. 따라서 이 사건 조례 조항이 이 사건 위임조항의 위임범위를 벗어났다고 보기는 어렵다"고 했다.

② 관련된 재판들에 나타난 하급심판결과 대법원판결의 상이한 결론의 배경

대상사건에서 하급법원이 적용한 과잉금지원칙은 행정소송에서 행정청의 재산권제한조치에 대한 과잉금지원칙의 적용방식에 영향을 받아 간결하였다. 또, 상충하는 이익들을 가진 축산업자와 주민들의 이익을 형량한 것이 아니라 축산업자의 재산권제한이 과도한가 하는 점에 주된 초점을 맞추어 과잉금지원칙을 적용하였다.

이와 대비하여 대법원이 적용한 과잉금지원칙은 행정소송에서 재량행위와 복효적 행정행위에 대한 심사방법이나 환경권침해여부에 대한 심사방

법의 영향을 크게 받은 것으로 보인다. 쟁점별로 살펴본다.

첫째, 판례에 따를 때, 행정소송에서 법원이 재량행위와 기속행위에 대해 심사하는 방식은 다르다. 판례는 재량행위의 경우, "행정청의 재량에 기한 공익판단의 여지를 감안하여 법원은 독자의 결론을 도출함이 없이 당해 행위에 재량권의 일탈·남용이 있는지 여부만을 심사하게 되고, 이러한 재량권의 일탈·남용 여부에 대한 심사는 사실오인, 비례·평등의 원칙 위배, 당해 행위의 목적 위반이나 동기의 부정 유무 등을 그 판단 대상으로 한다"고 한다.64

또, 판례는 재량행위에 대한 심사에 있어 법문언에의 엄격한 구속을 완화하여 행정청은 법령에 근거가 없더라도 공익적 사유를 판단의 근거로 제시할 수 있다는 점을 인정하여 왔다. 즉, "하천유수인용허가와 같은 재량행위의 경우에는 법령에 근거가 없더라도 처분청이 적당하다고 판단되는 허가조건을 부가할 수 있고, 또한 공익상의 필요를 이유로 그 허가를 거부할 수도 있다"고 한다.65

둘째, 우리 환경정책기본법 제12조 제3항에서는 "특별시·광역시·도·특별자치도는 해당 지역의 환경적 특수성을 고려하여 필요하다고 인정할 때

---

64 대법원 2001. 2. 9. 선고 98두17593 판결. 이 판결에서 대법원은 기속행위에 대해서는 "그 법규에 대한 원칙적인 기속성으로 인하여 법원이 사실인정과 관련 법규의 해석·적용을 통하여 일정한 결론을 도출한 후 그 결론에 비추어 행정청이 한 판단의 적법 여부를 독자의 입장에서 판정하는 방식"에 의한다고 한다. 기속행위에 대한 심사방식을 판단대치방식이라 부르고, 재량행위에 대해서는 재량권의 일탈남용방식의 심사방식이라고 부른다.

65 대법원 1998. 10. 2. 선고 96누5445 판결. ; 또, 대법원은 "주택건설사업계획의 승인은 상대방에게 권리나 이익을 부여하는 효과를 수반하는 이른바 수익적 행정처분으로서 법령에 행정처분의 요건에 관하여 일의적으로 규정되어 있지 아니한 이상 행정청의 재량행위에 속하므로, 이러한 승인을 받으려는 주택건설사업계획이 관계 법령이 정하는 제한에 배치되는 경우는 물론이고 그러한 제한사유가 없는 경우에도 공익상 필요가 있으면 처분권자는 그 승인신청에 대하여 불허가 결정을 할 수 있으며, 여기에서 말하는 '공익상 필요'에는 자연환경보전의 필요도 포함된다"고 한다. 대법원 2007. 5. 10. 선고 2005두13315 판결.

에는 해당 시·도의 조례로 제1항에 따른 환경기준보다 확대·강화된 별도의 환경기준(이하 "지역환경기준"이라 한다)을 설정 또는 변경할 수 있다."고 규정하여 지역의 환경적 특수성을 고려한 초과조례를 허용하고 있다.

또, 가축분뇨법 제8조 제1항에 따를 때, "시장·군수·구청장은 지역주민의 생활환경보전 또는 상수원의 수질보전을 위하여 다음 각 호의 어느 하나에 해당하는 지역 중 가축사육의 제한이 필요하다고 인정되는 지역에 대하여는 해당 지방자치단체의 조례로 정하는 바에 따라 일정한 구역을 지정·고시하여 가축의 사육을 제한할 수 있다"고 규정하고 있다.

이미 우리 판례도 다수의 판결들을 통해 환경권을 인격권의 일종으로 보고 환경권의 침해여부가 문제된 사안에서 법령에서 부여된 "재량권의 일탈·남용 여부를 심사할 때에는, 해당 지역의 자연환경, 주민들의 생활환경 등 구체적 지역 상황, 상반되는 이익을 가진 이해관계자들 사이의 권익 균형과 환경권의 보호에 관한 각종 규정의 입법 취지 등을 종합하여 신중하게 판단하여야 한다"고 해왔다.[66]

③ 대법원의 대상판결의 해석과 평가

대상사건에서 대법원은 가축분뇨법 등에 명시적으로 규정되지 않아 하급심에서 고려하지 않았던 사유들, "금산군에 인접한 시·군의 경우 가축사육제한구역의 범위가 금산군보다 넓어 다른 지역의 가축 농가가 금산군으로 이전할 우려"도 고려하였고, 이격거리가 400m에서 1200m로 그리고 다시 900m로 바뀌게 되는 과정에서 나타난 주민들의 반발 등을 고려하였음을 기술하였다. 이러한 심사방법이 보여주는 것은 대법원이 재량처분에서와 마찬가지로 조례입법의 재량의 통제에 있어서도 법령의 문언에 구체적으로 나타나지 않은 공익관련요소들도 심사에 고려할 수 있다고 판단했다

---

66 대법원 2017. 10. 31. 선고 2017두46783 판결. ; 대법원 2018. 4. 12. 선고 2017두71789 판결.

는 것이다.

또, 대법원은 축사건축허가로 인한 주민의 환경권침해가 문제된 사안에서는 축산업자의 이익뿐만 아니라 인근 주민의 환경권도 강력하게 이익형량의 요소로 고려하고, 지방자치단체가 초과조례의 제정권도 갖고 있음을 고려하였으며, 재량행위에 대한 사법심사방식에 따라 판단대치방식이 아니라 처분청의 재량권을 존중하는 일탈남용방식의 심사방법을 따랐다.

그 동안 우리 판례는 재산권과 환경권을 분리하여 권리의 성질에 따라 보호의 정도를 달리하여 왔는데, 환경조례에 대한 심사에 있어서 법원이 이러한 차별화를 유지할지 아니면 어떤 다른 태도를 취할지는 의문이었다. 원심은 이 사건에서 재산권 및 환경권과 관련하여 권리의 성질에 따라 보호정도를 차별화한 판례의 태도를 따르지 않고, '금산군 가축사육 제한구역 조례' 제3조 제1항 제1호, [별표 2](2016. 11. 23. 충청남도금산군조례 제2065호)에서 '주거밀집지역(5가구 이상)으로부터 900m'라고 한 규정에 대해 사업자의 재산권을 침해하는 침익적 위임조례규정인 것으로 이해하여 사업자의 관점에서만 과잉금지원칙을 일방적으로 적용하였다. 하지만, 대법원은 이 사건에서 생활환경에 대해 이웃 주민에게 강력한 권리를 인정했던 판례의 주류적 입장을 따라 해당 조례규정을 복효적 조례규정인 것으로 이해하고 법문의 직접적 문언에 지나치게 구속되지 않고 사업자와 주민간의 이익형량과정을 자세하게 살핀 후 지방자치단체가 조례로 상위법령의 불확정개념을 구체화함에 있어 상당한 입법재량을 인정하였다.

종합적으로 평가할 때, 환경조례의 위법판단과 관련하여 과잉금지원칙을 적용함에 있어 하급법원들의 해석보다는 대법원의 해석이 갈등잠재력이 높은 복효적 조례로서 환경조례의 특성을 더 잘 반영한 적절한 것이었다고 본다.

④ 장래 환경조례상의 이격거리규제재판과 환경조례입법의 과제

앞으로 지방자치단체가 축사건축조례와 같은 환경조례를 제정하여 이격거리를 규정할 때, 식수오염, 농수오염, 공기오염, 오물로부터 발생하는 세균에 의한 건강침해위험, 주기적인 가축전염병의 발생으로 인한 방역조치와 집단폐사조치의 후유증위험 등의 측면에서 지형적 특수성 등으로 그 위험이 가중되는 지역인지도 고려했는지 살펴야 할 것이다.[67]

다만, 이격거리규제가 절차의 기능을 완전히 대체할 수는 없을 것이다. 절차는 갈등의 예방과 분쟁의 해결을 위해 현장의 목소리들을 잘 반영하여 더 적합한 갈등해결수단들이 제시되도록 하는데 기여할 수도 있다. 때문에, 조례입법자가 입법재량을 행사함에 있어 절차적으로 소통을 위해 어떤 노력을 했는가, 예를 들어, 필요한 자문절차나 의견수렴절차를 거쳤는가 하는 점도 함께 살피도록 규정하는 것이 필요할 것이다.

Ⅳ. 결어

우리 농어촌사회에서 기업형 축산업이 급증하면서 축사건축허가와 관련하여 이격거리가 사업자와 주민간 이해갈등의 처리수단으로서 주목받고 있다.

그 동안 우리나라에서 건물과 건물간 이격거리는 이웃 주민의 재산권보호의 기준으로서는 거의 존중받지 못해왔다. 민사재판실무에서 민법이나

---

67 환경부·농림부, 지자체 가축사육제한 조례 제·개정 관련 권고안, 2015.3.30. 이 보도문에서 축사와 주거밀집지역의 이격거리를 설정함에 있어서 고려할 사항으로 피해주민의 규모 고려, 상수원보호구역, 수변구역 등 지역내 토지이용현황 및 환경특성 고려, 악취확산, 악취방지시설의 설치여부, 가축의 종류 등을 제시하고 있다. 보다 상세한 내용은, 성낙원·이시진, 가축사육 제한구역 거리 재설정 연구, 환경부/농림축산식품부 보고서, 2015.1 참조.

건축법의 관련규정의 해석문제로 다루어지는 경우에도 권리보호의 강도는 약했다. 이웃 주민이 이격거리를 위반한 건축허가에 대해 행정소송을 제기하는 경우에도 법원은 소의 이익이 없음을 이유로 각하하거나 이웃 주민에게 공사중지명령의 신청권을 인정하지 않았다.

하지만, 검토대상인 판결에서 대법원은 재산권의 제한수단으로서 이격거리규제들과는 다르게 판단했다. 축사건축물과 이웃주민의 주택과의 이격거리규제조례와 관련하여 대법원은 원심인 고등법원과 달리 생활환경권의 보호를 강조하여 사업자와 주민의 권익을 형량하는 방식으로 과잉금지원칙을 탄력적으로 적용하여 주민의 생활환경권의 보호강도를 높였는데 적절했다고 본다.

국가의 갈등조정능력이 약화되고 있기 때문에 생활환경갈등과 관련된 사무들의 처리를 위하여 환경보호기준 중 일부에 대해 포괄적인 불확정개념을 통한 위임을 통해 지방자치단체가 조례로 구체화하도록 하는 경우는 더 늘어날 것으로 보인다. 이러한 전환과정에서 지방자치단체가 환경조례에서 '지역의 환경적 특수성'을 적절하게 구체화하여 성공적으로 집행하는 것은 자치능력의 확인과 신장을 위하여 중요한 의미를 갖는다.

사업자와 주민간 상충하는 이익조정이 필요한 환경조례의 사법적 통제에 있어서 과잉금지원칙과 같은 행정법의 일반원칙은 그의 탄력성과 일반성 때문에 더욱 빈번하게 사용될 것이다. 이 과정에서 법원은 특히 관련 이해관계자들의 법익형량을 공정하면서도 적정하게 하였는지 살펴야 할 뿐만 아니라 환경보호기준의 구체화과정에서 절차적 정당성이 어느 정도 존중되었지도 살펴야 할 것이다.

03

미국의 상업활동촉진지구와
주민자치방식의 지역발전 | 선정원

I. 도시의 낙후된 상업공간의 발전과제

인구절벽과 지방소멸이 심각한 사회문제가 되고 있는 상황에서 코로나19가 경제사회의 침체를 가속화시키고 있다. 지방도시들에서는 인구가 급격하게 줄어들고 있고 빈 사무실도 증가해 경제활력을 잃어가고 있다. 대형 할인점의 등장과 함께 전자상거래가 확산되면서 지방도시들에서 오랫동안 지역경제를 이끌어왔던 전통시장과 도심 상가들이 날로 침체돼 폐쇄위기에 직면하고 있다.

국가는 노령인구와 실업자 등의 증가로 사회복지재정이 급증하면서 재정의 자율성이 현저히 약화되고 있다. 도시의 계획과 관리에 있어 국가는 여전히 주도권을 가지고 낙후된 시장이나 상가에 재정지원을 통해 활성화를 도모하는 정책을 고수하고 있지만, 실제로는 낙후된 상가의 활성화를 위한 국가의 재정지원은 점점 선별적이게 되고 재정지원금액은 줄어들고 있다. 이와 함께 지방생존정책도 한계를 드러내고 있다. 국가의 재정지원정책의 한계가 점점 명확해지는 상황에서 지방자치단체들과 지역주민들이 협력하여 민간활력을 이용하여 지방도시들의 활성화를 추구할 수 있는 방안들에 대한 연구가 절실히 필요하다.

　도시는 매우 복잡한 이익조정이 필요한 인구밀집공간으로서 복잡한 규제의 존재는 대도시관리를 위해 필수적이다. 지방자치단체의 신청에 따라 특정 지방자치단체지역내에서 규제를 철폐하는 규제자유특구나 지역특화발전특구방식이 근본적인 규제완화가 힘든 대도시 도심부의 상업활동촉진을 위해서 한계가 있을 수밖에 없는 이유이다.

　2000년 초반 미국에서는 이미 1000개 이상의 '상업활동촉진지구'(Business Improvement Districts)가 도시지역에 지정되어 도심상가의 활성화에 기여하고 있는데, 이제 이 제도에 대한 이해없이 미국의 도시를 이해한다는 것은 불가능하게 되어버렸다. 미국의 상업활동촉진지구제도는 지역사회의 주민들 스스로 필요한 재원을 마련하고 관리조직을 결성함으로써 상업활동의 촉진에 필요한 상품이나 서비스를 제공하게 하고 있다. 이 제도의 특징은 규제완화의 사고보다는 개별사업자 수준에서는 자율규제방식이긴 하지만 오히려 규제가 강화된다는 점이다. 90년대 이후 활성화되었음에도 짧은 시간에 이처럼 널리 확산된 것은 분명히 사회발전을 위한 중대한 활력요인이 되었기 때문이라고 할 수 있을 것이다.

　후견주의적 국가관에 익숙한 한국적 시각에서는 미국의 상업활동촉진지구모델이 사인인 관리자가 부과금이라는 준조세를 거두어서 해당 지역에만 사용하는 등 매우 낯선 제도적 요소들을 포함하고 있어서 정서적 거리감이 있는 부분이 있다고 느낄 수 있을 것이다. 하지만, 우리의 전통적 국가관이나 시장관도 서서히 변해가고 있다. 경쟁이 치열한 개방사회에서 저성장이 고착화되고 있지만 지방생존정책의 탐색이 전통적인 가치관에 막혀서 멈추어서는 안될 것이다.

Ⅱ. 상업활동촉진지구제의 역사, 재원조달방식 및 다른 유사제도와의 비교

1. 상업활동촉진지구제의 역사와 특징

미국에서 도시지역을 대상으로 상업활동촉진목적으로 나타난 최초의 특구는 1975년 뉴올리안즈의 Downtown Development District이었다. 대부분의 특구들은 80년대 이후 90년대에 나타나 미국전역으로 빠른 속도로 확산되어가고 있다. 미국학자들은 이 제도의 기원은 미국역사에 존재했던 두 개의 특구(Special Districts)에 연원을 두고 있다고 설명한다.[1] 첫째의 특구는 서부개척시대에 출현했다. 서부개척시대에 개척자들은 항상 물부족에 시달렸으므로 물을 관리하는 자는 권력과 부를 쥐게 되었다. 그렇지만 중앙정부나 주의 힘은 미약했으므로 물부족문제를 해결해줄 능력이 없었다. 특정한 지구에서 필요한 물의 관리와 적정한 배분을 위해 주민들의 자발적 관리조직이 탄생했고 주민들은 그 비용을 지불했다. 이것을 특별구역(Special Districts)으로 불렀다. 둘째, 동부와 중서부의 대도시에서 도시형 특구들이 등장했는데, 주정부가 도로포장까지는 해주지 않았으므로 인근주민들이 도로포장을 언제 어떤 방식으로 어디까지 할 것인지에 대해 결정해야 했고 이를 위해 특별구역을 지정했다. 이런 형태의 최초의 특별구역은 필라델피아에서 1790년 등장했고 시카고 등 대도시지역으로 퍼져갔다. 시카고의 특구들은 주차장건설도 포함했는데 1869년 주민투표를 통해 특별구역을 승인하였다. 점차 이 특구들은 다양한 공공활동들을 수행했는데, 항만설비, 오물처리, 물공급, 주차장건설 등으로까지 확장되었다.

현대에 들어와서, 특히, 90년대 이후 급격히 확대되고 있는 새로운 형태

---

1 David J. Kennedy, Restraining the Power of Business Improvement Districts: The Case of the Grand Central Partnership, Yale Law & Policy Review 15, 1996. pp.288-289.

의 미국의 상업활동촉진지구는 제한된 지역, 예를 들어, 몇 개의 거리를 묶어 지정된 특별한 지구(subdivision)로, 사업자 개인으로서는 해결하기 어려운 사업인프라의 건설을 위하여 지방재정으로부터의 지원없이 지역공동체 스스로 재원을 마련하고 민간기구인 관리조직을 결성한다. 상업활동촉진지구제는 90년대 이후의 경향인 민관파트너쉽의 정신에도 부합되면서, 미국의 도시지역에서 이제 흔히 볼 수 있는 것으로 도시거버넌스에 중요한 변화를 가져오고 있다. 가장 활성화된 곳은 뉴욕시로 현재 뉴욕시에만 40여개가 있다. 뉴욕을 비롯한 미국전역에서 상업활동촉진지구가 인기를 얻게 된 이유는 그 동안 이 지구들에서 상업활동의 쾌적성과 안전성이 떨어져 상인들의 수입이 지속적으로 낮아져 도산자들이 많이 나타났지만, 주나 도시행정기관 그리고 연정정부가 이 문제에 효과적인 대책을 제시하지 못했고 상인들 개인으로서도 이 문제에 대응하기가 어려웠기 때문이다.[2] 이러한 특구들은 도심지에서 대개 10년의 기간으로 결성되는데, 정확한 통계는 없지만 1999년 현재 42개의 주에 1000여개 이상이 존재하고 있다.

　다양한 형태가 있지만 대부분의 상업활동촉진지구들은 기본적인 특징을 공유하고 있다. 특정 지구에 한정되고, 부동산소유자나 사업자들이 부과금을 내며, 이렇게 모인 부과금은 그 지구내의 공공서비스의 공급을 위해서 사용된다는 점이다. 특구의 설립은 행정기관의 승인을 요하지만 창설여부 결정이나 구역의 한계설정 또는 활동범위나 지불해야할 부과금의 액수 등의 결정절차의 주도권은 민간의 사업자들이나 부동산소유자들에게 있다는 점에서 중앙으로부터 지방으로, 다시 지방에서 민간으로 권력이 이동해가는 현대사회의 권력이동의 방향과도 일치한다. 전통적인 행정기관보다 더 효율적으로 작동하고 지구의 특성에 적합하게 주민스스로 구조와 내용을

---

2 Heather Barr, MORE LIKE DISNEYLAND: STATE ACTION, 42 U.S.C. 1 1983, AND BUSINESS IMPROVEMENT DISTRICTS IN NEW YORK, Columbia Human Rights Law Review 28, 1997, p.395.

형성할 수 있어 더 혁신적이기도 하다.

미국에서 상업활동촉진지구가 인기를 끌게 된 원인을 살펴보면,[3] 첫째, 시정부로서는 세금을 올리지 않고 상업활동촉진지구의 공공서비스의 개선을 위한 재원을 마련할 수 있고, 공무원의 증원 등 정부규모를 확대하지 않고도 공공서비스의 질을 올릴 수 있게 된다. 둘째, 해당 지구의 상인들이나 부동산소유자들은 질좋은 공공서비스의 공급을 향유하면서 비용은 지출하려 들지 않는 무임승차자의 문제를 해결할 수 있게 된다. 재원을 조달한 사람들은 개인적으로는 확보하기 어렵지만 사업의 촉진을 위해 필요한 공공프로그램의 공급을 위하여 자신들의 자본을 투자하고 그들의 대표에 의하여 그 프로그램의 집행도 관리할 수 있게 된다.

상업활동촉진지구는 대도시의 대표적인 상업지구의 그늘에 가려 활성화되지 못하고 있던 많은 소규모상업지구들을 자신만의 특징과 활력을 가진 상업지구로 재생시키는 발판이 되기도 한다. 예를 들어, 쇼핑지구로 또는 엔터테인먼트특구로 특화되게 해준다.

2. 상업활동촉진지구제에 있어 부과금의 부과·운용

상업활동촉진지구에 있어서 공공서비스 제공비용의 가장 큰 원천인 부과금(Assessment)은 부동산의 소유자들이나 사업자들에게 부과되는데, 토지나 건물의 가격에 따라 비례적으로 부과된다. 많은 상업활동촉진지구에 있어 부과금은 그 활동재원의 80%이상을 차지한다. 지구의 운영비용은 일부 정부의 보조금이나 개인들의 기부금 또는 기념품 등의 판매수익금으로 충당할 수도 있고 자치단체가 일부 보조할 수도 있다. 주마다 차이가 있지만, 모든 부동산이 아니라 보통 상공업활동에 이용되는 부동산의 소유자들에

---

3 Richard Briffault, A Government for Our Time? Business Improvement Districts and Urban Governance, Colum. L. Rev. 99, 1999, pp.366-370.

게 부과된다.[4] 주거용 부동산소유자나 거주자들에게 소액의 부과금을 부과하는 지구도 있다. 지구의 설립은 행정기관의 승인을 요하지만 창설여부결정이나 구역의 한계설정 또는 활동범위나 지불해야할 부과금의 액수 등의 결정절차의 주도권은 민간의 사업자들이나 부동산소유자들에게 있다. 다만, 부과금액을 변경시킬 때는 시의 승인을 얻어야 한다. 또, 제한된 범위에서 기채를 허용하기도 하는데, 이 때도 시의 승인을 얻어야 한다. 기채를 금지하는 주들도 있다.

부과금액은 보통 재산세의 10%이하로서 1%나 2% 또는 6%(필라델피아의 Center City District)인 경우도 있다. 금액으로는 1평방피트당 10센트에서 12센트인 경우가 많다고 한다. 상업지구에서 10명에서 20명 정도의 소수가 과반수에 달할 정도의 부동산을 소유한 경우도 있는데, 이 경우 이들은 상당한 부과금액을 지출해야 한다.

시가 조세와 함께 소유자들에게 부과금을 부과하여 징수한다. 부과금은 체납하게 되면 조세와 같은 체납절차를 밟는데 체납자에게 가산세가 부과되고 강제징수를 당할 수도 있다. 상업활동촉진지구의 창설에 반대한 사람도 부과금을 내야 한다. 부과금징수의 강제적 성격이 기부금이나 자원봉사에 의존하는 주민자치운동에 비하여 활동재원마련에 걸리는 시간과 노력을 크게 줄여준다. 지역NPO(Non Profit Organizations)들은 재원마련에 과반수이상의 시간을 소비하기도 하는 실정임을 고려한다면, 이 강제징수된 부과금이 상업활동촉진지구의 관리조직이 당해 지구를 위해 우수한 촉진프로그램을 안정적으로 제공할 수 있는 물적 기초가 된다는 것을 알 수 있다. 시는 부과금을 징수한 뒤 부과금을 관리조직에게, 예를 들어, 2주마다 지급하고, 이 관리조직은 시가 제공하지 않거나 부족하게 제공하는 공공서비스를 보충적으로 제공하게 된다.

---

4 Richard Briffault, a.a.O., pp.389-394.

3. 유사제도와의 비교

미국의 상업활동촉진지구는 도시의 일정한 지구단위의 관리에 관하여 국가나 주의 우월적 권한을 배제하고 지구단위에 거주하는 사업자들의 의지와 계획이 주도하여 지정되고 운영된다는 점에서, 지역발전계획에 관하여 기초자치단체와 민간의 주도적 지위를 인정하는 일본의 구조개혁특구 및 우리나라의 지역특화발전특구와 유사한 면이 있다.

일본의 구조개혁특구제도는 2002년 12월 18일 제정된 구조개혁특별구역법을 토대로 추진되는 것으로 조세감면이나 보조금의 교부와 같은 국가의 재정지원조치를 수반하지 않은 채 개별적인 규제의 특례조치를 지방자치단체 책임으로 실행하도록 하는 제도이다.[5] 우리나라에서도 일본의 구조개혁특별구역법과 유사하게 2004년 3월 22일 지역특화발전특구에 관한 규제특별법을 제정했다.[6] 이 법은 2018년 10월 16일 전부개정되어 규제자유특구제도도 포함하게 되었는데 '규제자유특구 및 지역특화발전특구에 관한 규제특례법'으로 법명칭도 변경되어 현재에 이르고 있다. 현재 특구의 지정권자는 중소벤처기업부장관이다.

80년대 이래 영미중심으로 추진되어왔던 규제개혁은 국가 전체에 걸쳐 통일적이고 획일적으로 실시되는 방식으로 추진되었다. 하지만, 지역특화발전특구제도는 일부 자치단체의 특정 구역을 선택하여 실험적 또는 시범적으로 규제개혁을 실시하는 '규제개혁의 분권화' 방식을 따른다. 중앙행정

---

5 이에 관한 상세한 내용은, 졸고, 일본의 구조개혁특구제도의 분석과 규제자유특구제도의 한국에의 도입방안, 법제 제549호, 2003.9, 4-28면.

6 그 주요내용은 시장·군수 또는 구청장이 지역특화발전특구의 지정을 받고자 할 경우 지역특화발전특구계획을 작성하여 이를 재정경제부장관에게 제출하도록 하였고, 재정경제부장관은 지역특화발전특구위원회를 설치하고 그의 심의·의결에 따라 지역특화발전특구를 지정하게 하였다. 지역특화발전특구위원회는 특구지정을 심의·의결하는 데 필요한 기준으로 특화산업과 지역여건과의 적합성, 규제특례의 필요성, 국가균형발전에 미치는 영향 등을 고려하도록 하였다.

기관은 각 자치단체에서 현실적으로 어떤 내용의 규제개혁을 원하는지 정
보가 크게 부족하기 때문에 전국적인 관점에서 규제개혁에 접근하는 것은
아이디어의 부족으로 실효성이 크게 떨어진다는 판단에 근거를 둔 것이다.
특히 핵심규제영역에 있어 전국적인 방식의 규제개혁은 그 성패나 결과를
미리 예측하기 어렵고 시행착오가 발생하면 피해가 커질 위험이 있으나 일
정한 지역에 한정된 규제완화형 특구는 입법실험의 일종으로서 지역의 다
양성과 특수성에 적절하게 대응하여 피해발생을 줄일 수 있다는 장점을 갖
는다. 또, 어느 지역에서 규제개혁실험이 성공하면 전국적으로 확대시킴으
로써 시행착오를 최소화하면서 제도개혁을 성공적으로 수행할 수 있는 길
이 되는 것이다.

  하지만, 도시와 같이 인구가 밀집한 지역에서 낙후된 상가의 진흥이나
경쟁력의 강화를 위해서 기존의 규제를 완화하는 것은 곤란한 문제를 야기
할 수 있다. 진입규제를 완화하는 것은 도시지역에서는 난개발이나 과잉사
교육 또는 수도권집중 등의 부작용을 곧바로 불러올 위험도 존재하기 때문
이다.

  미국의 상업활동촉진지구와 같이 재정수입과 재정지출의 측면에서 도시
주민들의 자율성을 인정하는 모델을 도입하게 되면 사업활동의 측면에서
는 규제가 완화되기 보다는 자율규제방식이기는 하지만 결과적으로 개별
사업자에 대한 규제를 더 강화하는 측면도 있다. 하지만, 국가와의 관계에
서는 민간이 자율적으로 부과금을 부과할 수 있고 운용도 자율적으로 수행
하므로 국가의 개입은 크게 완화되게 된다.

Ⅲ. 상업활동촉진지구제에 있어 주민자치방식의 특징과 그에 대한 비판

1. 상업활동촉진지구의 지정절차

미국에서 상업활동촉진지구의 지정절차는 주마다 다르다. 하지만 많은 주들에서 상업활동촉진지구로 지정되기 위해서는 주의 입법이나 지방정부 (local government)의 법령으로 이를 허용하는 근거가 마련된 후, 지방행정 기관에 의한 승인을 얻어야 한다. 이 승인을 얻기 위해서는 해당지역에서 일정한 수의 사업자들과 부동산소유자들의 찬성을 얻어야 한다. 주법에서 는 부동산소유자와 사업자들의 투표를 요구하고 일정한 비율의 찬성을 얻 을 것을 요구하지만 논의과정을 거쳐서 지지분위기가 확인되면 지정절차 를 밟을 뿐 실제로 투표가 이루어지는 경우는 드물다고 한다.[7] 주법은 사업 자들과 토지소유자들에게 부과할 수 있는 부과금(Assessment)의 종류와 관 리조직의 활동범위를 규정한다. 공공서비스를 계획하고 그 내용을 결정하 기 위한 관리조직으로는 관리위원회(a board of Directors)가 있다. 또, 지방 의회가 관리조직의 예산지출을 감사한다. 관리조직의 활동내용은 각 도시 지역사정에 따라 달라질 수 있고 현실적으로도 매우 다양하지만, 가장 전 형적인 활동은 사업지구를 "깨끗하고 안전하게"("clean and safe") 하는 활 동이다. 상업활동촉진지구제가 성공하기 시작하면서 점점 그 활동범위를 넓혀가기도 한다.

상업활동촉진지구로 지정되기 위해서는 부동산소유자와 기업과 같은 사 업자들이 이 지구가 제공할 서비스의 내용, 지역적 범위, 그리고 그 운영에 필요한 예산과 각자에게 할당될 부과금 등을 담은 상세한 지구계획을 작성 하여 시에 제출하여 승인을 받아야 한다. 시의 도시계획위원회는 이 계획

---

7 Richard Briffault, a.a.O., pp.377-381.

을 심사하여 찬성 또는 반대의 의사표시를 하여 시장과 시의회에 제출한
다. 시의회는 공청회를 개최하고 30일의 기간동안 이 계획에 대한 반대의
견의 존재여부를 확인한다. 반대의사를 표시할 수 있는 권리를 가진 자는
이 지구의 부동산소유자들일 뿐, 주거목적이나 상업목적으로 살고 있는 임
차인들은 반대할 권리를 갖지 못한다. 당해 지역의 전체 부동산가액의 51%
를 차지하는 소유자들이 반대한다면 지구는 지정되지 못한다. 충분한 반대
가 없으면 시가 지정여부를 결정하게 된다.

2. 주민자치를 위한 활동방식과 그 구체적인 활동내용

사업활동에 필요한 공공서비스를 보충적으로 공급하는 관리조직은 비영
리조직 내지 준행정기관으로서 활동한다.[8] 예를 들어, 일정한 유니폼을 착
용하는 직원을 수십명 채용하여, 이 지역의 주차장을 확대하고, 가로등의
수를 늘리며, 거리의 페인트의 색깔을 밝게 하거나 거리경관을 조성하고
기념물을 만들며 매일 아침 거리청소를 하는 등의 위생상태의 개선으로 빈
사무실의 비율을 크게 낮추는데 성공하기도 한다. 또, 치안을 유지하고 거
리의 노숙자들을 직업훈련생으로 고용하여 일과 식사를 제공하고 이 지역
을 방문하는 잠재적 고객들에게 정보를 제공하는 등으로 거리의 이미지를
쾌적하고 산뜻하며 편리하게 바꾸어 고객들을 끌어들인다. 그들은 범죄자
를 체포할 권한은 없지만 경찰과 협력체제를 갖추어 관리조직의 건물내에
경찰이 상주할 수 있는 공간을 제공하기도 하며 경찰에 신고할 수는 있다.
축제를 개최하거나 기념품을 만들기도 한다. 더 나아가 침체된 도심지의
상업활동의 부활을 위하여 전체적인 사업방향의 재조정과 사업자들의 사

---

8 뉴욕의 타임스스퀘어지구(www.timessquarebid.org)나 그랜드 센트럴지구(www.lincolnbid.
　org) 또는 로스앤젤레스의 다운타운지구(www.downtownla.com) 등의 홈페이지를 방문
　하면 그 활동내용을 알 수 있다.

업전환교육과 정보제공 등의 업무까지 담당하기도 한다.

3. 상업활동촉진지구제에 대한 비판, 재반박과 개선을 위한 대안들

1) 상업활동촉진지구제에 대한 비판과 그에 대한 재반박

첫째, 관리조직이 제한적이지만 정부권력과 유사한 권력을 행사하고 있고 지정이후에는 여러 제약이 따름에도 불구하고 토지소유자나 사업자 등 재산권자들만의 투표에 의해 상업활동촉진지구의 지정여부를 결정하기 때문에 임대해서 살고 있는 거주자들의 의사를 무시한다는 점이다. 즉, 관리조직이 제공하는 공공서비스는 전통적인 정부기능인 화재방지, 범죄방지, 공중위생상태개선, 거리환경개선, 노숙자보호 등과 같은 것임에도 불구하고 민주주의의 기본원칙인 1인 1표원칙을 무시하고 상업활동촉진지구의 지정신청여부와 운영방법을 결정한다는 비판이 제기되었다.[9]

둘째, 거두어들인 부과금은 오직 해당 지역내에서만 사용하기 때문에 부자지구와 가난한 지구간의 격차를 확대하거나 부자지구의 문제를 가난한 지구로 전가시키기만 할 뿐 도시전체의 문제를 줄이는 데는 별 기여를 하지 못한다는 비판이 제기되고 있다.[10]

셋째, 관리조직이 노숙자들을 폭행하거나 거두어들인 부과금에 대해 임직원에 고액임금을 지불하거나 필요한 설비와 기자재를 고가에 구입하는 등 방만하게 운영하여 재정의 위기를 초래하는 문제도 발생했다. 특히, 뉴욕과 같은 세계적인 대도시에서 특정한 지구를 관리하는 조직이 운영하는 재원과 활동내용은 다른 중소도시의 예산이나 활동내용보다 더 커지거나

---

9 David J. Kennedy, Restraining the Power of Business Improvement Districts: The Case of the Grand Central Partnership, Yale Law & Policy Review 15, 1996. pp.314-317.
10 David J. Kennedy, a.a.O., pp.319-321.

많아질 수도 있기 때문에 그 위험성은 상당한 것으로 나타났다.[11]

이러한 비판에 대하여 다음과 같은 재반박이 있다.

첫째, 도시공간에서 발전을 위한 필요가 매우 큼에도 불구하고 적절한 조치가 취해지지 못한 것은 그 활동에는 비용이 들고 여러 아이디어들을 조직화할 수 있는 인력과 프로그램이 필요한데 그것이 없었기 때문이다. 그런데, 발전의 수혜자들 모두가 의무적으로 부담금을 내지 않아도 된다면 무임승차자문제 때문에 타인의 눈치를 보며 부담금을 내지 않거나 적게 내려 할 것이므로 주민자치방식에 의한 지역발전노력은 성공하기가 어려울 것이다.[12] 하지만, 발전의 혜택도 누리면서 부담금을 필요한 만큼 낼 의지를 가지고 있는 자는 당해 지구에 토지나 건물 등 부동산을 가지고 있는 자일 수밖에 없다. 따라서, 부담금을 지급할 의무를 부과한 만큼 이들에게 투표권을 주는 방식을 취하게 된 것이다.

둘째, 하나의 도시내에도 여러 지구간에 그 모습이 다양한 것은 오히려 바람직하다고 할 수 있고, 각 지구는 경쟁을 통해 다양한 자기 지구만의 특색을 발전시켜가게 될 것이다. 실제로 상업활동촉진지구의 운영자들은 주민들에게 보다 밀착하여 그들의 수요에 맞추어 전문적이며 특화된 공공서비스를 제공함으로써 죽어가던 도시공간들을 부활시킨 주역으로 인식되는 경우가 많다.[13] 문제는 낙후지구의 가속적인 슬럼화위험인데, 이에 대해서는 자치단체가 일정한 보조금의 지원을 통해 상업활동촉진지구의 설립과 운영을 위한 재원을 지원하여 해결할 수 있을 것이다.

---

11 David J. Kennedy, a.a.O., pp.321-324.
12 Mark S. Davies, Business Improvement Districts, Wash. U. J. Urb. & Contemp. L. 52, 1997, pp.201-205.
13 Elisabeth M. Currie, EXPLORING THE GROWTH OF SPECIAL DISTRICT GOVER-NMENTS: RESULTS OF A MINNESOTA SURVEY, Hamline Journal of Public Law & Policy 21, 1999, pp.67-93.

셋째, 서로 잘 아는 주민들로 이루어진 공동체는 주민 각자에게 유대감
과 협력을 통한 발전을 가능하게 해준다. 범죄와 환경오염을 예방하며 마
을의 경조사에 협력적으로 대처할 수 있게 해준다. 그런데, 마을공동체가
활성화되기 위해서는 공동이해관계있는 일을 처리하기 위한 공론공간으로
서 중심센타가 있어서, 여기에서 토론을 통해 마을의 공동문제에 대한 대
응방안을 모색하는 한편, 쇼핑하고 은행을 이용하면서 다수의 아는 사람들
과 자연스럽게 접촉할 수 있어야 한다.[14] 이를 위해 마을공간은 너무 넓지
않고 걸어서 부담없이 갈 수 있는 거리구역에 한정되어야 한다. 상업활동
촉진지구의 관리조직과 그 건물은 마을단위에서 공론의 공간과 공공영역
을 확장시키는 기능을 수행한다. 또, 많은 새로운 고객들을 끌어들여 서로
만나게 한다. 다른 지구에서도 촉진지구를 지정받아 서로 경쟁을 한다면
도시전체적으로도 범죄와 환경오염 등 도시생활의 부정적인 요소들이 줄
어들 것이다.

2) 제도개선을 위한 대안들

상업활동촉진지구가 오직 재산권자들의 이익을 증식시키기 위한 것에
머물지 않고 공익증진에 기여하도록 하여야 한다.

이를 위해, 첫째, 지구의 창설과 운영에 관하여 부동산소유자들이 과반
수의 투표권을 가지지 못하도록 투표원칙이 보다 평등하게 바뀌어야 한
다.[15] 임차인들의 목소리가 충분히 반영될 수 있도록 하여야 한다.[16]

둘째, 상업활동촉진지구의 창설, 존속기간, 차용할 수 있는 채무의 한도
등을 자치단체의회가 조례로 규정하거나 주민투표 등을 거치게 함으로써

---

14 Mark S. Davies, a.a.O., pp.205-215. 219-220.
15 David J. Kennedy, Restraining the Power of Business Improvement Districts: The Case
   of the Grand Central Partnership, Yale Law & Policy Review 15, 1996. pp.324-329.
16 Mark S. Davies, a.a.O., pp.216-217.

도시전체 시민들의 의사를 대변하여 시의 복리증진에 기여하는 방식으로 운영하도록 압력을 넣을 수 있어야 한다.

셋째, 시는 해당 지구에도 재정지원을 하고 있으므로 관리조직활동의 위법여부나 재정부실여부에 대한 감시와 감독을 하여야 한다.[17] 관리조직은 시와 시의회에 매년 운영상황에 대한 보고서를 제출해야 한다.

넷째, 지구의 건축외관과 용도가 지구의 특색에 맞도록 건축물을 개량할 수 있게 도시계획권이 관리조직에 더 많이 주어져야 한다.[18] 관리조직이 도시기본계획의 틀내에서 당해 지구에 대한 상세계획을 어느 정도 재량을 가지고 입안하는 것을 허용하되 그 내용은 시로부터 승인을 받도록 하여야 할 것이다.

다섯째, 가난한 지구들도 스스로 상업활동촉진지구를 창설하여 운영할 수 있도록 시는 자금과 전문인력을 지원하여야 한다.[19]

Ⅳ. 주민주도적 상업활동촉진을 위한 한국형 모델의 개발필요

1. 규제완화형 특구와 일방적 재정지원정책의 한계

2004년 제정된 지역특화발전특구에 관한 규제특별법이 2018년 10월 16일 '규제자유특구 및 지역특화발전특구에 관한 규제특례법'으로 전면개정되었다. 규제완화형 특구는 사업촉진을 위해 특정 지구에 한정하여 규제를

---

17 Brian R. Hochleutner, NOTE: BIDS FARE WELL: THE DEMOCRATIC ACCOUNT-ABILITY OF BUSINESS IMPROVEMENT DISTRICTS, New York University Law Review 78, 2003, pp.374-404.

18 Mark S. Davies, a.a.O., pp.218-219.

19 Mark S. Davies, a.a.O., pp.220-221.

완화하는 방식으로서 지역사회의 창의력과 잠재력이 활용될 수 있는 공간을 제공하기 위해 기획된 것으로서 우리나라에서 15년 이상 꾸준히 지정되고 활용되어 상당한 효과를 거두고 있는 것은 사실이다.

하지만, 도시지역의 낙후된 상가의 진흥이나 경쟁력의 강화를 위해서 기존의 규제를 완화하는 관점만으로는 한계가 명확한 측면도 있다. 쇼핑몰이나 백화점 등과 경쟁해야 하는 재래시장이나 도심 상가의 입장에서는 낙후지역의 현대화와 상가의 종합적 관리를 위한 재원이 마련되고 전문가가 관리자로서 상가 전체의 행사 등을 관리하며 상충되는 상가입점자들의 이해관계들을 조정하는 등 보다 맞춤형으로 전문적이고 종합적인 접근이 필요하기 때문이다. 단순한 규제완화만으로는 너무나 불충분하다.

미국의 상업활동촉진지구모델이나 이를 수용한 독일의 유사모델들[20]은 도심부의 상업활동(예, 재래시장의 부활, 전통 카페촌의 활성화)을 촉진시키고 대도시의 상업지역에까지 특구간 경쟁을 끌어들이고 있다. 이 모델을 도입하게 되면 사업활동의 측면에서는 규제가 완화되기 보다는 자율규제 방식이기는 하지만 결과적으로 개별 사업자에 대한 규제를 더 강화하는 측면이 있다. 하지만, 재정과 관련된 측면에서는 민간이 자율적으로 부과금을 부과할 수 있도록 하므로 정부개입을 크게 완화시키고 있다.

도심지역들은 인구밀집지역으로서 규제철폐방식의 특구추진이 매우 어렵기 때문에 미국의 상업활동촉진지구와 같은 조세특구방식이 한국에서도 주요모델로 고려될 수 있을 것으로 보인다. 예를 들어, 교육, 노동, 주택, 복지, 의료, 환경, 치안 등 공공성이 강하거나 특수한 사업영역에 한정하여 특구지역의 산업활성화나 삶의 질의 향상을 추구하는 방식이 도입될 수 있을 것이다.

정부는 도시의 낙후된 상가의 부흥을 위해 규제완화방식과 달리 재정자

---

20 김준규, 상업촉진지구를 통한 민간개발의 도시개발법적 문제, 토지공법연구 제71집, 2015, 107면 이하 참조.

원을 투입하여 하드웨어를 개선하는 방식을 취하기도 한다. 개선비용의 전부 또는 일부를 정부가 지원하는 방식이다. 또는 재정의 한계 때문에 전통음식거리와 같이 지구나 거리를 단순히 지정하기도 한다. 하지만, 이와 같이 관주도로 전통 상가의 하드웨어를 정비하기 위해 재정지원하거나 거리를 지정하더라도 그것을 주민자치방식의 상업촉진방식이라고 부르기는 어려울 것이다. 전통적인 관주도의 공영개발방식에 가까울 뿐이어서 민간이 필요한 경비를 공과금형태로 부과하고 민간이 그 비용이나 상가관리프로그램을 독자적으로 집행하고 운영하는 방식과는 거리가 멀기 때문이다. 우리 정책결정자들에게 이 방식을 시행할 의지도 부족해 보인다.[21]

이제 우리나라에서도 재래시장 및 도심 상가 등의 활성화정책과 같은 도시관리정책의 설계와 추진에 있어 소프트웨어를 경시하고 하드웨어를 중시하는 태도나 재정제도의 운영에 있어 민간의 주체적 역할에 대한 관의 불신이 극복되어야 한다. 특구를 지정하여 그 지구의 관리를 전문가에게 위탁하고 그 운영경비를 공과금의 방식으로 사인들에게 징수하여 집행하는 방식, 즉, 주민자치방식의 수용여부에 대해서도 보다 긍정적으로 진지하게 고민해볼 시점이 되지 않았나 생각한다.

2. 다양한 주민주도적 특구제도들의 도입필요

(1) 규제완화, 주민주도적 재원마련방법들과 전문적 프로그램들이 결합된 특구제도들의 도입필요

종래의 조세와 예산에 관한 연구는 국가가 주도권을 가지고 조세징수와 예산지출에 관한 권한을 가지고 행사하면서 매우 제한된 범위에서 지방자치단체가 지방세의 징수와 지방재정지출의 권한을 갖는 시스템을 전제로

---

21 동지의 문제의식은, 길준규, 상계논문, 126-127면.

하고 있었다. 정부가 제공하지 않는 공공서비스의 주도적이고 자율적인 공급을 위하여 국가나 지방자치단체가 아니라 주민자치조직과 같은 민간기구가 조세와 유사한 부과금을 징수한다는 발상은 고려될 수가 없었다.

미국의 상업활동촉진지구제에 있어서 공공서비스의 제공비용의 가장 큰 원천인 부과금(Assessment)은 토지나 건물의 가격에 따라 비례적으로 부과된다. 이 부과금을 주요재원으로 하여 민간관리조직은 시가 제공하지 않거나 부족하게 제공하는 공공서비스를 보충적으로 제공한다.

우리나라의 전통시장이나 도심 상가의 활성화정책의 추진과정에서 시장의 도로나 건물의 외관 등 하드웨어에 치중하는 정책은 시장지역의 특색있는 운영프로그램과 결합되지 않는다는 치명적인 결함을 가지고 있다. 젊은 고객들을 끌어들이기 위해 가수를 초청하거나 각종 문화행사 등을 개최하는 등 고객의 구미에 맞는 다양한 아이디어들을 끊임없이 제공하는 백화점이나 대형할인점과 비교할 때, 초기의 하드웨어개축이 끝나고 어느 정도 시간이 흘러가면 다시 시장과 상가의 침체를 가져올 가능성도 크다고 생각한다.

문제는 전통시장이나 도심 상가 등을 현대적인 상가로 유지할 수 있는 관리조직이 존재하면서 필요한 자금과 전문성을 확보하여 지속적으로 쾌적하고 매력적인 상가로 유지될 수 있게 하여야 한다는 점이다. 현재 존재하는 상가번영회조직은 필요한 자금도 부족하고 운영프로그램이나 인력 그리고 전문성도 부족한 실정이다. "소요되는 재원과 사업실행을 위한 인력과 프로그램 구성에 한계가 있어 관중심의 재생사업이나 계획적 개선에 의존"[22]만 하는 현재의 활성화정책들은 다양한 프로그램들을 개발하고 수용하는 것에도 한계가 있고 주민들의 책임감있는 참여를 유도하는 데에도 한계가 있다.

---

22 이운용·김민경이정형, 미국의 도시재생수법으로서 BID(Business improvement districts)에 관한 연구, 한국도시설계학회지 제9권 제2호, 2008.6, 56면.

이 점에서 미국의 상업활동촉진지구의 관리자제도에 대한 심층적인 연구는 새로운 정책과 제도개발에 많은 도움을 줄 수 있을 것이다. 관리조직의 운영방식에 있어 민관협조로 조세유사의 부과금을 부과하고 징수하여 그것을 재원으로 해당 지구의 상업활동을 촉진시키는 방식은 시장의 상가 관리조직의 운영을 위해서도 모델이 될 수 있을 것이다.

또, 민간전문가가 관리자가 되거나 관리위원회를 구성하여 상업활동촉진지구를 운영하되, 시나 자치구와 같은 지방자치단체들이 촉진지구의 신청을 받아 승인을 하는 것을 넘어,[23] 행정기관이 해당 지구의 관리에 필요한 비용을 조세나 준조세와 같이 징수하고 체납관리를 하며 지방의회는 감사를 하는 방식으로 공사협력이 이루어질 수도 있을 것이다.[24]

자본사정이 열악한 지방 사업자들을 위하여 국가나 지방자치단체의 재정지원이나 세금감면 등과 연계해 주민이 활성화비용을 부담하도록 하는 방안도 모색할 필요가 있을 것이다.

(2) 전통시장 및 상점가 육성을 위한 특별법의 의의와 한계

우리 입법자들도 전통시장, 재래시장이나 도심 상가의 침체가 지방소멸에 미치는 영향을 인식하고 2002년 1월 26일 '중소기업의 구조개선과 재래시장활성화를 위한 특별조치법'을 제정하였다가, 2006년 4월 28일 '재래시장 및 상점가 육성을 위한 특별법'으로 전부개정하고, 이어서 다시 2009년 12월 30일 '전통시장 및 상점가 육성을 위한 특별법'으로 개정하여 오늘에 이르고 있다.

---

23 현행 도시계획체제제상 주민에게는 도시계획의 입안을 제안할 수 있는 권리를 부여하고 있으나(국토의 계획 및 이용에 관한 법률 제26조 제1항) 아직까지 그 활용도는 높지 않다.

24 이영주·최승담, 상업활동촉진지구(BIDs)의 도입을 통한 도시형 관광특구 활성화방안 연구, 서울도시연구 제9권 제3호, 2008.9, 147면.

2020년 8월 현재 전통시장 및 상점가 육성을 위한 특별법은 74개조로 되어 있는데 유통산업발전법과 함께 시장과 상점가의 규율을 위한 가장 중요한 법률이 되었다. 이 법률에서 입법자는 낙후된 전통시장과 상점가의 재생과 발전을 위하여 공공부문에서 가능한 다양한 지원방안들의 법적 근거를 규정하였다. 그 주요 내용들을 열거하면, 문화관광형 시장의 지정과 육성, 주말시장의 지원, 농어민직영매장의 설치지원, 청년상인의 육성, 빈 점포의 활용촉진, 공유재산의 사용허가, 수익허가와 대부 특례, 국공유지 사용료 감면, 공영주차장 주차요금 감면, 상권활성화구역의 지정, 상업기반시설 현대화사업의 지원, 임차상인 및 입점상인의 보호, 공동사업의 활성화, 온누리상품권의 발행, 시장정비사업의 촉진, 상인회가 공동사업 경비를 회원으로부터 징수한 권한의 부여(전통시장 및 상점가 육성을 위한 특별법 제65조 제5항), 안전과 질서의 유지를 위한 시장관리자 제도의 도입(제67조) 등을 규정하고 공금의 유용 등을 막기 위해 포상금제도(제70조의 2)를 도입하고 있다.

이상에서 간략히 소개하였듯이, 전통시장 및 상점가 육성을 위한 특별법의 제정자는 낙후된 전통시장과 상점가의 재생과 발전을 위하여 공공부문에서 가능한 지원방안들을 망라적으로 도입하였다. 이 법률은 상인회에 의한 비용징수권을 인정하고 있지만, 기본적으로 국가의 공공재원을 투입하는 방법, 즉, 관주도의 접근방법을 중심으로 전통시장과 상점가를 현대화하겠다는 접근방법을 채택하고 있다. 그리고 공금의 부정사용을 막기 위해 포상금제도나 취소권과 같은 전통적 제재권을 규정하였다.

이 법률에 나타난 접근방법의 기본적인 한계는 상업활동의 촉진이라는 과제의 특성에 대한 인식이 부족하다는 점이다. 전통적인 공영개발관점과 사회적 약자에 대한 사회국가적 접근방법에 따라 국가가 재정지원을 할 수 있는 재량권을 규정하였을 뿐이다. 저성장사회에서 현대 상업활동의 촉진 정책은 노약자나 장애인에 대해 사회복지관점에서 국가가 급부활동을 하는 것과 달라져야 한다. 상업활동이란 장사를 해서 돈을 벌고자 하는 사업자의 이기심이 가장 기본적인 동력인데 그것이 잘 작동하지 않는 원인이 무엇인가를 엄밀히 진단하여 그 경제하려는 의지가 시장에서 잘 작동하도록 해야 한다. 사건으로는 문제의 핵심은 삶의 질에 대한 관심이 높은 시장의 수요자들을 만족시키기 위해 필요한 질높은 상품과 서비스를 제공할 능력을 상인들이 갖추지 못하고 있다는 점이라고 생각한다. 이 관점에서는 전문가인 매니저, 그의 활동을 뒷받침할 재원, 그리고 상인들의 적극적인 동참을 이끌어내기 위해 상인 각자의 비용납부가 반드시 필요하다고 생각한다. 정부의 지원으로 물리적 공간과 하드웨어를 현대화하는 것에만 중점을 두는 것은 정부의 재정한계 때문에 지원대상도 한정되고 지원비율도 제한될 수밖에 없을 뿐만 아니라 상품이나 서비스의 질제고에도 그다지 도움이 안될 것으로 생각한다. 새마을지도자가 마을의 현대화를 주도하고 마을 주민들이 적극적으로 동참했던 새마을운동에서와 같이 주민주도 그리고 사업자주도의 모델에 대한 새로운 재해석이 필요하다고 본다.[25]

3. 도시계획의 경직성과 기존 지구단위계획제도의 운용에 있어 주민자치방식의 도입필요

미국의 상업활동촉진지구의 예에서 알 수 있듯이 이제 지구들(Districts)도 통일된 이미지[26]를 가진 하나의 기업처럼 다양한 아이디어를 가지고 경쟁시장에 뛰어드는 시대가 되었다. 지식정보사회에서 날로 격화되는 국제적 경쟁을 이겨나가기 위해 지구정책도 특구아이디어와 결합하여 다양한

25 선정원, 새마을운동과 주민자치방식의 지역발전, 지방자치법연구 제6권 제2호, 2006, 123면 이하 참조.
26 홍창근, 지구단위계획을 통한 도시경관관리방안, 토지개발기술 2001년 여름호, 167-192면. 도시의 외관을 아름답게 하고 시민생활환경의 질적 수준을 제고하기 위해서는 도시경관의 적절한 콘트롤이 필요하다.

아이디어들이 출현할 수 있도록 새로운 제도가 설계되어야 한다. 하지만, 우리나라 도시지역에서 지구제의 운영은 제도도입의 취지를 살리지 못하고 매우 경직적이고 중앙집권적으로 운영되고 있다.

구 도시계획법(2000년 7월 1일 효력발생)은 도시계획을 지역특성에 따라 탄력적으로 운용하고[27] 도시를 보다 입체적으로 관리하여 도시의 기능과 미관을 개선시키기 위한 의도로,[28] 도시계획법상 상세계획제도와 건축법상 도시설계제도를 통합하여 지구단위계획제도를 도입하였다. 이어서, 도시계획법과 국토이용관리법을 폐지하고 제정된 국토의 계획 및 이용에 관한 법률은 2003년 1월 1일부터 효력을 발생하였는데, 제4절(제49-55조)에서 도시지역뿐만 아니라 농어촌지역에서도 지구단위계획제도의 도입이 필요하다고 보아 이 구역의 적용영역을 확장하고 있다. 또, 지구단위계획의 계획수립대상지역을 법에서 별도로 열거하지 않고 도시계획구역내 필요한 지역이면 어디든지 수립할 수 있도록 하였다.

하지만, 지구단위계획의 운용방식에 있어 주민참여나 주민의 의견은 적절히 반영되고 있지 않아 과거의 도시계획의 수립관행이나 집행관행에서 크게 벗어나지 못하고 있다. 주민은 국토의 계획 및 이용에 관한 법률 제26조 제1항 제2호에 의해 지구단위계획의 입안을 제안할 수 있지만, 국가나 광역자치단체 차원에서 기성시가지의 정비 등의 명목으로 상당한 재정지원이 이루어지는 일본과 달리,[29] 우리나라의 경우에는 지역주민의 계획제안을 유도할 수 있는 적극적인 유인조치도 없고, 지역주민 스스로 계획을 수립할 전문성을 갖추기도 어렵기 때문에 주민제안제도가 거의 이용되지 않고 있다.

---

27 정락형, 도시계획법 개정안의 주요내용, 국토, 1999, 87면.
28 도영준, 지구단위계획의 작성기준에 관한 연구, 호남대학교 논문집 제21집, 2000.12, 827-842면.
29 정철모·고선하, 도시계획상 지구단위계획의 도입과 활성화방안에 관한 연구, 지역사회개발연구 제24집 제1호, 1999.6, 102-103면.

또, 지구단위계획의 유용성은 자치단체 등이 주민의 협력을 얻어 시가지의 기본틀을 계획한 후 기간을 한정하지 않고 개별 토지소유자나 건물소유자들이 이 계획에 맞도록 건물이나 시가지를 바꾸어가는 것에 그의 중요한 의미가 있지만,[30] 우리나라의 경우에는 단일 사업주체나 몇 개의 기업들에 의존하여 특정 지구를 개발하는 방식만이 널리 이용되고 있다는 점도 문제이다. 행정이나 일부 사업자의 일방적인 주도에 의한 도시계획은 많은 시간과 비용을 투자한 개발계획임에도 불구하고 인근주민들의 반대에 부딪쳐 대폭적인 변경이나 포기가 불가피하게 되는 경우도 빈번해지고 있다.[31]

전국의 중소도시를 포함한 도시지역의 쇠퇴를 막기 위해 수많은 소기업들과 자영업자들의 사업활동의 촉진은 불가피한 시대적 요구가 되고 있다. 지구제가 현재와 같이 중앙집권적으로 경직되게 운영되게 해서는 안된다. 각 지구가 보유한 자원과 비교우위점을 살릴 수 있도록, 도시 전체의 미관보호에 반하지 않고 도시의 무질서를 조장하지 않는 한, 해당 지구의 사업자들과 주민들이 관리조직을 결성하여 주체적으로 그들이나 다른 전문가의 아이디어를 토대로 운영될 수 있는 방식이 모색되어야 할 것이다. 지나치게 중앙집권적인 지구제운영은 각 지구의 실정에 맞는 정책아이디어의 부족으로 지구의 고유한 특성과 잠재력이 반영되지 못하고 있고, 각 지구가 다른 지구에 대해 갖는 비교우위에 특화하고 집중할 수 있는 기회를 상실시키고 있다. 주민과 지역사업자들의 주체적 참여와 자발적 아이디어들을 활용할 수 있도록 기초자치단체들과 주민들에게 지구공간의 설계와 이용에 관한 권한을 확대해갈 필요가 있다 하겠다.

---

30 안건혁, 특별지구단위계획의 도입과 수립방안, 국토, 2000.12. 33-34면.
31 김세용, 지구단위계획에서 주민참여에 관한 연구, 대한건축학회논문집 제18권 제9호, 2002.9, 279면.

참고문헌

I _ 01

정기태, 현대국가에 있어서 행정의 역할변화와 보장국가적 책임, 공법연구 제44집 제1호, 2015.

정홍준, 영국정부는 민간위탁을 왜 재공영화했나, 비정규노동 제139호, 2019.11.

채준호, 영국 공공부문 아웃소싱(민간위탁)사업의 인소싱 사례, 국제노동브리프, 2019.6.

Anna Leisner-Egensperger, Rekommunalisierung und Grundgesetz, NVwZ 2013.

APSE, Insourcing: A guide to bringing local authority services back in-house, 2009.

APSE, Rebuilding Capacity - The case for insourcing public contracts, 2019.

APSE, The value of returning local authority services in-house in an era of budget constraints, 2011.

Democratising Local Public Services, The Labour Party Report (https://labour.org.uk), 2019.7.

Djuna Thurley/ Federico Mor/ Lorna Booth/ Lorraine Conwa, The collapse of Carillion, House of Commons Library, 2018.3.14.

Emanuele Lobina/ Satoko Kishimoto/ Olivier Petitjean, GLOBALER TREND DER REKOMMUNALISIERUNG DES WASSERS, 2015.

Ernst Forsthoff, Die Verwaltung als Leistungsträger, 1938.

Hartmut Bauer, Von der Privatisierung zur Rekommunalisierung - Einführende Problemskizze, in ; Hartmut Bauer/Christiane Büchner/Lydia Hajasch (Hrsg.) Rekommunalisierung öffentlicher Daseinsvorsorge, KWI Schriften 6, 2012.

Hartmut Bauer / Christiane Buchner / Lydia Hajasch (Hrsg.), Rekommunalisierung offentlicher Daseinsvorsorge, Universitätsverlag Potsdam 2012.

House of Commons Public Administration and Constitutional Affairs Committee, After Carillion: Public sector outsourcing and contracting, 2019.

Isabel Stirn, Rekommunalisierung der Versorgungsaufgaben, KommJur 2011.

Klaus Lange, Öffentlicher Zweck, öffentliches Interesse und Daseinsvorsorge als Schlüsselbegriffe des kommunalen Wirtschaftsrechts, NVwZ 2014.

Kleve/Gayger, Die Rekommunalisierung in der Beihilfenrechtsfalle? NVwZ 2018.

Mag/ Susanne Halmer/ BA MMag/ Barbara Hauenschild, (Re-)Kommunalisierung öffentlicher Dienstleistungen in der EU, 2012.

Mark Sandford, Local government: alternative models of service delivery, www.parliament.uk., briefing-papers, 2019.

Mo Baines, The Case for Insourcing Public Contracts, classonline.org.uk, 2019.7.15.

National Audit Office, The Role of Major Contractors in the Delivery of Public Services, 2013.

Österreichische Gesellschaft für Politikberatung und Politikentwicklung, Rekommunalisierung in Europa, 2019.

Schmidt, Rechtliche Rahmenbedingungen und Perspektiven der Rekommunalisierung, DÖV 2014.

Voßkuhle, Andreas. Beteiligung Privater an der Wahrnehmung öffentlicher Aufgaben und staatliche Verwaltung. VVDStRL 62, 2003.

Ⅰ _ 02

김수진, 지역특화발전특구와 계획고권, 지방자치법연구 제4권 제1호, 2004.

오용석, 세계 경제특구의 유형 및 전략과 남북한 경제통합에의 응용, 남북한의 경제체제와 통합(한국비교경제학회 편), 박영사, 1995.

존 레비 지음(서충원/변창흠 옮김), 현대 도시계획의 이해, 한울 아카데미, 2004

David J. Kennedy, Restraining the Power of Business Improvement Districts: The Case of the Grand Central Partnership, 15 Yale Law & Policy Review, 1996.

Heather Barr, MORE LIKE DISNEYLAND: STATE ACTION, 42 U.S.C. 1 1983, AND BUSINESS IMPROVEMENT DISTRICTS IN NEW YORK, 28 Columbia Human Rights Law Review, 1997.

Janet Thompson Jackson, Can Free enterprise cure Urban Ills? : Lost Opportunities for Business Development in Urban Low-Income Communities through the New Markets Tax Credit Program, 37 U. Mem. L. Rev. 2006-2007.

Jerry Mitchell, Business Improvement Districts and the Shape of American Cities, 2008.

Lawrence O. Houstoun, Jr., Business Improvement Districts, 2ed., 2003.

Lucie E. White, Feminist Microenterprise Vindicating the Rights of Women in the New Global Order? 50 Me. L. Rev., 1982.

Martha Minow, Public and Private Partnerships : Accounting for the New Religion, 116 Harv. L. Rev. 2002-2003.

Mary Kay Falconer, Special Districts: The "Other" Local Governments － Definition, Creation, and Dissolution, 18 Stetson Law Review 1988-1989.

Michael Diamond, Community Economic Development : A Reflection on Community, Power and the Law, 8 Journal of Small and Emerging Business Law 2004.

Michael H. Schill, Assessing the Role of Community Development Corporations in Inner City Economic Development, 22 N.Y.U. Rev. L. & Soc. Change, 1996-1997.

Naohiro Yashiro, Japan's New Special Zones for Regulatory Reform, 12 International Tax and Public Finance, 2005.

Rachel Weber, Why Local Government Development Incentives Don't Create Jobs : The Role of Corporate Governance, 32 The Urban Lawyer 2000.

Richard Briffault, A Government for Our Time? Business Improvement Districts and Urban Governance, 99 Colum. L. Rev., 1999.

Scott L. Cummings, Community Economic Development as Progressive Politics : Toward a Grassroots Movement for Economic Justice, 54 Stan. L. Rev. 2001.

Sigmund G. Ginsburg, Management in the Midst of the Urban Crisis - Twenty-Five Years Later, 26 The Urban Lawyer, 1994.

Susan R. Jones, Small Business and Community Economic Development : Transactional Lawyering for Social Change And Economic Justice, 4 Clinical L. Rev., 1997-1998.

William H. Simon, Lawyering for a New Democracy : The Community Economic Development Movement, Wis. L. Rev., 2002.

William H. Simon, The Community Economic Development Movement, Duke University Press, 2001.

Wilton Hyman, Empowerment Zones, Enterprise Communities, Black Business, and Unemployment, 53 Wash. U. J. Urb. & Contemp. L. 1998.

I _ 03

계기석·김형진, 지방대도시 도심의 기능활성화와 쾌적성제고 방안, 국토연구원, 2003.12.

김세용, 지구단위계획에서 주민참여에 관한 연구, 대한건축학회논문집 제18권 제9호, 2002.9.

김재기·민원배심제도의 성과분석과 인식에 관한 연구 : 대구시 수성구사례, 한국행정연구 제13권 제1호, 2004 봄호.

도영준, 지구단위계획의 작성기준에 관한 연구, 호남대학교 논문집 제21집, 2000.12.

서순탁, 사회적 자본 증진을 위한 도시계획의 역할과 과제 : 접근방법과 정책적 함의, 국토연구 제33권, 2002.4.

서태성, 지역발전과 주민참여형 거버넌스체제 구축방안, 국토 제252호, 2002.10.

선정원, 규제개혁과 정부책임- 건설산업의 규제개혁실패와 공법학의 임무 -, 공법연구 제30권 제1호, 2001.12.

선정원, 민원배심원제에 관한 고찰, 공법연구 제31권 제3호, 2003.3.

선정원, 권위들의 충돌과 합법성심사의 발전방향, 공법연구 제32권 제1호, 2003.11.

선정원, 일본의 구조개혁특구제도의 분석과 규제자유특구제도의 한국에의 도입방안, 법제 2003.9

선정원, 미국의 상업활동촉진지구와 주민자치방식의 지역발전, 공법연구 제32권 제4호, 2004.3.

심상욱, 일본에 있어서 기성시가지갱신을 위한 마찌즈꾸리계획에 관한 연구, 한국지역개발학회지 제13권 제2호, 2001.8.

안건혁, 특별지구단위계획의 도입과 수립방안, 국토 2000.12.

이상덕, Ernst Forsthoff의 행정법학방법론연구 -급부행정론과 제도적 방법론을 중심으로-, 2003.2. 서울대학교 석사.

임희지 외 3인, 지역적응형 가구단위 주거지 정비방안 연구, 서울시정개발연구원, 2003.

정락형, 도시계획법 개정안의 주요내용, 국토, 1999.

정철모·고선하, 도시계획상 지구단위계획의 도입과 활성화방안에 관한 연구, 지역사회개발연구 제24집 제1호, 1999.6.

정철모, 일본의 지구계획 활성화 사례를 중심으로 한 우리나라 지구단위계획제도 개선방안에 관한 연구, 도시행정학보 제13집 제2호, 2000.12.

정희남·박동길·김승종, 지역지구제의 행위규제 분석연구(Ⅱ) -지역지구제정비방향
  을 중심으로 -, 2003, 국토연구원.
최철호, 일본의 지방분권과 도시계획제도, 국토 제 268호, 2004.2.
홍인옥, 주거빈곤계층의 주거실태와 지원방안 - 비정상적인 주거를 중심으로 -, 국
  토 제270호, 2004.4.
Angela Hull, Neighbourhood Renewal : A toolkit for regeneration, GeoJournal 51,
  2001.
Bryan T. Downes, Toward Sustainable Communities : Lessons from the Canadian
  Expierence, Willamette Law Review 1995.
Bundesministerium für Verkehr, Bau- und Wohnungswesen, Strategien für die soziale
  Stadt, 2003.6.
Cattel V./Evans M., Neighbourhood Images in Est London. -social capital and social
  networks on two Est London Estates, 1999.
Ernst Forsthoff, Die Verwaltung als Leistungsträger, 1938.
Ernst Forsthoff, Begriff und Wesen des sozialen Rechtsstaates, in ; Ernst Forsthoff
  (hg.) Rechtsstaatlichkeit und Sozialstaatlichkeit, 1968.
Gunnar Folke Schuppert, Verwaltungswissenschaft, 2000, S.404-406. ; Wolfgang
  Hoffmann-Riem, Tendenzen in der Verwaltungsrechtsentwicklung, DÖV
  1997.
Hartmut Häußermann, Die Krise der "sozialen Stadt", Aus Politik und Zeitgeschichte
  Nr. 10 - 11 / 3./10. März 2000.
Heidede Becker, Thomas Franke, Rolf-Peter Löhr, Verena Rösner, Socially Integrative
  City Programme - An Encouraging Three-Year Appraisal, 2002.10
  ,Deutsches Institut für Urbanistik.
Janet Rowe/Colin Fudge, Linking national sustainable development strategy and local
  implemantation : a case study in Sweden, Local Environment, Vol.8-2, 2003.
Jeremy R. Meredith, Sprawl and the New Urbanist Solution, Virginia Law Review
  2003.
Jody Freeman, private parties, public functions and the new administrative law,
  Administrative Law Review 2000.
Johannes Hellermann, Örterliche Daseinsvorsorge und gemeindliche Selbstverwaltung,
  2000.
John Ferris/Carol Norman/Joe Sempik, People, Land and Sustainability : Community
  Gardens and the Social Dimension of Sustainable Development, Social Policy

& Administration Vol35, No.5, 2001.12.

Jörn Axel Kämmerer, Strategien zur Daseinsvorsorge - Dienste im allgemeinen Intersse nach der "Altmark" Entscheidung des EuGH, NVwZ 2004.

Julie M. Johnson/Jan Hurley, A Future Ecology of Urban Parks : Reconnecting Nature and Community in the Landscape of Children, Landscape Journal 21, 2002.

Jürgen Peters, Organisatorische Alternativen der Koordination von Umweltschutzaufgaben im kommunalen Bereich, ZfU 1986.

Karl Heinz Ladeur, Jenseits von Regulierung und Ökonomieseirung der Umwelt : Bearbeitung von Ungewißheit durch (selbst)organiesierte Lernfähigkeit - eine Skizze, ZfU 1987.

Mechthild Renner/Uwe-Jens Walther, Perspektiven einer sozialen Stadtentwicklung, RuR 4/2000.

Otto Bachof, Begriff und Wesen des sozialen Rechtsstaates, in ; Ernst Forsthoff (hg.) Rechtsstaatlichkeit und Sozialstaatlichkeit, 1968.

Paul S. Weiland, PREEMPTION OF LOCAL EFFORTS TO PROTECT THE ENVIRONMENT: IMPLICATIONS FOR LOCAL GOVERNMENT OFFICIALS, Virginia Environmental Law Journal 1999.

Peter Sieben, Was bedeutet Nachhaltigkeit als Rechtsbegriff?, NVwZ 2003.

Rainer Wolf, Der Ökologische Rechtsstaat als prozeduales Programm, in ; Roßnagel/ Neuser(hg.), Reformperspektiven im Umweltrecht, 1996.

Reiner Wahl, Verwaltungsverfahren zwischen Verwaltungseffizienz und Rechtsschutzauftrag, VVDStRL 46, 1983.

Richard Hales, Land Use Development Planning and the Notion of Sustainable Development : Exploring Constraint and Facilitation within the English Planning System, Journal of Environmental Planning and Management 43(1), 2000.

Social Exclusion Unit, A New Commitment to Neighbourhood Renewal, National Strategy Action Plan, 2001.

Thomas Darnstädt, Gefahrenabwehr und Gefahrenvorsorge, 1983.

Thomas Franke/Rolf-Peter Löhr, Neighbourhood Management - A Key Instrument in Integrative Urban District Development, Paper delivered at the EURA-Conference "Area-based initiatives in contemporary urban policy -innovations in city governance", Copenhagen, 17-19 May 2001.

Tina Bissey, State Comprehensive Planning in California, The Public Law Research,

2002.

Walker A./Walker C., Britain divided : The Growth of social exclusion in the 1980s and 1990s, 1997.

Werner Hoppe, Umweltschutz in den Gemeinden, DVBl. 1990.

William W. Buzbee, URBAN SPRAWL, FEDERALISM, AND THE PROBLEM OF INSTITUTIONAL COMPLEXITY, Fordham Law Review 1999.

Ⅱ_ 01

김남욱, 실질적 지방자치의 실현을 위한 법제로서 특례시 제도의 법적 쟁점, 지방 자치법연구 제19권 2호, 2019.

김남철, 지역균형발전의 법적 문제, 공법학연구 제4권 제1호, 2002.

김상묵·황종술, 도시재생활성화 및 지원에 관한 특별법의 문제점과 개선방안, 법 학연구 제60집, 2015.

대구광역시, 대구장기발전종합계획, 2014.

마스다 히로야(김정환 역), 지방소멸, 와이즈베리, 2015.

민성희, 인구감소시대의 국토계획, 국토 제435호, 2018.

안성조, 수도권 인구50%, 대구경북의 대응 방안은?, 대경 CEO Briefing 제591호, 2019.

이상호, 한국의 지방소멸 2018: 2013~2018년까지의 추이와 비수도권 인구이동을 중심으로, 고용동향브리프 2018년 7월호, 2018.

이순태, 시·군의 통합방법·절차와 외국 사례-일본의 시정촌 합병을 중심으로-, 지 방자치법연구 제11권 제4호, 2011.

임상현·변필성, 일본의 과소지역 정책동향과 시사점, 국토정책 Brief 제492호, 2014.

임현, 독일의 토지계획법제, 토지공법연구 제50집, 2010.

원광희·채성주·송창식, 인구감소시대 축소도시 활성화 전략: 한국의 중소도시를 대상으로, 충북개발연구원, 2010.

장교식·이진홍, 지방자치단체의 도시계획고권에 관한 고찰, 법학연구 제54집, 2014.

채성주, 일본 과소지역의 자립촉진 방침과 자립촉진 계획, 충북 FOCUS 제17호, 2010.

하혜영, 일본 인구감소지역대책 입법동향, 외국입법 동향과 분석 제4호, 2019.

한국지역학회, 지역·도시정책의 이해, 홍문사, 2019.

Harry Dent, Jr., The Demographic Cliff, Penguin Random House, 2014.

国立社会保障・人口問題研究所, 日本の将来推計人口(平成29年推計), 2017.

大阪府, 大阪府過疎地域自立促進方針, 2014.

総務省, 過疎対策の現況, 平成30年.

総務省, 地域力創造グループ 過疎対策室, 過疎地域の社会的価値に関する調査研究 報告書, 平成31年.

総務省 地域力創造グループ 過疎対策室, 過疎地域自立活性化 優良事例表彰, 令和元年度.

전주 뻥튀기 인구 목표 수정 필요, 전라일보, 2019.7.12.

II _ 02

고하라 다카하루(小原隆治), 일그러진 현행 제도 폐지 혹은 개편 절실, 월간 주민자치 제85호, 2018.

김남욱, 지방자치단체의 자주재원확보방안에 관한 연구, 지방자치법연구 제18권 제4호, 2018.

김상태, 일본의 지방분권개혁, 지방자치법연구 제10권 제3호, 2010.

류영아, 고향사랑기부제도 도입의 쟁점과 과제, 이슈와 논점 제1382호, 2017.

조재욱, 지역균형발전의 정치경제-고향세 도입의 실효성 시탐과 비판적 검토-, 지역산업연구 제42권 제3호, 2019.

신승근・조경희, 일본의 고향사랑 조세제도 도입방안에 관한 연구, 지방자치법연구 제17권 제1호, 2017.

심재승, 고향사랑기부제도를 활용한 지방자치단체 활성화의 실행가능성에 관한 연구. 한국지적정보학회지, 제19권 제3호, 2017.

임승순, 조세법, 박영사, 2014.

원종학, 일본의 고향납세제도와 시사점, 조세・재정 브리프, 2010.

염명배, 일본 '후루사토 납세' 제도에 대한 논의와 '한국형' 고향세 도입 가능성 검토, 한국지방재정논집 제15권 제3호, 2010.

염명배, 우리나라의 고향세제도 법제화 논의와 쟁점사안에 관한 연구, 한국지방재정논집, 제22권 제3호, 2017.

伊川正樹・최천규, 일본의 지방세법과 지방세조례와의 관계, 조세와 법 제1권 제2

호, 2008.

홍근석·염명배, 일본 고향납세제도 현황과 우리나라 적용 방안, 한국지방행정연구
　　원, 2019.

ふるさと納税研究会報告書, 平成19年.

宇賀克也, 地方自治法概説, 有斐閣, 2007.

水越康介·日高優一郎, ふるさと納税の普及新聞記事を用いた歴史的分析, Open
　　Journal of Marketing, 2016.7.

総務省, ふるさと納税研究会報告書, 平成19年.

内閣府{地方創生推進事務局, 地方創生応援税制（企業版ふるさと納税）活用の
　　手引き, 平成29年.

日本總務省, ふるさと納税に関する現況調査結果(令和元年度実施), 2019.

三角政勝, 自己負担なき「寄附」の在り方が問われる「ふるさと納税」, 立法と調査
　　371, 2015.

ふるさと納税, 東京都が離脱 全自治体で唯一, 制度に反対, 日本経済新聞 電子
　　版. 2019年5月24日閲覧.

Ⅱ_ 03

강현수, 주민의 인권과 권리를 보장하는 참여도시 만들기, 저성장 시대의 도시정
　　책, 한울아카데미, 2011.

관계부처 합동, 혁신도시 시즌2 추진방안, 2018.

국토교통부, 공공기관 지방이전 및 혁신도시 건설 백서 총괄편, 2016.

국토교통부, 20년 상반기 혁신도시 정주환경 통계조사 발표, 2020.8.12.

기획재정부, 2019년도 공공기관 경영평가편람(수정), 2019.

길준규, 지역혁신도시 지정의 토지공법적 검토, 토지공법연구 제29집, 2005.

김남철, 지방자치단체간의 갈등 완화를 위한 계획법상의 원칙, 공법연구 제29집 제
　　4호, 2001.

김영봉. 행정도시, 혁신도시, 기업도시 문제의 본질과 대책, CEO Report 제9호, 경
　　기연구원, 2009.

김희곤, 국토계획법제에 대한 평가, 토지공법연구 제52집, 2011.

대한국토·도시계획학회, (6정판)도시계획론, 보성각, 2016.

＿＿＿＿＿＿＿＿＿＿＿＿＿, 국토와 도시, 보성각, 2019.

류승한, 혁신도시의 신성장거점화를 위한 정책과제, 국토 제431호, 2017.

류장수·조장식, 이전공공기관의 지역인재채용 실태와 채용 결정요인 연구, 지역사
　　　회연구 제26권 제4호, 2018.

백민·안형순, 이전 공공기관 종사자의 혁신도시 정주환경 만족도 평가 분석, 한국
　　　콘텐츠학회논문지 제18권 제12호, 2018.

윤영모, 지역성장거점 육성을 위한 혁신도시 발전지원센터 활성화 방안, 국토 제
　　　439호, 2018.

이민원, 대한민국 플랜B로서 혁신도시 2.0 구축방안, 지역사회연구 제24권 4호,
　　　2016.

이병규, 지역균형발전의 헌법적 고찰, 공법학연구 제16권 제2호, 2015.

이승종·김혜정, (제2판)시민참여론, 박영사, 2018.

이정식, 지역균형발전의 새로운 패러다임, 국토계획 제36권 제2호, 2001.

임성호, 혁신도시와 연계한 원도심 활성화, 국토 제439호, 2018.

장교익·이진홍, 지방자치단체의 도시계획고권에 관한 고찰, 법학연구 제54집, 2014.

정훈, 지방자치단체의 계획고권과 국토의 균형발전, 토지공법연구 제84집, 2018.

조상균, 지방소재 법전원의 현안과 과제-지역인재 선발제도를 둘러싼 문제를 중심
　　　으로-, 법학논총 제39권 제3호, 2019.

황해봉, 기업도시, 혁신도시 및 행정중심복합도시 법제에 대한 토지공법적 검토,
　　　토지공법연구 제37집 제2호, 2007.

II _ 04

강식·김성주·김용준, 지구단위계획 권한이양에 따른 과제와 개선방안, 정책연구
　　　(경기연구원) 2010.11.

고상철·김천권, 거버넌스 시각에서 본 도시계획위원회 구성 체계와 운영에 관한 비판
　　　적 연구 : 인천광역시를 중심으로, 한국지역개발학회 세미나 논문집, 2017.6.

김권수, 서울시의 도시재생사업이 주민의 마을만족도와 공동체의식에 미치는 영
　　　향, 공공사회연구 제4권 제1호, 2014.

김남철, 지방자치단체의 계획고권과 국가의 공간계획, 토지공법연구 제6집, 1998.

김동건, 지방자치단체와 공간계획, 토지공법연구 제38집, 2007.

김보미, 지방자치단체의 공간계획 자치권에 관한 연구, 한국지방자치학회보 제29권 제4호, 2017.

김수근, 자치구 도시기본계획의 현실적 접근방향, 자치행정 제53권, 1992.8.

김세용, 지구단위계획에서 주민참여에 관한 연구, 대한건축학회논문집 제18권 제9호, 2002.

김영주, 지속가능한 커뮤니티 관점에서 본 일본의 마을만들기 사례분석, 한국가정관리학회지 제30권 제4호, 2012.

김영호·이정형, 서울시 지구단위계획 운영실태 분석에 관한 연구, 대한건축학회 학술대회 발표논문집 2002.10.

김창석, 자치구 도시기본계획의 계획이론적 고찰, 도시문제 286호, 1992.9.

김창석, 우리나라 자치구 도시기본계획의 개념정립에 관한 연구, 서울시립대학교 수도권개발연구소 연구논총 제18집 1992.12.

남재근, 민선단체장 출범에 따른 도시계획수립과정 변화에 관한 연구 - 부산광역시를 중심으로 -, 부산대학교 석사학위논문, 1998.

목정훈·박종현, 지구단위계획 주민참여 제고를 위한 주민약속활용 및 개선방안 연구, 한국도시설계학회지 제7권 제2호, 2006.

문상덕, 경관법과 지방자치, 지방자치법연구 제8권 제4호, 2008.

문석진, 지속가능한 마을공동체를 위한 지방자치단체의 역할, 공공사회연구 제3권 제2호, 2013.

문지원, 경관계획에서의 주민참여활성화를 위한 방향제시연구, 국토계획 제46권 제6호, 2011.

서울특별시, 2020년 목표 서울특별시 도시·주거환경정비 기본계획 본보고서, 2010.

서울특별시, 2025 서울특별시 도시·주거환경정비 기본계획 본보고서, 2015.

서울특별시, 2019년 주민자치회 시범사업 추진계획, 2019.3.

손상락, 지방자치단체 도시계획권 강화방안, 정책포커스 정책자문, 2004.

신봉기, 계획고권재론, 토지공법연구 제17권, 2003.

심교언, 서울시 자치구도시기본계획의 용도지역계획상에 나타난 문제점 및 개선방향에 관한 연구, 서울대학교 대학원 석사, 1995.2.

심재헌·이재국, 서울시 지구단위계획의 운용에 관한 연구, 한국디지털건축인테리어학회 논문집 제4권 제2호., 2004.

안현찬, 서울형 주민자치회 시범사업 정책설계화 추진과정, 월간 주민자치 제81호, 2018.7.

양재섭, 서울시 생활권계획의 활용과 운영방안, 정책리포트(246), 2018.3.

양재섭·김인희, 서울의 마을단위계획 운영실태와 자치구 역할 개선방향 연구, 서울연구원 보고서, 2012.

양재섭·신민철·반영권·이재광·임화진, 분권화시대 자치구 도시계획 운영실태와 역할강화방향, 서울연구원 보고서, 2020.

양재섭·윤기학·남선희, 주민참여형 마을단위계획에서 자치구의 역할에 관한 연구 - 서울시 휴먼타운과 경관협정을 사례로, 서울도시연구 제16권 제4호, 2015.12.

여관현, 마을만들기 지원제도의 운영방안에 관한 연구 - 한국과 일본의 마을만들기 조례를 중심으로, 한국도시행정학회 발표논문집, 2013.2.

우동기, 서울특별시와 자치구간의 인사·조직기능 배분구조의 문제점과 과제, 한국행정학회 학술발표논문집, 1996.12.

윤혁경, 주민참여를 통한 지구단위계획의 실효성 확보, 건축(대한건축학회) 제51권 제9호, 2007.

이나영·안재섭, '근린재생 일반형' 도시재생사업과 주민참여활성화방안 : 서울시 구로구 가리봉동을 중심으로, 한국도시지리학회지 제20권 제3호, 2017.

이두용, 거버넌스 관점에서 본 도시재생사업의 개선방안 연구, 경원대 석사, 2011.

이세준·이석정, 가로공간 형성을 위한 지구단위계획 수립과정의 연구- 독일 한국의 사례를 중심으로, 한국도시설계학회지 제10권 제4호, 2009.

이주희, 지방자치단체의 도시계획고권 강화에 관한 연구-도시관리계획을 중심으로-, 한국지방자치학회보, 제16권 제4호, 2004.12.

이학동, 자치구 도시계획의 한계와 제도개선, 한국행정학회 학술발표논문집, 1996.12.

임현, 토지계획법제의 입법동향, 일감법학 제20호, 2011.

정무용, 자치구의 도시계획 - 구단위 도시기본계획을 중심으로 -, 도시문제 제27권 제279호, 1992.2.

정태용, 지방자치와 도시계획, 지방자치법연구 제8권 제1호, 2008.

정현세, 도시조사제한의 개선방안, 도시문제 제23권 11호, 1988.11.

정훈, 지방자치단체의 계획고권과 국토의 균형개발, 토지공법연구 제84집, 2018.

조정찬, 자치구제도에 관한 고찰, 법제 2000.6.

최상철, 한국도시계획의 역사적 전개와 과제, 환경논총 제24권, 1989.7.

최용전, 도시정비법상의 정비계획수립 및 정비구역지정권한 이양에 관한 연구, 토지공법연구 제75집, 2016.

황선덕/이진형, 주민제안방식의 지구단위계획 수립에 관한 연구, 지역사회논문집

(한국지역사회발전학회) 제43집 제2호, 2018.

홍진이, 마을만들기 사업과 지방자치단체의 역할, 공공사회연구 제3권 제2호, 2013.

土歧 寬, 東京都と 特別區, 地方分權下の 地方自治(木田 弘 / 下條美智彦 編著), 2002.

Jeremy R. Meredith, Sprawl and the New Urbanist Solution, Virginia Law Review 2003.

John Ferris/Carol Norman/Joe Sempik, People, Land and Sustainability : Community Gardens and the Social Dimension of Sustainable Development, Social Policy & Administration Vol35, No.5, 2001.12.

Julie M. Johnson/Jan Hurley, A Future Ecology of Urban Parks : Reconnecting Nature and Community in the Landscape of Children, Landscape Journal 21, 2002.

Paul S. Weiland, PREEMPTION OF LOCAL EFFORTS TO PROTECT THE ENVIRONMENT: IMPLICATIONS FOR LOCAL GOVERNMENT OFFICIALS, Virginia Environmental Law Journal 18, 1999.

Ⅲ_ 01

강문수, 「풍속영업의 규제에 관한 법률」정비방안 연구, 2010.

김희곤, SSM 영업규제조례를 둘러싼 자치입법의 문제점과 과제, 토지공법연구 제60집, 2013.2

박상희·김명연, 풍속영업의 법적 규제, 현안분석(95-5), 1995.

선정원, 기능성 물질에 대한 규제의 정비와 새로운 기능성 물질에 대한 보호의 강화, 행정법연구 제36호, 2013.

이현수, 독일 영업법상 영업금지, 법제, 2013.2.

최영규, 영업규제의 법제와 그 수단에 관한 연구 : 규제행정론적 관점에서, 서울대 박사, 1993.

Bernd Wiebauer, "Berufliche Integrität und gewerberechtliche Zuverlässigkeit", GewArch 2010.

Eberhard Fuhr·Karl Heinrich Friauf·Eugen Stahlhacke(Hg.), Kommentar zur Gewerbeordnung, Einleitung Abschnitt C.

Hans D. Jarass, Wirtschaftsverwaltungsrecht und Wirtschaftsverfassungsrecht, 1984.

Kurt-Michael Heß, "Wird die Unzuverlässigkeit im Sinne des §35 Abs.1 Satz1 GewO in der Rechtspraxis zu ausufernd angewandt?", GewArch 2009.

Mark Delewski · Maria Monica Fuhrmann, "Risikosteuerung im Nahrungsergänzung-smittelrecht", ZLR 2005.

Matt · Merrill · Grossman, Food And Drug Law 3 ed., 2007.

Rolf Stober, Handbuch des wirtschaftsverwaltungs- und Umweltrechts, 1989.

Walter Georg Leisner, "Unzuverlässigkeit im Gewerberecht (§35 Abs.1 S.1 GewO) Ausuferungsgefahren - notwendiger Gewerbebezug", GewArch 2008.

Wesley E. Forte, "The Food And Drug Administration and the Economic Adulteration of Foods", Food Drug Cosmetic Law Journal Vol.21, 1966.

Ⅲ_ 02

강재규, 지방자치단체의 환경조례제정의 법적 문제, 경성법학 제5호, 1996.

강현호, 토지공개념에 대한 단상, 토지공법연구 제85집, 2019.

고재경, 지방자치와 환경규제집행의 변화, 국토계획 제35권 제5호, 2000.

김강민, 충청남도의 공공갈등 현황과 공공갈등 구조, 열린 충남, 2016.

김광수, 헌법 개정과 토지공개념, 토지법학 제34집, 2018.

김남욱, 토지공개념과 토지이용제한, 국가법연구 제14권 제2호, 2018.

김은주, 제주특별자치도에서의 환경갈등해소를 위한 대안적 법제 연구, 지방자치법연구 제49호, 2016.

김종순, 환경행정에 있어서 중앙과 지방의 역할분담, 환경정책 제3권 제2호, 1995.

김종호·이창훈·신창현, 환경분야 갈등유형 및 해결방안 연구, 한국환경정책·평가연구원 보고서, 2004.

김태호, 행정법상 비례의 원칙-대법원 판례를 중심으로-, 공법연구 제37집 제4호, 2009.6.

문병효, 강원경제의 발전과 환경보전에 관한 지방의회의 과제, 지방자치법연구 제38호, 2013.

문승민·나태준, 기초지방자치단체의 갈등관리 조례 도입 영향요인 분석 : 정책혁신과 확산의 관점을 중심으로, 사회과학연구 제43권 제1호, 2017.

문재완, 비례원칙의 과도한 팽창, 세계헌법연구 제24권 제3호, 2018.

서경규, 공용침해와 손실보상의 패러다임 전환과 과제, 토지공법연구 제87집, 2019.

성낙원·이시진, 가축사육 제한구역 거리 재설정 연구, 환경부/농림축산식품부 보고
　　　서, 2015.1.

양삼승, 과잉금지원칙, 헌법논총 제1집, 1990.

정남철, 공용수용의 요건인 '공공필요'의 판단기준과 개헌과제, 토지보상법연구 제
　　　18집, 2018.

정영화, 토지공개념의 헌법적 쟁점과 전망, 토지법학 제34집, 2018.

정회성, 환경행정에 있어서 중앙과 지방간의 역할분담, 환경정책 제3권 제1호, 1995.

정훈, 개발 및 환경규제와 지방자치단체, 지방자치법연구 제43호, 2014.

차진아, 사회국가의 실현구조와 토지공개념의 헌법상 의미, 공법학연구 제19권,
　　　2018.

최승필, 환경행정에서 지방자치단체의 역할과 권한에 대한 법적 검토, 지방자치법
　　　연구 제50호, 2016.

최정일, 독일과 한국에서의 비례원칙에 의한 행정작용의 통제, 공법연구 제37집 제
　　　4호, 2009.

최정희·이윤환, 헌법상 토지공개념에 관한 고찰, 법학연구(한국법학회) 제18권 제3
　　　호, 2018.

최지용, 환경과 축산업의 공존플랜, GS&J 인스티튜트, 2014.01.

최철호, 지방분권개혁과 환경법의 과제, 환경법연구 제27권 제4호, 2005.

환경부·농림부, 지자체 가축사육제한 조례 제·개정 관련 권고안, 2015.3.30.

현경학, 환경영향평가조례지침, 지방환경 제6권 제3호, 2005.9.

III_ 03

길준규, 상업촉진지구를 통한 민간개발의 도시개발법적 문제, 토지공법연구 제71
　　　집, 2015.

김세용, 지구단위계획에서 주민참여에 관한 연구, 대한건축학회논문집 제18권 제9
　　　호, 2002.9.

도영준, 지구단위계획의 작성기준에 관한 연구, 호남대학교 논문집 제21집, 2000.12.

심상욱, 일본에 있어서 기성시가지갱신을 위한 마찌즈꾸리계획에 관한 연구, 한국
　　　지역개발학회지 제13권 제2호, 2001.8.

선정원, 일본의 구조개혁특구제도의 분석과 규제자유특구제도의 한국에의 도입방안, 법제 제549호, 2003.9.

선정원, 새마을운동과 주민자치방식의 지역발전, 지방자치법연구 제6권 제2호, 2006.

안건혁, 특별지구단위계획의 도입과 수립방안, 국토, 2000.12.

이영주·최승담, 상업활동촉진지구(BIDs)의 도입을 통한 도시형 관광특구 활성화방안 연구, 서울도시연구 제9권 제3호, 2008.9.

이운용·김민경·이정형, 미국의 도시재생수법으로서 BID(Business improvement districts)에 관한 연구, 한국도시설계학회지 제9권 제2호, 2008.6.

정락형, 도시계획법 개정안의 주요내용, 국토, 1999.

정철모·고선하, 도시계획상 지구단위계획의 도입과 활성화방안에 관한 연구, 지역사회개발연구 제24집 제1호, 1999.6.

정철모, 일본의 지구계획 활성화 사례를 중심으로 한 우리나라 지구단위계획제도 개선방안에 관한 연구, 도시행정학보 제13집 제2호, 2000.12.

최철호, 일본의 도시계획법에 관한 연구, 토지법학 제18호, 2002. 제18호.

홍창근, 지구단위계획을 통한 도시경관관리방안, 토지개발기술 2001년 여름호.

Andrew M. Manshel, Business Improvement District Accountability, City law 1, 1995.

Brian R. Hochleutner, NOTE: BIDS FARE WELL: THE DEMOCRATIC ACCOUNTABILITY OF BUSINESS IMPROVEMENT DISTRICTS, New York University Law Review 78, 2003.

Cass R. Sunstein, Social Norms and Social Roles, Colum. L. Rev. 96, 1996.

Clayton P. Gillette & Lynn A. Baker, Local Government Law 2ed., 1999.

Daniel R. Garodnick, What's the BID Deal? Can the Grand Central Business Improvement District Serve a Special Limited Purpose?, U. Pa. L. Rev. 148, 2000.

Daniel S. Shah, Lawyering for Empowerment: Community Development and Social Change, Clinical L. Rev. 6, 1999.

David J. Kennedy, Restraining the Power of Business Improvement Districts: The Case of the Grand Central Partnership, Yale Law & Policy Review 15, 1996.

Elisabeth M. Currie, EXPLORING THE GROWTH OF SPECIAL DISTRICT GOVERNMENTS: RESULTS OF A MINNESOTA SURVEY, Hamline Journal of Public Law & Policy 21, 1999.

Heather Barr, MORE LIKE DISNEYLAND: STATE ACTION, 42 U.S.C. 1 1983, AND BUSINESS IMPROVEMENT DISTRICTS IN NEW YORK, Columbia Human Rights Law Review 28, 1997.

Mark S. Davies, Business Improvement Districts, Wash. U. J. Urb. & Contemp. L. 52, 1997.

Richard Briffault, Our Localism: Part Ⅱ-Localism and Legal Theory, Colum. L. Rev. 90, 1990.

_____, Who Rules at Home?: One Person/One Vote and Local Governments, U. Chi. L. Rev. 60, 1993.

_____, The Rise of Sublocal Structures in Urban Governance, Minn. L. Rev.82, 1997.

_____, A Government for Our Time? Business Improvement Districts and Urban Governance, Colum. L. Rev. 99, 1999.

Stephen A. Gardbaum, Law, Politics, and the Claims of Community, 90 Mich. L. Rev. 1992.

원문출처

Ⅰ. 지방생존의 정책법적 기초

01 지방자치단체의 재공영화정책의 법적 과제.

(선정원, 민간위탁사업에 대한 지방자치단체의 재공영화정책에 관한 법적 고찰 - 영국과 독일의 재공영화정책을 중심으로 -, 지방자치법연구 제20권 제2호, 2020, 163-187면을 일부 수정하여 수록함)

02 지역발전을 위한 특구의 유형화.

(선정원, 지역발전을 위한 특구의 유형과 각 유형의 법적 구조 및 그 실태에 관한 비교고찰, 지방자치법연구 제8권 제3호, 2008, 125-150면을 일부 수정하여 수록함)

03 마을공동체의 활성화를 통한 주거환경의 개선.

(선정원, 마을공동체의 활성화를 통한 주거환경의 개선 : 생존배려이론의 재조명, 행정법연구, 제12권, 2004, 311-342을 일부 수정하여 수록함)

Ⅱ. 지방소멸의 극복과 정책법

01 지역소멸 위기지역의 활성화를 위한 입법 방향.

(조진우, 인구감소로 인한 지역소멸 대응을 위한 법적 과제-일본의 『과소지역자립촉진특별조치법』을 중심으로, 법학논고(경북대) 제68집, 2020, 145-173면을 일부 수정하여 수록함)

02 지방자치단체 재정확보수단으로 고향세 도입에 대한 법적 검토.

(조진우, 지방재정 건전화를 위한 소위 "고향세"도입에 관한 연구-일본 고향
세(후루사토 납세)를 중심으로-, 법학논총(단국대) 제44권 제1호, 2020, 505-
536면을 일부 수정하여 수록함)

03 지역혁신거점 구축을 위한 혁신도시 법제에 대한 비판적 고찰.

(조진우, 혁신도시 개발사업의 문제점과 개선방안, 토지공법연구 제73집 제2
호, 2016, 165-184면과 조진우, 지역혁신거점 구축을 위한 혁신도시에 대한
법적 고소: 혁신도시 시즌2를 중심으로, 토지공법연구 제88집, 2019, 85-110
면을 통합하여 수정하여 수록함)

04 대도시 주민의 생활환경의 개선과 자치구의 도시계획권의 확대.

(선정원, 자치구행정과 도시계획, 사회과학논총(명지대) 제18호, 2002, 75-89
면을 전면 수정하여 수록함)

Ⅲ. 지역산업의 진흥과 규제

01 관광산업의 활성화와 영업자의 신뢰성규제.

(선정원, 영업자의 신뢰성에 대한 감독규제 －관광산업－, 법제연구 제45권,
2013, 7-38면을 일부 수정하여 수록함)

02 기업형 축산의 증가와 환경조례의 입법기술.

(선정원, 환경조례의 입법재량에 관한 사법적 통제, 행정법연구 제61권, 2020,
57-84면을 일부 수정하여 수록함)

03 미국의 상업활동촉진지구와 주민자치방식의 지역발전.

(선정원, 미국의 상업활동촉진지구와 주민자치방식의 지역발전, 공법연구
제32권 제4호, 2004, 405-426면을 일부 수정하여 수록함)

저자소개

선정원

〈약력〉
서울대학교 법과대학 졸업
서울대학교 대학원 석사, 동대학원 박사
독일 Bayreuth 대학교 방문교수
미국 Texas Law School 방문교수
법제처 법령해석심의위원
중앙선거관리위원회 행정심판위원
명지대학교 법과대학 학장, 대학원장
현재 한국지방자치법학회 이사장
현재 한국공법학회 차기(2022) 회장
현재 명지대학교 연구부총장

〈저서〉
· 지방자치법주해(공저), 박영사, 2004.
· 주민소송(공저), 박영사, 2005.
· 행정소송Ⅰ, Ⅱ(공저), 한국사법행정학회, 2007.
· 공무원과 법, 박영사, 2013.
· 규제개혁과 정부책임, 대영문화사, 2017.
· 행정법의 작용형식, 경인문화사, 2019.
· 의약법연구, 박영사, 2019.
· 행정법의 개혁, 경인문화사, 2020.
· 자치입법론(5인공저), 경인문화사, 2020.

조진우

〈약력〉
동국대학교 법과대학 졸업
동국대학교 대학원 석사, 동대학원 박사
동국대학교 비교법문화연구원 연구원
현재 한국도로공사 도로교통연구원 책임연구원

지방정책법의 연구 2

지방생존과 정책법

초판 1쇄 발행   2021년 2월 22일
초판 2쇄 발행   2021년 10월 15일

지 은 이   선정원·조진우

발 행 인   한정희
발 행 처   경인문화사
편 집 부   김지선 유지혜 박지현 한주연 이다빈
마 케 팅   전병관 하재일 유인순
출 판 번 호   제406-1973-000003호
주   소   파주시 회동길 445-1 경인빌딩 B동 4층
전   화   031-955-9300 팩   스   031-955-9310
홈 페 이 지   www.kyunginp.co.kr
이 메 일   kyungin@kyunginp.co.kr

ISBN   978-89-499-4939-0   93360
값 28,000원